*t.me/multipolare*

## La vostra ultima speranza

Saranno loro a giudicarvi
con le loro ferite mortali
con le loro mutilazioni
E vi riconosceranno uno per uno
E voi non potrete nascondervi
Non potrete dire:
- Ho eseguito gli ordini
Non potrete dire:
- Sparavo da lontano
- Sparavo di notte
Nessuno potrà dire:
- Non sapevo quel che facevo
Saranno i bambini di Gaza
a sedere sul tribunale della storia
E non saranno ingenui
Da troppo tempo non lo sono più
Saranno loro a dirvi:
- L'ultimo resto d'Israele eravamo noi
- Noi eravamo la vostra ultima speranza

Edizione ottobre 2023-febbraio 2024
Pubblicizza questo libro come credi, anche facendone oggetto di commercio, ma se lo modifichi non attribuire a me cose che non ho mai detto, a meno che tu non pensi di contribuire alla causa di un socialismo davvero democratico.

**MIKOS TARSIS**

# LA SHOAH PALESTINESE

## ottobre 2023-febbraio 2024

Quando si dichiara una guerra, la prima vittima è la verità.

Arthur Ponsonby

Amazon

Nato a Milano nel 1954, laureatosi a Bologna in Filosofia nel 1977,
già docente di storia e filosofia, Mikos Tarsis (alias di Enrico Galavotti)
si è interessato per tutta la vita a due principali argomenti:
Umanesimo Laico e Socialismo Democratico, che ha trattato in homolai-
cus.com e ora in t.me/multipolare.
Per contattarlo:
info@homolaicus.com
Sue pubblicazioni su Amazon.it

# Premessa

Non abbiamo fatto in tempo a veder ultimata la guerra tra Russia e Ucraina che n'è scoppiata subito un'altra, il 7 ottobre, tra Israele e Palestina. È la prima invasione d'Israele dalla guerra del 1948, ed è avvenuta mezzo secolo dopo la guerra del Kippur.

La contemporaneità dei due conflitti ha fatto pensare che non fosse casuale, ma un tentativo dell'occidente collettivo di distrarre l'opinione pubblica mondiale dalla sconfitta in Ucraina.

Naturalmente si parla di sconfitta con armi convenzionali. Siccome però, al momento in cui abbiamo iniziato a scrivere questo libro, Kiev non aveva ancora accettato la resa incondizionata, non è possibile escludere a priori che la guerra in Medio Oriente possa servire alla NATO per usare armi non convenzionali contro la Federazione Russa.

La guerra tra Israele e Palestina sembra servire proprio per aggiungere olio sul fuoco dell'altra guerra: è come una sorta di "secondo tempo" di un match tragico.

È evidente infatti che Hamas non ha alcuna possibilità di vincere l'esercito israeliano, non disponendo di aviazione, carri armati, artiglieria semovente. Può però scatenare un conflitto che va ben oltre il livello regionale: cosa che la NATO, insieme ai neonazisti di Kiev, non è riuscita a fare in Ucraina.

L'occidente collettivo non è in crisi di autorevolezza e di credibilità da oggi, ma, quanto meno, da quando il mondo islamico ha superato la mattanza scatenata dagli USA all'indomani del crollo delle Terre Gemelle, e soprattutto da quando la Cina è uscita dal suo isolamento, diventando una potenza capitalistica mondiale, in grado di reggere la competizione con gli Stati Uniti e l'Unione Europea.

Quando si parla di "occidente collettivo" s'intende ovviamente un'area geografica molto estesa (non necessariamente situata tutta in occidente: vedasi per es. il Giappone o la Corea del Sud), guidata in maniera indiscussa dagli Stati Uniti, che dominano militarmente i mari del pianeta e lo spazio cosmico, tengono sotto scacco molti Stati con le loro basi militari e soprattutto con la finanza internazionale.

p.s. Purtroppo per il lettore abbiamo dovuto copiare qui i post messi nel mese di ottobre su Facebook dedicati alla guerra israelo-palestinese, scoppiata il giorno 7 con la sortita terroristica di Hamas, e che avevamo pubblicato nel libro *La catastrofe*.

# Ottobre

## [8] Tempesta di Al-Aqsa

Cos'abbiano in mente gli strateghi di Hamas, ora che han deciso di dichiarare guerra a Israele, non è molto chiaro. Non possono sperare di vincere da soli, perché non hanno armi a sufficienza.

Stanno forse pensando di allargare il conflitto a Iran, Turchia, Arabia Saudita, Siria, Libano, altri Stati del Golfo ed Egitto? Cioè vogliono una reazione a catena da parte di tutti gli Stati che odiano a morte i sionisti?

Sono forse convinti, ora che hanno visto il Medio Oriente su posizioni anti-americane, di ricevere un unanime appoggio militare, politico ed economico? In effetti gli Hezbollah libanesi han già detto che, se il conflitto si estende nella Striscia di Gaza, entreranno in guerra.

Ma questa escalation torna più a vantaggio degli USA o della Russia? Non sono forse gli USA che cercano di far scoppiare nuovi conflitti in varie parti del pianeta (Kosovo, Sudan, Armenia, Moldavia, Georgia...) per impedire che Mosca concentri tutte le proprie forze in Ucraina?

O forse torna a vantaggio di Netanyahu, che per imporre una dittatura militare ha bisogno di creare un *casus belli*, come fecero gli USA con le Twin Towers (e, prima ancora, con l'attacco nipponico a Pearl Harbour, l'incidente del golfo del Tonchino in Vietnam, la falsa fialetta all'antrace di Colin Powell...)?

Sia come sia, un conflitto che si trascina da 75 anni va in qualche modo risolto, e la soluzione non può essere militare. Si deve per forza prevedere la creazione di uno Stato palestinese indipendente entro i confini del 1967 con capitale a Gerusalemme Est (o quanto meno la creazione di due Stati palestinesi separati, visto che Israele gli ha fatto perdere la continuità territoriale). Non ci può essere sicurezza per Israele senza sicurezza per la Palestina.

L'occidente deve smettere d'impedire il rispetto delle pertinenti risoluzioni dell'ONU e del suo Consiglio di Sicurezza. Il quartetto di mediatori internazionali mediorientali, composto da Russia, USA, UE e ONU, deve produrre qualcosa di concreto e durevole, il più presto possibile.

È inutile che Israele cominci a dire che di questa nuova guerra il responsabile dietro le quinte è l'Iran e che tutti i palestinesi sono terroristi. Il responsabile è sempre Israele, che ha sempre trovato negli USA e nella UE i suoi più fidati alleati. Se ora non scende a patti, rischia di fare la fine dell'Ucraina.

## [9] Turchia contro Israele

Erdoğan ha delineato la sua posizione sul conflitto in Israele: "Lo Stato di Palestina indipendente dovrebbe essere creato entro i confini del 1967 con Gerusalemme Est come capitale: è una necessità irreversibile che non può più essere ritardata".

I confini del 1967 sono quelli prima della Guerra dei Sei Giorni. Allora Gerusalemme orientale (la città vecchia e i principali santuari) e la sponda occidentale del fiume Giordano erano sotto il controllo arabo. Questi territori furono occupati da Israele durante la guerra.

Nel 2020 Trump ha presentato un progetto di pace che prevedeva la creazione di uno Stato palestinese entro confini ridotti e senza controllo sulla maggior parte di Gerusalemme Est.

Israele ha sostenuto questo piano. Ma i palestinesi e i Paesi arabi l'hanno rifiutato categoricamente.

### Blinken il bugiardo

"Israele è interamente concentrato sulla Striscia di Gaza, sulla sicurezza dei suoi cittadini, sul fare tutto il necessario per assicurare alla giustizia i colpevoli, e non cerca di espandere la geografia del conflitto, includendo l'Iran", ha detto Blinken alla CBS.

Però subito dopo si è smentito, dicendo che gli Stati Uniti non hanno chiesto a Israele di non attaccare l'Iran. "L'unica cosa che abbiamo detto a Israele è che siamo qui, e vogliamo fornirvi tutto il sostegno necessario".

Infatti stanno inviando un gruppo d'attacco di portaerei guidato dalla portaerei a propulsione nucleare USS Gerald R. Ford sulle coste di Israele come gesto di sostegno e in caso di evacuazione dei cittadini americani.

Questo perché secondo lui l'Iran, Hamas e il gruppo sciita libanese Hezbollah si oppongono all'instaurazione di relazioni tra Israele e i Paesi della regione.

Gli USA non chiedono moderazione o un cessate il fuoco. Non si chiedono neppure come mai i miliziani palestinesi avessero armi che l'occidente aveva distribuito a Kiev (sistemi di missili antiaerei portatili, ATGM, RPG, droni e comunicazioni).

Intanto i media israeliani riferiscono che il bilancio delle vittime degli israeliani ha già raggiunto le 700 persone e oltre 2200 i feriti.

## [10] Mirare all'estensione

È ovvio che gli USA, anche se dicono il contrario, vogliono che il conflitto in Palestina si allarghi il più possibile in Medio Oriente.

Ormai lo si è capito chiaramente. Qui per l'occidente collettivo non è solo in gioco il destino dell'Ucraina e della NATO ma anche quello del Sud globale e dei Paesi islamici petroliferi.

Cina e Russia sono improvvisamente diventati i nemici n. 1 dell'occidente proprio perché, in queste aree del pianeta così ricche di risorse, stanno mettendo in discussione, con la loro presenza sempre più significativa (militare, economica e diplomatica), la ricchezza di chi fino a ieri dominava l'intero pianeta.

Sotto questo aspetto non avremmo nulla da meravigliarci se scoprissimo che Hamas ha potuto agire così indisturbato grazie a una regia occulta di USA e Israele messi insieme.

Ci han rimesso la vita molti israeliani? Perché non è successa forse la stessa cosa con le Torri Gemelle? Quanto più è forte il terrore, la bestialità dei palestinesi estremisti, tanto più i sionisti potranno giustificare una reazione senza scrupoli contro qualunque Stato faccia vedere che sostiene militarmente Hamas, in primo luogo l'Iran, ma anche Siria, Libano, Egitto...

Israele non vede l'ora d'essere costretta a usare le proprie armi atomiche, nascoste nel deserto del Neghev.

Insomma qui abbiamo a che fare con governi neonazisti che vogliono difendere con tutti i mezzi possibili e finché sarà necessario un'egemonia che fino a ieri era indiscussa. I governi sono quelli di USA, UE, Regno Unito, Israele, Canada e Giappone.

Sono troppi Paesi perché si possa scongiurare una nuova guerra mondiale. Nessuno di questi governi ha mai parlato di pace o di trattativa in termini sostanziali dal febbraio dell'anno scorso.

### Una finzione tragica ma perché?

Maurizio Blondet parla chiaro (maurizioblondet.it): l'attacco di Hamas è una "false flag" pianificata dai vertici di Israele.

Lo dice riportando le parole di Efrat Fenigson, ex *intelligence* delle forze di difesa israeliana ed oggi apprezzata giornalista.

Impossibili le brecce sul fronte israeliano dove abitualmente basta che passi un gatto per far accorrere le forze di difesa su scenari banali per i quali l'esercito è preparatissimo.

La frontiera tra Gaza e Israele è di 5 km ed è l'area più sorvegliata del mondo, bunker tutto intorno pieni di soldati che fanno turni tutta la notte, telecamere e sensori di ogni genere. È impossibile che centinaia di miliziani di Hamas con trattori e jeep siano venuti fuori senza che Israele lo sapesse.

La Fenigson sostiene che il popolo israeliano e quello palestinese sono stati venduti ancora una volta per gli obiettivi di un potere più in alto.

La stessa Hamas fu creata da Israele allo scopo di combattere la leadership di Yasser Arafat e gli Stati Uniti ne erano chiaramente a conoscenza.

Blondet però non spiega il perché di questo replay in piccolo delle Torri Gemelle. Il motivo è che Israele vuole continuare a sopravvivere come tale, cioè non vuole cambiare il suo rapporto col mondo islamico. Sono falsi come gli Stati Uniti, ma a livello regionale. Quindi questa è una finzione organizzata insieme da USA e Israele. Chi mente spudoratamente ha bisogno, per non essere sbugiardato, di un ipocrita ancora più grande. Ma la loro sorte è segnata. Sono entrambi una vergogna dell'umanità, e tutti non vedono l'ora che spariscano dalla faccia della Terra.

## [11] Il ruolo di Hezbollah

È noto che il gruppo di Hamas non è solo. È sostenuto dall'Iran e in parte dall'organizzazione militante libanese Hezbollah, cresciuta costantemente dal 2006 (la seconda guerra del Libano). Quest'ultima si è unita apertamente al conflitto armato a fianco dei palestinesi, limitandosi alla zona di frontiera.

Hezbollah possiede armi avanzate, enormi arsenali di armi, una notevole esperienza di combattimento e gode del pieno sostegno di Teheran. Aveva già ottenuto importanti vittorie sul campo di battaglia in Siria. È all'apice del suo potere militare e politico, ed è al massimo dalla sua fondazione nel 1985. Infatti non è solo una formazione paramilitare, ma anche un partito politico legittimo in Libano.

In teoria tutto ciò che il complesso militare-industriale iraniano ha da offrire può essere trasferito ai combattenti di Hezbollah. Cioè circa 200.000 missili, tra cui sistemi missilistici intelligenti ad alta precisione, nonché circa 2.000 droni e sistemi di difesa aerea, più obici, carri armati, veicoli corazzati pesanti. Hezbollah riceve anche centinaia di milioni di dollari ogni anno dall'Iran. In pratica può opporre una seria resistenza a Israele non solo sulla terraferma, ma anche in mare e in aria. Ci sono prove che negli ultimi anni Hezbollah ha acquisito attrezzature militari navali avanzate, tra cui missili da crociera antinave Yakhont e C-802, nonché sottomarini UAV.

I missili balistici iraniani che possiede hanno una gittata di 500-700 km, il che permette di colpire qualsiasi punto d'Israele. Può lanciarne 3.000 al giorno.

Hezbollah conta circa 100.000 combattenti addestrati, veri professionisti. Ma l'organizzazione può anche ottenere il sostegno di numerosi gruppi alleati e seguaci di tutto il mondo, soprattutto tra i giovani.

La situazione d'Israele è ulteriormente complicata dall'esistenza di una vasta rete di tunnel sotterranei utilizzati dai combattenti di Hezbollah per spostarsi, trasportare attrezzature militari e immagazzinare armi.

Infine l'organizzazione forma hacker e presta sempre più attenzione alle tecnologie informatiche, ai servizi di *intelligence*, alle forze speciali, all'ideologia, alla pubblicità, ai social network, al web. Qualunque nuova tecnologia abbiano i sionisti, la vogliono anche loro.

Hezbollah è un'organizzazione che è stata creata per combattere e morire. Israele è in grado di fare lo stesso?

**Gaza come Cartagine**

Israele dovrebbe usare i missili Gerico per "radere al suolo" Gaza "senza pietà" dopo gli attacchi di Hamas, ha detto il deputato Revital Gotliv, membro della Knesset nelle file del Likud, il partito del premier Netanyahu.

Sembra di sentire la famosa invettiva lanciata nel senato romano da Catone il censore: *Carthago delenda est*.

Questi missili balistici intercontinentali vengono considerati come un'"Arma del giorno del giudizio". Sono in grado di colpire quasi qualunque luogo del mondo. Si stima che Israele abbia dalle 100 alle 200 testate nucleari: cosa che il governo di Gerusalemme Ovest non ha né confermato né smentito.

Non sono fatti per radere al suolo singoli quartieri. Verrebbe spazzato via l'intero ghetto di oltre due milioni di persone, rispetto al quale la distruzione di quello di Varsavia da parte dei nazisti nel 1943 fu un gioco da ragazzi.

Il social X ha taggato il post di Gotliv come possibile violazione delle regole contro i discorsi violenti, ma non l'ha cancellato, poiché ritenuto di interesse pubblico.

Naturalmente Gotliv ha elogiato Biden per "aver mostrato ad Hamas che non siamo soli nel nostro intento di spazzarlo via dalla faccia della terra". Solo che in questa maniera Biden potrebbe essere costretto a dirottare verso Israele alcune delle armi di cui Kiev ha disperatamente bisogno.

L'Ucraina sta cominciando ad essere considerata una palla persa dall'occidente collettivo, proprio perché la controffensiva è fallita. Ora l'ambizione all'egemonia mondiale viene rilanciata da Israele

Chissà che il mondo intero non arrivi a convincersi che Gaza è un lager costruito dai sionisti neonazisti. Lo dimostra anche il semplice fatto che Israele l'ha privato immediatamente di tutte le sue utenze.

Israele non fa differenza tra civili e militari. In questo sono degni seguaci degli americani che in Giappone ebbero lo stesso atteggiamento, e non su due città: Hiroshima e Nagasaki, ma su tre: Tokyo, distrutta con bombe incendiarie al Napalm, che provocarono da 100 a 200.000 morti.

A guerra finita il generale statunitense Curtis E. LeMay dichiarò: "Penso che se avessimo perso, sarei stato trattato come un criminale di guerra". Questi assassini sanno bene che le loro sono atrocità contro il genere umano, per le quali meriterebbero almeno il carcere a vita, però le fanno lo stesso, proprio perché sono convinti che la storia viene fatta dai vincitori e loro sono convinti di trovarsi dalla parte giusta.

## [12] Verità e falsità

Il regolatore europeo della censura, Thierry Breton, ha spedito una lettera a Mark Zuckerberg chiedendogli d'essere molto vigile nel rimuovere la disinformazione sulle piattaforme della sua azienda durante il conflitto in corso tra Israele e Hamas. Nel senso che non deve far passare l'idea che l'attacco di Hamas possa essere determinato da buone ragioni storiche o che la pesante reazione d'Israele non sia legittima.

I contenuti illegali che vanno rimossi riguardano le idee terroristiche e l'incitamento all'odio. Se non li rimuove, dovrà pagare una penale pari al 6% del fatturato annuo di ogni azienda.

E quando si parla di "contenuti illegali", s'intendono ovviamente tutti quelli espressi dai palestinesi o filo-palestinesi, quando sono difformi da quelli israeliani o filo-israeliani.

La lettera è stata spedita anche a Elon Musk, per il suo X (ex Twitter).

Breton è preoccupato che qualcuno capisca la verità, poiché non vuole che quanto è avvenuto contro Kiev nelle recenti elezioni in Slovacchia, si possa ripetere alle prossime elezioni in Polonia, Romania, Austria, Belgio e altri Paesi.

Insomma la verità è falsa e la falsità è vera.

# Armi americane in giro per il mondo

Da dove vengono le armi usate dalle milizie di Hamas? Si è detto principalmente dall'Iran. In realtà molte armi sono americane. L'ha documentato Scott Ritter.

Che sia una pistola Glock 9mm o una carabina Colt M4 o una qualunque arma leggera e bombe a mano, non cambia molto: è sempre Made in USA. Quindi sono armi che provengono da Ucraina o Afghanistan.

È per questa ragione che alcuni legislatori americani stanno chiedendo a Israele di tracciare i numeri di serie su qualsiasi arma usate da Hamas per scoprire da dove viene.

Secondo i calcoli di Ritter, basati su conversazioni con numerose fonti informate, l'importo statunitense deviato potrebbe arrivare a sei dollari su dieci di assistenza inviati all'Ucraina.

Ma al Pentagono non interessa sapere dove vanno a finire le armi prodotte negli USA? A quanto pare più importanti della destinazione sono i pagamenti.

D'altra parte già nel maggio 2022, quando Rand Paul, un senatore repubblicano del Kentucky, cercò d'istituire un ispettorato generale per monitorare i circa 40 miliardi di dollari in assistenza militare all'Ucraina richiesti da Biden, la sua mozione venne respinta in modo schiacciante da un Congresso che sembrava felice di assumere un atteggiamento del tipo "non sentire il male, non vedere il male, non parlare male", meno che mai quando c'è di mezzo la corruzione dell'Ucraina.

Le armi americane fanno il giro del mondo. Possono finire addirittura nelle mani degli stessi nemici che gli USA devono combattere.

Per es. il PKK è considerato un'organizzazione terroristica dal Dipartimento di Stato americano, ma combatte la Turchia, Paese NATO, con armi americane spedite precedentemente in Irak.

Oppure, armi statunitensi fornite ad Arabia Saudita e Emirati Arabi Uniti per combattere i ribelli Houthi[1] dello Yemen, sono finite in mano ai combattenti Hezbollah del Libano.

Altre armi statunitensi provenienti dall'Ucraina hanno cominciato a comparire in Africa, nella regione del Lago Ciad, nelle mani dei ribelli di Boko Haram che combattevano contro i soldati armati statunitensi provenienti da Ciad, Niger e Nigeria.

In pratica gli Stati Uniti sono diventati una delle principali fonti di armi per i terroristi o per i combattenti per la libertà in tutto il mondo.

---

[1] Gli Houthi sono soltanto un gruppo o una tribù della formazione chiamata "Ansar Allah" (Partigiani o Sostenitori di Dio).

Nella loro fretta di armare il mondo per ricavare enormi profitti, in molti modi finiscono per essere il peggior nemico di se stessi o dei loro alleati.

## [13] Senso e destino d'Israele

Israele è stata una risposta sbagliata a una domanda sbagliata. Ha diritto un popolo ad avere un proprio territorio ove vivere tranquillo? Sì, ma questa domanda è sbagliata. La vera domanda era: può un popolo pretendere di avere un proprio Stato, per vivere tranquillo, sottraendo territori a un'altra popolazione? No, non può.

Altra domanda sbagliata: può una popolazione che in una guerra mondiale ha avuto 6 milioni di morti, essere "ricompensata" dall'ONU concedendole un proprio territorio? No, non può esserlo, se questo territorio non viene concesso spontaneamente dalla popolazione che già lo abita.

Israele ha avuto il suo splendore (in senso monarchico, beninteso) al tempo di Davide e Salomone. Dopodiché è stata una lenta agonia. Un momento di riscatto nazionale l'ha avuto all'epoca dei Maccabei (contro le tendenze ellenistiche), e forse avrebbe potuto avere una svolta significativa al tempo di Gesù Cristo, che ambiva a fare un'insurrezione nazionale contro l'occupazione romana, ma che non gli fu permessa a causa del tradimento dei suoi stessi discepoli.

La grande guerra giudaica, durata dal 68 al 135 d.C., fu un disastro assoluto per gli ebrei. I romani arrivarono persino a vietare il loro ingresso a Gerusalemme, che fu ribattezzata col nome di Aelia Capitolina. Da allora si parla di diaspora ebraica su tutto il pianeta. Non solo non esisteva più lo Stato teocratico e la nazione israelitica (composta da Giudea, Samaria, Galilea e Idumea), ma non esisteva neppure il "popolo ebraico".

Dare un territorio specifico, in cui poter costruire un proprio Stato, un'area geografica da condividere con una popolazione di tutt'altra religione; dare questo territorio, *ope legis*, a un popolo che non esisteva più da circa 1900 anni, è stata un'operazione assurda. Che forse avrebbe potuto funzionare se lo Stato da costruire fosse stato laico, aconfessionale, equidistante da tutte le religioni, in cui tutte le popolazioni potessero riconoscersi: una cosa però che né gli ebrei né i palestinesi avrebbero mai accettato, essendo troppo radicati nelle loro tradizioni religiose.

I territori che si perdono militarmente, difficilmente vengono riconquistati. Ci vuole una grande forza di volontà, una grande coesione interna, finalizzata a realizzare ideali comuni: si veda per es. quel che fecero i russi nei confronti dell'invasione tataro-mongola.

Generalmente però ci si deve rassegnare. Questo è così vero che, a causa dei territori perduti dai palestinesi dal 1948 ad oggi, persino l'ipotesi di due Stati per due popoli è diventata irrealistica: sarebbe una mostruosità giuridica, oltre che sociale. Infatti in questo momento i palestinesi, se avessero un proprio Stato, l'avrebbero su due territori completamente separati (Gaza e Cisgiordania), con una capitale (Gerusalemme Est) la cui moschea di al-Aqṣā è oggetto spesso di provocazioni da parte degli ebrei. Non solo, ma la Cisgiordania è sottoposta continuamente alla colonizzazione sionista: non è etnicamente omogenea come Gaza, che è una prigione a cielo aperto.

E la colonizzazione non è tenera: prendiamone p.es. un ex colono come Itamar Ben-Gvir, nazionalista di estrema destra (Otzma Yehudit), l'ala più radicale del governo di Netanyahu, oggi ministro della Sicurezza Nazionale. Se dipendesse da lui, tutti i civili ebreo-israeliani dovrebbero essere armati e farsi giustizia da soli, poiché lo Stato non può arrivare ovunque in tempo utile. Fu lui a minacciare di morte Rabin dopo gli accordi di pace di Oslo. In passato apparteneva al gruppo radicale Kach e Kahane Chai, che veniva considerato terroristico persino dal governo israeliano, dagli USA e dalla UE: infatti Ben-Gvir fu incriminato più di 50 volte.

Realizzare due Stati indipendenti per due popoli non avrebbe senso neppure alla condizione di tornare alla distribuzione dei territori voluta dall'ONU nel 1948: e non soltanto perché Israele, abituato a spadroneggiare in quell'area, non l'accetterebbe mai, ma soprattutto perché non ha alcun senso, là dove esistono popolazioni così religiose, così diametralmente opposte sul piano teologico, edificare Stati di tipo teocratico. I conflitti, le tensioni non finirebbero mai.

In quella regione ci vuole un unico Stato laico, aperto a tutte le religioni, avente una normativa elementare, in cui tutti si possono riconoscere. Se non si riesce a costruire democraticamente uno Stato del genere, bisogna imporlo con la forza, ponendolo, nella sua fase iniziale, cioè in maniera transitoria, sotto la tutela dell'ONU, che dovrebbe inviare una rappresentanza militare indipendente dagli Stati del Consiglio di sicurezza (che hanno interessi opposti tra loro), avente la funzione di assicurare che nessun gruppo etnico voglia prevalere sull'altro o inizi ad armarsi oltre l'esigenza legittima della semplice difesa.

Poi col tempo sarà il parlamento, in cui le popolazioni si troveranno rappresentate in relazione alla loro densità demografica, a costruire la democrazia.

### ISIS? Tutto fa brodo

Zelensky è disperato: non avendo più uomini da mandare al fronte, sta chiedendo alle autorità irakene di liberare dalle carceri i terroristi e assassini dell'ISIS (Daesh) per poterli arruolare nelle forze armate ucraine e combattere contro la Russia. Gli USA sono ovviamente d'accordo.

Questi detenuti, ivi inclusi i rami di Al-Qaeda, furono addestrati dagli USA nella guerra civile siriana e, prima ancora, in Iraq e in altre operazioni speciali sotto copertura in varie parti del mondo (Europa, Nord Africa e Caucaso).

Naturalmente questa non è la prima volta che l'Ucraina utilizza i terroristi dell'ISIS: la Brigata Sheikh Mansur lo dimostra. I membri dell'ISIS hanno conti segreti nelle banche ucraine e acquistano proprietà ucraine.

Netanyahu ha paragonato i terroristi di Hamas a quelli dell'ISIS, ma gli stessi sionisti hanno usato i jihadisti dell'ISIS nelle guerre in Iraq, Siria e Libia. I feriti venivano persino curati nei loro ospedali. L'aviazione israeliana, con le sue incursioni aeree contro l'esercito siriano, li ha sempre aiutati e li sta aiutando tuttora.

I sionisti sono fondamentalmente dei nazisti che, pur di sopravvivere nella loro falsità di esistere, sono disposti a qualunque compromesso, oltre che a tradire qualunque patto.

D'altra parte anche i palestinesi, durante la seconda guerra mondiale, erano alleati dei nazisti tedeschi (come lo era tutto l'impero ottomano), in quanto non contestavano il genocidio dei loro nemici ebrei (cosa che d'altra parte neppure la Chiesa romana ha mai fatto, avendo eliminato dal suo vocabolario teologico l'espressione "perfidi giudei" solo con l'ultimo Concilio Vaticano).

Odio nazista, terrorismo islamista o sionista sono spesso alleati, o sono comunque ideologicamente affini. Persino l'anglo-americanismo ha sempre avuto comportamenti di tipo razzistico e terroristico, per cui potrebbe essere definito una forma di nazismo in salsa democratica: una forma che oggi, in seguito alla guerra in Ucraina, sta caratterizzando tutto l'occidente collettivo.

### [14] Gaza e Israele come Davide e Golia?

Gaza è sotto bombardamenti continui, indiscriminati e violentissimi dell'esercito israeliano, che comportano l'uccisione di donne, bambini, anziani, in quanto scuole, ospedali, interi edifici, interi quartieri vengono distrutti. E ciò avviene mentre sono state tolte tutte le utenze (luce, acqua, gas), ma anche cibo e medicine. Molti ospedali non ricevono più le migliaia di feriti, poiché i reparti di chirurgia non possono funzionare più.

Israele ha chiuso ogni via d'uscita da Gaza: i civili sono in trappola, e la metà di loro deve evacuare dalla parte nord, poiché Israele la vuole occupare. Anche il valico di Rafa verso l'Egitto è stato assurdamente bombardato.

Su 365 kmq vivono 2,2 milioni di prigionieri, dei quali l'80% con gli aiuti umanitari dell'ONU: sono alla disperazione, un terrore che dura da 75 anni. Anche perché di questi bombardamenti sommamente distruttivi non ne possono più: i più recenti sono stati nel 2008-9, 2012, 2014 (50 giorni e 2.000 morti!), 2021, 2022 e nel maggio 2023. Tutto perché Hamas ha preso il controllo della Striscia nel 2007.

In occidente un comportamento così feroce viene considerato giustificato o almeno tollerato, in quanto si pone come legittima reazione difensiva, cioè in sostanza vendicativa, nei confronti non solo degli autori materiali dei blitz terroristici, ma anche nei confronti di una popolazione che appoggia Hamas o che non fa nulla per toglierselo di torno. Hamas deve morire, perché è contrario all'esistenza politica di Israele. Prima è servito per eliminare l'OLP e al Fatah, e quindi per separare Gaza dalla Cisgiordania; adesso serve solo per giustificare la dittatura della destra più estrema a Tel Aviv.

La mostrificazione dei palestinesi, cui vengono attribuite le azioni più aberranti, è un motivo sufficiente per scatenare l'inferno contro di loro. E permettere agli USA di rientrare in Medio Oriente con tutta la loro forza militare.

Gli occidentali hanno la memoria corta, non sono interessati alle cause storiche che separano questi due popoli. Riconoscono al mondo ebraico una parte delle loro radici storiche, e al mondo islamico non vogliono riconoscere nulla. Anzi l'Europa, se potesse eliminare tutti gli islamici che vi risiedono a causa dei flussi migratori, forse lo farebbe volentieri.

Gli occidentali sono razzisti dal tempo delle crociate medievali, e pur essendo stati razzisti anche nei confronti degli ebrei, non hanno difficoltà ad accettare che gli ebrei lo siano nei confronti dei palestinesi.

Per noi europei, la cui ignoranza dei processi storici è pari alla superficialità con cui affrontiamo quotidianamente i problemi che quei processi creano, gli islamici sono più pericolosi degli ebrei, proprio perché esibiscono in troppi una cultura difforme dalla nostra. Gli islamici ci invadono, gli ebrei no. Gli islamici portano il loro fanatismo a casa nostra, gli ebrei se lo tengono a casa loro, e quando vengono da noi, dimostrano di accettare meglio degli islamici il nostro stile di vita. E poi gli ebrei non sono soggetti, come invece gli islamici, al nostro assistenzialismo. Come se non sapessimo che i sionisti disprezzano anche i cristiani e soprattutto i palestinesi di fede cristiana, poiché son proprio questi che minano la loro assurda narrativa secondo cui "tutti" i palestinesi sono potenziali terroristi!

Quando tutti questi pregiudizi, questi assurdi luoghi comuni si sommano, uno sull'altro, è poi facile scatenare reazioni istintive. Oggi siamo persino arrivati a dire che i palestinesi sono subumani come i russi. Zelensky ha già diffuso l'idea che dietro l'attacco del 7 ottobre non c'è solo l'Iran ma anche la Russia. Non può sapere, nella sua sconfinata ignoranza, che le terre ove si sono spinte le milizie di Hamas non sono israeliane, ma di Gaza, sono terre palestinesi occupate, anche recentemente, da Israele.

### Ultima campana per l'apartheid israeliano

Non si potrebbe neanche vagamente ipotizzare l'idea che i combattenti di Hamas abbiano fatto tutto da soli, senza la complicità di almeno una parte delle stesse forze dell'ordine israeliane.

Gaza è un lager, una prigione a cielo aperto, sotto il controllo di vari sistemi elettronici. È letteralmente impossibile pianificare un'operazione così complessa, preparata lungamente, che preveda obiettivi così ambiziosi.

L'unica domanda sensata che ci si può porre è: la parte israeliana che li ha aiutati, l'ha fatto in accordo o all'insaputa dell'altra parte? Cioè l'attacco terroristico doveva servire per dimostrare che il governo di Netanyahu o i sistemi di sicurezza d'Israele sono molto deboli, oppure per indurre questo governo, insofferente al diritto, a trasformarsi in una dittatura vera e propria?

Sia tuttavia che ipotizzassimo un accordo tra le due parti, sia che lo negassimo, saremmo ancora lontani dalla verità. Infatti in entrambi i casi dimenticheremmo un'evidenza lapalissiana, e cioè che Israele è uno stretto alleato degli USA e che, proprio per gli aiuti militari e finanziari che riceve, non può far nulla che gli americani non sappiano o non vogliano. Cioè non potrebbe mai rischiare, nella situazione precaria in cui si trova, circondato da nazioni ostili, di compiere un errore così grave da minare la fiducia che Washington ripone su Tel Aviv (e che non può più riporre sui sauditi).

Gli israeliani sono tutti armati. Ogni giorno temono d'essere assassinati. I loro kibbutz sono dei fortilizi. Sanno bene che quando ci si comporta come colonialisti, rubando la terra altrui, cacciando la popolazione dai propri territori, bombardando le case in cui le famiglie palestinesi vivono, compiendo ogni sorta di abusi e di efferatezze, ogni occasione viene considerata buona dal nemico per compiere un'azione violenta.

Possiamo dire quanto vogliamo che Hamas, agendo da terrorista, fa gli interessi degli oltranzisti ultraortodossi, dei sionisti più fanatici.

Possiamo anche dire che questa organizzazione è servita a Israele per eliminare l'OLP, per ridurre a un niente al Fatah e impedire la creazione di uno Stato palestinese. Una cosa però resta certa: quanto più le situazioni d'ingiustizia si prolungano nel tempo, tanto più è facile che emergano posizioni estremistiche.

Ora, può una nazione come Israele, abituata a comportarsi in maniera aggressiva in tutto il Medio Oriente, essere costretta a fare i conti con la democrazia? Può permettersi di far vedere al mondo intero che non solo in politica estera ma anche al proprio interno non conosce alcuna forma di democrazia? Quanto tempo è durato l'apartheid sudafricano? Dal 1948 al 1991. Ebbene, ora è giunto il momento che finisca anche quello israeliano.

## [15] Una guerra indiretta costante

Alcuni analisti si chiedono se lo strumento della guerra non sia destinato a diventare di uso permanente, nei prossimi anni, tra Stati che vogliono restare nemici tra loro e che però non hanno la forza sufficiente per vincere.

Questo perché la sconfitta dell'unipolarismo occidentale, da parte del multipolarismo dei BRICS+, richiederà non poco tempo. Anche la marginalizzazione del dollaro sulla scena mondiale non sarà così repentina.

Diciamo che un comportamento così irresponsabile appartiene solo ad alcuni Stati, quelli che sembravano destinati a vivere di rendita, sfruttando le risorse altrui, e che oggi non vogliono rinunciare ai loro privilegi. Tra questi Stati il primo della lista sono gli USA, che non si fanno scrupolo di danneggiare anche i propri alleati, quando li vedono troppo competitivi sul piano economico (come per es. è accaduto alla UE).

Si sta pensando a questo scenario futuro proprio perché l'idea di pacificazione sembra essere scomparsa dalla diplomazia. Cioè quando l'occidente parla di trattativa, la intende solo come una possibilità conseguente a una vittoria militare sul campo. Non la intende come una necessità per evitare d'essere sconfitti. E tanto meno la intende come una necessità dei popoli o come un valore etico del diritto internazionale.

Rispetto agli interessi strategici, politici o economici degli Stati, quelli dei popoli passano drammaticamente in secondo piano. Gli Stati guerrafondai non solo disprezzano i popoli degli Stati nemici, ma non amano neppure i propri popoli. Non si preoccupano di distruggere le infrastrutture, di inquinare l'ambiente, di infierire pesantemente sulle popolazioni altrui, ma neppure di ridurre in miseria i propri cittadini, di privarli della loro libertà, chiedendo di sacrificarsi per la patria e per le esigenze del militarismo.

Bisogna ammettere che il livello altissimo del potenziale distruttivo di certi Paesi occidentali fa paura. Oggi anche Israele rientra in questa categoria di Stati: basti pensare che nel Medio Oriente non ha rivali sul piano nucleare. In sé è uno Stato insignificante, ma chi avrebbe il coraggio di dichiarargli guerra, sapendo che se usasse l'arma nucleare troverebbe un occidente consenziente? In nome della legittima difesa Israele ha sempre mostrato di volersi comportare come gli pare, anche in maniera assolutamente sproporzionata rispetto al danno ricevuto (in questo momento per es. sta usando platealmente le bombe al fosforo sui centri abitati di Gaza).

Ecco perché gli analisti con un briciolo di senno sono convinti che la sortita terroristica di Hamas sia stata autorizzata dall'*intelligence* sionistica al fine di permettere a Israele di occupare la metà di Gaza, cacciandone via tutti gli abitanti. Per un obiettivo del genere Israele sa di poter contare sul consenso dell'occidente; e soprattutto sa che se qualche Paese islamico tentasse d'impedirglielo usando la forza militare, avrebbe l'occidente al suo fianco. Stoltenberg l'ha già detto: "Nessuna nazione o organizzazione ostile a Israele dovrebbe cercare di trarre vantaggio dalla situazione o d'intensificare il conflitto". Questo perché Israele ha diritto a difendersi. Ecco perché al gruppo portaerei Gerald R. Ford che già staziona nelle sue coste, presto s'aggiungerà il gruppo portaerei Eisenhower. Ogni gruppo comprende stormi aeronavali, cacciatorpedinieri, incrociatori, mezzi distruttivi e spionistici molto potenti, sofisticati, e naturalmente migliaia di marines. E gli americani lo sanno bene che a Tartus, in Siria, vi è la base navale russa. Anche i britannici manderanno proprie navi militari nel Mediterraneo orientale.

Se questo non è un esempio eclatante di guerra indiretta costante, allora che cos'è? L'occidente aveva davvero bisogno di questa prova di forza dopo 20 mesi di guerra in Ucraina? Per quanto tempo una guerra tra grandi potenze può restare "indiretta"?

## Chiedere la Luna

Dopo l'attacco di Hamas a Israele, Biden dovrà ora fornire armi agli alleati su tre fronti: non solo l'Ucraina contro la Russia e Taiwan contro una possibile aggressione cinese, ma anche Tel Aviv contro i suoi nemici palestinesi e libanesi.

Nel Libano infatti Hezbollah ha 100.000 soldati, tutti esperti, perché han combattuto in Siria contro l'ISIS e Daesh. Lo Stato maggiore, che ha già dichiarato di non dare alcuna garanzia riguardo al confine meridionale del Paese, ha un enorme arsenale di missili: se inizia a lanciarli,

Israele avrà urgentemente bisogno di difese aeree, il che costringerà Biden a dirottare alcune di queste armi dalle forniture all'Ucraina, che ne ha anch'essa un disperato bisogno.

Insomma a un certo punto dovremo aspettarci un vero e proprio sbarco dei marines, poiché tutti questi fronti non si tengono in piedi né con armi molto sofisticate, né elargendo copiose donazioni finanziarie, né facendo morire gli alleati, *sine die*, in guerre per procura.

Un impero come quello americano è in grado di sussistere se non interviene direttamente nei conflitti ch'esso stesso crea?

Dalla guerra in Ucraina abbiamo capito che l'era dei grandi eserciti non appartiene affatto al passato, ma è ancora ben viva e vegeta, e sul campo, più che la tecnologia, sono gli uomini che fanno la differenza.

Non basta più "abbagliare e stordire" il nemico con massicci bombardamenti a tappeto che paralizzano le sue infrastrutture energetiche, abbassano il suo livello tecnologico, distruggono la sua capacità offensiva.

Se si vuole rinunciare all'uso del nucleare, che non permette di conquistare territori nemici, molto probabilmente le guerre convenzionali del XXI sec. saranno fatte da grandi eserciti che sfrutteranno tutta la tecnologia a loro disposizione. Il rischio di guerre tra grandi potenze è in aumento e le forze piccole e mobili non hanno vantaggi significativi rispetto a quelle basate sulla mobilitazione delle popolazioni nazionali.

Tuttavia la società moderna occidentale, imbolsita da uno sfrenato consumismo, fa molta fatica a mobilitarsi. Per restare sulla cresta dell'onda dev'essere capace, contemporaneamente, di garantire a se stessa un'ampia mobilitazione, una certa stabilità politica interna e le condizioni per una sufficiente crescita economica. Come chiedere la Luna.

### UE serva degli USA

Scrive Laura Ru sul suo canale Telegram:

Se volete un esempio dell'*harakiri* politico commesso dalla UE in Medio Oriente, area d'interesse strategico per l'Europa, basta guardare al viaggio di Ursula von der Leyen e Roberta Metsola in Israele.

La VdL ha dichiarato che l'Unione Europea è al fianco di Israele "oggi e nei prossimi giorni" e "nelle prossime settimane". L'UE poteva offrire solidarietà al Paese dopo gli attacchi di Hamas, chiedere il rispetto del diritto internazionale, proporsi in un ruolo di mediazione per negoziare il rilascio degli ostaggi, alcuni dei quali di nazionalità europea oltre che israeliana.

Invece il duo VdL e Metsola ha preferito precipitarsi a Tel Aviv per offrire sostegno incondizionato a Israele, impegnato in una rappresaglia genocida che viola il diritto internazionale e nega alla radice gli stessi valori che l'UE sostiene di rappresentare.

Appare chiaro che a Bruxelles regna il caos. VdL e Metsola non hanno il potere di definire la politica estera dell'Unione, né il mandato degli Stati membri dell'UE, che sono divisi sul conflitto israelo-palestinese.

Eppure si sono mosse per fare danni su suggerimento di qualcuno. E questo nonostante che negli anni passati la UE abbia diretto verso Gaza e la Cisgiordania milioni di euro di aiuti. Un investimento bruciato, visto che ora la UE ha perso qualsiasi credibilità, accelerando la sua totale irrilevanza sullo scacchiere geopolitico.

## [16] Che succede ai piani alti d'Israele?

Ai piani alti del governo di Tel Aviv, compresi il premier Netanyahu e il ministro della Difesa Yoav Gallant, si sta pensando a come sfruttare in pieno la collaborazione con Hamas, che anche se non è diretta, è di sicuro indiretta, attraverso gli infiltrati, come succedeva in Italia al tempo delle Brigate Rosse.

Da tempo è noto che Hamas, che i suoi aderenti di base lo sappiano o no, è servito per costruire un'opposizione controllata di natura violenta che potesse sostituire l'OLP di Arafat ed emarginare completamente al-Fatah.

La radicalizzazione dell'opposizione a Israele è sempre stata usata dal governo del demagogo estremista Netanyahu come pretesto per poter lanciare periodici attacchi contro la striscia di Gaza, che colpiscono prevalentemente i civili, checché ne pensino gli occidentali.

Israele sa tutto di Hamas. Conosce i nomi dei loro leader e soldati. Conosce i luoghi dove si nascondono e potrebbe distruggerli in qualsiasi momento.

Ma il disegno del messianico e apocalittico Netanyahu è un altro, quello di realizzare una Grande Israele, che si annette non solo Gaza e la Cisgiordania e Gerusalemme est, ma anche molti territori dei limitrofi Stati arabi. Il suo sogno è quello di costruire uno Stato che va dal Nilo all'Eufrate.

In questo piano imperialista lo spregiudicato Netanyahu e dei suoi sodali della setta sionista dei Chabad Lubavitch, considera Israele il "popolo eletto ed eterno" che non potrà mai morire. Persino gli Stati Uniti, nella sua follia, sono soltanto una specie di Assiria o di Babilonia, di Grecia o di Roma dei giorni nostri. E quindi destinati ad avere un tempo limitato.

Siamo quindi di fronte a una logica non molto diversa da quella che l'11 settembre del 2001 consentì a George Bush e al gruppo di sionisti neocon che governava la sua amministrazione d'invadere l'Iraq e l'Afghanistan attraverso il falso pretesto che bin Laden, aiutato dai talebani e da Saddam Hussein, avesse attaccato le Torri Gemelle.

Tuttavia il mondo intero, quello non occidentale, è stufo di queste assurde narrazioni e comincia a prepararsi a uno scontro epocale, in cui si farà persino fatica a fare uno scambio di prigionieri.

### Secondo step

Allora, dopo il primo *step*, in cui i servizi segreti israeliani[2], d'accordo con quelli americani, han chiuso un occhio sulla sortita squadristica di Hamas, quale può essere il secondo *step* di queste due democrazie farlocche (USA e Israele) per scatenare una bella guerra in Medioriente, paragonabile a quella in Ucraina, dove centinaia di migliaia di persone finiranno sotto terra? Qui si fa a gara a chi è più furbo a fare il terrorista, e in tal senso le due suddette democrazie sono imbattibili: hanno tutti gli strumenti mediatici che vogliono, grandissimi mezzi militari, molti uomini pronti a combattere e moneta fiat *ad libitum*.

Ci vuole un altro attacco *false flag*, una specie di incidente del Tonchino, di vietnamita memoria (1964). Questa volta contro qualche nave americana attraccata ai porti d'Israele. Basterà forse il siluro di un sottomarino, fatto passare per russo, visto che la Russia ha la flotta stazionata dal 1971 nel porto siriano di Tartus? O basterà un missile lanciato da Hezbollah (previa naturalmente una certa provocazione)? Un missile che magari devasta la base UNIFIL in Libano...

È una bella tentazione per Netanyahu, soprattutto se non riesce a impadronirsi quanto prima dell'area settentrionale di Gaza, cacciandone il milione di cittadini che la popolano. Ma è una tentazione ancora più grande per la NATO, che deve rifarsi dello smacco subìto nella suddetta Ucraina, dove ha perso un territorio grande quanto il Portogallo e dove tra un po' Kiev sarà costretta alla resa incondizionata.

Il problema però è che non siamo più all'età della pietra: cioè le guerre sostenute da Israele dal 1948 al 1973 non possono essere minimamente paragonate con quella che potrebbe accadere oggi. In questo momento, se si svolgesse una guerra con armi convenzionali, Israele non avrebbe alcuna possibilità di successo, almeno non senza l'aiuto esplicito

---

[2] Israele ha almeno tre principali agenzie di *intelligence*: lo Shabak, noto anche come Shin Bet, che si occupa di sicurezza interna; l'Aman, l'*intelligence* militare e il famoso, o famigerato, Mossad, che si dedica alla sicurezza esterna del Paese.

e diretto della NATO, poiché sa benissimo che Iran e Libano (Hezbollah) e Siria non starebbero a guardare (e forse neppure Egitto, Arabia Saudita e altri Paesi del Golfo). Senza la NATO potrebbe vincere solo se facesse ricorso al nucleare. Cosa che l'occidente, storcendo un po' il naso, approverebbe, ma con quali conseguenze? Russia, Cina, India, Pakistan e tutti gli altri Paesi nuclearizzati starebbero a guardare?

L'altro problema è che negli USA ci sono le elezioni il prossimo anno: è il caso che il Partito democratico si presenti dopo aver scatenato una guerra mondiale in Medioriente? Con tanto di marines morti? Sì, forse è il caso, se riescono a trasformare una ridicola democrazia in un'aperta dittatura militare.

### Esercitazioni nucleari al momento giusto

Certo, in questo momento l'Italia aveva assolutamente bisogno di partecipare a un'esercitazione nucleare della NATO nel Mediterraneo: la *Steadfast Noon* (Mezzogiorno costante) dal 17 al 26 ottobre coi bombardieri a lungo raggio B-52 che partiranno dalle basi di Aviano, Ghedi, Amendola, Gioia del Colle e Trapani.

Esercitazione nucleare, non convenzionale, beninteso. Perché "la NATO – spiega Stoltenberg a chi ancora ne dubitasse – contribuisce a garantire credibilità, efficacia e sicurezza del nostro deterrente nucleare e invia il messaggio chiaro che la NATO difende tutti gli Alleati".

Quale alleato in questo momento ha bisogno di sapere che, siccome si sente seriamente minacciato da qualche Stato, verrà difeso dalla NATO fino al ricorso del nucleare? Uno lo sappiamo: è l'Ucraina, che se anche non fa parte dell'Alleanza, molto presto lo sarà, anzi, in un certo senso lo è già, visto che siamo in presenza di una guerra per procura.

Ma qual è l'altro Paese che ha bisogno di un'assistenza nucleare? Israele, è ovvio. Che anche se non fa parte della NATO, resta il miglior alleato degli USA. E noi possiamo forse pensare che se la sua esistenza fosse seriamente minacciata, gli USA non l'aiuterebbero con tutti i mezzi militari a disposizione? Cosa andrà a fare Biden i prossimi giorni a Tel Aviv?

Israele non è nella NATO soltanto perché non vuole dichiarare esplicitamente che è un Paese nucleare e quante bombe possiede.

Intanto speriamo che nel Mediterraneo non capiti in quei giorni uno strano incidente. Ne abbiamo avuto abbastanza di Ustica.

### [17] Perché meravigliarsi dei gesti estremi?

Supponiamo che Hamas sia soltanto una costola dei Fratelli Musulmani. Cioè supponiamo che siano soltanto dei radicali, finanziati e armati dal Qatar, dall'Iran e da chissà chi. Supponiamo che nel lager di Gaza abbiano avuto la meglio su tutti gli altri partiti palestinesi proprio perché quello è un lager, dove l'esistenza è così precaria che un cittadino qualunque pensa che nei confronti di Israele ci voglia meno diplomazia e più azioni di forza, proprio perché Israele non intende ragioni e non rispetta gli accordi che firma. Insomma supponiamo che la sortita armata dai contorni terroristici sia stata organizzata, per quanto inverosimile, all'insaputa d'Israele.

Ora chiediamoci: al cospetto della reazione sproporzionata e bestiale del governo di Netanyahu, la popolazione di Gaza aumenterà o diminuirà il proprio radicalismo? Si spaventerà o diventerà più coraggiosa? Se si rifugerà in Europa occidentale sarà più o meno propensa ad assumere atteggiamenti estremistici? E Hamas vedrà calare o crescere il proprio consenso politico? E il mondo non occidentale, che da tempo si chiede perché nessuno faccia rispettare a Israele le risoluzioni dell'ONU, si metterà ancora di più o di meno dalla parte della Palestina?

In altre parole: da quell'anno assurdo del 1948, quando l'ONU ha permesso la rinascita dello Stato d'Israele (dopo quasi 2000 anni che non esisteva più) togliendo territori a una popolazione già residente, il tempo trascorso ha portato i palestinesi a rassegnarsi oppure li ha esasperati sempre di più? Questo tempo è passato invano, uguale a se stesso, oppure è aumentata la consapevolezza di un intollerabile atteggiamento violento, cleptocratico, fondamentalmente razzista dei sionisti? Non si è forse capito una volta per tutte che i sionisti possono fare gli arroganti nei confronti di tutti i Paesi limitrofi proprio perché sanno di essere protetti dagli americani, che in sostanza son come loro su scala globale?

Dunque come si risolve la crisi mediorientale di cui Israele costituisce la causa scatenante? Le proposte sul tavolo non sono molte:

- due Stati per due popoli, sulla base della ripartizione territoriale antecedente al 1967 (guerra dei Sei giorni);

- una nuova guerra contro Israele da parte degli Stati islamici coalizzati tra loro;

- embargo su tutti i prodotti israeliani;

- isolamento diplomatico internazionale di questo Paese.

Se dopo 4000 anni di storia gli ebrei non riescono a capire che si è più sicuri nella pace che non nella guerra, bisogna che qualcuno glielo faccia capire con ciò che loro amano di più: l'uso della forza.

Forse una lancia a favore d'Israele sarebbe possibile spezzarla a condizione che una guerra civile interna faccia pulizia degli elementi più fondamentalisti e guerrafondai.

## Interpretare alla rovescia

Joe Biden ritiene che un'occupazione israeliana di Gaza sarebbe "un grosso errore, perché Hamas e gli elementi estremi di Hamas non rappresentano tutto il popolo palestinese".

Poi ha aggiunto: "Hamas deve essere completamente eliminato, ma deve esserci anche una strada verso uno Stato palestinese. Ma non penso che Israele perseguirà questa strada in questo momento, anche se Israele sa che una parte significativa del popolo palestinese non condivide le opinioni di Hamas e Hezbollah".

Dunque ricapitoliamo. Siccome sappiamo che gli statisti americani han la lingua biforcuta, in sostanza avrebbe detto: Israele fa bene a sterminare Hamas, anzi dovrebbe eliminare per sempre anche le milizie di Hezbollah. Se non ci riesce da sola, l'aiuteremo noi. Il problema però è che bombardando Gaza con gli aerei o i droni o entrando coi carri armati e le truppe, molti civili ci rimetteranno la pelle, e noi americani non vogliamo apparire come quelli che hanno spinto Israele al massacro. Pertanto dichiariamo in anticipo che entrare a Gaza è un errore, non perché Hamas potrebbe uccidere gli ostaggi o perché potrebbero entrare in guerra altri Stati, ma perché il diritto internazionale ci chiede di far almeno finta d'essere democratici (questa è una lezione che qualunque Stato autoritario dovrebbe conoscere).

Però possiamo capire Israele, perché con quello che ha subìto, difficilmente non occuperà Gaza, e se le forze sioniste non si comporteranno in maniera corretta, le giustificheremo. Anzi è possibile che, proprio grazie ai loro errori, si potrà effettivamente eliminare l'estremismo islamico e permettere ai sionisti di allargare i confini del proprio Stato. Si potrà anche costruire coi palestinesi moderati un piccolo Stato per loro.

## [18] Io nel pensier mi fingo

Mettiamoci nei panni di un terrorista di Hamas. Naturalmente lui si considera un guerrigliero, un partigiano, un patriota combattente, e pensa che l'appellativo di terrorista andrebbe rivolto ai sionisti.

Questo movimento resistenziale sunnita e fondamentalista non è solo politico ma anche militare. Cioè i suoi aderenti pensano che per liberarsi del lager in cui Gaza vive, non sia sufficiente la politica e la diplomazia, ma occorra anche la lotta armata, senza la quale – lo si vede bene in Cisgiordania – non si è in grado d'impedire alcun esproprio, alcuna colonizzazione.

Dunque, in quanto miliziano di Hamas penso che di tanto in tanto sia giusto provocare Israele lanciando missili da Gaza, proprio per far capire ai sionisti che i palestinesi non sono pecore destinate al macello. Ad un certo punto però penso che lanciare qualche razzo, che viene immancabilmente intercettato dalla potente contraerea nemica, non sia più sufficiente.

Questa volta mi preparo per una sortita in grande stile. Siamo in molti (circa 30.000), possiamo usare non solo tanti missili, ma anche deltaplani a motore, varie armi di precisione e bulldozer per fare una breccia in quell'infame muro che fa da confine. Certo non ho cannoni, obici, artiglieria semovente, carri armati, ma soltanto armi sufficienti per attaccare i kibbutz, catturare i loro abitanti e portarli a Gaza per uno scambio di prigionieri, perché Israele tiene molti dei nostri nelle sue carceri.

Ora che senso ha che un miliziano di Hamas faccia un ragionamento di questo genere? Come può non sapere che la reazione di Israele sarà molto al di sopra dell'umana comprensione? Possibile che nella sua frustrazione di recluso in casa propria sia così ingenuo da credere di avere qualche possibilità di realizzare i propri obiettivi sottovalutando la reale forza del nemico?

Quindi qui le alternative sono due: o questo attacco terroristico è avvenuto col consenso implicito del governo di Netanyahu, bisognoso di un'occasione buona per sopravvivere nella propria profonda corruzione (in stile yankee), oppure abbiamo a che fare con un movimento di persone immature, che si sono illuse di poter far leva su qualcosa di inedito o di importante, senza pensare che per i propri obiettivi occorreva ben altra organizzazione e strategia.

Supponiamo vera la seconda. Quale fatto li avrebbe indotti a sperare contro ogni speranza? Forse più di uno: la fine delle ostilità tra iraniani e sauditi grazie alla mediazione russo-cinese; la fine del petrodollaro sancita dai sauditi; l'accresciuta potenza dell'esercito di Hezbollah, grazie al sostegno di alcuni Paesi islamici; la fine della guerra tra sauditi e yemeniti; la tenuta del governo di Assad e la sua riammissione nella Lega Araba; la presa di distanza della Turchia dalle decisioni antirusse della NATO; il fallimento degli Accordi di Abramo ai fini della realizzazione della pace; la capacità del governo iraniano di tener testa alle provocazioni, minacce, sanzioni americane e sioniste; la nascita di un mondo multipolare rappresentato dai BRICS+; il possibile shutdown USA il 17 novembre; il tentativo di *impeachment* a carico di Biden. O che altro?

Hamas ha pensato che ci sarebbe stata grande solidarietà da parte di tutto il mondo islamico, e non solo di quello mediorientale.

Questa speranza era giustificata? I fatti cosa dimostrano? Se anche ottenesse qualche risultato, il metodo che Hamas ha scelto può essere considerato adeguato? Personalmente ritengo di no, e questo a prescindere dal fatto che i servizi segreti d'Israele abbiano creato una trappola per occupare Gaza. Mi ricorda troppo da vicino il fallimento della rivolta nel ghetto di Varsavia, che gli ebrei vollero fare senza coordinarsi con l'arrivo dei sovietici (salvo poi accusare gli stessi sovietici di averli fatti massacrare apposta!).

## Gli ultimi fotogrammi

Stando ai dati dell'ONU (Ufficio per gli affari umanitari) tra il gennaio 2008 e il 6 ottobre 2023 (dunque un giorno prima di quest'ultima tragedia) sono stati uccisi 6.407 civili palestinesi e 308 civili israeliani. E si tratta solo di civili, in quanto soldati e miliziani vengono conteggiati a parte.

Un dato che al *mainstream* occidentale non è mai interessato. A noi infatti basta vedere l'ultima parte del film, quella più truce, così possiamo reagire su due piedi. Per il resto ci piace la bella vita e la cronaca mondana.

Pochi accettano l'idea che se vengono uccisi quasi 7.000 civili in pochi anni, se milioni di persone in Cisgiordania sono soggette a furti di territori e tribunali militari da oltre mezzo secolo, se ci sono 2,3 milioni persone nella Striscia di Gaza (con 6.000 ab./kmq) che han problemi per accedere ai servizi più elementari, è impossibile che prima o poi non scoppino manifestazioni violente.

Paradossalmente in occidente si ha questo atteggiamento contraddittorio: da un lato non si fa nulla per impedire questi periodici bagni di sangue; dall'altro si diffonde la narrativa che gli islamici fanno paura perché vi sono troppi profughi, hanno idee fanatiche che li portano facilmente ad ammazzare qualcuno, possiedono una cultura medievale, usi e costumi barbarici, e così via, tra un luogo comune e un pregiudizio più o meno razzistico.

Gli israeliani invece li consideriamo più civilizzati, più vicini a noi, a parte le loro fissazioni di natura religiosa.

Eppure l'anno scorso vi sono stati in Cisgiordania più omicidi che negli ultimi due decenni. Infatti circa il 60% dei soldati israeliani è dispiegato in questa regione col compito di proteggere i coloni che vivono nelle profondità dei territori palestinesi occupati. Si badi che sono tutti coloni armati, fondamentalmente razzisti e cleptomani. Nessuno li obbliga ad andare a vivere proprio lì. Non sono perseguitati nei Paesi da cui provengono.

Comunque a noi occidentali non interessa cosa fanno i popoli, ma cosa fanno gli statisti. E il governo di Netanyahu parla chiaro: vuole annettersi Gaza, Cisgiordania e Gerusalemme Est per fare d'Israele una grande nazione. Per realizzare questo obiettivo ha ben pensato di subordinare la giustizia alla politica, il diritto alla forza.

Quando, poco tempo fa, ha presentato all'ONU una mappa di un nuovo Medio Oriente incentrato su Israele e i suoi nuovi partner arabi, i territori dei palestinesi non erano neppure contemplati. I migliori palestinesi per lui o sono morti o sottomessi all'interno di uno Stato ebraico confessionale.

### Esiste anche un PC israeliano

Il partito comunista d'Israele ha orrore del proprio governo, definito, senza mezzi termini, "fascista".

Ha orrore anche dei coloni israeliani, che profanano i luoghi sacri dei palestinesi e compiono pogrom contro di loro.

Governo e coloni si stanno muovendo con spirito di vendetta, e saranno i civili palestinesi a pagarne le conseguenze.

Il partito ritiene che se non s'interverrà presto contro questo governo, una guerra regionale sarà inevitabile.

La soluzione della crisi sta quindi nel porre fine all'occupazione israeliana dei territori palestinesi, riconoscendo i diritti legittimi di questo popolo. Insistere su una pace giusta è nel chiaro interesse di entrambi i popoli.

La comunità internazionale non può semplicemente essere indotta a intervenire per evitare ulteriori stragi che i sionisti possono compiere contro i palestinesi. Ci vuole una soluzione di più ampio respiro, che garantisca sicurezza a tutti. E col governo Netanyahu è impossibile ottenere una soluzione del genere, proprio perché si basa su concetti come occupazione, discriminazione e superiorità etnica.

### [19] Cessare il fuoco? Neanche per idea!

Con 5 membri a favore e 4 contrari, il Consiglio di Sicurezza dell'ONU ha respinto la risoluzione della Federazione Russa che chiedeva un immediato cessate il fuoco umanitario nella crisi israelo-palestinese in corso.

La risoluzione condannava tutte le violenze e le ostilità dirette contro i civili e tutti gli atti di terrorismo; chiedeva anche il rilascio sicuro di tutti gli ostaggi e la fornitura e distribuzione senza ostacoli di assistenza umanitaria, compresi cibo, carburante e cure mediche.

La bozza di risoluzione è stata sostenuta dalla Cina e da tre membri non permanenti, tra cui Gabon, Mozambico ed Emirati Arabi Uniti. Hanno votato contro le delegazioni di Francia, Giappone, Stati Uniti e Regno Unito, mentre i restanti sei membri del Consiglio si sono astenuti dal voto.

Chi si astiene, in casi del genere, è colpevole, moralmente, come chi è contrario. Da qui si capisce come le azioni d'Israele facciano parte di una strategia più grande, che appartiene all'occidente collettivo, volta a destabilizzare l'intero pianeta.

Chiunque infatti sarebbe stato in grado di capire che senza un cessate il fuoco sono impossibili l'apertura di corridoi umanitari e il rilascio sicuro di tutti gli ostaggi.

Le potenze occidentali si sono rifiutate di approvare la risoluzione perché non veniva esplicitato che tutta la colpa della crisi umanitaria ricade su Hamas e che Israele ha diritto a difendersi.

Ancora una volta di un film lungo 75 anni si vogliono guardare solo gli ultimi 5 minuti. Non solo, ma per un puntiglio ideologico si mandano di sicuro a morte altri civili innocenti e forse gli stessi prigionieri. Il diritto alla difesa diventa solo un'esigenza di vendetta indiscriminata.

A Gaza in una decina di giorni sono state ammazzate circa 3.500 persone (di cui oltre 1.000 bambini). In Ucraina in 20 mesi i civili morti sono meno di 10.000. In proporzione se la guerra a Gaza dovesse durare lo stesso periodo, dovremmo avere quasi 213.000 morti, che poi in un territorio dove la densità media è di 6.000 ab./kmq sicuramente sarebbero di più.

### Persino l'ONU lo dice

L'Ufficio per i diritti umani delle Nazioni Unite ha affermato che l'assedio di Gaza da parte d'Israele e il suo ordine di evacuazione per il nord dell'enclave potrebbero equivalere a un trasferimento forzato permanente di civili e costituire una violazione del diritto internazionale.

A fronte di almeno 400.000 sfollati interni, accolti in varie località, l'OHCHR ricorda che, secondo il diritto internazionale, "qualsiasi evacuazione temporanea legittima da parte di Israele, in quanto potenza occupante, di una determinata area sulla base della sicurezza della popolazione o per imperativi motivi militari, debba essere accompagnata dalla fornitura di alloggi adeguati per tutti gli sfollati, effettuata in condizioni soddisfacenti di igiene, salute, sicurezza e nutrizione".

Tuttavia Israele non ha fatto assolutamente nulla per garantire ai 1,1 milioni di civili evacuati a Gaza un alloggio adeguato, nonché condizioni soddisfacenti di igiene, salute e sicurezza e nutrizione. Pertanto si dà per scontato che Israele debba essere incriminato per la deportazione permanente della popolazione di Gaza. Nessuno può compiere un trasferimento forzato di civili da un luogo a un altro. Anche la Corte Penale Internazionale conosce questo crimine contro l'umanità. Come mai non dice nulla?

Peraltro quanti sono riusciti a rispettare l'ordine di evacuazione, sono ora intrappolati nel sud della Striscia di Gaza, con scarsi ripari, scorte alimentari in rapido esaurimento, accesso scarso o nullo all'acqua pulita, ai servizi igienico-sanitari, alle medicine e ad altri beni di prima necessità. Questo perché l'Egitto non vuole nel proprio territorio più di un milione di rifugiati.

Su questa situazione di catastrofe umanitaria senza precedenti, come mai l'ONU non ha ancora espresso alcuna condanna?

E che dire del fatto che le forze militari sioniste si permettono di ordinare l'evacuazione di un ospedale? Non lo sanno che ordini del genere non si potrebbero dare neppure se si sapesse con certezza che nell'ospedale si nascondono dei terroristi? Non lo sanno che obiettivi del genere sono assolutamente interdetti all'aviazione o a dei bombardamenti a distanza?

I sionisti si vantano d'essere molto più evoluti dei palestinesi, ma su queste cose elementari si comportano come degli arroganti analfabeti.

## [20] Liberare i prigionieri senza condizioni

Il coordinatore delle comunicazioni strategiche del Consiglio di sicurezza nazionale della Casa Bianca, John Kirby, ha dichiarato in un'intervista a "Fox News" che gli Stati Uniti non hanno intenzione di essere coinvolti nel conflitto israelo-palestinese. Tuttavia, non ha escluso che le loro forze armate possano essere utilizzate per liberare gli americani catturati dai palestinesi, il cui numero non è ben chiaro. Sanno solo che i loro morti sono 27.

Dunque ecco perché hanno inviato due portaerei. Sembravano sapere in anticipo che Hamas, con la sua sortita, avrebbe catturato degli americani. Non era solo per dissuadere Hezbollah dal compiere un passo falso. Gli USA, belligeranti per definizione, non possono sopportare l'idea che alcuni loro cittadini vengano tenuti in ostaggio all'estero. Sarebbe una vergogna insopportabile. Quindi se non vengono rilasciati spontaneamente, un intervento armato è assicurato, proprio perché gli USA non trattano coi terroristi. Se ne prendono uno, lo fanno marcire in prigione per il resto della sua vita, facendolo lavorare come uno schiavo e sottoponendolo a vari esperimenti. È questa la loro pedagogia: puoi fare quello che vuoi, ma se sbagli anche una sola volta e non hai milioni di dollari da spendere con gli avvocati, sei un morto che cammina.

Tuttavia la frase "liberare i prigionieri senza condizioni" in Italia l'abbiamo già sentita. La disse Paolo VI durante la prigionia di Aldo Moro, e sappiamo come andò a finire.

## La ratio di Orsini è impeccabile

Il professore Alessandro Orsini, su "Il Fatto Quotidiano", ha sottolineato i doppi standard del nostro governo: "La retorica della Meloni sulla Palestina contraddice la retorica della Meloni sull'Ucraina. La Meloni ha sempre affermato che la guerra in Ucraina si risolverà con il ritiro immediato e incondizionato dei russi dai territori occupati. I musulmani, compresa l'Arabia Saudita, si sono chiesti perché la Meloni non offra la stessa conclusione a Netanyahu. Se gli ucraini occupati hanno il diritto di sparare ai soldati russi occupanti, perché i palestinesi occupati non hanno il diritto di sparare ai soldati israeliani occupanti? Si sosterrà che Hamas ha sparato contro i cittadini israeliani. Ma ormai da otto anni il governo di Kiev spara sulla popolazione civile russa nel Donbass".

Aggiungo che è difficile pretendere coerenza da parte di un governo che non ha alcuna autonomia di pensiero: ragiona con la testa degli americani, i quali non sono mai stati interessati alla coerenza intellettuale. Loro ragionano con la pistola fumante sul tavolo.

## Rappresaglia in stile nazista

Israele sta facendo una rappresaglia in stile nazista, cioè probabilmente si fermerà quando per ogni ebreo ucciso avrà eliminato almeno una decina di palestinesi e requisito una parte dei loro territori. Non sia mai che a Israele una qualunque guerra non giovi anche dal punto di vista materiale.

Se ne sono accorti sei relatori speciali delle Nazioni Unite (tra cui la nostra Francesca Albanese, esperta in diritti umani in Palestina), che hanno accusato Israele d'aver commesso crimini contro l'umanità a Gaza, dopo 16 giorni di assedio, in quanto esiste un "rischio di genocidio".

"Non ci sono giustificazioni per questi crimini, e siamo inorriditi dalla mancanza di azione da parte della comunità internazionale di fronte a questa guerra", han detto.

Hanno aggiunto che la popolazione di Gaza, di cui la metà dei 2 milioni di abitanti sono bambini, ha già sofferto decenni di occupazione illegale, sopportato 16 anni di blocco e ora si trova ad affrontare "un assedio totale, insieme a ordini di evacuazione impossibili da rispettare". Tutto ciò viola il diritto internazionale.

Altri due relatori han sottolineato che le misure antiterrorismo adottate da Israele "non possono servire come base per infrangere il diritto internazionale". "Gli atti terroristici, per quanto orribili, non giustificano crimini di guerra o crimini contro l'umanità".

In questo senso l'ordine di evacuazione di Gaza, che ha colpito 1,1 milioni di persone, "avrà conseguenze devastanti", così come la privazione dell'acqua potabile e dell'elettricità.

Naturalmente i relatori condannano anche la sortita terroristica di Hamas. Evitano però di condannare la stessa organizzazione che paga queste relazioni, cioè l'ONU, che dal 1948 ad oggi si è semplicemente limitata a emanare delle risoluzioni senza accompagnarle ad alcuna iniziativa concreta.

## I limiti delle religioni

A volte mi chiedo se gli ebrei siano in grado di gestire uno Stato politico, che pretenda d'essere democratico e pluralista. Dico questo perché il fatto d'aver subìto la shoah, per non parlare dell'antisemitismo per molti secoli, sembra non aver insegnato niente.

Ovviamente mi riferisco agli ebrei al potere, cioè ai sionisti, non agli ebrei in generale, laici o religiosi che siano.

La cultura ebraica è immensa, non c'è alcun dubbio. Ma oggigiorno l'opposizione di questa cultura alla gestione autoritaria del potere politico in Israele è assolutamente inadeguata. Sembra che gli ebrei di tutto il mondo, quando vedono che lo Stato d'Israele è, per qualche grave motivo, oggetto di contestazione, temano che ogni loro eventuale critica possa indebolirlo ulteriormente. Temono di passare per "traditori" e di fare un favore all'avversario principale dell'ebraismo in Palestina: l'islam.

Che poi anche gli islamici non è che siano dei gran campioni di democrazia nei loro Paesi. Anche i loro, generalmente, sono Stati confessionali, chi più chi meno. Quale ateo o agnostico o credente in una fede opposta a quella dominante o anche solo diversa dalle tre monoteistiche andrebbe a vivere volentieri nei loro Paesi? In genere lo si fa solo per esigenze di lavoro.

Una delle grandi differenze tra ebraismo e islam è che le enormi contraddizioni create dall'occidente col proprio colonialismo hanno indotto decine di milioni di persone ad adottare un ebraismo semplificato, appunto l'islam, in funzione antioccidentale.

Ebraismo e islam sono due religioni politicizzate, di protesta contro la civiltà occidentale. Almeno storicamente sono state così. Oggi però sarebbe assurdo sostenerlo. E non solo perché spesso la finanza mondiale è in mano a soggetti di origine ebraica, e non solo perché i Paesi produttori di petrolio sono spesso uno dei centri del capitalismo mondiale, ma anche perché è la religione in sé che ormai non conta più nulla, essendo solo un mero strumento di potere o una rivendicazione identitaria dei ceti marginali, per lo più soggetta a strumentalizzazioni politiche.

In teoria ebraismo e islam potrebbero anche allearsi contro di noi occidentali, ma per nostra fortuna non lo fanno mai. Anzi quando è in gioco l'idea di benessere materiale, fanno presto, ebrei ed islamici, ad accordarsi con qualche Stato occidentale, che pur nel passato ha rappresentato per loro una politica genocidaria, uno spirito di crociata, un'ambizione colonialistica.

Sappiamo che gli ebrei cacciati dall'Europa cattolica aiutarono gli islamici ottomani ad abbattere l'impero bizantino, ma queste forme di collaborazione non sono così frequenti. Un'altra clamorosa si ebbe quando gli ebrei perseguitati dai cattolici aiutarono i calvinisti olandesi a trasformare il loro Paese in una grande potenza capitalistica e colonialistica.

Questo per dire che lo sviluppo del capitalismo è trasversale a tutte le religioni, per cui non si può certo dire che la civiltà cristiana sia migliore delle altre due. Anzi, dovremmo dire che il capitalismo è frutto di un matrimonio tra cristianesimo e borghesia: un'alleanza che ha condizionato il mondo intero e che, sviluppandosi laicamente col passare dei secoli, ha inventato concetti formali come democrazia parlamentare, Stato democratico, integrità nazionale, diritto naturale, separazione dei poteri, ecc.: tutti ossimori privi di senso, vere e proprie contraddizioni in termini.

Solo in apparenza il mondo è in mano a tre intolleranti religioni esclusivistiche, che fanno sempre molta fatica a convivere pacificamente tra loro. Di fatto tutti i credenti di queste tre confessioni tendono a scimmiottare uno stile di vita borghese, di marca occidentale, in cui il denaro è l'unico vero dio da adorare. E questa realtà condiziona anche i credenti di altre confessioni e naturalmente anche i non credenti.

Sappiamo bene che queste son tutte generalizzazioni che lasciano il tempo che trovano. Servono solo a capire che al giorno d'oggi sarebbe bene tenere separata la religione dalla politica, e soprattutto sarebbe bene che quando si parla di democrazia e di valori umani ci fosse coerenza tra teoria e pratica, quella coerenza che nessuna religione è in grado di garantire.


## [21] Dire a nuora perché suocera intenda

È molto probabile che le stragi di civili che Israele sta facendo a Gaza non abbiano solo come obiettivo quello di occupare l'area settentrionale di questa *exclave*, ma anche di ridefinire i confini marittimi col Libano.

Questo perché c'è di mezzo lo sfruttamento dei giacimenti gasiferi del Mediterraneo. Israele e Libano sono sempre stati ai ferri corti, salvo quando han deciso di fare, nell'ottobre 2022, un accordo sul gas con la mediazione americana (e il consenso di Hezbollah): un accordo firmato dal premier israeliano Yair Lapid e dal presidente libanese Michel Aoun.

L'accordo doveva mettere fine a una lunga disputa riguardante circa 860 kmq del Mediterraneo, che copre i giacimenti di gas di Karish e Qana. Il primo si trova in acque israeliane; il secondo in quelle libanesi. Con l'accordo Israele potrà sfruttare il suo giacimento e prenderà delle *royalties* dallo sfruttamento di quello libanese.

Oggi, col governo Netanyahu la situazione è cambiata completamente. A lui l'accordo non piace per niente, perché vuol sfruttare per intero i due giacimenti trovati, di notevole portata e importanza non solo economica. Infatti Israele potrebbe accreditarsi come potenza mondiale energetica, raggiungendo persino l'autosufficienza.

Come noto, Karish è solo l'ultimo di una serie di giacimenti di gas ai quali Israele sta lavorando. Si stima che il solo giacimento Leviathan (il secondo più grande nel Mediterraneo dopo la scoperta nel 2015 del giacimento di Zohr al largo delle coste egiziane), scoperto a 130 km dalla città di Haifa nel 2010, contenga 535 miliardi di metri cubi di gas naturale. Nei primi anni 2000 gli israeliani scoprirono anche il bacino, più piccolo, Tamar, entrato in funzione nel 2013.

Israele, insieme a Cipro e Grecia, sta già costruendo il gasdotto mediterraneo EastMed, che dovrebbe connettere i giacimenti Leviathan e il cipriota Aphrodite con l'Europa, per 1/3 in terra e il resto in mare (in tutto quasi 2.000 km). La UE lo considera strategico e lo sta ampiamente finanziando, per rendersi totalmente indipendente dal gas russo.

Forte di queste grandi risorse economiche, Netanyahu non solo vuole ridefinire i confini marittimi col Libano (persino quelli terrestri sono ancora oggetto di disputa), ma soprattutto non vuol cedere nulla a Hezbollah, che potrebbe trarre vantaggi materiali da quell'accordo: vuole una guerra totale contro questa formazione militare, che ritiene di gran lunga più pericolosa di Hammas. Quindi è probabile che l'attacco a Gaza sia in realtà anche una provocazione per far scendere in campo Hezbollah.

Insomma dire a nuora perché suocera intenda.

### Gaza c'entra maledettamente

Ma che c'entra Gaza con la questione energetica israeliana?

Con gli Accordi di Oslo del 1993-95 tra Israele e l'Organizzazione per la liberazione della Palestina (OLP), nel cui ambito sembrò attuarsi un primo riconoscimento di quest'ultima come entità giuridica rappresentante il popolo palestinese, si creò una "Maritime Activity Zone" al largo della Striscia di Gaza estesa 20 miglia verso il largo, aperta, nella parte centrale, alle attività di pesca e ricreative di battelli autorizzati dall'ANP (Autorità Nazionale Palestinese). Questa è la cosiddetta "zona L".

Però esistono anche le "zone K e M", che appartengono, esclusivamente alla Marina israeliana.

Siccome la "zona L" è più vicina a un importante giacimento gasifero del Mediterraneo, il Gaza Marine, che ricade al di là della ipotetica zona di pesca, e che fu trovato dalla compagnia britannica "British Gas" (BG Group), il governo di Netanyahu vuole anche quella zona. Diciamo anzi che, siccome non esiste uno Stato palestinese, il governo israeliano si è sentito autorizzato a imporre, nel 2009, un blocco navale anti-Hamas che ha ridotto la "zona L" a sole tre miglia dalla costa.

Gli Accordi di Oslo non citavano lo sfruttamento delle risorse energetiche dei fondali come diritto riconosciuto all'ANP. Semplicemente nel 1999 Arafat aveva concesso lo sfruttamento del giacimento di gas alla suddetta BG Group, in compartecipazione con una società greco-libanese (CCI) e a un fondo d'investimento palestinese (PIF).

Secondo il governo israeliano tale concessione giuridicamente non vale nulla, proprio perché la Palestina non è uno Stato. E se Hamas pensa di poter controllare quel giacimento, se lo scorda: quello è un gruppo terroristico che nessun Paese al mondo riconosce. E il fatto che sia stato eletto democraticamente non significa proprio nulla. E se quel giacimento non l'avrà Hamas, tanto meno l'avrà l'ANP che, quanto a potere contrattuale, è sotto zero.

Così ragiona Netanyahu. Ecco perché ha presentato all'ONU una mappa d'Israele in cui la Palestina non esisteva neppure!

**Parlamento europeo impazzito**

Incredibile: 419 deputati europei han votato contro il "cessate il fuoco umanitario" a Gaza, proposto da Manon Aubry, leader della sinistra al Parlamento europeo (The Left – GUE/NGL).

La risoluzione comprendeva anche la richiesta di eliminare il blocco su Gaza e il riconoscimento dei crimini di guerra israeliani.

Va notato che la condanna dei crimini di guerra di Hamas è stata votata da quasi tutti gli eurodeputati, compresi molti dello stesso gruppo parlamentare della sinistra.

Si rifiuta di credere che un "cessate il fuoco umanitario" possa essere un prerequisito per tutto il resto: il rilascio immediato degli ostaggi, la fine del blocco, la creazione di corridoi umanitari e il perseguimento dei crimini di guerra e dei criminali.

La Francia aveva già votato contro un "cessate il fuoco" umanitario al Consiglio di Sicurezza delle Nazioni Unite.

Insomma i sionisti non possono mai essere accusati di nulla, poiché il loro diritto all'autodifesa è sacrosanto, anche nel caso in cui violasse tutti i diritti internazionali e finisse per compiere un genocidio.

Come se il diritto all'autodifesa non valesse anche per i palestinesi! Israele non ha il diritto di difendere i suoi crimini e la sua occupazione, semmai è il popolo palestinese che ha il diritto di obbligare l'occupante a porre fine all'occupazione. Nel 2004 la Corte Internazionale di Giustizia ha emesso un parere consultivo nel caso riguardante le "Conseguenze Legali della Costruzione di un Muro nei Territori Palestinesi Occupati": vi si affermava che Israele "non può invocare il diritto di autodifesa per costruire tale muro sul territorio palestinese".

Inoltre Gaza, secondo il diritto internazionale, è ancora una "terra occupata": non ha senso parlare di diritto all'autodifesa da parte dei sionisti.

Resistere all'occupazione con tutti i mezzi, compresa la resistenza armata, è un diritto legittimato da tutte le norme e leggi internazionali, comprese le Convenzioni di Ginevra con il primo protocollo aggiuntivo, e dalle relative risoluzioni delle Nazioni Unite, come la Risoluzione n. 3236 dell'Assemblea Generale ONU, adottata dalla 29ª sessione dell'Assemblea Generale il 22 novembre 1974, che afferma i diritti inalienabili del popolo palestinese in Palestina, tra cui il diritto all'autodeterminazione e il diritto al ritorno alle "loro case e proprietà da dove sono stati espulsi, sfollati e sradicati".

## [22] Un forum decisivo? Speriamo!

Il rappresentante della Turchia al vertice del Cairo sulla Palestina (voluto dall'Egitto) era abbastanza seccato. Ha detto che:
- qualsiasi sostegno a Israele e il suo potenziamento con le armi contribuisce all'occupazione (ovviamente si riferiva agli USA);
- Israele definisce assurdamente l'isolamento di due milioni di cittadini palestinesi come "lotta contro il terrorismo";
- la situazione in Palestina è sempre stata una tragedia, per cui non ci sono scuse per ciò che sta accadendo a Gaza.

Da notare che in questo forum stanno già litigando di brutto la delegazione araba con quella europea, per cui difficilmente ci sarà un comunicato congiunto finale. La stessa Giordania, che pur è alleata degli USA, non vuol neppure sentir parlare di "trasferimento forzato dei palestinesi dalla Striscia di Gaza". I giorni scorsi il re Abdullah II ha cancellato la visita di Biden ad Amman.

La Meloni ha già detto che "Il vero obiettivo di Hamas non è difendere il popolo palestinese, ma compromettere la pace". Lei sì che s'intende di difesa degli interessi nazionali! Lei sì che conosce il vero obiettivo di Hamas! Poi però ha dovuto ammettere che la Palestina ha diritto ad avere un proprio Stato, anche se "non a spese dell'esistenza e della sicurezza d'Israele".

Come al solito non sa quel che dice. Se alla Palestina si dà un proprio Stato riconoscendo Israele per come è messa adesso sul piano geografico e geopolitico, sarà uno Stato assolutamente ridicolo. Non ha capito che la sortita avventuristica di Hamas doveva servire per far capire che la Palestina non è disposta ad accettare Israele *as is*, cioè per come essa è in questo momento. Tant'è che chi parla di due Stati, si riferisce alla situazione antecedente al 1967 (che sarebbe comunque una soluzione di compromesso, non quella ideale).

Questo forum è importante, poiché vi saranno presenti oltre 30 Stati e numerose organizzazioni internazionali e regionali, nonché i maggiori esponenti politici del mondo.

### Israele come l'Ucraina?

La Turchia non è mai scesa in campo contro Israele, ma se lo facesse, vincerebbe di sicuro. Una nazione di oltre 80 milioni di abitanti, che ha una buona coesione sociale interna, una cultura e una potenza militare ragguardevoli (anche nucleare), tali da guidare altri Stati islamici nel confronto coi sionisti, non può aver paura di niente. Non dimentichiamo che Erdoğan ha ribadito la necessità di una fondazione dello Stato palestinese sulla base dei confini stabiliti dall'ONU nel 1967. Che è una soluzione oggi irrealizzabile, utile giusto come provocazione per scatenare un conflitto contro i sionisti.

La rottura diplomatica dei due Paesi è iniziata nel 2010: solo di recente si è avviato un processo di normalizzazione, soprattutto perché c'è in prospettiva un gasdotto tra i due Stati, in collegamento col porto turco di Ceyhan.

In particolare per il governo di Ankara la violazione della moschea di Al Aqsa e di Gerusalemme est costituiscono la linea rossa che lo Stato ebraico non deve varcare. E questa linea l'ha varcata più e più volte.

I turchi han sempre sostenuto in tutti i modi i palestinesi, schiacciati da 16 anni di embargo, anche dando rifugio ai leader di Hamas.

In una guerra regionale la Turchia può sicuramente schierare grandi eserciti e forze aeree dotate di armi moderne e presidiate da combattenti disciplinati e determinati. L'emergere di un'alleanza regionale musulmana sunnita, guidata da Ankara e finanziata dal Qatar, non può che far paura a Israele. Se poi vi si aggiungono Iran, Iraq, Siria, Arabia Saudita, Egitto e Libano, Israele rischia di scomparire dalle carte geografiche.

Netanyahu sta sottovalutando il nemico che gli sta di fronte, proprio come ha fatto Biden coi russi in Ucraina.

Sia gli USA che Israele stanno facendo, dall'inizio di questo millennio, errori su errori, compromettendo gravemente la tenuta della propria compagine statale, la stabilità interna, la loro credibilità nel mondo. Non si rassegnano al fatto che il mondo è plurale e che tutti hanno diritto ad avere un proprio spazio vitale. La forza del diritto deve subentrare al diritto della forza.

## [23] Uscire dal vicolo cieco delle religioni

La religione è nata perché in epoca schiavistica gli uomini non trovavano soluzioni pratiche al superamento di questo sistema di vita. Prima dello schiavismo c'era una religione naturalistica (totemico-animistica) che non faceva del male a nessuno, che non prevedeva differenze di ceto o di classe, che non si metteva a servizio del potere, che non rivendicava privilegi particolari, che non demandava all'aldilà la soluzione dei problemi. Era tale perché strettamente connessa ai fenomeni naturali, che oggi pretendiamo (assurdamente) di dominare in forza della nostra tecnologia.

Oggi qualunque religione è solo uno strumento del potere politico dominante (uno dei tanti strumenti e neppure il principale). Certo uno può avere degli ideali religiosi da contrapporre alle contraddizioni del sistema, ma se lo fa in maniera individualistica non serve a niente, e se lo fa in maniera collettivistica deve trovare delle alternative che con la religione non c'entrano niente, come per es. l'autoconsumo contro i mercati o la democrazia diretta contro quella rappresentativa parlamentare.

Guardiamo in Ucraina: le due confessioni sono entrambe ortodosse, non hanno neppure un'ideuzza differente. Eppure una sta dalla parte dei neonazisti di Kiev, l'altra dalla parte del regime di Mosca. E si odiano mortalmente. Quindi non serve a niente essere ortodossi invece che cattolici o protestanti.

In una situazione del genere meglio separare la religione dalla politica (anche i russi e gli ucraini dovrebbero farlo). E con questo non voglio dire che di per sé il regime di separazione sia più democratico di quello confessionale (la democrazia non c'entra niente oggi con la religione), ma sicuramente è più *pluralistico*, più aperto alle differenze di atteggiamenti religiosi.

Guardiamo l'attaccamento che hanno israeliani e palestinesi alla religione. È un sintomo della loro paura, è una forma di primitivismo ideologico. Pensano che restando attaccati a una fede, possano meglio distinguersi dall'avversario, quando in realtà la vera differenza la possiamo vedere solo sul piano *pratico*, cioè nel *modo* come si affrontano le contraddizioni create dal capitalismo. E su questo piano, essere ebreo o islamico o cristiano o buddista o induista o quello che vogliamo, non significa assolutamente nulla.

### Non sono due cose uguali

Una cosa è non aver capito che i russi non sono gli aggressori dell'Ucraina ma i liberatori del Donbass dal genocidio degli ucronazi.

Questo perché se uno non sa nulla di storia, non conosce lo svolgimento dei fatti a partire dal golpe del 2014, e si affida alle notizie distorte del *mainstream* occidentale e alle proprie misere impressioni, è normale che prenda una strada completamente sbagliata, anche se dopo 20 mesi di guerra non dovrebbe far la parte di Hansel che non trova la via del ritorno perché gli uccellini gli han mangiato le molliche di pane. All'ignoranza vi è sempre un limite. Al cospetto dei tanti mass-media a disposizione (relativi ai *social network*) uno non può dire "so di non sapere".

Tutt'altra cosa invece è non capire che il contenzioso aperto tra Israele e Palestina va avanti dal 1948. E che tra i due rivali uno si comporta in maniera subumana. E che può farlo perché gli USA glielo permettono.

Qui le motivazioni per capire questa incomprensione possono essere solo due:

- o il padrino d'Israele impedisce di avere un'altra visione delle cose (anche finanziando la mistificazione della realtà);

- o i pregiudizi nei confronti dell'islam (condizionati dai notevoli flussi migratori e dal pregresso ventennale di lotta al fantomatico "terrorismo islamico"), sono enormi.

Questi due atteggiamenti oggi stanno portando a una conclusione sconcertante: per impedire che si sviluppi una *escalation* in Medio Oriente la soluzione migliore è che Israele, imitando Achille, sfoghi da sola la propria ira funesta. Come se non si sapesse che Netanyahu vuole occupare la parte nord di Gaza, rendendo ancora più ridicola l'idea di concedere uno Stato ai palestinesi.

# Vogliono impedirci di accettare la realtà

Quando scoppiò la riforma protestante in Germania, gli intellettuali umanisti italiani non capirono perché per contestare la corrotta Chiesa romana si usassero delle idee religiose come al tempo dei movimenti pauperistici ereticali del Medioevo. Per loro infatti era diventato del tutto normale essere formalmente cattolici (la domenica) e sostanzialmente borghesi (in tutti gli altri giorni). Sicché non si aspettavano che quando il papato lanciò la controriforma, mettesse a tacere, con l'aiuto degli spagnoli, anche tutte le istanze umanistiche e rinascimentali che avevano reso grande l'Italia.

Furono degli intellettuali con idee avanzate, vissute in maniera individualistica, che, a causa della loro supponenza nei confronti di un movimento popolare con idee religiose, si lasciarono travolgere da una Chiesa che, per timore di perdere il proprio potere politico, smise di fare concessioni al loro spirito borghese e si trasformò in una istituzione profondamente reazionaria: così reazionaria che fece uscire l'Italia, per almeno tre secoli, dal novero dei Paesi più avanzati del mondo.

Oggi questa incomprensione dei processi storici sta accadendo all'Europa nel suo complesso, nonché alla sua propaggine culturale di origine calvinistica: gli Stati Uniti d'America, i quali, pur di salvare se stessi dallo tsunami del multipolarismo, non si preoccupano affatto se, per farlo, sono costretti ad affossare storici alleati come la stessa Unione Europea e Israele.

Nel XVI sec. il ruolo arrogante e conservativo veniva svolto dalla Chiesa romana e dall'impero spagnolo. Oggi questo ruolo viene svolto dall'occidente collettivo guidato dagli statunitensi. Sono loro che vogliono impedirci di accettare l'idea che l'operazione speciale militare condotta da Putin aveva come scopo la difesa dei russofoni del Donbass e l'eliminazione del neonazismo ucraino a Kiev.

E ora di nuovo: sono sempre loro che ci impediscono di credere che il diritto alla legittima difesa dei palestinesi sia infinitamente superiore a quello degli israeliani.

## [24] La legge fondamentale d'Israele

La Legge fondamentale: "Israele come Stato-nazione del Popolo ebraico", adottata dalla Knesset il 19 luglio 2018, si colloca nel solco della realizzazione del sogno sionista di creare uno Stato che abbia valenza non nazionale ma "globale" o "planetaria".

Con questa legge Israele si pone come "Stato nazionale" non tanto della "nazione israeliana" (i cui confini geografici non sono neppure delineati) quanto piuttosto del "popolo ebraico", ovunque esso si trovi.

I simboli dello Stato d'Israele diventano obbligatori per tutti gli ebrei: nome, bandiera, il candelabro a sette braccia come emblema, Hatikvah come inno; la capitale (Gerusalemme indivisa); l'ebraico come lingua nazionale (fatto salvo uno speciale status provvisorio per la lingua araba); il calendario ebraico come quello ufficiale accanto al gregoriano; i giorni di festa nazionale, il sabato e le feste d'Israele come giorni di riposo (impregiudicato il diritto dei non ebrei di osservare i propri giorni di riposo settimanali e festivi).

Quindi viene riconosciuta l'esistenza di una religione ufficiale, in un territorio (quello dell'intera Palestina) dove la popolazione islamica non può certo essere qualificata come "minoranza etnico-linguistica" rispetto a quella ebraica (nella Diaspora le è addirittura superiore).

La Legge, non definendo quale sia il limite del territorio nazionale dello Stato in cui si realizza l'autodeterminazione, non ha bisogno di specificare chi sia ebreo o no, proprio perché non vuole porre alcuna differenza tra gli ebrei sparsi nel mondo. Quindi la Diaspora fa parte dello Stato ebraico da tutti i punti di vista: nazionale, sociale, culturale, religioso. Non viene data nessuna definizione in chiave religiosa o teologica o confessionale di chi appartenga al popolo ebraico. Il che implica che non ci sia neppure bisogno di concedere la cittadinanza israeliana a chi vive come ebreo in qualunque parte del pianeta.

E tutti gli ebrei hanno diritto a essere difesi da Israele anche a prescindere dal consenso dello Stato in cui si trovano a vivere. Cioè Israele riserva anzitutto a se stessa il diritto-dovere di difendere qualunque ebreo nel mondo.

È incredibile questo modo di vedere le cose. Da un lato si pretende che tutto il mondo accetti questa singolarità; dall'altro s'impedisce al mondo d'interferire in questa pretesa. Da un lato si vuol fare del mondo una propria estensione; dall'altro non si accettano regole che non siano le proprie.

## È meglio piuttosto

Perché parliamo di genocidio degli armeni compiuto dai turchi e non lo facciamo con quello che fanno i sionisti ai palestinesi? È solo una questione di numero di morti? Che per quanto riguarda gli armeni furono circa 1,5 milioni.

Qual è il significato del termine? Anche i russi parlavano di politica genocidaria del governo neonazista di Kiev nei confronti dei russofoni del Donbass. E non possiamo dire solo per una questione di morti: circa 14.000. C'era anche il divieto di usare la lingua russa, di rivendicare un'autonomia amministrativa, di essere comunisti, di utilizzare la letteratura russa, di simpatizzare per i russi o per il patriarcato moscovita, ecc.

I sionisti hanno privato i palestinesi di acqua, luce, gas, medicine e bombardano qualunque cosa sotto tiro, inclusi ospedali, chiese e scuole, col pretesto che possono contenere dei terroristi. Inoltre li obbligano a sfollare verso l'unico punto in cui possono farlo: il valico di Rafah, che segna il confine tra Egitto e Gaza. Il presidente al-Sisi ha già detto che per l'Egitto è impensabile accogliere, tutti insieme e nello stesso momento, 1,1 milioni di profughi, per cui sarà costretto a dichiarare guerra a Israele.

Queste assurdità genocidarie son così evidenti che persino tre ministri israeliani stanno considerando la possibilità di rassegnare le dimissioni per obbligare il premier Netanyahu ad assumersi pubblicamente le proprie responsabilità in seguito all'attacco a sorpresa sferrato da Hamas il 7 ottobre.

Cioè siccome non lo possono accusare di genocidio, altrimenti verrebbero considerati dei traditori della patria, in quanto la patria ha diritto a difendersi (per quanto sproporzionata sia questa difesa[3]), si limitano ad accusarlo di inefficienza, di inettitudine.

Qualcuno, a questo punto, potrebbe dire: piuttosto che niente è meglio piuttosto.

## [25] Condizioni per non fare la quarta

Dopo Hiroshima e Nagasaki Einstein disse: "Non ho idea di quali armi serviranno per combattere la terza guerra mondiale, ma la quarta sarà combattuta coi bastoni e con le pietre. In ogni caso, se lo avessi saputo, avrei fatto l'orologiaio". Una frase famosa che conoscono tutti (già

---

[3] Fino al 24 ottobre il bilancio delle vittime palestinesi aveva raggiunto 5.791, di cui 2.360 bambini, 1.292 donne e ragazze e 295 anziani, e 1.550 sono i dispersi. Feriti 16.297 cittadini. Un cittadino su 100 è stato ucciso o ferito. Cioè in 18 giorni sono stati uccisi molti più palestinesi che in tutti gli ultimi 15 anni messi insieme. Su Gaza sono piovute oltre 12.000 tonnellate di esplosivo, equivalente alla potenza della bomba atomica sganciata su Hiroshima, con una media di 33 tonnellate per kmq. Il numero totale di sfollati ha raggiunto circa 1,4 milioni, costituendo il 70% della popolazione della Striscia, distribuiti in più di 222 rifugi. Oltre 183.000 unità abitative sono state danneggiate, pari al 50% delle unità abitative nella Striscia. Oltre 28.000 sono diventate inabitabili. 177 scuole hanno subito vari danni, di cui 32 demolite. L'aviazione ha preso di mira le reti idriche, elettriche e igienico-sanitarie, mettendole fuori servizio. 35 moschee e 3 chiese gravemente danneggiate. Sono anche state usate bombe vietate al fosforo bianco.

detta da altri prima di lui, a parte il riferimento al mestiere artigianale).

In realtà l'idea l'aveva benissimo, altrimenti non avrebbe parlato di bastoni e pietre. Aveva fatto lo gnorri semplicemente perché non voleva ammettere che una parte di responsabilità per la quasi distruzione dell'umanità ricadeva per forza anche su di lui, tant'è che aggiunse che, se avesse potuto tornare indietro, avrebbe fatto l'orologiaio. Oppenheimer in fondo mise in atto idee che provenivano altrove.

Chissà perché la grande intelligenza che spesso gli ebrei dimostrano, viene impiegata per qualcosa che distrugge l'intera umanità. Si pensi anche all'uso della finanza...

Tuttavia Einstein, che pur era un grande scienziato, non capiva nulla di politica e si limitava a fare il moralista, come dimostra quest'altra sua frase: "La guerra non si può umanizzare, si può solo abolire."

Per abolire le guerre, bisogna abolire le cause che le provocano, che in genere sono economiche. Se queste cause non vengono risolte in maniera politica, è molto facile che si ricorra alla guerra.

Tuttavia il problema non è la guerra in sé (che in certe condizioni diventa un male inevitabile), ma quel che viene dopo, che deve essere sufficientemente giusto affinché non vengano poste nuove occasioni per far scoppiare nuove guerre.

Prendiamo l'ormai secolare conflitto tra Israele e Palestina. Per giustificarlo una delle affermazioni dei sionisti è la seguente: "Noi lavoriamo la terra meglio di loro". In questa frase è già contenuta la causa scatenante delle prossime guerre, delle prossime colonizzazioni e apartheid.

"Meglio di loro" per un colono viene inteso in senso capitalistico. La terra va lavorata per una produzione mercantile, affinché determini un profitto economico.

Ora, supponiamo che per un palestinese la terra vada lavorata solo per risolvere un problema di *autosussistenza*: ciò giustificherebbe forse il razzismo nei suoi confronti e, se non accetta di farsi da parte, l'esigenza di muovergli una guerra? Qui sembra di assistere a una ripetizione di ciò che fecero i nordamericani ai nativi pellerossa.

No, Einstein aveva torto: esistono guerre giuste, che si devono combattere per permettere agli umani di sentirsi padroni del proprio destino. Il concetto di "multipolarità" deve servire anche a questo, a rispettare le differenze.

### Non basta il pentimento

Ormai siamo arrivati al punto che se anche migliaia o persino milioni di ebrei dicessero di essere contrari all'attacco di Israele contro Gaza, non servirebbe a impedire che la cosa in futuro non possa ripetersi.

Questo perché la situazione si è così fossilizzata nella sua configurazione discriminatoria e persecutoria nei confronti dei palestinesi che basta un nonnulla per far scoppiare conflitti di varia natura e gravità.

Sono le condizioni oggettive che determinano i comportamenti soggettivi, anche se in ultima istanza può non essere vero. Quanto più dura l'apartheid tanto più forte sarà la reazione della popolazione che lo subisce; quanto più estremisti sono i partiti votati da questa popolazione, tanto più i poteri sionisti si sentiranno autorizzati a usare una repressione al di fuori di qualunque norma giuridica.

Questo per dire che il pentimento o il rammarico degli ebrei democratici o moderati, se può porre un argine a questa mattanza, non può aspirare ad alcuna efficacia operativa ai fini della risoluzione delle cause di fondo che generano periodicamente questi mostruosi eccidi.

Paradossalmente proprio questi pentimenti contribuiscono a porre le condizioni per la reiterazione del colonialismo israeliano. Ci vogliono soluzioni giuridiche e politiche, che vadano al di là di quelle etiche.

Lo stesso occidente non sa che farsene del rincrescimento degli ebrei di buona volontà. La pace senza la giustizia non garantisce assolutamente nulla. Non possiamo offrire al governo di Netanyahu l'occasione per uscire politicamente indenne da questi orribili abusi. Né possiamo limitarci a sperare in un governo più democratico e pluralista. Anzi bisogna convincersi che se dal 1948 ad oggi Israele non è riuscita a risolvere i suoi problemi di convivenza con la popolazione palestinese, non c'è niente che lasci pensare che vi riesca in futuro. Ecco perché ci vuole una conferenza internazionale che risolva il problema alla radice. O quanto meno le varie risoluzioni dell'ONU in merito a questo conflitto mediorientale vanno imposte con la forza.

### Perché si parla di apartheid e di colonialismo israeliano?

È molto semplice. Bastano pochi dati inequivocabili.

1) Israele ha il controllo totale sulla terra, le risorse e i confini palestinesi, cioè l'import e l'export sono interamente nelle sue mani.

2) Israele decide se qualcuno può andare a vivere nei territori occupati (Gerusalemme Est, Cisgiordania, Alture del Golan, Gaza) o lavorare per le istituzioni palestinesi. I permessi e i visti sono quasi impossibili da ottenere, quindi è praticamente vietato a queste istituzioni assumere, per es., cittadini stranieri. Anche solo per recarsi all'estero i palestinesi residenti nei territori occupati devono richiedere un visto speciale e costoso.

3) Israele ha uno Stato che dispone di carri armati, aerei da combattimento, elicotteri, navi guerra, un arsenale nucleare e uno degli eserciti meglio equipaggiati al mondo. L'Autorità Nazionale Palestinese è preposta soltanto al controllo dell'ordine pubblico nelle città palestinesi della Cisgiordania. In ogni caso queste città sono completamente circondate dall'esercito israeliano, che dall'8 ottobre ha anche chiuso la maggior parte degli ingressi (gli stessi valichi li apre e chiude a propria discrezione).

4) Israele può imporre qualunque restrizione alla circolazione delle persone. In genere ci vogliono speciali permessi militari. Anche i cittadini ebrei d'Israele non possono entrare senza autorizzazione nelle città palestinesi della Cisgiordania.

5) L'esercito israeliano può effettuare incursioni quotidiane nelle città e nei campi profughi palestinesi, arrestando o uccidendo chi vuole, senza dover rendere conto a nessuno (per es. più di 250 palestinesi sono stati uccisi in Cisgiordania nel 2023 e altre svariate centinaia dopo l'8 ottobre). Le forze di sicurezza palestinesi non possono far nulla per impedirlo.

6) La politica di repressione dei sionisti è genocidaria perché la applicano in maniera collettiva, cioè se qualcuno è colpevole di qualcosa, sono a rischio anche tutti i familiari e le loro abitazioni.

7) I prigionieri politici palestinesi nelle carceri israeliane sono svariate migliaia. Possono restarvi per un tempo indeterminato e senza che venga mossa loro un'accusa specifica. Possono essere soggetti a torture di vario tipo. E nelle carceri sono reclusi anche centinaia di minorenni.

8) La popolazione della Striscia di Gaza è in ostaggio da oltre 16 anni. Non può far nulla che Israele non voglia. È considerata una prigione a cielo aperto, che viene periodicamente bombardata: prima del 7 ottobre 2023 lo era stata nel 2008, 2012, 2014 e 2021, e la popolazione non sa mai dove fuggire, se non nei tunnel sotterranei.

9) Tutta la politica matrimoniale interetnica è particolarmente discriminante. Verrebbe discriminato persino un cittadino europeo che, dopo aver sposato un/una palestinese, decidesse di trasferirsi in Palestina.


## [26] L'etnocrazia israeliana

Che assurdità sostenere che quella israeliana è l'unica democrazia del Medio oriente! Stando, quanto meno, all'ultima "Legge Fondamentale", approvata dal parlamento nel 2018, sarebbe meglio parlare di "etnocrazia", che peraltro è priva di Costituzione.

Un'affermazione etnico-religiosa così esplicita declassa automaticamente a un rango inferiore tutti coloro che non vi rientrano, come per es. gli arabo-israeliani, che non sono certo una minoranza insignificante e che, anche se lo fossero, avrebbero comunque diritto a non subire alcuna discriminazione. Ha senso rivendicare il diritto all'autodeterminazione per il popolo ebraico, negando un pari diritto a quello di religione islamica? Evidentemente no.

Ma è soprattutto un'altra la domanda che ognuno di noi si dovrebbe porre. Ha senso che, a fronte di un marcato antisemitismo nei confronti di una popolazione priva di un territorio specifico, questa popolazione possa rivendicare l'esigenza di avere un proprio territorio?

Cioè qui la domanda da fare non è quella classica: Ha senso che una popolazione priva di un proprio territorio, abbia diritto ad averne uno sottraendolo a un'altra popolazione che già lo abita? La risposta scontata è no, a meno che la popolazione ospitante non accetti di farlo spontaneamente e ovviamente alle sue condizioni.

Qui la vera domanda è addirittura antecedente a questa, ed è proprio relativa all'antisemitismo. Cioè per quale ragione nel passato scoppiavano improvvisamente dei pogrom? A chi appartiene la maggiore responsabilità come causa scatenante di questa forma di persecuzione? Anche se non si fosse capaci di rispondere a questa domanda, si dovrebbe comunque ammettere che sarebbe stato impossibile un antisemitismo così smaccato nella seconda metà del XIX sec. se in precedenza non ci fosse stato l'antigiudaismo praticato dalle tre confessioni cristiane.

Se ci pensiamo, infatti, l'aver concesso al movimento sionista di potersi trasferire in Palestina è stato, da parte degli europei, una forma di scaricabarile: si è preferito permettere la creazione di un ghetto piuttosto che affrontare il problema dell'antisemitismo. Come chiudere i nativi americani nelle riserve, invece di chiedersi da dove veniva l'esigenza di sterminarli.

In questa maniera si è creata una società che ha potuto costruirsi, sul piano istituzionale, un alibi di ferro per odiare non solo i palestinesi ma il mondo intero. Gli israeliani han finito col rivendicare la propria ebraicità contro chi non la possiede. E quelli di oggi si fanno scudo dei 6 milioni di morti nell'ultima guerra mondiale.

A questo punto l'occidente deve per forza stare dalla parte d'Israele: è una sua creatura.

### Un esperimento riuscito male

Far pagare ai palestinesi il prezzo dell'olocausto ebraico, di cui non avevano colpe, non è stata una mossa intelligente degli europei. Dire poi che l'integrazione tra le due popolazioni non stava avvenendo a causa dei limiti culturali dei palestinesi, è stato come offrire ai sionisti l'occasione buona per iniziare a sottometterli.

I palestinesi sono stati paragonati agli africani, mentre agli ebrei, riconosciuta la loro intelligenza, veniva concesso di comportarsi come capitalisti occidentali in Medio Oriente. Così gli europei ottenevano due piccioni con una fava: il perdono per la Shoah e il contenimento dell'ira islamica dovuto al tradimento degli accordi anglo-francesi (Sykes-Picot) sui destini del Medio Oriente dopo il crollo dell'impero ottomano.

Il Medio Oriente andava sfruttato per le sue enormi risorse energetiche e un Israele super armato avrebbe fatto il cane da guardia.

L'occidente ha creato una destabilizzazione permanente nella convinzione che l'arretratezza tecnico-scientifica del mondo arabo in generale gli avrebbe permesso di dormire sonni tranquilli.

Oggi questa pacchia è finita. Il Medio Oriente non vuole più la presenza occidentale nella propria area geografica; ha smesso da un pezzo di credere che gli americani siano migliori dei colonialisti europei; vuole disaccoppiare il petrolio dal dollaro; vuole svilupparsi secondo i propri criteri e ritiene Israele un fastidioso corpo estraneo.

I palestinesi non vogliono cacciare gli israeliani dal loro territorio, cioè non vogliono comportarsi come Israele nei loro confronti. Vogliono soltanto che venga posta fine all'esistenza di uno Stato aggressivo, espansivo e fondamentalmente razzista in un territorio che ha radici culturali non allineate alle sue.

Non si vuole ripristinare l'antisemitismo (anche i palestinesi sono semiti); si vuol soltanto superare l'idea di un sionismo politico-religioso che si è istituzionalizzato in uno Stato fondamentalista, incapace di tollerare la diversità culturale.

Israele è stato un esperimento occidentale riuscito male.

*

Oggi forse sarebbe meglio dire che nella UE non esiste e non esisterà più alcun antisemitismo, anche perché gli ebrei sono soltanto 1,5 milioni. Dovremmo usare la parola "antisemitismo" in riferimento agli islamici arabi del Medioriente, ma in tal caso preferiamo parlare di "islamofobia".

Piuttosto sono i sionisti che ne parlano con fare vittimistico, al fine di giustificare il loro comportamento razzistico e colonialistico.

Al massimo potremmo dire che, a causa di questa insopportabile ipocrisia, si verificano, di tanto in tanto, dei rigurgiti antisemiti molto isolati o circoscritti ad azioni specifiche (come per es. devastare un cimitero ebraico).

47

Oggi al massimo in Europa potrebbe aumentare l'islamofobia a causa dei flussi migratori, ma nessuno penserebbe di andare a derubare un musulmano che cerca d'integrarsi in un Paese europeo. Non sono certamente così benestanti come gli ebrei dei due secoli scorsi.

Quando la NATO ha scatenato delle guerre contro alcuni Paesi mediorientali, l'ha fatto solo per controllare l'unica risorsa che hanno: il petrolio. Se oggi in occidente scoppiasse un'islamofobia, non avverrebbe certamente per cause religiose o per un eventuale antisemitismo nutrito dagli islamici nei confronti degli ebrei. Il motivo andrebbe cercato, ancora una volta, nelle contraddizioni sempre più acute delle società neoliberiste, le cui élite dominanti hanno periodicamente bisogno di scaricarne il peso su un nemico immaginario. Di qui le assurde dicerie che gli immigrati tolgono il lavoro ai nostri connazionali, e altre amenità del genere.

In occidente se il lavoro diminuisce è perché si è permesso alla speculazione finanziaria di sostituire l'attività produttiva. Sotto questo aspetto è l'intera Asia, l'intero Sud Globale che sta dicendo all'occidente collettivo di farsi da parte.

*

Vivek Ramaswamy, candidato alla presidenza degli Stati Uniti, ha detto a "Fox News": lasciare la NATO agli europei è un'idea intelligente, perché troppo costosa per gli USA. Inoltre bisogna riconsiderare la partecipazione degli Stati Uniti all'ONU, perché l'ONU non può dire che Israele non può difendersi dai terroristi come ritiene più opportuno. Però questo non vuol dire che gli USA debbano per forza fare una guerra in Medio Oriente. Abbiamo già commesso troppi errori dall'Iraq all'Afghanistan. Non possiamo finanziare Israele se non sappiamo con sicurezza cosa ha intenzione di fare di Gaza. Gli USA devono anzitutto pensare ai loro interessi nazionali.

Insomma anche tra i candidati alla presidenza non ce n'è uno che abbia idee chiare e distinte.

## [27] Il peccato originale dell'apartheid israeliano

Gli ebrei han potuto costituire un proprio Stato politico in Palestina dopo la fine della seconda guerra mondiale, ma, come noto, il movimento sionista ci aveva pensato sin dalla fine dell'800.

Il suo leader, Theodor Herzl (1860-1904), di origine ungherese, era molto preoccupato del crescente antisemitismo europeo (in Francia vi era stato il caso Dreyfus). E gli dispiaceva che gli ebrei abbandonassero l'Europa per dirigersi verso gli Stati Uniti.

Lui voleva per gli ebrei uno Stato politico vero e proprio, assolutamente autonomo. Dopo aver scartato varie opzioni (Madagascar, Kenya, varie zone dell'America latina), favorì una forte migrazione di gruppi ashkenaziti verso la Palestina, quando questa era ancora sotto l'impero ottomano. Come se gli albanesi residenti nell'Italia meridionale a partire dal XV sec., a causa della pressione ottomana, pretendessero di avere un proprio Stato.

Finché rimasero sotto i turchi e senza un proprio Stato, gli ebrei, ch'erano meno del 10% della popolazione residente (tutta di lingua araba o turca), vissero pacificamente, anche se cominciarono a comprare terre dai feudatari arabi a scapito dei contadini, che venivano cacciati. Gruppi di imprenditori, affaristi e banchieri ebrei, tra cui la famiglia Rothschild, presero la direzione del movimento sionista.

Approfittando del fatto che il governo britannico cercava finanziamenti per far fronte alle spese della guerra mondiale, i Rothschild lo indussero a emettere nel 1917 la cosiddetta "Dichiarazione di Balfour" (A. J. Balfour era in quel momento ministro degli esteri), in cui s'impegnava a favorire la costituzione in Palestina di un centro (un "focolare nazionale") per gli ebrei, pur nel rispetto dei diritti civili e religiosi delle altre minoranze religiose residenti. Alla fine della guerra, la Società delle Nazioni fece della Palestina un protettorato dell'Impero britannico che favorì la migrazione ebrea in Palestina.

I problemi cominciarono a sorgere quando, secondo gli accordi di Sykes-Picot (svelati, peraltro, dai bolscevichi al potere), gli anglo-francesi, dopo aver distrutto l'impero ottomano, tradirono le aspettative d'indipendenza del mondo arabo, e si spartirono le spoglie di quell'impero. Agli inglesi, tra le altre cose, andò la Palestina, utile per i collegamenti con la colonia indiana. Il suddetto tradimento era dovuto anche al fatto che nel 1908 si era scoperto in Iran il primo giacimento petrolifero.

E così alla fine del 1917 gli inglesi si erano convinti che, per evitare la ribellione araba causata da quel tradimento, sarebbe stato meglio costituire in Palestina uno Stato ebraico militarmente forte, accogliendo le richieste politiche del movimento sionista. USA, Francia e Italia (non il Vaticano) furono d'accordo.

Gli arabi dell'Higiaz ebbero orrore di questa decisione, anche perché a loro non era stato chiesto alcun parere, sicché nel 1924 insorsero, ma ne uscirono sconfitti. Lo fecero anche gli arabi d'Egitto: qui invece l'Inghilterra fu costretta a riconoscere una formale indipendenza.

I sionisti finanziarono anche gruppi paramilitari ed estremisti come l'Haganah di David Ben Gurion, l'Irgun di Menachem Begin e il Lehi di Avraham Stern (Banda Stern), che a partire dagli anni '30 organizzarono azioni armate sia contro le popolazioni arabe palestinesi (in maggioranza musulmane) sia contro le istituzioni coloniali e i militari britannici. Il protettorato inglese in Palestina ebbe così tante difficoltà che, a un certo punto, Londra frenò l'emigrazione ebraica e la formazione dello Stato d'Israele. E lo fece anche il neonato movimento nazionale palestinese.

L'episodio più importante dell'opposizione palestinese alla colonizzazione fu la cosiddetta Grande Rivolta (1936-39), causata dall'emarginazione economica e dal progressivo impoverimento della popolazione autoctona. In quel periodo quasi la metà dei palestinesi fu costretta a cercare lavoro fuori del villaggio di residenza.

Intanto gli agenti sionisti facevano massicci acquisti di terre, provocando l'innalzamento dei prezzi. Dopo aver comperato le grandi proprietà terriere dai latifondisti arabi, si erano rivolti ai piccoli appezzamenti dei contadini che vivevano al limite della sopravvivenza ed ebbero gioco facile nell'acquisto di centinaia di ettari di terra. Nel giro di pochi anni il 30% degli agricoltori palestinesi era senza terra e il 75-80% dei proprietari non aveva terra sufficiente a garantirsi la sopravvivenza. Nel 1937 tra i 9 e i 10.000 combattenti palestinesi operavano nelle campagne, attaccando le forze britanniche e gli insediamenti ebrei. La rivolta fu stroncata dall'esercito britannico: circa il 10% della popolazione maschile palestinese fu uccisa, ferita, imprigionata o esiliata e la resistenza decapitata.

Nel 1942 a New York in un congresso sionista l'ala moderata di Weizmann, che propugnava invasione graduale e divisione della Palestina tra ebrei e palestinesi, fu sconfitta dall'ala radicale di Ben-Gurion, che era per l'immediata creazione di uno Stato ebreo comprendente l'intera Palestina, anche ricorrendo alla lotta armata ("Programma Biltmore"). Successivamente, nel 1947, l'Assemblea Generale delle Nazioni Unite votò a maggioranza (33 voti a favore, 13 contro e 10 astenuti) un piano di ripartizione della Palestina che prevedeva l'istituzione di uno Stato ebreo sul 55% del territorio palestinese e uno arabo sul restante 45%, con Gerusalemme sotto controllo internazionale. Al 31 dicembre 1947 vivevano in Palestina 1.908.775 persone (nomadi esclusi), di cui 589.341 ebrei.

Nel piano di spartizione era previsto, dopo la partenza degli inglesi, che il potere fosse assunto provvisoriamente in Palestina da una commissione dell'ONU, che tracciasse i rispettivi confini con precisione e aiutasse a preparare le rispettive elezioni per formare i nuovi governi.

Tuttavia i gruppi sionisti violarono queste decisioni. Tra il dicembre del 1947 e la prima metà del 1948 diedero il via a una vera e propria guerra contro il popolo palestinese: col pretesto di difendere gli insediamenti ebraici e il territorio del nascente Stato ebraico, si diedero alla progressiva distruzione di villaggi palestinesi e all'espulsione degli abitanti e il 14 maggio del 1948 dichiararono unilateralmente la nascita dello Stato di Israele e il giorno seguente le truppe britanniche si ritirarono definitivamente dalla Palestina.

Sempre nel maggio 1948 gli eserciti di Egitto, Siria, Libano, Iraq e Giordania attaccarono lo Stato d'Israele, ma un fiasco solenne: avevano solo 25.000 uomini, quanto Israele, che però a luglio ne aveva già 60.000, mentre gli arabi circa 40.000.

La sconfitta araba fu inevitabile non solo per il gap numerico e l'inesperienza militare e dei comandi supremi, ma anche per le rivalità tra i componenti della coalizione, ognuno interessato a prendersi una fetta del territorio palestinese. Se si esclude la Siria, gli eserciti avevano armi di fabbricazione inglese. Quando l'ONU il 29 maggio dichiarò l'embargo delle armi, gli inglesi furono gli unici a rispettarlo. I rifornimenti vennero quindi esclusi. I sionisti invece potevano ricevere tutte le armi che volevano.

Quando l'ONU inviò in Palestina un mediatore, Folke Bernadotte, con alcuni osservatori, la guerra fu fermata per quattro settimane (11 giugno – 8 luglio). Nel frattempo egli propose uno scambio ragionevole di territori: il Negev e Gerusalemme agli arabi in cambio della Galilea agli ebrei, mentre il porto di Haifa e l'aeroporto di Tel Aviv dovevano essere usati da entrambi gli Stati. I sionisti però non ci pensarono due volte: la banda Stern (capeggiata da Shamir) lo eliminò il 17 settembre, e l'identità degli esecutori rimase per sempre sconosciuta. Dopodiché le ostilità ripresero tranquillamente fino al 1949.

Israele conquistò centinaia di città e villaggi palestinesi, cioè occupò circa l'80% del territorio del mandato britannico, mentre l'ONU gliene aveva assegnato il 55%. Alla fine del dicembre 1948 i sionisti volevano occupare anche Gaza, ma gli americani, su sollecitazione degli inglesi, che non volevano storie nel Canale di Suez, glielo impedirono. Però s'impadronirono di tutto il Negev arrivando fino al Mar Rosso.

Da 890.000 a 904.000 arabi (nomadi esclusi) furono costretti ad andarsene ("Nakba" cioè *catastrofe*). La guerra arabo-israeliana del 1948 si concluse con l'armistizio di Rodi (febbraio-luglio 1949), che stabilì degli accordi durati fino alla guerra dei Sei giorni (1967). Israele annesse la Galilea e altri territori a maggioranza araba. La Striscia di Gaza passò agli egiziani e la vallata occidentale del Giordano e Gerusalemme est all'emiro di Transgiordania, Abdallah, che si proclamò re di Giordania e che fu assassinato nel 1951 per i suoi rapporti troppo stretti con gli anglo-americani.

I profughi, per i quali Israele non prevedeva il loro rientro, si stabilirono prevalentemente in Cisgiordania (24 campi), Libano (15), Siria

(10) e nella striscia di Gaza (8). L'Assemblea Generale dell'ONU stabilì il loro diritto al rimpatrio e alla restituzione dei beni sottratti con la forza (più un eventuale indennizzo se distrutti). Fra il 1948 e il 1967 tale diritto fu ribadito altre 32 volte, tutte inutilmente. Israele si difese sempre dicendo che non esisteva alcun "popolo palestinese" ma solo "singoli arabi".

L'ONU non fece nulla di concreto per ridimensionare l'arroganza sionista. Difficilmente, peraltro, avrebbe scatenato una guerra contro gli ebrei dopo gli orrori dell'olocausto, anche perché in occidente a nessuno importava degli interessi degli arabi. E poi lo Stato d'Israele fu riconosciuto dagli USA 11 minuti dopo della sua proclamazione!

### Non basterà il senno del poi

Israele è in cerca di vendetta, ma se decide di entrare a Gaza coi carri armati, il conflitto potrà diventare regionale. È questo che gli analisti temono.

Bisogna ammettere che è un modo di ragionare abbastanza strano. Infatti per assurdo dovremmo accettare l'idea che se l'aviazione israeliana continuasse a bombardare i civili, vi sarebbero meno possibilità di un'estensione geografica della guerra. Ora, per quale motivo dovrebbe essere una determinazione quantitativa (occupare una parte del territorio altrui) a decidere quanto il conflitto sia grave sul piano qualitativo? I territori sono forse più importanti delle persone?

Per come viene gestita la ritorsione, chiunque può tranquillamente dire che è stata disumana sin dall'inizio, e anche se non ci fosse l'occupazione militare dell'area nord di Gaza, non solo i Paesi islamici del Medio Oriente avrebbero dovuto reagire immediatamente, sul piano militare, per evitare quello scempio di civili, ma avrebbero dovuto farlo tutti i Paesi islamici del mondo (per solidarietà confessionale), anzi il mondo intero, preoccupato di tutelare il diritto internazionale.

Quanto meno avremmo dimostrato che tra i princìpi teorici e la loro realizzazione pratica non vi è un abisso. Senza parlare che in occidente ci saremmo risparmiati ciniche dichiarazioni a favore dei sionisti. Pensiamo solo a cosa può voler dire se lasciassimo che la loro sete di vendetta si placasse da sola. Saremmo disposti ad accettare che grazie alle nostre scriteriate dichiarazioni a favore d'Israele, i palestinesi avessero 50 o 100.000 civili morti ammazzati? O un milione di profughi? Molti dei quali, per disperazione, potrebbero venire a fare i criminali o persino i terroristi in Europa... Qual è il limite quantitativo oltre il quale non siamo disposti ad andare per timore che il conflitto da bilaterale si trasformi in multilaterale? Possibile che debbano essere esclusivamente le armi a decidere come risolvere i problemi? In che mondo di criminali viviamo?

Sembra di assistere, su scala geopolitica, alle guerre tra bande mafiose per il controllo dei quartieri urbani o di intere città.

Non è curioso che l'intero occidente sia gestito da statisti totalmente privi di senno e di coscienza etica? Si è mai visto che tutti insieme (salvo pochissime eccezioni) e nello stesso momento siano pervicacemente convinti che la soluzione ai problemi dell'umanità sia la scoppio di una guerra mondiale? Se qualche storico riuscirà a sopravvivere all'uso del nucleare, gli sarà molto difficile cercare di spiegare questo atteggiamento assolutamente irrazionale. Non gli basterà il senno del poi. Forse ci vorrà il genio di un nuovo Freud per psicanalizzare l'umanità.

## Basta col moralismo d'accatto

Chi pensa che l'atto di Hamas del 7 ottobre non sia stato un atto di terrorismo, non capisce nulla di democrazia.

Chi pensa che lo stesso atto di Hamas, se fosse stato debitamente preparato sul piano politico, ideologico e militare, in maniera tale da impedire una ritorsione dei sionisti così cieca e furibonda, non capisce nulla di lotta di liberazione nazionale.

È chiara la differenza? Una cosa è fare dell'avventurismo un criterio di resistenza. Un'altra è preparare una sorta d'insurrezione nazionale contro il dispotismo d'Israele. Son due cose completamente diverse. E chiunque capisce che la diversità non sta tanto nell'obiettivo finale, quanto piuttosto nella strategia con cui si pensa di perseguirlo. E da questo punto di vista bisogna dire che la strategia di Hamas è stata piuttosto ingenua, spontaneistica, illusoria.

Comunque anche Erdoğan, che pur non è certo un campione di democrazia, ha detto chiaramente che "Hamas non è un'organizzazione terroristica, ma un gruppo combattente che agisce per la difesa e la liberazione del proprio popolo e della propria terra". Questo naturalmente a prescindere dal fatto che un governo cinico e fondamentalista come quello di Netanyahu possa servirsene per tenere i palestinesi radicali di Hamas separati da quelli moderati di Al-Fatah.

Qui l'etica non c'entra niente, proprio perché i palestinesi han comunque il diritto di ribellarsi dopo 75 anni di dittatura. E Israele avrebbe il dovere di rispettare tutte le risoluzioni dell'ONU con cui si è cercato di risolvere un conflitto che al tempo dell'impero ottomano non esisteva.

In una situazione del genere chi non riesce a fare la differenza tra guerra giusta e ingiusta, si mette dalla parte sbagliata. Lo fa oggettivamente, a prescindere dalle proprie intenzioni soggettive, che plaudono al valore universale della pace come bene supremo dell'umanità. Lo fa anche se biasima la reazione sproporzionata, anzi, spropositata, in quanto di tipo genocidario, dell'aviazione israeliana, che non si preoccupa di sacrificare una montagna di civili pur di colpire un "terrorista" (né si preoccupa di ammazzare i propri ostaggi catturati da Hamas).

Chi non capisce che questi eventi vanno contestualizzati sul piano storico-sociale, implicitamente li affronta in maniera "antropologica", ritenendo i palestinesi un popolo terroristico di natura, di cui non ci si può fidare, che va assolutamente cacciato da tutta la Palestina.

Contestualizzare non significa relativizzare la gravità delle azioni, ma cercare di capirle. Chi non si sforza di capirle, affronta in maniera schematica, unilaterale, tutta la questione palestinese. Emette giudizi moralistici e massimalistici che non hanno alcun senso, e non aiutano in alcun modo a risolvere il problema, se non a peggiorare la situazione della parte più debole delle forze in campo, che è da sempre quella palestinese.

### Paradossi del guitto

È abbastanza ridicolo che Zelensky dica che dietro Hamas c'è la Russia quando molte armi di Hamas provengono dall'occidente tramite il mercato nero ucraino.

È già stato dimostrato che Hamas dispone di lanciamissili anticarro FGM-148 Javelin (di fabbricazione statunitense) e NLAW (di fabbricazione svedese) e lanciarazzi AT4 (di fabbricazione svedese o statunitense).

Lo stato maggiore israeliano ha già confermato che uno dei suoi ufficiali è stato ucciso da queste armi durante una ricognizione a Gaza.

Inoltre Hezbollah le ha utilizzate, come misura preventiva, al confine libanese-israeliano.

Insomma l'esercito ucraino è così corrotto che è facile comprargli armi. Tanto più che, essendo persa la guerra con la Russia, è ormai allo sbando.

## [28] Chi ha più maggioranza?

È curioso come si insista nel dire che Hamas non rappresenta il popolo palestinese, quando il partito ha ottenuto la maggioranza dei voti nel 2006. I seggi nel Consiglio legislativo erano 74 su 132 (44% circa dei voti), mentre al-Fatah, con il 41% circa dei voti, ne ottenne 45.

Semmai è l'attuale governo israeliano che non rappresenta tutti gli ebrei della Palestina. Benjamin Netanyahu nel 2022 ha preso voti 1.115.049 di voti, pari al 23,4%, con cui ha ottenuto 32 seggi su 120. Non è mai arrivato al 30%, e il Likud non ha mai avuto più di 38 seggi.

Quindi nel complesso è più rappresentativo Hamas.

In ogni caso neanche l'attuale governo della Meloni rappresenta la volontà degli italiani. L'intera coalizione di centro-destra ha raccolto 12,3 milioni di voti (26,7% del corpo elettorale), ben 4,2 milioni in meno rispetto a chi ha deciso di non votare (o non si è recato alle urne, o ha annullato la scheda o l'ha consegnata bianca).

A partire dalle elezioni del 1979 l'affluenza alle consultazioni parlamentari ha subito un progressivo e quasi continuo calo che l'ha portata dal 93,4% del 1976 al 63,8% del 2022.

Già nel 1996 il partito del non voto raccolse per la prima volta più preferenze di tutti.

## ONU inutile

L'Assemblea generale dell'ONU ha approvato l'ultima versione della bozza di risoluzione presentata dalla Giordania, a nome dei Paesi arabi, che chiede una "tregua umanitaria immediata, duratura e prolungata che conduca alla cessazione delle ostilità, e che tutte le parti rispettino immediatamente e pienamente i loro obblighi ai sensi del diritto internazionale, in particolare per quanto riguarda la protezione dei civili".

Quindi:

- fornitura immediata, continua e senza ostacoli di beni e servizi essenziali ai civili in tutta Gaza, incoraggiando la creazione di corridoi umanitari e altre iniziative per facilitare la consegna degli aiuti;

- la revoca dell'ordine da parte di Israele di evacuazione dei palestinesi dal nord della Striscia, respingendo fermamente qualsiasi tentativo di trasferimento forzato della popolazione civile palestinese;

- il rilascio immediato e incondizionato di tutti i civili tenuti illegalmente prigionieri.

Il testo, che non ha valore vincolante (come, assurdamente, tutti quelli dell'Assemblea), ha ottenuto 120 voti a favore, 14 contrari (USA, Israele, Austria, Croazia, Fiji, Cekia, Guatemala, Ungheria, Isole Marshall, Micronesia, Nauru, Tonga, Papua Nuova Guinea e Paraguay) e 45 astenuti (Italia, Germania, Olanda, Gran Bretagna, Danimarca, Albania, Bulgaria, Finlandia, Grecia, Giappone, Sud Corea, Ucraina, Canada, Slovacchia, Tunisia, Etiopia, Uruguay, San Marino, Iraq...).

Per passare era richiesta la maggioranza dei 2/3 presenti e votanti dei 193 Paesi (gli astenuti non contano).

Quindi per 14 Stati il fatto che i civili palestinesi di Gaza muoiano sotto le bombe è considerato positivo, mentre per altri 45 viene giudicato irrilevante.

L'emendamento proposto dal Canada e sostenuto dagli USA, secondo cui Hamas avrebbe dovuto liberare prima di tutto e senza condizioni gli ostaggi, per cui solo dopo si sarebbe potuto parlare di una tregua umanitaria, è stato respinto. Non ci si rende conto che parlare di "rilascio senza condizioni" è come condannare a morte l'ostaggio.

L'Italia non ha mancato di fare la sua parte vergognosa, astendendosi sulla base delle seguenti motivazioni:

- manca la condanna inequivocabile degli attacchi di Hamas a Israele (come se senza questa preventiva condanna sia possibile giustificare il genocidio di Israele);

- manca il riconoscimento del diritto di difendersi di ogni Stato sotto attacco (come se questo diritto non ponga alcun limite alla tipologia difensiva);

- non menziona la richiesta del rilascio immediato e incondizionato degli ostaggi (come se la mancanza di questo rilascio comporti l'uso di una difesa al di fuori del diritto internazionale).

L'ambasciatore israeliano Gilad Erdan ha definito "ridicola" la risoluzione, in quanto difende i terroristi.

Israele è fatto così: non vede i problemi in tutte le loro sfaccettature, ma si preoccupa solo di perseguire l'obiettivo che si pone, a qualunque costo. Si comporta come un bullo affetto da problemi di autismo. E in questo atteggiamento ha un codazzo di altri Paesi che lo imitano.

## [29] Si stanno preparando

"Dichiareremo Israele un criminale di guerra; stiamo già lavorando su questo", ha detto Erdogan.

Ha anche affermato che Israele ha occupato i territori palestinesi dopo la fine della seconda guerra mondiale e ora sta compiendo un'azione genocidaria. Questa oppressione un giorno finirà sicuramente.

Quando le loro stesse case cominceranno a bruciare, gli occidentali, su cui fanno affidamento, se ne andranno, e Israele sarà lasciato solo col suo popolo.

Gaza era una parte inseparabile della nostra patria. Ci hanno separato da tutta questa terra che ci appartiene tanto quanto il nostro sangue, le nostre vite, il nostro amore. Abbiamo deciso di dichiarare 3 giorni di lutto nazionale.

Non solo ci separarono fisicamente, ma usarono anche tutti i tipi di trucchi per rimuoverli dalle nostre menti e dai nostri cuori.

Abbiamo teso la nostra mano al popolo oppresso di Gaza che vive sotto il blocco da 17 anni. Tuttavia i nostri sforzi per garantire la pace sono stati interrotti da misure quali l'invio di portaerei nella regione, l'interruzione degli aiuti al popolo palestinese e la punizione totale del popolo di Gaza.

Il Consiglio di Sicurezza dell'ONU, divenuto del tutto inefficace, ancora una volta non ha adempiuto alle proprie responsabilità.

I paesi occidentali, che non lasciano nulla di intentato quando si tratta di diritti umani e libertà, non hanno fatto altro che gettare benzina sul fuoco .

Abbiamo fatto un Grande Raduno della Palestina all'aeroporto Ataturk di Istanbul, dove ci siamo riuniti per sostenere i nostri fratelli palestinesi a Gaza, con la determinazione di non permettere mai più che emergano nuove Gaza.

Israele deve uscire immediatamente da questo stato di follia e fermare i suoi attacchi.

Prima di ciò è necessario fermare il transito del petrolio dall'Azerbaigian a Israele.

Ora, secondo me è molto difficile, con un linguaggio così criptico, allusivo e retorico, parlare di "chiarezza". Bisogna però vedere se si passerà dalle parole ai fatti.

Voglio solo ricordare che dal 2017 in poi Hamas ha spostato l'asse verso l'Iran. Quindi la Turchia non sarà la sola a muoversi, e al suo fianco – possiamo scommettere tutto quello che vogliamo – non ci sarà solo l'Iran.

## Non sono abbastanza 2000 anni?

All'inizio della sua carriera politica, quando frequentava la comunità essenico-battista, Gesù Cristo voleva cacciare dal Tempio di Gerusalemme i corrotti sacerdoti sadducei, collaborazionisti di Roma. Ma non vi riuscì perché all'ultimo minuto non ottenne l'appoggio dei farisei, che pur erano i principali avversari politici dei sadducei.

Se ne dovette andare in esilio in Galilea. In quell'occasione, per non farsi catturare, si rifugiò coi suoi discepoli per un po' di tempo in Samaria, terra odiatissima dai giudei.

L'episodio dell'incontro con la samaritana al pozzo di Giacobbe è molto eloquente per capire quale sarebbe ancora oggi la soluzione migliore per far convivere pacificamente ebrei e palestinesi.

Le disse semplicemente che d'ora in avanti non sarebbe servito a niente pregare Jahvè al tempio di Gerusalemme o sul monte Garizim, ove i samaritani avevano un proprio luogo di culto.

Cioè contro gli oppressori romani ci voleva un'intesa politica e militare che andasse al di là delle differenze religiose. In pratica aveva inventato il diritto alla libertà di coscienza in riferimento all'atteggiamento da tenere quando in gioco vi sono questioni di fede.

Ma questo voleva dire che per lui l'intera Palestina avrebbe dovuto darsi una configurazione politica improntata sulla laicità, cioè sul rispetto di tutte le confessioni, le etnie, le differenze di usi e costumi.

Ebbene sono 2000 anni che la Palestina attende di realizzare un progetto del genere. Quanto altro tempo si vuol far passare? Quanta altra gente deve morire in maniera cruenta?

## [30] Che tristezza la sinistra radicale

Che tristezza certa sinistra radicale che trova positivo il fatto che Israele abbia rappresentato una sorta di trapianto di capitalismo moderno nelle plaghe desertiche della Palestina rimaste nell'abbandono per decine di secoli.

Approva la rivoluzione industriale capitalista emersa in un territorio privo di preesistenti rapporti feudali. E invece di chiedersi se c'era la possibilità di passare dai rapporti collettivistici feudali o persino pre-feudali a una forma di socialismo democratico, ringrazia l'occidente di aver realizzato una rivoluzione borghese che ha portato alla nascita di una classe operaia, soggetto privilegiato di un futuro socialismo industrializzato.

Si considera anzi l'impegno capitalistico americano superiore a quello europeo, ancora troppo legato agli schemi del colonialismo classico, che si appoggiava alle dinastie arabe per mantenere un controllo diretto del territorio.

Gli USA han preferito puntare tutto sulla costituzione d'una moderna repubblica borghese (che svolgesse il ruolo di testa di ponte in Medioriente) esercitando un controllo indiretto.

75 anni di dittatura vergognosa: ecco che cosa si giustifica con questi ragionamenti cinici e irresponsabili, che guardano il passato con gli occhi del presente e quelli del presente con gli occhi del futuro, un futuro che non si sa quando avverrà.

Chissà perché non ci si chiede mai se la lotta dei palestinesi non possa trasformarsi in una lotta non solo contro il colonialismo del capitalismo israeliano, ma anche contro la necessità d'industrializzarsi il più possibile, prescindendo completamente dall'egemonia di Tel Aviv.

### Obiettivo da colpire: l'informazione

Israele sta attivamente ostacolando il lavoro dei giornalisti nei territori occupati, continua a negare loro l'accesso a Gaza, prende di mira i reporter sul campo e intimidisce coloro che denunciano i suoi crimini di guerra. Ha chiesto a tutti i dipendenti dei media internazionali di lasciare quanto prima la parte settentrionale della Striscia di Gaza.

Dal 7 di ottobre sono stati uccisi dagli attacchi israeliani almeno 27 giornalisti, dei quali 22 palestinesi, 4 israeliani e 1 libanese; 8 giornalisti sono rimasti feriti; 9 sono scomparsi.

Ma se ascoltiamo il professore Orsini la repressione va avanti da molti anni. Soltanto nel 2022 sono state perpetrate 902 violazioni dei diritti umani ai danni dei giornalisti palestinesi da parte di Israele.

Il 2022 è stato anche l'anno dell'assassinio della giornalista Shireen Abu Akleh, corrispondente di Al Jazeera, e della corrispondente e speaker radiofonica Ghufran Al-Warasneh.

Sempre nel 2022 sono stati sparati 52 proiettili contro gli operatori dell'informazione e sono stati eseguiti 40 arresti, mentre sono 58 i giornalisti portati davanti ai tribunali militari.

Lo Stato di Israele utilizza lo strumento della detenzione amministrativa, quindi senza alcun reale capo d'accusa, per impedire ai tecnici dell'informazione di inviare agli Stati occidentali fotografie o video che documentino i crimini di guerra attuati dall'esercito israeliano negli ultimi 75 anni. Il trattamento a loro riservato non differisce da ciò che l'occidente sta facendo a Julian Assange.

Secondo beceri schemi mafiosi Israele ha iniziato a prendere di mira anche i familiari dei giornalisti. È il caso di Wael Al Dahdouh, il capo dell'Ufficio Al-Jazeera per Gaza, che il 25 ottobre ha perso moglie, figlio, figlia e nipote in un attacco aereo israeliano.

### Grandi e piccoli bulli

L'editorialista Thomas Friedman del "New York Times" ha detto che Israele non può vincere una guerra su più fronti contemporaneamente (Hamas a Gaza, Hezbollah in Libano, e altri attori non statali in Siria, Iraq e Yemen, comunità della Cisgiordania e fazioni politiche israeliane), a meno che gli USA non formino un'alleanza globale di Stati favorevoli a Israele.

L'alleanza però dovrebbe includere anche l'Autorità Palestinese in Cisgiordania, prevedendo due cose: la fine dell'espansione degli insediamenti israeliani in Cisgiordania e la sostituzione di Hamas a Gaza con la stessa ANP al fine di costruire uno Stato palestinese che includa Gaza e Cisgiordania.

Questo perché Israele ha bisogno di un partner palestinese credibile e legittimo. Una grande guerra in Medio Oriente avrebbe costi inaccettabili per Tel Aviv ma anche per Washington, benché sia già in arrivo il sostegno militare di Gran Bretagna e Francia.

Questo analista americano ancora non ha capito che l'ipotesi di due Stati (Israele e Palestina) oggi non è fattibile in alcuna maniera se non si torna al 1948; inoltre Hamas è un partito politico che ha ottenuto la maggioranza dei voti dei cittadini: a Gaza non si è imposto con un golpe; infine al-Fatah rappresenta una volontà molto moderata, disposta a qualunque compromesso con Israele.

Non solo, ma Tel Aviv deve smettere di considerare il sud del Libano un territorio conteso e deve restituire alla Siria il Golan.

Interessante però che il giornalista abbia detto che sia Israele sia gli Stati Uniti stanno cercando di dimostrare chi comanda: Israele nel Medio Oriente e gli USA nell'intero pianeta.

Tuttavia questo atteggiamento può indurre altri Paesi del mondo ad aumentare il grado della loro autonomia strategica dall'occidente.

### Aggrediti e imbattibili

Due mesi fa il Pentagono aveva assegnato un contratto da 35,8 milioni di dollari per costruire una propria base segreta nel deserto israeliano del Negev, a sole 20 miglia da Gaza. Nome in codice "Sito 512".

La base deve prevedere una struttura radar che monitori i cieli per eventuali attacchi missilistici contro Israele.

Inutile che Biden e la Casa Bianca dicano che non ci sono piani per inviare truppe statunitensi in Israele nel contesto della guerra contro Hamas: una loro presenza militare segreta esiste già ed è in crescita.

L'aggressività di Israele nei confronti di Gaza dura da un periodo che all'incirca è doppio rispetto a quello dei governi neonazisti di Kiev nei confronti del Donbass. L'obiettivo però è lo stesso: soggezione della popolazione e, quando non possibile, eliminazione fisica.

Sia in un caso che nell'altro esiste un unico regista che gestisce i propri attori: è l'apparato militare-industriale degli USA.

Il regista si comporta nella stessa maniera: fornisce armi e denaro per creare caos in determinate regioni del mondo. Quanto più ampi sono i conflitti, tanto meglio è.

Il principale impegno propagandistico degli USA è quello di dimostrare che i loro attori svolgono il ruolo degli aggrediti e che nella loro legittima difesa sono imbattibili.

*

Disse il repubblicano americano Ron Paul nel 2009, alla Camera dei Rappresentanti:

Hamas è stato sostenuto e in realtà creato da Israele perché voleva contrastare Yasser Arafat. Ecco perché noi per primi, indirettamente e direttamente attraverso Israele, abbiamo contribuito a creare Hamas. Non appena inizieranno a dominare, dovremo però ucciderli. Negli anni '80 eravamo alleati di Osama bin Laden e combattevamo i sovietici. Fu allora che la nostra CIA decise che sarebbe stato positivo radicalizzare il mondo musulmano. Ecco perché finanziamo le *madrasse* per radicalizzare i musulmani e combattere i sovietici. E c'è una ricompensa da tutto questo.

Insomma è ormai arcinoto che gli americani creano terroristi e poi li combattono in ogni modo possibile, al fine di sviluppare il loro complesso militare-industriale e finanziario.

## [31] Far saltare il banco

Israele non ha alcun vero piano per il "dopo", e se ce l'ha, non trova tutti d'accordo a Tel Aviv e a Washington. Infatti per eliminare Hamas bisognerebbe occupare Gaza per parecchi mesi, pagando un prezzo altissimo in termini di vite umane e d'immagine, anche perché potrebbero esserci attacchi dal Libano degli Hezbollah filo-iraniani, guidati dal leader Nasrallah, dalla Siria di Assad (che rivuole le alture del Golan), dall'Iran di Raisi (che ha da vendicare varie vittime eccellenti), dallo Yemen dei miliziani sciiti Houthi (anch'essi filo-iraniani) e naturalmente dalla Turchia di Erdoğan e dal Qatar (alleato della Turchia e finanziatore di Hezbollah).

Inoltre, qualunque cosa accada a Gaza, non bisogna dimenticare che Hamas è insediato anche in Cisgiordania e ha basi in altri Paesi del Medio Oriente. E poi, anche se Israele riuscisse a distruggerlo, chi controllerebbe le masse palestinesi? Nel 2005 gli israeliani hanno dovuto abbandonare la Striscia proprio perché ingestibile. Al limite dovrebbero deportarli tutti.

Oltre a Gaza, c'è un fronte bollente anche in Cisgiordania: a Jenin, Nablus, Gerico sono nate brigate palestinesi di autodifesa, dato che l'Autorità Nazionale Palestinese non conta più niente. Le brigate sono composte da giovani palestinesi nati nei campi profughi, che non hanno nulla da perdere e sono posti di fronte alla scelta di morire subito o lentamente. Si organizzano tramite *social network*. Nella città vecchia di Nablus l'esercito israeliano è dovuto entrare coi carri armati per sgominarle, e dall'inizio dell'anno si sono verificati diversi scontri coi soldati che hanno causato più di 200 vittime, per la maggior parte palestinesi.

Da notare che gli Accordi di Abramo tra Arabia Saudita e Israele sono già morti e sepolti.

Si ha insomma l'impressione che Israele stia cercando soltanto di creare caos e di far saltare il banco nel Medio Oriente, così come gli USA lo vogliono far saltare nel mondo.

## Confini nazionali e popolazioni monoetniche

Lo storico Tony Judt scriveva nel suo libro, *Postwar. La nostra storia 1945-2005*: "Alla fine della prima guerra mondiale si ridisegnarono i confini delle nazioni, mentre i popoli furono in genere lasciati dove si trovavano. Dopo il 1945, invece, accadde il contrario: con la sola eccezione della Polonia, le frontiere rimasero sostanzialmente inalterate, mentre furono spostate le persone".

Alla fine della seconda guerra mondiale, tranne piccole eccezioni, tutte le terre conquistate furono restituite alle nazioni cui appartenevano e dal punto di vista dei confini si ripristinò lo *status quo ante*. Ma la popolazione in queste vecchie nazioni venne resa omogenea con la forza.

Ora l'operazione che sta compiendo Netanyahu come si configura? Il suo obiettivo è quello di rendere *monoetnica* sul piano ideologico l'intera Palestina, espellendo una popolazione che vive lì dai tempi di Maometto.

Hamas avrà fatto male i suoi conti, sperando di scuotere con una sortita terroristica l'intero Medio Oriente. Ma Netanyahu vuole creare una nazione che di democratico non ha assolutamente nulla.

Questo conflitto pluridecennale dimostra che non sono le religioni che potranno risolverlo, e che se anche si cerca di farlo con l'uso della forza militare, l'attaccamento morboso alla religione porta alla rinascita di nuovi tragici conflitti.

Infatti se anche i Paesi islamici del Medio Oriente decidessero, con un'operazione concertata, di spazzare via per sempre lo Stato d'Israele, si continuerebbe a lasciare irrisolto il compito di realizzare una società democratica e pluralistica.

Stanno morendo migliaia di persone, e milioni rischiano di dover diventare profughi, senza che vengano poste neppure le premesse per costruire una vera giustizia sociale e una vera uguaglianza di genere.

## Lacrime di coccodrillo

Sotto Biden 7 milioni di migranti sono entrati negli Stati Uniti attraverso la frontiera aperta nel sud, un numero quasi uguale all'intera popolazione della Virginia.

Questo caos ha creato non solo una crisi umanitaria, ma anche una crisi della sicurezza nazionale e una crisi del traffico di droga. In media cinque abitanti della Virginia muoiono al giorno per overdose di fentanil.

Così dichiara il governatore della Virginia, Glenn Youngkin, in un'intervista a "Fox News".

Stesso numero in Congo: almeno 6,9 milioni di persone sono state costrette a lasciare le proprie case a causa del conflitto in atto tra i ribelli del Mouvement de 23 Marzo (M23) e le milizie fedeli al governo. L'ha segnalato l'ONU.

E che dire della popolazione ucraina? Secondo le stime dell'agenzia ONU per i rifugiati (Unhcr), sono più di 8 milioni i profughi ucraini che si trovano in Europa. Altri 5-6 milioni sono gli sfollati interni.

Ma se torniamo indietro è anche peggio. La Cecoslovacchia nel giugno 1945 espulse 3 milioni di tedeschi, di cui 267.000 morirono di stenti e maltrattamenti. Prima della guerra in Boemia e Moravia i tedeschi rappresentavano il 29% della popolazione; nel 1950 si erano ridotti a non più dell'1,8%. Si è calcolato che nel dopoguerra i tedeschi costretti a cambiare Paese di residenza siano stati almeno 13 milioni.

Di fronte a numeri del genere Netanyahu può sempre dire che evacuare metà Gaza (o addirittura tutti i suoi abitanti) verso l'Egitto dovrebbe essere un'operazione accettabile per l'opinione pubblica occidentale, che ai suoi occhi è l'unica che conta.

Tanto è questo quello che vuole. È difficile pensare che un governo possa intraprendere un'azione militare di così vasta portata, che ha già fatto oltre 8.000 morti e che potrebbero diventare il doppio se si comincia a bombardare anche la parte sud della Striscia, senza che si abbia la pretesa di raggiungere un obiettivo clamoroso e di natura irreversibile.

Possiamo stare anche certi che gli statisti occidentali staranno a guardare limitandosi a versare lacrime di coccodrillo.

# Novembre

## [1] È così importante avere uno Stato?

Spesso i sionisti giustificano il loro atteggiamento anti-palestinese dicendo che i palestinesi non hanno mai avuto un loro Stato autonomo, per cui non si capisce perché debba essere Israele a riconoscerglielo.

In effetti la Palestina è esistita dapprima come provincia ottomana, e poi, in virtù della Società delle Nazioni, fondata dopo la prima guerra mondiale (1919), come "mandato britannico", in quanto gli anglo-francesi si spartirono buona parte dell'ex impero ottomano. Tale mandato comprendeva anche più del 70% del territorio a est del Giordano (l'attuale Giordania).

Per i sionisti l'assenza di uno Stato indipendente, coi suoi confini, secondo i crismi occidentali, equivaleva a una situazione giuridica di "terra di nessuno" (*terra nullius*), per cui chiunque avrebbe potuto appropriarsene. Spesso infatti l'occidente colonialista si è comportato così nei confronti delle popolazioni giudicate più primitive.

Quando iniziò il colonialismo europeo oltreoceano, gli spagnoli, ch'erano una monarchia, distrussero i tre imperi maya, inca e azteco, perché li consideravano dei nemici da sostituire con coloni spagnoli, che avrebbero sfruttato i sopravvissuti allo sterminio.

Tuttavia quelle colonie la Spagna fu poi costretta a riconoscerle come repubbliche indipendenti, cioè come moderni Stati politici, aventi determinati confini, un proprio esercito, una propria burocrazia ecc. Lo stesso fece il Portogallo col Brasile.

Se prendiamo invece il colonialismo israeliano, vi sono più affinità con quello inglese nel nord America o in Australia o in certi Paesi africani. Nel senso che la popolazione autoctona era considerata così "primitiva" che non avrebbe avuto alcuna possibilità di costituirsi come Stato autonomo in senso moderno. D'altra parte non era neanche nelle esigenze dei palestinesi avere un proprio Stato politico.

I sionisti quindi entrarono in Palestina convinti di potersi sostituire in tutto e per tutto agli inglesi e di poter subordinare il diritto all'autodeterminazione dei popoli al diritto di avere un proprio Stato politico indipendente. Avevano capito che gli inglesi non erano più quelli di un tempo: la seconda guerra mondiale li aveva costretti a chiedere ingenti prestiti agli USA e praticamente dovevano abbandonare India, Birmania e Grecia.

Quando l'ONU propose un Piano di Partizione del mandato inglese in uno Stato arabo e in uno Stato ebraico, i sionisti accettarono immediatamente, proprio perché sapevano che avrebbero costruito qualcosa di più forte della comunità tribale o anche di un eventuale Stato palestinese.

La commissione che portò il problema ebraico all'ONU era composta da Australia, Canada, Cecoslovacchia, India, Iran, Olanda, Perù, Svezia, Uruguay e Jugoslavia. Nessun Paese di etnia araba. Le proposte furono due: un unico Stato federativo binazionale; spartizione del territorio in due Stati separati. I sionisti e gli USA preferivano ovviamente la seconda. Erano riusciti a far credere all'ONU che i palestinesi non esistevano né come popolo né come nazione, tant'è ch'erano rappresentati dalla Lega Araba, cioè da una serie di Stati ancora molto condizionati dagli anglo-francesi.

In ogni caso i Paesi arabi si opposero alla risoluzione n. 181 dell'ONU del 29 novembre 1947 (33 voti a favore, 13 contrari e 10 astensioni) proprio perché ritenevano, sulla base delle loro tradizioni tribali, che il principio di autodeterminazione dei popoli andasse considerato superiore.

Il piano di spartizione prevedeva uno Stato arabo sul 42,9% del territorio, con 725.000 arabi e 10.000 ebrei; e uno Stato ebraico sul 56,5% del territorio, con 498.000 ebrei e 497.000 arabi. Gerusalemme era internazionalizzata con 105.000 arabi e 100.000 ebrei.

Quasi tutte le terre coltivate ad agrumi, l'80% di quelle coltivate a grano e il 40% dell'industria palestinese si sarebbero trovate all'interno delle frontiere dello Stato ebraico. Da notare che al momento della spartizione la terra di proprietà ebraica corrispondeva al 12,75% delle terre coltivabili (ed era il 7,6% dell'intera superficie della Palestina). Quindi la sovranità ebraica veniva esercitata su una terra che per 9/10 era di proprietà araba.

Gaza avrebbe perduto le vie di comunicazione per il Negev. Centinaia di villaggi arabi si sarebbero trovati separati dalle terre comunali e dai pascoli. I palestinesi avrebbero anche perso ogni accesso al Mar Rosso e ogni comunicazione diretta con la Siria.

I sionisti s'impadronirono anche di tutte le postazioni militari che gli inglesi avevano evacuato.

L'ONU di quel tempo era nella sostanza in mano a tre Paesi: USA, Francia e Gran Bretagna, in quanto dei poco più dei 50 Stati che lo componevano, almeno la metà o erano semi-colonie americane o ex-colonie inglesi e francesi, ancora dipendenti dalle rispettive madrepatrie.

Egitto, Siria, Libano, TransGiordania e Iraq entrarono militarmente in Palestina il 30 aprile 1948, dopo la Conferenza ad Amman in

Giordania. Di sicuro, essendo i palestinesi di religione islamica come loro, cioè essendo una costola del grande mondo arabo, non l'avrebbero fatto con quello spirito razzistico di crociata che i sionisti han sempre avuto.

Oggi però Israele deve mettersi in testa che i palestinesi non solo non sono un popolo primitivo da sottomettere, ma neppure possono accettare, stante l'attuale situazione colonialistica, alcuna proposta relativa ai due Stati per due popoli. Due Stati, in effetti, potrebbero avere un qualche significato solo se si tornasse, come minimo, alla situazione del 1948.

## [2] Gli ebrei sono un popolo razzista?

Appare abbastanza evidente che la maggior parte del mondo rifiuta di sostenere la posizione genocidaria d'Israele. Anche se i metodi di Hamas hanno un sapore terroristico, è assurdo pensare che tutti i residenti di Gaza siano come Hamas. La definizione stessa di "popolo terroristico" non ha alcun senso. Non si può proibire tutto ciò che riguarda la Palestina. Non si può far assumere ai palestinesi lo stesso ruolo che per colpa dei nazisti ebbero gli ebrei nell'ultima guerra mondiale. O che ebbero gli armeni nella Turchia di un secolo fa.

Come del resto non ha alcun senso considerare antisemitiche le critiche rivolte ai comportamenti terroristici dell'esercito israeliano, che coi suoi bombardamenti indiscriminati colpisce soprattutto i civili.

Israele la deve smettere di usare le persecuzioni subite nel passato come alibi per poter adottare qualunque strategia difensiva. Anzi se continua ad attribuire all'intera popolazione di Gaza la responsabilità del terrorismo di Hamas, rischia che un'eventuale coalizione di Paesi islamici del Medio Oriente si comporti nella stessa maniera nei confronti degli ebrei d'Israele.

La Palestina, coi suoi abitanti islamici, esiste dai tempi di Maometto: non merita d'essere considerata come un corpo estraneo da parte di una popolazione che per 1900 anni non è mai stata più di una minoranza del tutto insignificante in quel territorio.

Se la popolazione ebraica, spinta da sionisti guerrafondai e colonialisti, non sa coesistere pacificamente coi palestinesi, non sono questi ultimi che devono andarsene. Tutti gli ebrei d'Israele e del mondo intero devono mettersi nell'ordine di idee che la Palestina non è a loro uso e consumo, non è un territorio che possono colonizzare come se non appartenesse a nessuno. Ogni volta che giustificano questo colonialismo, dicendo che i palestinesi sono arretrati, incivili, fanatici, si comportano inevitabilmente come dei razzisti.

Comportamenti del genere li abbiamo già visti da parte degli occidentali ovunque essi abbiano messo piede. E siccome sono davvero tanti i documenti internazionali che condannano tali atteggiamenti su tutti i piani (etico giuridico politico culturale), il fatto che Israele marci in controtendenza e si rifiuti di riconoscerli, inevitabilmente pone questo Stato al di fuori della storia.

Non a caso nel 2022 l'Assemblea Generale delle Nazioni Unite ha adottato 15 risoluzioni contro Israele. Non è possibile che questo Paese abbia ragione e quasi l'intero pianeta abbia torto. Né ha senso pensare che il diffuso antisemitismo patito dagli ebrei in Europa negli ultimi due millenni sia un motivo sufficiente per attribuire a se stessi una patente di indiscusso eccezionalismo che tutti gli altri popoli devono per forza riconoscere, ovvero una patente di autenticità che il resto del mondo deve guardare con invidia, in quanto è segno di elezione, di benevolenza divina.

Chiunque è in grado di capire che una pretesa del genere rientra nell'ambito del razzismo.

## L'Arabia Saudita ha già perso

Dicono che i terroristi di Hamas hanno lanciato un attacco contro Israele per interrompere il trattato di pace tra Riyadh e Gerusalemme, voluto soprattutto da Mohammed bin Salman, principe ereditario dell'Arabia Saudita, senza tener conto degli interessi della Palestina. Quindi il primo sconfitto sarebbe lui, che sperava con questo accordo di potenziare parecchio il suo progetto "Vision 2030", con cui modernizzare la monarchia. I fondi sauditi avevano persino già iniziato a investire nelle società tecnologiche di Tel Aviv.

Ora è saltato tutto. Anzi bin Salman è stato messo alle strette anche dallo Yemen, il primo Paese a fornire un efficace sostegno militare alla Striscia di Gaza dopo l'inizio della guerra. Lo Yemen ha lanciato missili contro la località israeliana di Eilat. È vero, la maggior parte di loro è stata abbattuta, ma ad Aden promettono di continuare i lanci ogni notte.

Lo Yemen è governato dagli Houthi, un gruppo sciita che prende il nome dallo sceicco locale al-Houthi, che negli anni '90 creò il movimento Ansar Allah contro i sunniti delegati del re saudita che governava lo Yemen. Motivo? La distribuzione ineguale dei proventi petroliferi tra diverse regioni e tribù.

Nel 2015 la rivolta Houthi si trasformò in una vera e propria guerra, dopo che i ribelli conquistarono la capitale del Paese e rovesciarono il governo degli scagnozzi di bin Salman.

Contro gli Houthi, sostenuti dall'Iran, l'Arabia Saudita schierò un potente gruppo militare, armato secondo tutti i canoni della NATO, ma gli Houthi – un esercito di contadini – con l'aiuto di droni iraniani, effettuarono con successo una serie di attacchi ai danni delle raffinerie di petrolio della società saudita Aramco, dimezzandone la produzione. Fu allora che il principe bin Salman chiese una tregua, che poi è durata fino ad oggi.

Ora i sionisti, per ritorsione contro gli Houthi, vorrebbero bombardare Aden, ma non possono farlo senza attraversare il territorio dell'Arabia Saudita, e bin Salman sa bene che se concedesse il permesso, sarebbe come suicidarsi politicamente. E nel contempo non può neppure riprendere la guerra contro lo Yemen, poiché gli Houthi hanno aumentato così tanto il loro numero di droni da poter bruciare l'intera industria petrolifera araba.

## Lo spirito del crociato Netanyahu

Netanyahu sostiene che Hamas usa gli ospedali per nascondersi. E quindi quali conclusioni ne trae? Nonostante sappia bene che tali ospedali non sono dismessi, cioè non sono vuoti, ha deciso di bombardarli lo stesso. Lui si mette la coscienza a posto, scaricando l'intera responsabilità della scelta di questi rifugi sul popolo palestinese in quanto tale.

Se questo non è un comportamento nazista e genocidario, come può essere definito?

Lui dice che Israele ha un solo compito: distruggere Hamas. E non si fermerà finché non lo sarà completamente.

Quindi il fine giustifica qualunque mezzo. Se questo non è cinismo allo stato puro, che cos'è? È evidente infatti che se l'obiettivo non viene conseguito per qualche ragione con armi convenzionali, nulla potrà impedire all'esecutivo di Netanyahu di ricorrere ad armi nucleari.

Lo si capisce anche dai suoi discorsi deliranti. "Hamas fa parte dell'asse del male formato dall'Iran, da Hezbollah e dai suoi seguaci. Il loro desiderio è distruggere lo Stato di Israele e ucciderci tutti. Vogliono riportare il Medio Oriente all'oscurità del fanatismo barbarico del Medioevo, mentre noi vogliamo portare il Medio Oriente ai vertici del progresso del 21° secolo. Questa è una lotta tra sostenitori della luce e seguaci dell'oscurità, tra umanità e ferocia. Ora molti nel mondo capiscono contro chi ha a che fare Israele. Capiscono che Hamas è l'Isis. Capiscono che Hamas è una nuova versione del nazismo [da notare che anche il neonazista Zelensky paragonava Putin a Hitler]. E proprio come il mondo si è unito per sconfiggere i nazisti e l'Isis, il mondo deve unirsi per sconfiggere Hamas. Dico ai nostri amici del mondo civilizzato: la nostra guerra è anche la vostra guerra [da notare che anche Zelensky diceva la stessa cosa!]. Se non rimaniamo insieme sullo stesso fronte, ciò influenzerà anche te. E ho anche un messaggio all'Iran e a Hezbollah: non metteteci alla prova. Non ripetere l'errore che hai già fatto una volta, perché oggi il prezzo che dovrai pagare sarà molto più duro."

Sembrano le parole di un fanatico che si accinge a compiere una crociata contro i suoi peggiori nemici. Somiglia all'abate cistercense Amalric, quando, per sterminare i catari in Occitania, diceva ai crociati che gli chiedevano come distinguere gli eretici dagli altri: "Uccideteli tutti! Dio riconoscerà i suoi".

Questo poi senza considerare che fu proprio Israele a usare l'Isis contro la Siria.

*

Uno pensa a Netanyahu... ma lui è circondato da leader che sono anche peggio. L'abbiamo visto con vari ambasciatori, all'ONU, con alcuni ministri. Dopo hai voglia a dire che in Israele i 3/4 dei cittadini vorrebbero un qualunque altro premier diverso da lui.

Ecco cos'ha detto, di recente, il ministro degli Affari e del Patrimonio di Gerusalemme, Amichay Eliyahu:

"Gaza nord, più bella che mai. Fate esplodere e spianate tutto, delizioso. Dobbiamo parlare del giorno dopo. Quando avremo finito, assegneremo le terre di Gaza ai soldati che combattono e ai coloni che vivevano a Gush Katif". (Gush Katif era un insediamento israeliano nel cuore della Striscia di Gaza 18 anni fa.)

Come si può notare, non stanno nemmeno cercando di nascondere le loro intenzioni.

## [3] La demografia non è un'opinione

I numeri demografici israeliani comprendono una popolazione di 9,5 milioni di cittadini israeliani di cui 1,5 milioni di etnia araba (arabo-israeliani).

Nei territori occupati della Cisgiordania (West Bank) ci sono non meno di 2,9 milioni di arabo-palestinesi (cittadini dei territori sotto la giurisdizione mista di Israele e Autorità Nazionale della Palestina).

A Gaza ci sono 2,3 milioni di arabo-palestinesi sotto la giurisdizione unica di Hamas, partito al governo dal 2006 e definito movimento terroristico da Israele.

Dunque quasi 5,5 milioni di arabo-palestinesi sono distribuiti tra Cisgiordania e Gaza, mentre arabo-palestinesi sono presenti in gran numero anche in Giordania.

Gli ebrei stanziati in Israele sono circa 8 milioni.

Quelli residenti in altri Paesi del mondo, in particolare negli USA, raggiungono gli 8 milioni: quindi in tutto 16 milioni di ebrei (in sostanza quanto nel 1940).

Entrambe le popolazioni semitiche generano in media 3 figli per famiglia, ma gli ebrei dovrebbero farne almeno il doppio per avere piena egemonia.

Un numero così alto di arabo-palestinesi o di arabo-israeliani consiglierebbe politiche d'integrazione amichevole o di buon vicinato. Invece Israele insiste nel praticare strategie egemoniche in Cisgiordania e di netta ostilità a Gaza. Può comportarsi così proprio perché appoggiato dagli USA e dalla UE.

Da notare poi che gli islamici nel mondo sono circa 2 miliardi. Fra 30 anni supereranno i cristiani.

## L'indifferenza è il vero problema

Dire che la ferocia dell'esercito israeliano contro i palestinesi è simile a quella ucraina nei confronti dei russofoni del Donbass o a quella nazista nei confronti di ebrei e slavi, ormai è scontato.

Il vero problema è che gli europei restano ancora piuttosto indifferenti alle mostruose tragedie che accadono in casa loro. Proprio come fecero al tempo degli ebrei, degli slavi e dei russofoni.

Lo sanno che Netanyahu vuol mandare tutti i palestinesi di Gaza nel deserto del Sinai, in mano egiziana? Oltre due milioni di persone a fare cosa nel deserto? I monaci? I beduini? O a morire come gli armeni in Anatolia?

Quello armeno fu il primo genocidio del XX sec., esattamente 100 anni fa. Ma gli europei quanti ne hanno compiuti sin dall'inizio della loro storia coloniale? Ormai non li contiamo più. A quanti genocidi dobbiamo ancora assistere prima di capire che il diritto all'autodeterminazione dei popoli è superiore a qualunque diritto riguardante l'esistenza degli Stati nazionali?

Non vogliamo combattere contro Israele? Ma perché allora non mandiamo delle navi lungo le coste della Striscia di Gaza per salvare la popolazione civile dal massacro, portandola da noi? Non abbiamo forse accettato milioni di profughi ucraini senza battere ciglio?

Il papa continua a lamentarsi della guerra? Ma perché non si offre come prigioniero di Hamas? Ha forse paura d'essere ucciso? Ma per i cristiani non è forse un titolo d'onore essere martirizzati? Quale giovamento, in termini di consenso, ne otterrebbe una confessione come quella cattolico-romana, così squalificata dai tanti recenti scandali finanziari e sessuali? Non vorranno per caso rischiare d'essere vomitati dal Cristo come l'indifferente comunità di Laodicea nell'Apocalisse di Giovanni? Quella comunità che diceva di se stessa: "Mi sono arricchita e non ho bisogno di niente"...

*

È assurdo pensare che Hamas, da solo, senza aviazione, carri armati, artiglieria semovente, sia in grado di vincere Israele. Per questo si è pensato a una *false flag*. Hamas ha buttato un sasso nello stagno, sperando che qualche cerchio vada a lambire Paesi islamici e non ben più grandi o più forti d'Israele. Ma se questo non avviene entro qualche mese, Hamas rischia di perdere mezza Gaza. Netanyahu, secondo me, sa bene che quando Israele è in guerra non c'è differenza tra ebraismo e sionismo, e sa bene che l'appoggio americano è incondizionato e che la UE è una colonia degli USA.

*

A Severodonetsk l'esercito russo ha trovato documenti che rivelano schemi fraudolenti per requisire le proprietà della Chiesa ortodossa canonica ucraina. Confermano anche il finanziamento della Chiesa ortodossa dell'Ucraina scismatica da parte degli Stati Uniti.

In virtù di questi vergognosi rapporti con gli USA il regime di Kiev ha potuto organizzare la più grande ondata di persecuzione contro la Chiesa ortodossa ucraina, e solo perché questa manteneva stretti legami col patriarcato di Mosca.

La legge, passata in parlamento, vietava le attività di questa confessione in tutta l'Ucraina. Perseguitare per motivi religiosi è un'infamia che ci riporta al tempo delle crociate.

Bisognerebbe dirlo a Netanyahu che, coi suoi discorsi religiosi, sembra voler riportare indietro di millenni la storia del suo Paese.

*

La società americana "US News and World Report" ha stilato una classifica degli eserciti più forti del mondo. Non ci si crederà, ma al primo posto ha dovuto mettere quello russo.

Al secondo gli USA e al terzo la Cina.

Evidentemente gli autori sono stati guidati da criteri che nulla hanno a che fare con l'entità dei budget militari, che per quanto riguarda

71

quello americano è stratosferico.

Sanno queste cose i sionisti? Sanno che tra Russia e Cina c'è un'intesa a tutto campo?

*

Ha scritto Rossella Hamad:

Ti diranno che questa tra israeliani e palestinesi è una guerra religiosa. Eppure in terra santa sono vissuti in pace i fedeli di tutte le religioni fino all'avvento del sionismo, che ha reso la Palestina uno Stato esclusivo per soli ebrei, da cui verranno progressivamente cacciati tutti gli altri.

Il rabbino David Weiss, del gruppo ortodosso antisionista Naturei karta, più di una volta ha ringraziato il mondo islamico, e la Palestina in particolare, per aver dato ospitalità agli ebrei cacciati dall'Europa a seguito della *Reconquista Cattolica*.

Questa dei palestinesi è in realtà una lotta anticoloniale e per il perseguimento dei propri diritti umani e politici. Nella Palestina libera ci sarà posto per tutti, perché la Palestina non ha mai costruito ghetti. Ponte di civiltà e culture, le ha inglobate tutte, senza timore, come sa e può fare chi abbia una storia millenaria alle spalle.

*

Mentre per l'Ucraina (il cui governo non ha nulla di democratico) la UE ha già versato 76 miliardi di euro (più altri 50 previsti per il periodo 2024-27 e altri 186 solo per farla entrare nella UE), senza controllare minimamente come e dove venivano spesi, per i palestinesi invece (che dal 2021 al 2024 avrebbero dovuto beneficiare di 1,1 miliardi di euro) statisti lungimiranti come von der Leyen e Borrell hanno stabilito di controllare fino all'ultimo centesimo che i fondi non vadano a finire ad Hamas. Quindi vuol dire che a Gaza la UE non darà nulla, perché lì il governo è gestito da Hamas.

*

I Paesi filo-israeliani in Africa si contano sulle dita di una mano: Kenya (aiutato contro il terrorismo islamico proveniente dalla vicina Somalia), Ghana, Zambia e Congo.

44 Paesi su 54 riconoscono lo Stato d'Israele e quasi 30 hanno aperto ambasciate o consolati a Tel Aviv.

Israele si è rivelato utile soprattutto nell'ambito agricolo perché

72

aiuta ad affrontare la siccità, la carestia e fenomeni climatici estremi. Perché non si limita a questo?

Il Sudafrica razzista era ben contento di essere sostenuto da Israele. Oggi il Sudafrica democratico sostiene la Palestina e accusa Israele di politiche di apartheid. Nella vita la coerenza può essere un disvalore. E comunque Mandela parlava chiaro: "vi sono parallelismi tra la lotta dei neri sudafricani contro il dominio bianco e quella dei palestinesi contro l'occupazione israeliana".

Lo stesso Mandela veniva definito "terrorista" dal governo sudafricano di apartheid. Poi però gli han dato il Nobel della pace. Lo stesso premio che han dato ai due guerrafondai Kissinger e Obama.

A proposito di parallelismi, Dublino sta cominciando a vederli tra la lotta palestinese contro Israele e la lotta irlandese di lunga data contro la Gran Bretagna.

*

Il premier indiano Modi ha tradito la propria islamofobia, esprimendo sostegno a Israele. Come se non sapesse che il suo Paese è stato filo-palestinese per decenni.

*

L'Indonesia, il Paese con la più grande popolazione musulmana del mondo, sostiene apertamente i palestinesi e non ha relazioni diplomatiche con Israele.

Possiamo considerarlo un Paese fondamentalista e potenzialmente terrorista?

*

La Cina rimane un importante partner commerciale per Israele, ma dipende anche dal petrolio saudita e iraniano. La stabilità in Medio Oriente è vitale per la sua sicurezza energetica.

Pechino, poco dopo il brutale attacco di Hamas, ha chiesto una "soluzione a due Stati", non ha parlato di "diritto all'autodifesa".

A Tel Aviv devono esserci rimasti male. Davvero ritengono d'essere un partner commerciale insostituibile per la Cina? Pensano davvero di poter offrire alla Cina più fonti energetiche di quanto facciano i Paesi islamici del Medio Oriente?

*

La legge internazionale definisce legittima la lotta dei popoli sotto occupazione, anche se armata. Dunque per definire terroristica una lotta del genere, occorre verificare caso per caso.

*

È stucchevole chi dice che c'è differenza tra ebraismo e sionismo. Lo sappiamo tutti. Quel che non si riesce a capire è come mai ci accorgiamo di questa differenza solo *dopo* un intervento armato dei palestinesi.

## [4] La risoluzione n. 181 dell'ONU

Con la famosa risoluzione ONU n. 181 del 29 novembre 1947 si decise la creazione dello Stato d'Israele.

L'ONU contava allora 56 Paesi membri (oggi sono 193 e se si rivotasse, Israele non avrebbe alcuna maggioranza). Dell'Africa erano presenti solo in 3: Liberia, Etiopia e Sudafrica. Gli altri erano ancora colonie e non votavano. Così come non erano presenti molti Stati asiatici: Indonesia, Cambogia, il Laos, Vietnam, Malesia ecc. Del mondo arabo mancavano Giordania, Libia, Marocco, Tunisia, Algeria, Qatar, Oman, Emirati Arabi Uniti.

Votarono a favore: Australia, Belgio, Bielorussia, Bolivia, Brasile, Canada, Cecoslovacchia, Costa Rica, Danimarca, Repubblica Dominicana, Ecuador, Filippine, Francia, Guatemala, Haiti, Islanda, Liberia, Lussemburgo, Nicaragua, Nuova Zelanda, Norvegia, Paesi Bassi, Panama, Paraguay, Perù, Polonia, Stati Uniti, Svezia, Ucraina, Unione Sudafricana, URSS, Uruguay e Venezuela.

Votarono contro: Afghanistan, Arabia Saudita, Cuba, Egitto, Grecia, India, Iran, Iraq, Libano, Pakistan, Siria, Turchia e Yemen.

Si astennero: Argentina, Cile, Cina, Colombia, El Salvador, Etiopia, Honduras, Messico, Regno Unito, Jugoslavia.

Quindi 33 a favore, 13 contrari e 10 astenuti.

Secondo alcuni analisti la risoluzione avrebbe dovuto essere respinta poiché lo statuto dell'ONU prevedeva (e lo prevede anche oggi) che per le decisioni su questioni importanti, come quelle sulla pace e la sicurezza, l'ammissione di nuovi membri e le questioni di bilancio, sia richiesta una maggioranza di 2/3 dei Paesi presenti e dei votanti. Gli astenuti vanno contati, non esclusi dal conteggio.

Quindi questa risoluzione, per essere approvata, aveva bisogno di 38 voti a favore, non 33. Ebbene, per far approvare comunque la risoluzione si fece finta che gli astenuti non avessero votato! Non solo, ma dopo di allora i sionisti se ne infischiarono bellamente che nessun'altra risoluzione dell'ONU abbia mai autorizzato delle variazioni territoriali rispetto alla ripartizione stabilita dalla suddetta risoluzione.

Certo, può apparire strano che nessuno si sia accorto della stranezza di quella votazione. Di sicuro però non ha senso meravigliarsi che gli arabi rifiutassero l'idea che oltre il 50% dei propri territori venisse dato a una popolazione che rappresentava appena il 30% della popolazione. Senza poi considerare che gli stessi arabi si chiedevano perché dovessero essere proprio loro a dover espiare i sensi di colpa di quei Paesi che non erano riusciti, durante il secondo conflitto mondiale, a impedire lo sterminio degli ebrei.

### Qualcosa di poco chiaro

Ci si è accorti che i combattenti delle Brigate Al-Qassam hanno agito il 7 ottobre sulla base di un'intelligence avanzata.

Ad es. non era nota pubblicamente l'esistenza di una delle basi prese d'assalto dai combattenti d'élite della Brigata. Inoltre i combattenti sapevano esattamente dove si trovavano le infrastrutture di comunicazione vitali, compresi i server, e come distruggerle.

L'assalto di terra è stato supportato da un attacco informatico coordinato che, insieme agli attacchi di droni di precisione, ha completamente disabilitato la capacità dell'occupazione di monitorare Gaza o il campo di battaglia più vasto.

I combattenti Qassam sono riusciti inoltre a mettere fuori servizio intere divisioni dell'esercito sionista e a liquidare il comando della "Divisione Gaza" prima che i vertici capissero la portata dell'attacco. Per queste ragioni, l'esercito di occupazione ha impiegato più di 24 ore per rispondere veramente.

Come facevano a sapere tutte queste cose?

*

I sionisti han deciso di non preavvertire più i russi prima di effettuare attacchi sul suolo siriano. Non gli interessa più evitare incidenti con l'aviazione russa. Vogliono ampliare i confini della guerra.

### Il razzismo sin dalla culla

E poi dicono che c'è differenza tra ebraismo e sionismo. È vero, lo sanno tutti. Ma cosa dicono i manuali scolastici in Israele?

Ce lo spiega una stessa ebrea, Nurit Peled-Elhanan, accademica all'Università di Gerusalemme.

Nel suo libro *Palestine in Israeli School Books: Ideology and Propaganda in Education*, pubblicato nel Regno Unito nell'aprile 2012, afferma che l'unica rappresentazione dei palestinesi è come "rifugiati, contadini primitivi e terroristi", e che in "centinaia e centinaia" di libri, nessuna fotografia raffigura un arabo come una "persona normale".

I libri di testo insegnano agli studenti che Israele esiste principalmente per prevenire un altro Olocausto e gli ebrei sono gli unici a essere presentati come vittime. Altre vittime non esistono.

In un discorso del 2007 sempre lei ha definito i soldati israeliani "assassini di bambini, distruttori di case, sradicatori di frutteti e avvelenatori di pozzi... educati nel corso degli anni alla scuola dell'odio e del razzismo. Loro hanno imparato per 18 anni a disprezzare lo straniero, a temere sempre i vicini di religione diversa. Sono stati cresciuti nella paura dell'Islam, una paura che li prepara ad essere soldati brutali e discepoli di assassini di massa".

Al movimento *Women in Black* ha detto che "le madri israeliane educano i loro figli a imporre l'apartheid e a sostenere l'esercito di occupazione, educano i loro figli al razzismo assoluto e sono pronte a sacrificare i frutti delle loro pance sull'altare della megalomania, dell'avidità e della sete di sangue dei loro capi politici. Queste madri si trovano anche tra le maestre e le educatrici dei nostri giorni."

Dunque in Israele l'ebraismo che cos'è? Un fascismo religioso? Poi però chiedono a noi di fare differenza tra ebraismo e sionismo.

## Culto della morte

In uno dei suoi discorsi demenziali agli israeliani, Netanyahu ha pronunciato una frase dal sapore fondamentalista, immedesimandosi nel ruolo di Saul, primo re israelita, che deve reagire con assoluta spietatezza, ricordando cos'ha fatto Amalek al popolo ebraico.

Amalek è un personaggio dell'Antico Testamento, nemico degli ebrei al tempo di Saul. Infatti in 1Samuele 15:3 è scritto: "Ora va' e attacca gli Amaleciti e distruggi completamente tutto ciò che hanno. Non risparmiarli. Uccidete uomini e donne, bambini e lattanti, buoi e pecore, cammelli e asini."

Ora per Netanyahu i nuovi Amaleciti sono i palestinesi. "Le nostre truppe eroiche hanno un solo obiettivo supremo: sconfiggere completamente il nemico assassino".

Sembra un crociato invasato. I palestinesi son come una razza da estirpare dalla faccia della Terra.

Possibile che non ci siano rabbini normali, disposti a dirgli chiaro e tondo che sta delirando? Cioè che non può utilizzare delle frasi di millenni fa interpretandole in maniera letterale, come se fossero pronunciate adesso. E che in ogni caso esistono frasi di Jahvè in senso opposto, come per es. questa: "Non provo piacere nella morte del malvagio" (Ezechiele 33:11).

Fino al 2017 era sostenuto dal rabbino suprematista Yisrael Rosen, per il quale Gesù era un falso messia che meritava di morire, ma i cattolici possono essere utilizzati per aiutare Israele a combattere una guerra contro l'Islam fondamentalista.

Han capito i Paesi arabi che, *rebus sic stantibus*, gli Accordi di Abramo era meglio non firmarli? Si son venduti per un piatto di lenticchie, come Esaù la sua primogenitura.

E comunque l'esegeta Netanyahu dovrebbe sapere che fine fece Saul.

## Yemen e Algeria contro Israele

Dopo lo Yemen (che tiene impegnato il 10% dell'aviazione israeliana) anche l'Algeria è pronta a dichiarare guerra a Israele. Infatti il Parlamento ha ufficialmente autorizzato il presidente Tebboune a entrare nel conflitto a sostegno di Gaza, con un voto all'unanimità. Di conseguenza lo Stretto di Gibilterra può diventare pericoloso per gli alleati di Tel Aviv. Non solo, ma i nostri contratti energetici con l'Algeria rischiano di saltare.

Sottomarini algerini si trovano già vicino alla costa d'Israele e alla Striscia di Gaza.

L'esercito nazionale (più di 200.000 militari, 185 carri armati T-90S) è stato messo in massima allerta.

## [5] L'avevano già detto i giovani israeliani

Un gruppo di 60 adolescenti di Israele pubblicò nel 2020 una lettera aperta, rivolta ad alcune importanti autorità del loro Paese, per ribadire il diritto a non arruolarsi nell'esercito israeliano.

Tra le altre cose dicevano: "l'obiettivo dell'esercito israeliano non è difendersi da forze armate ostili, ma esercitare il controllo su una popolazione civile, quella palestinese, che ha vissuto sotto un'occupazione violenta per 72 anni, cioè sin dal 1948.

Questa occupazione sta avvelenando anche la società israeliana, che è diventata violenta, militarista, oppressiva e sciovinista.

Il nostro rifiuto di arruolarci nell'esercito non significa voltare le spalle alla società israeliana, ma assumere una responsabilità.

I militari non servono solo l'occupazione, i militari sono l'occupazione. Piloti, unità di intelligence, burocrati, soldati combattenti, tutti eseguono l'occupazione. Uno lo fa con una tastiera e l'altro con una mitragliatrice in un posto di blocco. Nonostante questo siamo cresciuti all'ombra dell'ideale simbolico del soldato eroico. Abbiamo preparato cesti di cibo per lui durante le feste, abbiamo visitato il carro armato in cui ha combattuto, abbiamo finto di essere lui nei programmi pre-militari al liceo, e abbiamo venerato la sua morte nel giorno della memoria. L'arruolamento, non meno del rifiuto, è un atto politico.

Siamo abituati a sentire che è legittimo criticare l'occupazione solo se abbiamo partecipato attivamente alla sua applicazione. Che senso ha che per protestare contro la violenza sistemica e il razzismo, dobbiamo prima essere parte dello stesso sistema di oppressione che stiamo criticando?

La pista che percorriamo dall'infanzia, di un'educazione che insegna violenza e rivendicazioni sulla terra, raggiunge l'apice all'età di 18 anni, con l'arruolamento nell'esercito. Ci viene ordinato di indossare l'uniforme militare macchiata di sangue e di preservare l'eredità della Nakba e dell'occupazione. La società israeliana è stata costruita su queste radici marce, ed è evidente in tutti gli aspetti della vita: nel razzismo, nell'odioso discorso politico, nella brutalità della polizia e in altro ancora.

Questa oppressione militare va di pari passo con l'oppressione economica. Mentre i cittadini dei territori palestinesi occupati sono impoveriti, le élite ricche diventano più ricche a loro spese. I lavoratori palestinesi vengono sistematicamente sfruttati e l'industria delle armi utilizza i territori palestinesi occupati come banco di prova e come vetrina per sostenere le sue vendite. Quando il governo sceglie di sostenere l'occupazione, agisce contro il nostro interesse di cittadini: grandi porzioni di denaro dei contribuenti stanno finanziando l'industria della sicurezza e lo sviluppo di insediamenti invece di welfare, istruzione e salute.

L'esercito è un'istituzione violenta, corrotta e corruttrice fino al midollo. Ma il suo peggior crimine è imporre la politica distruttiva dell'occupazione della Palestina. I giovani della nostra età sono tenuti a prendere parte a far rispettare le chiusure come mezzo di punizione collettiva, arrestare e incarcerare minori, ricattare per reclutare collaboratori e altro ancora: tutti questi crimini di guerra vengono eseguiti e insabbiati ogni giorno.

I palestinesi sono costantemente messi a confronto con misure antidemocratiche e violente, mentre i coloni ebrei che commettono crimini violenti sono ricompensati dai militari israeliani che chiudono un occhio e nascondono queste trasgressioni.

I militari impongono l'assedio a Gaza da oltre dieci anni. Questo assedio ha creato una massiccia crisi umanitaria nella Striscia di Gaza ed è uno dei principali fattori che perpetua il ciclo di violenza di Israele e Hamas. A causa dell'assedio a Gaza non c'è acqua potabile né elettricità per la maggior parte delle ore della giornata. La disoccupazione e la povertà sono pervasive e il sistema sanitario è privo dei mezzi più basilari. Questa realtà è la base sulla quale è intervenuto il disastro del COVID-19 che ha peggiorato le cose a Gaza.

È importante sottolineare che queste ingiustizie non sono un evento occasionale, non sono un errore o un sintomo, sono la politica e la malattia. Le azioni delle forze armate israeliane nel 2020 non sono altro che una continuazione e il sostegno dell'eredità del massacro, dell'espulsione di famiglie e del furto di terre, l'eredità che ha consentito l'istituzione dello Stato di Israele per soli ebrei."

## Il passato non aiuta a imparare le lezioni

Hassan Nasrallah, terzo segretario del partito sciita Hezbollah (da quando il suo predecessore, Abbas al-Musawi, fu assassinato dalle Forze di Difesa israeliane nel 1992), ha detto nel suo discorso di ieri:

- Gli Stati Uniti sono pienamente responsabili della guerra in corso a Gaza, e Israele è semplicemente uno strumento esecutivo.

- Considerando che la situazione umanitaria a Gaza è senza precedenti, a causa della brutalità d'Israele, stupisce l'ignavia di organizzazioni multinazionali e internazionali come Unione Europea, Lega Araba e ONU.

- Il processo decisionale spetta ai leader delle fazioni della resistenza palestinese, e l'Iran non esercita pressioni su di loro né li controlla: semplicemente li sostiene e rispetta la loro autonomia.

- Dov'è Israele che si vantava di avere l'esercito più forte del mondo? Uccide solo civili e distrugge moschee, chiese, ospedali e scuole. Qualsiasi piccolo esercito o aeronautica può bombardare i civili. A volte li vediamo persino spararsi addosso accidentalmente.

- Nella guerra del 2006 sono state distrutte più di 150.000 case, abbiamo avuto migliaia di martiri, ma il nemico è stato costretto a fare marcia indietro.

- Gli israeliani non saranno in grado di liberare i loro prigionieri senza uno scambio, perché ciò non è mai successo prima, quando la resistenza palestinese ha preso altri prigionieri.

- Israele si pone obiettivi ambiziosi che non è in grado di raggiungere, come quando afferma di voler eliminare Hamas o la sua leadership militare.

- Israele è nato con l'aiuto delle potenze occidentali attraverso la maledetta dichiarazione di Balfour e l'Occidente pretende di convincerci che abbiamo uno "Stato democratico" come vicino. Quando fu creato Israele nel 1948, tutti gli arabi soffrirono, non solo i palestinesi.

- I governi arabi e islamici devono lavorare per un cessate il fuoco e interrompere le relazioni diplomatiche con Israele. Se gli arabi non si impegneranno per facilitare la vittoria di Hamas, almeno devono impegnarsi per porre fine ai massacri di Gaza.

- La possibilità che il fronte libanese scivoli in un'ampia battaglia è una possibilità realistica. Già adesso vengono prese di mira quotidianamente tutte le località sioniste lungo il confine col Libano, al punto che 1/3 dell'esercito israeliano, metà delle capacità navali e 1/4 delle forze aeree sono costretti a rimanere alla frontiera.

- Chi sconfisse i sionisti nei primi anni '80 è ancora vivo: con loro oggi ci sono figli e nipoti.

### Putin agli islamici russi

Putin sta dicendo ai musulmani russi che se non riescono a guardare con calma la morte dei bambini palestinesi, se per loro la solidarietà islamica non è una frase vuota e se vogliono aiutare a liberare la Palestina e a creare il suo Stato indipendente, allora hanno tutte le opportunità per farlo: aiutare i palestinesi con le armi in mano.

Ma dove? Non sul suolo palestinese, dove il blocco militare totale imposto da Israele e dagli Stati Uniti non dà alcuna possibilità all'arrivo di volontari nemmeno dai vicini Paesi arabi, ma in patria, in Russia.

In che senso? Arruolandosi nell'esercito russo che combatte la NATO in Ucraina.

Il messaggio è semplice: una vittoria russa accelererebbe il crollo dell'egemonia americana e, in definitiva, aiuterebbe la causa palestinese. "Quanto più forte sarà la Russia, tanto più efficacemente potremo difendere gli interessi di quei popoli che sono diventati vittime della politica neocoloniale occidentale".

Questo discorso mi ha fatto venire in mente quanto i vietnamiti dicevano negli anni '70. Per aiutarci a combattere davvero gli americani non dovete venire a combattere da noi: dovete realizzare pienamente la democrazia là dove vivete.

### Churchill e lo Stato d'Israele

Il Segretario Coloniale inglese responsabile del Mandato in Palestina era Winston Churchill. Quando andò in visita nel 1921 rimase stupito nel constatare un'intensa ostilità araba nei riguardi dell'immigrazione ebraica.

Nel suo cammino verso Gaza incappò in una vasta folla che inneggiava "Lunga vita al Segretario Coloniale. Morte agli ebrei!". Fu una prima avvisaglia di ciò che sarebbe accaduto qualche tempo dopo.

A Gerusalemme Churchill piantò un albero sul Monte Scopus, nel luogo dove sarebbe poi sorta l'Università ebraica. Incontrò anche alcuni capi arabi palestinesi, a cui disse che avrebbero dovuto accettare la presenza ebraica nella regione come una realtà imprescindibile, che avrebbe portato dei benefici anche a loro.

Non aveva capito niente della grande differenza tra sionismo pratico, che sostanzialmente è una forma di razzismo, ed ebraismo e islamismo teorici, che sono soltanto due religioni con alcuni elementi in comune e molti altri opposti.

## [6] La mostruosa ripartizione della Palestina

Nel 1946, la partizione della Palestina diventò la soluzione dichiarata dell'Agenzia Ebraica, capeggiata da David Ben-Gurion. Fu lui a dire che uno Stato ebraico indipendente era l'unico risultato politico accettabile per i sionisti. La mappa sionista fu presentata al Comitato speciale delle Nazioni Unite per la Palestina, che l'accettò senza consultare la controparte araba. Era la stessa mappa presentata nel 1937 alla Commissione Peel (creata dal governo britannico durante il proprio mandato colonialistico in Palestina), ma con l'aggiunta della Galilea, del Negev, e di Gerusalemme Ovest. La catena montuosa della Giudea e della Samaria (che in seguito divenne la maggior parte della West Bank o Cisgiordania) doveva rimanere al di fuori dei confini dello Stato ebraico. La mappa rifletteva soprattutto la compravendita dei terreni arabi da parte degli ebrei.

Per gli inglesi era impossibile dividere la Palestina in parti eque senza fare un torto agli arabi. Tuttavia i sionisti furono in grado di influire sugli eventi molto di più di tutti i Paesi arabi messi insieme. Non solo, ma riuscirono a ottenere una cosa che oggi appare lontana da qualunque senso di democrazia statuale. Vollero uno Stato in cui gli ebrei, in virtù della loro religione, risultassero cittadini di prima categoria.

### Una storia già vista

Ormai la questione palestinese unisce tutti i musulmani dal Marocco all'Indonesia.

Tuttavia il mondo islamico è consapevole della propria impotenza all'interno dell'ordine mondiale esistente e di non poter realizzare non solo la creazione di uno Stato palestinese, ma nemmeno proteggere gli abitanti di Gaza dal genocidio in corso. E questo continuerà finché l'attuale ordine mondiale non cambierà, cioè finché l'egemonia degli Stati Uniti non diventi un ricordo del passato.

Chi sono i due miliardi di islamici? I nuovi barbari che demoliranno il nuovo impero romano?

Questa è una storia che abbiamo già visto. Le tribù cosiddette "barbariche", provenienti dall'Asia, avevano forse una cultura superiore a quella latina? No. Conoscevano forse uno Stato e un mercato sviluppati come quelli romani? Neppure. Provenivano forse da un mondo altamente urbanizzato dove lo schiavismo era diventato un sistema di vita? Neanche. Avevano forse degli eserciti imbattibili come le legioni romane? Gli ci vollero molti secoli prima di averli.

Ma allora come han fatto a vincere? È semplice: non erano corrotti come noi. Non erano falsi e bugiardi come noi. Non si vantavano d'essere civilizzati sfruttando le risorse altrui.

Chi pensa che nel Medioevo si sia realizzata una civiltà di livello inferiore a quella precedente, non ha capito niente della storia. Chi teme un nuovo Medioevo, dovrebbe invece rallegrarsene e pensare già adesso come evitare le sue due maggiori contraddizioni: servaggio e clericalismo.


### A che servono gli ostaggi?

Commandos americani per localizzare gli ostaggi di Hamas sono entrati a Gaza. Lo riferisce il "New York Times". Il giornale cita Christopher P. Maier, un assistente segretario alla Difesa, ha detto che il compito principale è quello di "identificare gli ostaggi, compresi gli ostaggi americani". Oltre a ciò, le truppe americane verranno utilizzate anche per le evacuazioni e, se necessario, per proteggere le ambasciate nella regione.

Secondo il giornale diversi Paesi occidentali avrebbero segretamente spostato forze speciali più vicine a Israele per aiutarla col potenziale salvataggio di ostaggi o per evacuazioni su larga scala da Israele o dal Libano se i combattimenti si ampliassero.

In realtà non ci sarebbe bisogno di tutto questo, poiché Hamas sta progressivamente liberando gli ostaggi con passaporto non israeliano. E comunque il braccio armato di Hamas ha già detto che 60 prigionieri israeliani sono scomparsi a causa dei bombardamenti israeliani. E bisogna dire che a Netanyahu non può interessare più di tanto che gli ostaggi vengano liberati tutti e subito: infatti se lo fossero, avrebbe più difficoltà a continuare a bombardare i civili palestinesi in totale libertà.

Quanto ai cittadini stranieri, non in ostaggio, ancora a Gaza, i ministri degli Esteri europei (tra cui il nostro Tajani), sono unicamente preoccupati di farli uscire il prima possibile. Di tutti i civili palestinesi che muoiono sotto le bombe non mostrano alcun interesse, non hanno proposte da fare.

### Ragionamenti speculari

Ram Ben-Barak, ex vicedirettore del Mossad, oggi membro della Knesset per il partito Yesh Atid di Yair Lapid, ha detto alla rete israeliana Channel 12: "È meglio essere rifugiato in Canada che a Gaza. Distribuiamo i gazesi nel mondo. Sono 2,5 milioni, ogni Paese se ne prende 25.000, 100 Paesi. È umano, deve essere fatto. Se il mondo ha davvero l'intenzione di risolvere il problema palestinese, ha la capacità di farlo".

Il ragionamento viene presentato come laico, umano, di buon senso.

Andrea Zhok ha proposto una variante rovesciata condivisibile: "Distribuiamo gli israeliani nel mondo. Sono 8 milioni, ogni Paese se ne prende 80.000, 100 Paesi. È umano, deve essere fatto. Se il mondo ha davvero l'intenzione di risolvere il problema palestinese, ha la capacità di farlo".

### England banana split

L'11 novembre è prevista a Londra una marcia di milioni di persone a sostegno della Palestina. La spaccatura nella società inglese si sta sempre più intensificando e questa polveriera minaccia di esplodere in qualsiasi momento, seppellendo il destino di molti politici attuali.

Nello stesso giorno in tutto il Paese si svolgerà una giornata della memoria, in cui tutti coloro che sono morti nei conflitti che hanno coinvolto la Gran Bretagna verranno ricordati come eroi e martiri.

Questa straordinaria collisione di due mondi opposti non piace per niente al governo, il cui premier, Rishi Sunak, ha pubblicato una lettera aperta chiedendo al ministro degli Interni di vietare di fatto la manifestazione palestinese.

Il governo sta inoltre cercando di ampliare la definizione di "estremismo" per includere chiunque "mina" le istituzioni del Paese e i suoi valori.

### Il lupo perde il pelo ma non il vizio

Oleksij Arestovich, ex consigliere del capo dell'ufficio del presidente dell'Ucraina, ha ammesso che mentre lavorava per Zelensky ha ingannato gli ucraini parlando della rapida vittoria delle forze armate ucraine. Ha detto che l'aveva fatto per il bene dell'Ucraina, senza però aggiungere che aveva contribuito a far morire centinaia di migliaia di militari ucraini.

Ha invece preferito aggiungere, con una incredibile faccia tosta, che, senza modificare l'attuale politica statale, Kiev dovrà firmare un accordo analogo a quello di Minsk.

Come si può notare, Arestovich (tra i più fidati del governo di Kiev, dimessosi forzatamente il 17 gennaio 2023) continua a mentire come prima: infatti ha detto che è tempo di riconciliazione tra Ucraina e Russia.

In realtà la Russia ora pretende la resa incondizionata da parte di Kiev. I colloqui con la Russia non avranno il minimo senso senza mettere sul piatto la cessione di porzioni di territorio ben più significative rispetto a quelle conquistate da Mosca manu militari.

L'Ucraina è uno Stato fallito sotto tutti i punti di vista. Tra l'altro lo stesso Arestovich ha poi chiarito che la pace sarebbe stata una soluzione temporanea. Kiev aspetterà il ritiro di Putin per trattare con la nuova leadership russa sulla restituzione dei territori occupati.

Si cerca di trasformare l'ex consigliere del presidente in una figura dell'opposizione. Ma è troppo tardi. Lui vuol vincere le elezioni (che però non si sa se e quando ci saranno) e prendere il posto dell'ex comico cocainomane. Ma solo per il fatto d'aver sostenuto di barattare i territori perduti con l'ingresso nella NATO, indica il suo scarsissimo livello di affidabilità.

Non si può creare un'illusione pensando di far sopravvivere il proprio popolo e poi distruggerla pensando di fare la stessa cosa: il popolo non è un minorato mentale e tanto meno carne da macello.

## [7] Troppo comodo

La rivista "Time" aveva scritto un anno fa che Zelensky era l'uomo dell'anno, il "Winston Churchill del 21° secolo", il secondo George Patton, o il secondo Roosevelt, o un nuovo Gesù Cristo. Tutto in un'unica persona.

Ora invece scrive che è ossessionato e pazzo come Hitler nel film "Bunker". Ha perso il contatto con la realtà. Non capisce che il suo tempo è finito.

Continua a dare ordini di attaccare anche quando i comandanti locali gli spiegano che non hanno né i mezzi né gli uomini, perché i russi glieli hanno distrutti negli ultimi 5 mesi.

Ormai l'intero occidente se n'è accorto e chi mostra ancora un atteggiamento ottimistico, non capisce come sta la situazione sul campo di battaglia.

Io però mi chiedo: chi ha creato il "pazzo Zelensky"? Chi l'ha fatto sembrare una specie di messia? Quanti statisti, analisti, giornalisti e militari occidentali andrebbero considerati responsabili della morte di centinaia di migliaia di persone? e della quasi totale distruzione di un Paese un tempo molto produttivo sul piano agricolo?

È troppo comodo dire una cosa, che comporta gravissime conseguenze, e poi, quando non conviene più, dire il suo contrario. In fondo Zelensky è stato solo una marionetta che ha giocato un ruolo che sin dall'inizio non poteva essere il suo. Si è lasciato profondamente usare, cercando di ricavarci quanti più soldi possibili. Un uomo senza scrupoli gestito da una regia occulta che ne aveva meno di lui.

Se avesse un briciolo di dignità non dovrebbe fuggire come un vigliacco o suicidarsi come un disperato, ma semplicemente consegnarsi ai russi e raccontare tutti i retroscena di questa assurda guerra, tutte le atrocità che l'occidente l'ha costretto a compiere, e tutte le falsità che ha dovuto sostenere.

Se si sente tradito dall'occidente, chi lo obbliga a restargli fedele?

## Atomica a Gaza?

Il ministro sionista di estrema destra Amichai Eliyahu ha detto che sganciare una bomba atomica su Gaza è una delle opzioni di Israele, in quanto nell'enclave non ci sono praticamente palestinesi non collegati ad Hamas.

Netanyahu, dopo averlo sospeso in seguito alle molte critiche che gli sono arrivate, ha precisato: "È chiaro a chiunque abbia un cervello che le parole sull'atomica erano metaforiche".

Poi ha aggiunto: "Dobbiamo certamente mostrare una risposta forte e spropositata al terrorismo, che chiarisca ai nazisti e ai loro sostenitori che il terrorismo non paga. Questa è l'unica formula con cui le democrazie possono affrontare il terrorismo. Allo stesso tempo è chiaro che lo Stato di Israele è obbligato a fare di tutto per riportare a casa gli ostaggi vivi e in buona salute".

Quindi probabilmente all'atomica ci stanno pensando: li trattiene solo il fatto che potrebbero anche ammazzare gli ostaggi catturati da Hamas. Bisognerà quindi convincere gli israeliani che per liberarsi definitivamente di tutti i palestinesi da Gaza, un qualche prezzo andrà pagato.

Il ministro ha detto a voce alta una cosa che non si poteva dire.

### I ceceni in Palestina?

Ramzan Kadyrov ha proposto di introdurre forze di pace cecene nella Striscia di Gaza, anche per contrastare eventuali provocatori. "Io stesso sono stato in Israele. La mia delegazione per la pace ha sperimentato in prima persona i tentativi di palese provocazione.", così ha detto.

Naturalmente ha voluto precisare che i ceceni islamici sostengono la Palestina, disapprovano che si bombardino i civili col pretesto di distruggere i miliziani e sanno che questa guerra può trasformarsi in qualcosa di più.

Ha detto che qualsiasi regime nazista è sempre caratterizzato da un'eccessiva crudeltà nei confronti della gente civile e dall'odio verso tutto ciò che non corrisponde ai suoi interessi. "L'abbiamo già visto nel Donbass. Ma anche la Palestina è un esempio lampante, dove i sionisti colpiscono obiettivi civili con l'approvazione dei loro patroni occidentali. Questo perché dietro tutti questi crimini ci sono le stesse persone."

Persino i ceceni del battaglione Sheikh Mansur (almeno 2.000 uomini) che combattono in Ucraina contro la Russia, non hanno preso bene il posizionamento pro-Israele del governo di Zelensky.

### Troppo privilegiati i profughi ucraini

In Germania si sono improvvisamente accorti che i profughi ucraini, ora che il loro Paese sta perdendo la guerra contro i russi, sono stati trattati coi guanti bianchi.

I tedeschi si sono illusi di poter inserire facilmente gli ucraini nel mondo del lavoro, in quelle aree del Paese affamate di manodopera. Si sapeva inoltre che gli ucraini hanno una certa istruzione e conoscenze della Germania.

Invece il governo di Scholz ha preso decisioni completamente sbagliate, poiché ha assicurato ai profughi dei sussidi troppo alti per poterli indurre a cercare un lavoro. Infatti la previdenza sociale ha concesso loro quasi il 20% in più dei pagamenti normali, cioè 502€ al mese a persona, invece di 410€.

Inoltre gli ucraini hanno potuto ottenere fin dall'inizio alloggi sociali separati, invece di vivere in dormitori comuni come tutti gli altri profughi. E non devono sottoporsi a test prima di ricevere lo status di rifugiato.

Il divano è diventato più piacevole dei corsi di lingua tedesca.

Solo il 19% degli ucraini arrivati come rifugiati e in età lavorativa lavora attualmente in Germania. In altri Paesi la quota degli ucraini occupati è molto più alta: in Polonia, ad es., è del 66% e nei Paesi Bassi addirittura del 70%.

Va però detto che, a differenza dei rifugiati provenienti da altri Paesi, la maggioranza degli ucraini che arrivano in Germania sono donne (circa l'80%), che spesso hanno a carico bambini o parenti anziani bisognosi di cure.

La situazione degli asili in Germania è molto tesa, perché trovarne uno disponibile è difficile anche per molte famiglie tedesche.

### La NATO al capolinea?

Larry Johnson, ex analista della CIA, l'ha detto chiaro e tondo: "Non credo che la NATO abbia un futuro. La NATO non potrà far nulla per fermare o porre fine al conflitto in Ucraina. E dobbiamo tenere conto del fatto che l'Ucraina aveva uno degli eserciti più grandi della NATO, pur non facendone parte.

Ora è tutto fallito. E siccome a nessuno piace essere associato a una causa persa, i sostenitori di Kiev inizieranno rapidamente a lavarsi le mani."

Tuttavia Johnson ha precisato che il colpo mortale alla NATO potrebbe essere inferto dalla Turchia, se Erdoğan decidesse di intervenire a fianco dei palestinesi.

D'altra parte la popolarità di Biden negli USA sta calando senza sosta. Viene accusato d'aver perso la guerra contro la Russia in Ucraina, di favorire il genocidio a Gaza e di aver compromesso gravemente i rapporti coi Paesi islamici del Medio Oriente. Ma soprattutto ciò che si teme è la possibile alleanza militare tra Russia e Cina.

### Follie finanziarie

Qui è l'intero occidente che sta crollando, vittima delle sue stesse follie finanziarie, con cui ha voluto uccidere la propria economia produttiva. Questi indebiti primati concessi alla speculazione finanziaria, con cui ci si illude di guadagnare a dismisura senza fare niente di concreto, abbiamo già visto nel passato quali disastri immani hanno compiuto.

I primi banchieri a fallire nella storia del capitalismo furono i fiorentini Bardi e i Peruzzi negli anni 1343-46, a causa dell'insolvenza del re inglese Edoardo III e della successiva corsa al prelievo bancario.

Il contagio della bancarotta colpì un'altra lunga serie di soggetti: insieme ad altri istituti bancari (tra cui quello illustre degli Acciaiuoli), fallirono artigiani, commercianti e imprenditori che avevano investito i propri guadagni, crollò il mercato immobiliare e molti piccoli risparmiatori dovettero dire addio ai gruzzoli depositati.

Lo stesso Comune di Firenze non era più in grado di pagare i propri debiti con la cittadinanza (espressi in titoli pubblici).

Ma in Olanda successe la stessa cosa: la bolla speculativa dei tulipani, scoppiata nel 1637, fu il sintomo più eloquente che il governo di Amsterdam stava per essere sconfitto militarmente da quello di Londra.

Poi fu la volta della stessa Gran Bretagna, che dopo due guerre mondiali vide la propria moneta scavalcata dal dollaro.

Oggi non c'è solo la Russia che invoca la dedollarizzazione del pianeta, cioè la fine della speculazione finanziaria e degli scambi monetari basati su un'unica moneta di riferimento mondiale. Ci sono anche altri Paesi che pretendono un mondo multipolare: certamente i cosiddetti Paesi BRICS (cui si aggiungeranno a gennaio Argentina, Egitto, Etiopia, Iran, Arabia Saudita e Emirati Arabi Uniti), ma anche Paesi che non ne fanno parte: Siria, Yemen, Nord Corea e tanti altri Paesi di Asia, Africa e Sudamerica (il cosiddetto Sud Globale).

## [8] Civili responsabili come militari

Non essendoci più una lotta corpo a corpo nelle guerre moderne, e avendo a disposizione delle armi dagli effetti devastanti sulle abitazioni, sulle infrastrutture di qualunque tipo, chiunque capisce che risparmiare i civili è un obiettivo irrealizzabile.

Le forze armate dovrebbero essere così avvedute, nel mentre costruiscono le proprie postazioni militari, da scongiurare qualunque attacco da parte del nemico nei confronti dei civili.

Ma una tale accortezza sembra che nessun esercito al mondo l'abbia. La stessa nozione di "bunker", al cospetto di certe armi, lascia il tempo che trova.

Anzi gli stati maggiori più cinici sono quelli che costruiscono le loro postazioni proprio nelle aree urbane, scegliendo apposta chiese, ospedali, scuole... nella convinzione che il nemico si asterrà dal distruggerle. Ma è troppo rischioso contare sul livello di umanità del nemico.

Nelle guerre contemporanee non ci sono più delle regole da rispettare. È bene che i civili sappiano queste cose. È bene che, se non fuggono dal teatro delle battaglie, si armino anche loro e si tengano pronti al peggio.

Sparando a distanza, il soldato non viene accusato di non aver fatto differenza tra un obiettivo civile o militare. D'altra parte qualunque arma sparata a distanza, il cui percorso non possa essere controllato con precisione millimetrica, e qualunque arma che colpisca all'improvviso, in maniera inaspettata, ha la funzione di terrorizzare chi la subisce, civile o militare che sia.

È dalla seconda guerra mondiale che assistiamo a bombardamenti indiscriminati di intere città. Tutte le armi sono diventate di distruzione di massa: la differenza sta solo nella potenza e nella durata degli effetti.

Qualunque appello astratto alla pace non serve assolutamente a nulla. È piuttosto sulla produzione di questo tipo di armi, sui controlli reciproci di questa produzione che bisogna intervenire.

Ma non potranno mai esserci controlli incrociati tra Stati che si odiano a morte. Dunque non rimane che ai civili la responsabilità di porre un argine invalicabile alle tendenze bellicistiche dei propri Stati.

La difesa di una nazione deve diventare un compito dell'intera popolazione, che evita accuratamente di entrare in collisione con popolazioni altrui. Per creare un clima di fiducia reciproca, le armi vanno assolutamente ridotte al minimo, anzi, tendenzialmente devono scomparire.

### Cos'è la Direttiva Annibale?

L'esercito israeliano, che in questo momento sta cercando di liberare gli ostaggi dalle mani di Hamas, ha nel suo arsenale la "Direttiva Annibale".

È un protocollo segreto che esiste dal 1986, quando due soldati israeliani furono presi in ostaggio da Hezbollah nel Libano meridionale.

In pratica il suo contenuto consiste in questo: al sequestratore non si dà nulla, non si parla con lui, ma si cerca di ucciderlo e basta, anche a costo di eliminare l'ostaggio, che in teoria dovrebbe essere solo militare, ma che di fatto può essere anche civile. È un prezzo che quando si è in guerra si deve pagare, e Israele si sente sempre in guerra: per dare un senso alla propria vuota esistenza, ha bisogno di crearsi continui nemici, e più questi sono irriducibili, meglio è. Per sentirsi vivo, il sionista ha bisogno d'inventarsi un cattivo che lo odia.

La direttiva si chiama così perché Annibale si suicidò piuttosto che arrendersi ai romani.

C'è solo un piccolo particolare: non viene chiesto all'ostaggio di suicidarsi, ma gli si fa capire che la sua vita, una volta divenuto ostaggio, non vale un soldo bucato. È solo dal 2017 che in Israele qualcuno ha fatto notare che tale direttiva non è esattamente in linea col diritto internazionale in merito ai valori umani.

È noto il caso del soldato Gilad Shalit, che per fortuna finì bene. Siccome l'esercito israeliano non riuscì a liberarlo con la forza, il soldato rimase per ben 5 anni nelle mani di Hamas. Solo nel 2011 accettarono di liberarlo in cambio di 1027 prigionieri palestinesi (minori di 18 anni, più quelli di sesso femminile). Ma ci vollero la mediazione dell'Egitto e l'impegno assiduo di suo padre. Il soldato, dopo la liberazione, dichiarò d'essere stato trattato sempre bene. A Parigi, Roma e in varie località statunitensi gli diedero la cittadinanza onoraria.

## Narrative farlocche dei sionisti

In tre settimane a partire dal 7 ottobre si è costruita una narrazione per cui tutto il male stava dalla parte dei palestinesi e tutto il bene dalla parte di Israele. Fin dall'inizio del conflitto è stato detto che Hamas aveva ucciso 1.400 israeliani, praticato stupri e torture di civili in massa e decapitato bambini. Poi queste affermazioni, totalmente prive di qualunque pezza d'appoggio, sono servite a giustificare il bombardamento di Gaza.

Nel frattempo tutte le bugie han cominciato a essere smontate. Un punto critico è stato l'elenco ufficiale delle vittime israeliane pubblicato il 23 ottobre e che ha rivelato come oltre il 48% di quelli elencati fossero soldati o poliziotti armati in servizio attivo e non civili.

Inoltre è diventato evidente che tra le vittime figuravano anche membri delle milizie armate dei coloni. Ma ci sono state anche testimonianze dei sopravvissuti, come quella di Yasmin Porat, le quali suggerivano che Hamas avesse catturato civili come merce di scambio. Porat ha osservato che Hamas ha trattato lei e gli altri umanamente, con l'intenzione espressa di trasportarli a Gaza. Una volta rilasciata, ha anche affermato che il governo israeliano le ha fornito uno specifico elenco di cose da dire, ma che lei si è rifiutata di aderire a questa operazione di propaganda.

Il 7 ottobre, quando la polizia e l'esercito israeliani sono arrivati, hanno sparato pesanti colpi di arma da fuoco, anche con carri armati. Diverse testimonianze israeliane affermano che a sparare contro di loro sono stati l'esercito e la polizia israeliani e "non esclusivamente Hamas".

Tali testimonianze appaiono coerenti con la "Direttiva Annibale", una strategia a militare israeliana, messa a punto nel 1986, centrata sull'evitare la cattura di israeliani da parte di forze nemiche, anche a costo della loro vita. Questa direttiva implica che gli israeliani potrebbero uccidere i connazionali piuttosto che lasciarli cadere nelle mani di un avversario come ostaggi.

Tale direttiva può essere stata utilizzata il 7 ottobre, quando Hamas ha invaso una base militare israeliana al valico di Erez. Il generale di brigata Avi Rosenfeld, comandante della postazione ha ordinato un attacco aereo sulla sua stessa base, anche se lui e innumerevoli altri erano erano lì. Lo riferisce Amos Harel sul quotidiano israeliano "Haaretz".

La notizia che ha fatto più scalpore è quella dei "bambini decapitati" riportata da tutti gli organi d'informazione occidentali. La fonte era il canale israeliano "i24 News", ma in seguito è emerso che la fonte reale era David Ben Zion, un colono estremista noto per incitare rivolte razziali contro i palestinesi. Un'indagine di "Haaretz" aveva scoperto che "i24 News" funziona come un *house organ* della famiglia Netanyahu, con direttive che a volte provengono direttamente dall'ufficio del premier.

Successivamente l'esercito israeliano ha preso le distanze da queste affermazioni, la CNN ha ritrattato e la Casa Bianca ha riconosciuto la mancanza di prove.

Il governo di Netanyahu sta divulgando l'idea che ISIS e HAMAS siano esattamente la stessa cosa e che Hamas sia andato nei kibbutz per uccidere e non per fare prigionieri. Ma sono cose che non combaciano con le dichiarazioni dei sopravvissuti che, riuscendo a fuggire, avevano raccontato come le intenzioni prevalenti fossero quelle di prendere prigionieri e portarli a Gaza.

*

L'Europa, sul piano energetico, si è data la zappa sui piedi sostenendo l'Ucraina contro la Russia.

Ma ora, sostenendo Israele contro Hamas, rischia il suicidio economico, proprio perché sperava di trovare in Medio Oriente un'alternativa agli idrocarburi russi.

Solo nella produzione di gas naturale la Russia nei mercati mondiali oscilla tra il 15 e il 20%. L'Europa era il più grande consumatore di gas e petrolio russi.

Pare che la strada del suicidio possa essere scongiurata attraverso la costruzione di un hub in Turchia che riceverà il gas russo passando per il Mar Nero.

### Facciamo una semplice proporzione

Dato che in un mese i sionisti han fatto fuori 10.000 palestinesi, quanti civili ucraini sarebbero dovuti morire dal 24 febbraio ad oggi? Circa 200.000.

Invece in Ucraina dall'inizio della guerra i civili morti sono meno di 10.000, di cui almeno la metà sono stati eliminati dagli stessi neonazisti di Kiev, o per errore o volutamente.

E lasciamo perdere le percentuali: 10.000 su 2,2 milioni non è come su 40 milioni.

D'altra parte c'è poco sa sperare coi sionisti. Dror Eydar, ex ambasciatore israeliano in Italia, nella trasmissione di Nicola Porro "Stasera Italia" del 25 ottobre scorso, ha detto chiaro e tondo che l'obiettivo d'Israele è quello di *distruggere Gaza, questo male assoluto.* Cioè non solo i terroristi ma propria l'intera Striscia.

Evidentemente ritiene che Hamas sia troppo sostenuto dalla popolazione locale per poter fare differenza tra civili e miliziani ("terroristi" nel linguaggio sionista).

Alcune sue affermazioni sembrano essere dette da un invasato nazista, di cui aver paura: "Ogni persona che minaccia un ebreo, che vuole uccidere un ebreo, deve morire. Dopo il 7 ottobre ogni persona nel mondo che minaccerà un ebreo, che vuole uccidere un ebreo, deve morire. Per noi, lo scopo è distruggere coloro che vogliono distruggerci".

*

Secondo i dati di "Axios Research" dell'ottobre 2023, circa 45.000 militari americani si trovano in Medio Oriente:
In Kuwait 13.000
In Bahrein 9.000
In Qatar 8.000
In UAE 3.500
In Giordania 2.936
In Arabia Saudita 2.700
In Iraq 2.500
In Turchia 1.885
In Siria (nei territori occupati dagli americani) 900
In Oman meno di 100.
In Israele non si sa quanti siano.

Non sono un numero così rilevante da far temere più del necessario.

## [9] Non Hitler ma Confucio

Zelensky teme che se accetta l'idea del suo stato maggiore secondo cui esiste uno stallo lungo la linea del fronte, non riceverà più aiuti militari e finanziari da parte dell'occidente, per cui lo si obbligherà ad accettare delle trattative. Cosa che non vuol fare senza rimetterci la pelle. Ancora non ha capito che i russi, continuando a eliminare, senza fretta ma progressivamente, i militari ucraini, stanno attendendo una resa senza condizioni.

I russi stanno vincendo mantenendo un profilo molto basso: non

92

usano l'aviazione per bombardare le città e terrorizzare la popolazione (come oggi fanno i sionisti), risparmiano sull'uso dei missili, ormai completamente sostituiti dai droni, non sfiancano i militari al fronte ma li sostituiscono periodicamente, non hanno mai usato le navi per fare uno sbarco come quello degli Alleati in Normandia, si sono parecchio concentrati nello sviluppare i mezzi tecnologici avanzati (di tipo elettronico, informatico...) a supporto delle armi convenzionali... Insomma questa guerra è per loro un banco di prova, un laboratorio scientifico, una scuola di vita militare direttamente sul campo. Qualunque operazione deve sottostare a regole precise. La strategia non è come quella nazista, secondo cui Hitler dava ordini ai propri generali sull'obiettivo da conseguire, autorizzandoli a usare qualunque mezzo e modo.

I russi si stanno comportando come vuole Confucio: "Siediti lungo la riva del fiume e aspetta, prima o poi vedrai passare il cadavere del tuo nemico."

### Eletti da Dio

Mi chiedo che senso abbia bombardare qualunque edificio possa contenere un miliziano palestinese, quando è noto a tutto il mondo che loro si nascondono in gallerie sotterranee. È chiaro che l'obiettivo è solo un pretesto per fare terra bruciata, cacciando tutta la popolazione da Gaza.

È molto strano che Hamas non sia riuscito a prevedere le reali intenzioni dei sionisti. Soprattutto è molto strano che abbia pensato che, tenendo come ostaggi dei cittadini ebrei, i sionisti avrebbero attenuato la loro spietatezza. Quando a un sionista viene qualche scrupolo nell'eliminare un palestinese, non è perché ha una coscienza morale, ma perché teme delle conseguenze (soprattutto economiche) da parte di qualche Stato. È abituato a ragionare solo in termini di rapporti di forza, e già da bambino viene tirato su da genitori e insegnanti nella convinzione di appartenere a un "popolo eletto da Dio", in mezzo a tanti altri popoli invidiosi di questo privilegio.

### La coscienza di Netanyahu

Solo una persona insensata può chiedere di liberare gli ostaggi come condizione per un cessate il fuoco. Di regola si fa il contrario, altrimenti il sequestratore ha paura d'essere ammazzato. Anzi ha persino paura che, se vengono ammazzati gli ostaggi (dai sionisti), si dia a lui la colpa. Netanyahu non conosce altre regole se non quelle terroristiche, che applica nei confronti di qualunque cosa si muova. Somiglia a quel poliziotto americano che teneva sotto il ginocchio il collo di George Floyd. All'implorazione ripetuta 20 volte che non respirava, lui rispondeva, spietato: "Se parli vuol dire che respiri".

Chissà se anche Netanyahu, come Himmler, ha una capsula di cianuro sotto un molare. Tanto prima o poi anche lui dovrà essere giudicato dalla storia. È dal 1996 che, seppur a fasi alterne, è premier: quanti omicidi ha sulla coscienza?

### Guerra ultima chance

Hamas è stato eletto democraticamente a Gaza nel 2006. È presente anche in Cisgiordania. Da allora il quasi novantenne Abu Mazen non ha voluto fare nuove elezioni, perché sa bene che le perderebbe.

Questo cosa significa? Significa che i palestinesi non ne possono più di Israele e ritengono che questa profonda anomalia possa essere risolta solo con la guerra.

Con la loro resistenza a oltranza, in cui i civili muoiono come mosche, stanno mettendo alla prova il senso di umanità del mondo intero, cioè stanno verificando fino a che punto ci si può spingere nel difendere il diritto internazionale.

Esattamente come i russofoni del Donbass rivendicano il diritto all'autodeterminazione dei popoli. Un diritto che viene quotidianamente calpestato dai coloni ladri e razzisti in Cisgiordania, dall'apartheid di Gaza, dagli ostacoli frapposti alla fruizione dei luoghi sacri per l'islam, dall'istituzione di uno Stato ebraico confessionale (che aggiunge nuove discriminazioni agli arabi-israeliani residenti in Israele)...

Parlare, in queste condizioni, di due Stati (di cui uno oggi non ha neppure la continuità territoriale) è un insulto all'intelligenza.

Si pensi solo al fatto che Tel Aviv sta valutando se importare 100.000 lavoratori indiani per sostituire quasi 90.000 lavoratori palestinesi i cui permessi sono stati revocati a causa della guerra in corso. Se l'India accetta una infamia del genere, dovrebbe essere espulsa dai BRICS.

Ancora in occidente non abbiamo capito con chi i palestinesi hanno a che fare.

## [10] L'ira di Jahvè

Nel 1956 il premier egiziano Nasser nazionalizzò il canale di Suez, chiudendolo alle navi d'Israele e contrapponendosi agli interessi di Regno Unito e Francia, le quali, tramite il canale, avevano accesso commerciale e militare alle loro colonie africane e del sud-est asiatico. Nasser orbitava intorno all'URSS e ai Paesi del campo socialista.

Ovviamente i due Paesi europei attaccarono l'Egitto. Israele, neanche a dirlo, si alleò coi più forti e occupò la striscia di Gaza e la penisola del Sinai. La guerra per il controllo del canale di Suez si risolse grazie a un accordo tra USA e URSS.

Da quel momento in poi lo Stato sionista d'Israele entrò a far parte della Comunità Internazionale dei gruppi imperialisti, capeggiati dagli USA, di cui divenne un agente d'importanza capitale, soprattutto nel Medio Oriente.

Per i sionisti fu come aver dimostrato che i compiti (militari) li sapevano fare. Gli USA infatti li premiarono subito: tra gli anni '70 e il 2023 i finanziamenti a Israele ammontarono a 158 miliardi di dollari. In campo bellico gli accordi di ricerca (anche nucleare) e le forniture militari furono innumerevoli. In campo diplomatico poi l'apoteosi: nel corso degli ultimi 32 anni, basandosi sul loro status di membro permanente col diritto di veto al Consiglio di sicurezza dell'ONU, gli USA sono riusciti a bloccare almeno 30 risoluzioni contrarie a Israele.

Ai sionisti tutta questa generosità parve come la manna caduta dal cielo ai tempi di Mosè. E siccome ogni lasciata è persa, ne approfittarono un decennio dopo, nel 1967, attaccando le popolazioni arabo-palestinesi in quella che fu poi chiamata "Guerra dei sei giorni". Nello stesso tempo in cui il loro Dio aveva costruito il sistema solare e i nostri progenitori, conquistarono la Cisgiordania (compresa Gerusalemme Est), la striscia di Gaza, la penisola del Sinai (Egitto) e le alture del Golan (Siria).

A quel punto il nuovo "faraone" d'Egitto, Sadat, pensò ch'era giunta l'ora di dare una lezione alla spocchiosa Israele: e fu la guerra del Kippur (1973). Che si concluse però con un compromesso: Israele restituiva la penisola del Sinai all'Egitto in cambio del proprio riconoscimento come legittimo Stato politico indipendente, naturalmente intenzionato a non restituire gli altri territori occupati. Sadat cedette: si prese il Nobel della pace nel 1978 e una sventagliata di colpi mortali nel 1981 da parte dei musulmani irriducibili, che lo consideravano un traditore.

Israele capì che poteva muoversi come un bulldozer, se avesse lasciato in pace l'Egitto. Fu così che nel 1982 prese di mira il Libano, compiendo stragi orrende. La parte meridionale la tenne fino al 2000.

I palestinesi cominciarono a guardarsi in faccia e a chiedersi come liberarsi di questo flagello di Dio, contando soprattutto sulle proprie forze. Nacquero varie organizzazioni, di cui la principale fu sicuramente l'OLP, guidata da Arafat.

La prima sollevazione armata, detta Intifada (1987-93), fu organizzata dai movimenti Hamas e Jihad islamico a Gaza e in Cisgiordania, e da Hezbollah in Libano. Si concluse con gli accordi di Oslo (1993), che diedero vita all'Autorità Nazionale Palestinese. Siccome però l'ANP non servì assolutamente a fermare l'arroganza dei coloni sionisti, che facevano di tutto per cacciare i palestinesi dalle proprie terre, scoppiò la seconda Intifada nel 2000.

Un successo, molto parziale, fu ottenuto: i sionisti si ritirarono dalla Striscia di Gaza nel 2005 lasciandola sotto il controllo palestinese, beninteso "formale", in quando i governi israeliani la trasformarono in una prigione a cielo aperto.

Non solo, ma i sionisti cercarono di fiaccare la resistenza palestinese con varie operazioni belliche: Piombo fuso (dicembre 2008-gennaio 2009), Colonna di nuvole (2012), Margine di protezione (2014), Guardiani delle Mura (2021). Questo perché non vogliono tra i piedi degli islamici che non riconoscono il loro Stato confessionale e colonialista.

Il resto è storia di questi giorni.

## Non scherziamo sui danni collaterali

Fa un po' ridere, se non implicasse conseguenze sommamente tragiche, che i sionisti dicano: "prendiamo di mira i terroristi e purtroppo ci sono anche le popolazioni civili". Il che nel linguaggio militare viene eufemisticamente chiamato "danno collaterale".

Di norma un danno del genere dovrebbe essere considerato imprevisto. Ma come può esserlo in un'area che ha tra le più alte percentuali al mondo di abitanti per kmq?

Se si bombarda un'area così, si è dei criminali e basta. Come lo furono i nazisti a Leningrado, che in 900 giorni ammazzarono da 1,6 e 2 milioni di persone tra militari e civili (questi ultimi furono circa la metà). Tra i militari tedeschi sopravvissuti alla controffensiva russa, otto furono condannati a morte e altri tre ai lavori forzati per crimini contro l'umanità.

Insomma deve essere chiaro che a Gaza il danno collaterale non è casuale, ma perfettamente prevedibile e pienamente accettato, soprattutto quando si prendono di mira ospedali, scuole, moschee, centri di profughi e persino ambulanze!

Anzi semmai si potrebbe dire il contrario, e cioè che è casuale che nel distruggere un obiettivo civile venga fatto fuori qualche miliziano di Hamas.

Peraltro i sionisti sono così ottusi da non capire che ogni bambino, ogni donna, ogni anziano o malato ucciso, crea necessariamente un "terrorista" in più. Ancora non han capito che usando la forza non si ottiene sicurezza per nessuno, né per chi la subisce né per chi la infligge. A questi livelli è impossibile pensare che tra i palestinesi si possano "allevare" dei collaborazionisti. Proprio grazie ai sionisti si sta formando un popolo molto più unito degli stessi israeliani.

### La pace senza giustizia non vale niente

Per fermare la follia dei sionisti ci vorrebbe una presa di posizione della comunità internazionale. Che però non si vede. I tempi di reazione sono assolutamente inadeguati. Le condanne morali contro dei furibondi criminali non servono a nulla se non sono accompagnate da azioni di forza.

La politica di Netanyahu sta conducendo una guerra che porterà sicuramente a una catastrofe umanitaria, e che può portare a un'escalation in Medio Oriente, fino a uno scontro di civiltà. Un uomo così assurdo, circondato da uno staff di persone assurde come lui, non può determinare i destini del pianeta, come non han potuto farlo i nazisti tedeschi o i militaristi nipponici o i neonazisti di Kiev.

L'umanità non può morire per colpa di statisti totalmente privi di senno. Possibile che ancora non si sia capito che nessuna guerra può essere risolta se la popolazione non percepisce che si è raggiunta la giustizia che cercava? La pace non può dipendere dalla forza, se non in via transitoria. La forza crea solo rabbia, risentimento, esigenza di vendetta.

Ci sono mezzo milione di israeliani che colonizzano la Cisgiordania e altri 200.000 a Gerusalemme Est. Se ne devono andare, come han fatto il milione di francesi in Algeria. Se non si sa convivere pacificamente con gli altri, è meglio separarsi.

Anche se i sionisti occupassero tutta Gaza, evacuando tutti i palestinesi, dovrebbero poi impedire la radicalizzazione di quelli residenti in Cisgiordania e a Gerusalemme est. Poi dovrebbero controllare ancora di più gli arabi residenti in Israele.

Alla fine cosa resterebbe? Uno Stato confessionale gestito dai rabbini? È questo che gli ebrei vogliono? Al tempo di Gesù Cristo erano i sacerdoti sadducei a comandare in Giudea. Con la collaborazione di Pilato (che somiglia a un funzionario americano di oggi) ebbero la meglio sul movimento nazareno (i palestinesi di allora), ma poi furono spazzati via dagli stessi romani, proprio perché i sadducei non erano in grado di controllare il movimento di liberazione nazionale. Quando tutto fu finito nella catastrofe più assoluta, neanche un sadduceo proseguì le tradizioni ebraiche. Poterono farlo solo i pochi farisei sopravvissuti.

### Che fare contro Israele?

Per essere un minimo concreti e impedire che a Gaza si compia un genocidio di proporzioni apocalittiche, come ancora non abbiamo visto in questo secolo, bisognerebbe:

1. invitare tutti gli ebrei residenti in Italia a mobilitarsi contro il governo di Netanyahu, mostrando che sionismo ed ebraismo sono due realtà separate, che non possono essere confuse (come in genere invece fanno i media occidentali); occorre che siano loro a trovare quelle iniziative di boicottaggio e sabotaggio che ritengono più efficaci;

2. le masse popolari italiane si devono mobilitare contro la collaborazione e complicità in ogni campo (politico, economico, militare, culturale) con lo Stato sionista d'Israele: per es. occorre manifestare di fronte alle sedi diplomatiche israeliane in Italia (Roma, Milano), ma anche davanti alle aziende dell'industria bellica (vedi Leonardo e RWM) complici del genocidio del popolo palestinese, e anche davanti alle sedi di giornali, televisioni, radio che alimentano la "santa alleanza internazionale" contro i palestinesi;

3. soprattutto bisogna sostenere le iniziative di boicottaggio sulla fabbricazione delle armi destinate a Israele e sull'invio di queste armi, facendo trapelare informazioni su dove, come e quando avvengono le operazioni di stoccaggio e trasporto e farle avere a chi è capace di mettersi di traverso a queste operazioni. In particolare gli aerei americani che riforniscono l'esercito sionista partono da (o si appoggiano a) Sigonella, in Sicilia;

4. bisogna convincersi che ormai è tardi per creare due Stati per due popoli. Ci vuole un unico Stato democratico, pluralistico, laico, aconfessionale, in cui ognuno possa esprimere la propria religione, senza rischiare d'essere discriminato o perseguitato;

5. bisogna convincersi che là dove non esistono contratti di compravendita di beni immobili, i terreni o le abitazioni dei palestinesi vanno restituiti ai legittimi proprietari, senza se e senza ma.

## [11] Che fine ha fatto Vanunu?

I giorni scorsi Amichai Eliyahu, ministro israeliano per il Patrimonio edilizio, ha dichiarato che l'utilizzo della bomba atomica su Gaza è "una delle possibilità" in campo, anche se questo può costare la vita degli ostaggi israeliani e non solo di loro.

Senza volerlo ha ammesso che Israele dispone di armi nucleari. Era dai tempi del tecnico nucleare Mordechai Vanunu (1986) che non si sentiva una cosa del genere. Ufficialmente infatti Israele non ha mai ammesso d'essere un Paese militarmente nuclearizzato.

Vanunu, noto anche col nome di John Crossman, fu un ex tecnico nucleare israeliano di origine ebraico-marocchina. Dopo aver rivelato al mondo intero l'esistenza delle armi nucleari segrete dello Stato di Israele, gli agenti del Mossad lo rapirono in Italia nel 1986, lo drogarono e lo trasportarono in Israele, dove una corte lo processò in segreto con accuse di tradimento e spionaggio.

Fu condannato a 18 anni di prigionia, 11 dei quali passati in completo isolamento. Fu sottoposto a torture psicologiche e a trattamenti inumani, cioè a tentativi di lavaggio del cervello. Egli rifiutò sempre di rivolgere la parola alle guardie e ai membri dello Shin Bet in lingua ebraica (ma solo in lingua inglese), di leggere quotidiani israeliani che non fossero scritti in inglese e di guardare programmi televisivi che non fossero della BBC.

Uscì di prigione il 21 aprile 2004, ma fu sempre tenuto in libertà vigilata e sottoposto dalle autorità israeliane a notevoli restrizioni della libertà, dal passaporto negato al divieto di parlare con giornalisti, tanto che fu arrestato più volte perché manifestò a favore di uno Stato Palestinese.

Vanunu è considerato da Amnesty International come un prigioniero e un perseguitato politico e gli è stato attribuito lo status di prigioniero di coscienza. È stato candidato al Nobel per la pace.

## Il "Corriere della sera" è una vergogna

Sul "Corriere della sera" è apparso un art. di Antonio Carioti che cerca di spiegare le origini dell'attuale guerra tra Hamas e Israele.

Siccome è destinato alle scuole e quindi a un vasto pubblico, merita d'essere commentato.

1) Il fatto che già ai primi del '900 pionieri ebrei avessero cominciato a trasferirsi in Palestina (allora parte dell'Impero ottomano), per sfuggire alle frequenti persecuzioni antisemite, non giustifica che poi questi pionieri avessero diritto a edificare un proprio Stato politico in Palestina. Esattamente come l'assurda epopea del Far West ai danni dei nativi non può essere giustificata dal fatto che i Padri pellegrini erano sbarcati nel 1620 sulla costa atlantica.

2) Il fatto che gli ebrei fossero stati cacciati dagli antichi romani durante la guerra giudaica del 68-135 d.C. non giustifica che i sionisti avessero diritto a riavere il territorio in cui i loro antenati erano vissuti, meno che mai a ricostituire uno Stato politico indipendente dalla volontà popolazione palestinese.

3) La Palestina, dopo lo smembramento dell'Impero ottomano, non "venne affidata" alla Gran Bretagna, ma furono gli inglesi a prendersela in virtù dell'accordo segreto di Sykes-Picot, stipulato coi francesi.

Fu sulla base di questo accordo che tutte le popolazioni arabe (che avevano combattuto a fianco degli europei contro i turchi) si sentirono tradite e iniziarono ad avvertire i coloni ebrei come una *longa manus* degli occidentali.

4) Il fatto che l'immigrazione in Palestina aumentò parecchio per via della politica violentemente antisemita della Germania nazista, non giustifica che proprio lì si dovesse costituire uno Stato ebraico indipendente. Poteva essere edificato in altre parti del pianeta, eventualmente dove la densità demografica dei residenti fosse meno cospicua.

5) Il fatto che l'ONU abbia deciso di dividere la Palestina in due Stati per impedire che le comunità rivali si sterminassero a vicenda, non implica che quella scelta politica fosse l'unica possibile. Tanto meno si deve pensare che siccome l'ONU aveva deciso di dividerla in due parti politicamente indipendenti, il fatto di non aver accettato tale spartizione va considerato una "colpa" dei palestinesi.

6) Il fatto che Israele vinse la guerra contro Egitto, Giordania, Siria e Libano nel 1948 non doveva implicare che Israele ampliasse i propri territori, determinando peraltro la fuga di circa 700.000 profughi palestinesi.

7) L'evacuazione dei coloni israeliani dalla Striscia di Gaza nel 2005 (dopo la seconda Intifada) non può essere considerata una causa che scatenò il lancio di razzi da parte di Hamas sul territorio israeliano. Non sono certo i coloni che possono garantire la pacificazione nei territori palestinesi.

E così via, di falsità in falsità.

## [12] L'occidente collettivo è razzista

Il 3 novembre, a New York, all'Assemblea Generale dell'ONU, su iniziativa della Federazione Russa è stata adottata la risoluzione "sulla lotta alla glorificazione del nazismo, del neonazismo e di altre pratiche che contribuiscono ad alimentare le attuali forme di razzismo, discriminazione razziale, xenofobia e intolleranza".

In particolare la risoluzione condanna la riabilitazione di ex membri dell'organizzazione delle SS, comprese le unità Waffen-SS, riconosciuti come criminali dal Tribunale di Norimberga.

Seria preoccupazione è stata espressa anche per l'accanimento iconoclastico, manifestatosi in alcuni Paesi, sostenuto negli ultimi anni anche al livello statale, nei confronti dei monumenti che onorano la resistenza contro il nazifascismo e i soldati liberatori.

Nel contempo è stata espressa profonda indignazione per le marce mirate a glorificare i nazisti e i loro collaboratori, per le fiaccolate dei neonazisti e dei nazionalisti radicali.

Nello stesso triste capitolo rientra l'apertura di memoriali, di scuole e altre strutture in onore di coloro che hanno combattuto dalla parte dei nazisti o hanno collaborato con loro, così come il fatto che a loro nome vengano intestate le strade.

Inoltre viene espressa preoccupazione per i tentativi di elevare al rango di eroi nazionali coloro che, durante la seconda guerra mondiale, hanno combattuto contro gli Alleati della coalizione anti-hitleriana, che hanno collaborato coi nazisti e commesso crimini di guerra e crimini contro l'umanità. Si sottolinea in particolare che tali azioni profanano la memoria di innumerevoli vittime del nazifascismo, che esercitano un'influenza negativa sulle generazioni più giovani e che sono assolutamente incompatibili con la Carta dell'ONU.

Il documento, alla cui stesura hanno partecipato 38 Stati, è stato sostenuto da 112 Paesi, mentre 50 Stati (tra cui l'Italia e altri Paesi della UE) si sono opposti, e 14 si sono astenuti, accampando giustificazioni ridicole relative ai diritti alla libertà di riunione e di parola. Sono due anni che su una cosa così evidente si preferisce assumere atteggiamenti ideologici.

E questa sarebbe la democrazia dell'occidente collettivo? Grazie, ne facciamo a meno, soprattutto perché è indegno votare a favore del razzismo e del nazismo (anche astenendosi) solo perché chi ha proposto di votare contro era la Russia. Tanto più che Germania, Italia e Giappone sono stati i principali artefici del nazifascismo.

La prima risoluzione, sempre su iniziativa russa, fu adottata nel 2005. Da allora sempre più spesso echeggiano sia la retorica razzista e xenofoba, sia gli appelli a sbarazzarsi dei migranti, dei rifugiati e degli "altri". In molti Paesi le manifestazioni di islamofobia, cristianofobia, afrofobia, russofobia e antisemitismo sono ormai all'ordine del giorno.

## Un'occasione imperdibile

I transfrontalieri palestinesi si recano in Israele per fare i lavori che gli israeliani non amano fare, come spesso succede in questi casi. A parità di lavoro prendono 1/3 del salario, ma sono contenti lo stesso, perché resta comunque superiore alla media dei salari a Gaza e in Cisgiordania.

Il problema è che, non essendoci industrie, il palestinese va a comprare all'estero tutto quanto gli serve per vivere e che non può essere prodotto a livello artigianale o agricolo. Non ci sono investimenti produttivi in senso capitalistico. I territori palestinesi vivono di contributi da parte di Paesi islamici, dell'ONU, ecc. Né è pensabile che in una situazione così instabile un imprenditore straniero vada a impiantare lì una propria filiale.

Far fuori l'ala armata di Hamas non serve a niente. Si riformerà. E la situazione economica resterà immutata.

Israele vuole porsi come Stato a capitalismo avanzato, ma come vicini di casa ha dei palestinesi arretrati, ai limiti del sottosviluppo. Sembra di assistere alla strage dei nativi da parte degli statunitensi. Il capitalismo o sfrutta o emargina, e chi si ribella, viene eliminato.

In questo momento i sionisti stan pensando di trasferire tutti gli abitanti di Gaza nel Sinai, a carico dell'Egitto, pagando ovviamente il disturbo. In questa maniera farebbero uscire la Striscia dalla sua condizione di sottosviluppo.

Immaginiamo per un momento cosa potrebbe voler dire per un sionista far evacuare da Gaza tutti i palestinesi, sostituendoli coi 700.000 coloni che vivono in Cisgiordania e Gerusalemme est, più tutti gli altri che verrebbero da ogni dove. A quel punto potrebbe anche concedere alla Cisgiordania il diritto di diventare uno Stato palestinese indipendente. Sarebbe un'occasione imperdibile. Israele farebbe vedere d'essere disponibile a concedere ai palestinesi un loro Stato, all'ovvia condizione di sentirsi sicura entro i propri confini.

Così alla prossima occasione potrà occupare gli ultimi territori palestinesi rimasti. Tanto per farlo i sionisti sono maestri nel creare un pretesto.

## Il sionismo è anche cristiano

Oggi un forte appoggio per Israele da parte di milioni di cristiani evangelici si estende ad ogni parte del pianeta. Uno pensa che il sionismo sia solo di matrice ebraica, invece è anche di matrice cristiana, seppur nella sola forma evangelica (protestante-anglosassone).

Il sionismo cristiano è una corrente di pensiero favorevole al ritorno degli ebrei in Palestina, dove sarebbe possibile convivere coi cristiani, ma non con gli islamici.

La corrente principale cui si rifanno è il Dispensazionalismo, fondata da John Nelson Darby (1800–82).

I sionisti cristiani ritengono che al compiersi delle profezie, un numero rilevante di ebrei accetterà Gesù come il loro messia e negli ultimi giorni gli ebrei messianici praticheranno una qualche forma di cristianesimo ebraico.

Credettero a queste amenità anche i Fratelli moravi, i Puritani, i Pietisti, Oliver Cromwell, John Toland, Isaac Newton, John Milton, Lord Shaftesbury, George Eliot, Lord Arthur James Balfour, Lloyd George,

Woodrow Wilson, John Henry Patterson, Harry S. Truman e tante altre persone di spicco. Le quali su una cosa non avevano capito proprio niente: gli ebrei sono fondamentalmente atei, in quanto il loro Dio non è rappresentabile. Credere nel Gesù dei cristiani, trasformato in una divinità, sarebbe per loro un controsenso. Potrebbero farlo solo se anche i cristiani si limitassero a considerarlo un semplice uomo. Che poi tanto "semplice" non fu, visto che si pose come leader di una insurrezione nazionale contro i romani e i loro collaborazionisti giudaici (in primis i gestori del Tempio).

### Moriremo indebitati

È previsto un clamoroso crollo nel funzionamento del mercato del Tesoro americano. Gli Stati Uniti si sono trasformati in qualcosa di simile all'autobus truccato dai terroristi, destinato a esplodere se rallenta sotto gli 80 km/h, come nel film di Keanu Reeves "Speed" del 1994.

Politicamente il governo è incapace di fare marcia indietro sugli impegni folli in campo militare, che hanno costi astronomici, ma è anche incapace di permetterseli. Quest'anno si prevede che il deficit raggiungerà i 2.000 miliardi di dollari, pari a un sorprendente 8,5% del PIL, e non vi è alcun segno che stia rallentando. È il doppio dell'anno scorso.

Quindi prima o poi si scontrerà con il muro delle spese per pagare gli enormi interessi sui titoli di stato, che vengono sempre meno acquistati, nonostante gli alti rendimenti. Gli Stati non han più voglia di sostenere il debito di un Paese con un respiro sempre più affannoso. Questa cosa va avanti dal 2008 (crisi dei *subprime*), si è protratta nei due anni della pandemia, e si è acuita notevolmente con la guerra per procura in Ucraina, e ora sta precipitando con un'altra in Medio Oriente. Non è possibile stampare moneta a iosa senza pensare a una sua progressiva svalutazione, né è possibile alzare continuamente i tassi d'interesse sui titoli di stato, cioè pagarsi un debito sempre più grande con un nuovo debito. La fiducia nella propria economia e finanza non può essere data per scontata. Anche perché a un certo livello i debiti sono inesigibili.

Gli USA si stanno illudendo di poter gestire enormi deficit di bilancio in un periodo di tassi d'interesse in aumento. Anche negli anni '40 erano messi così a causa della guerra mondiale, ma l'economia americana del dopoguerra, ancora fondamentalmente sana ed enormemente produttiva, si rimise rapidamente in sesto. L'attuale economia, altamente finanziarizzata e profondamente indebitata, è l'ombra di ciò ch'era in passato. Purtroppo i politici statunitensi non sembrano averlo capito. Saranno i debiti a sommergere l'economia occidentale. Moriremo indebitati anche se individualmente non lo siamo.

*

S'è mai vista una tale scelleratezza nel colpire appositamente, pervicacemente, ininterrottamente gli ospedali, le ambulanze, i centri per i profughi, le moschee, le scuole…? Tutte strutture demolite nello stesso momento, con le stesse armi, con l'identico, ipocrita, pretesto che al loro interno potrebbero esserci dei miliziani di Hamas. Ma neanche Gengis Khan si comportava così! Con che appellativo Netanyahu passerà alla storia? "Flagello di Jahvè"? "Sterminatore di innocenti"? "Erode il sanguinario"? Ma l'ONU dov'è? cosa fa di concreto? E la Corte Penale Internazionale? Sta ancora pensando a Putin? Putin li salvava i bambini dalla guerra, non li sotterrava dietro tonnellate di macerie, non li privava di luce, gas, acqua, cibo… e soprattutto non gli precludeva una via di fuga.

Un funzionario del Pentagono ha affermato che le consegne di armi a Israele avvengono quotidianamente, senza interruzioni. A questo punto vien da chiedersi chi stia davvero bombardando i palestinesi. E poi Blinken, l'ipocrita, si lamenta che i morti son troppi. Con che criterio misura la quantità? Anche soltanto un bambino è troppo.

Il soldato israeliano David Ben Zion, intervistato dalla giornalista israeliana della TV "i24News", Nicole Zedek, dice che ci sono i corpi decapitati da Hamas di 40 bambini. La giornalista, anche lei presente sul posto, invece di verificare, "spara" la notizia alla redazione della sua TV col seguente commento: "I palestinesi sono degli animali, ma questo già lo sapevamo". La notizia viene ripresa dalla CNN e a ruota da tutti i media del mondo, arrivando a miliardi di persone.

Nicole Zedek ha poi ammesso d'aver inventato la news. Mi chiedo con che mente malata si possa inventare una cosa del genere. Qui non basta il licenziamento, ci vuole uno psichiatra.

## [13] I primi a farlo siete stati voi

Son furbi, bisogna ammetterlo. I sionisti giustificano i loro massacri di civili dicendo che anche gli americani l'han fatto su Hiroshima e Nagasaki, e nessuno li ha mai incolpati di niente, tant'è che neppure oggi si sentono in dovere di scusarsi. L'han fatto anche in Iraq, eliminando mezzo milione di persone dal 2003 al 2011, e l'occidente ha taciuto.

In pratica stanno paragonando i palestinesi ai giapponesi e agli iracheni. Contro nemici irriducibili, siano essi locali, regionali o mondiali, qualunque mezzo è lecito, in qualunque modalità.

Insomma è come se volessero dire: "I precedenti li avete creati voi. Ora non potete venirci a fare la morale. Tra l'altro i vostri nemici erano lontani dai vostri confini, noi invece li abbiamo in casa".

I sionisti prendono dagli altri il peggio non il meglio. E lo imitano, sicuri di farla franca. L'occidente ha allevato una serpe in seno, e ora che è cresciuta gli si rivolta contro, non essendo abituata a salvare le apparenze.

A dir il vero però conosciamo bene questa prassi: già l'avevamo adottata con l'islam radicale (Isis, Al Qaeda), che facilmente si estremizzava a fronte di copiosi finanziamenti. E che poi sfuggiva di mano, credendosi più furbo del proprio mandante.

## Interpretazioni mistificanti

Per giustificare i propri orrendi crimini a Gaza, Netanyahu ha fatto riferimento all'Operazione Carthage, condotta dagli inglesi contro il quartier generale della Gestapo (polizia segreta della Germania nazista) nel centro di Copenaghen. Lo Shellhus serviva per conservare i dossier e torturare i cittadini danesi.

Interpretando le cose a modo suo, come spesso fa, ha detto che, per raggiungere il loro obiettivo militare, gli aerei inglesi colpirono un ospedale pediatrico e decine di bambini furono uccisi. In questa maniera, secondo lui, si possono paragonare i 5.000 bambini di Gaza con gli 86 di Copenaghen.

Tuttavia il suo paragone è assurdo non solo per motivi quantitativi. Infatti gli inglesi sapevano benissimo dov'era il quartier generale della Gestapo, mentre gli aerei israeliani sparano a caso, per prove ed errori, avendo a che fare con miliziani che vivono in una miriade di tunnel.

Inoltre la scuola (non l'ospedale pediatrico) fu colpita dagli inglesi solo perché un bombardiere urtò accidentalmente un'ala contro un lampione della ferrovia collocata nei pressi dello Shellhus, per poi precipitare su una scuola cattolica di lingua francese, situata a 1,5 km dal bersaglio. Vedendo l'edificio in fiamme, anche altri aerei lo bombardarono, pensando fosse quello l'obiettivo.

Israele invece colpisce volutamente tutti gli obiettivi civili (incluse le ambulanze), col pretesto che possano nascondere le milizie di Hamas. E lo fa senza pensarci troppo.

Viceversa agli inglesi ci volle almeno un anno prima di decidersi. Sapendo infatti che l'obiettivo era nel centro della città e che per colpirlo gli aerei avrebbero dovuto volare molto bassi, rischiando d'essere colpiti, solo il 21 marzo del 1945 decisero di dire sì alla richiesta dei partigiani danesi.

L'Operazione, alla fine, ebbe buon esito (secondo i parametri militari), anche se, oltre ai 55 soldati tedeschi, morirono 45 dipendenti danesi e 8 prigionieri, più 9 piloti della RAF.

Se Netanyahu avesse parlato del bombardamento indiscriminato di Dresda, voluto da Churchill, a guerra quasi conclusa, forse avrebbe fatto una figura migliore. Anche perché ancora non è arrivato a eliminare 135.000 civili. Deve impegnarsi di più...

### Mongolia Ucraina bis?

Gli Stati Uniti stanno preparando uno scenario in stile ucraino per la Mongolia. Cioè una cosiddetta "rivoluzione colorata".

Protagonista sempre la guerrafondaia Victoria Nuland, vicesegretaria di Stato ad interim, che ha svolto un ruolo chiave nel colpo di stato Euromaidan in Ucraina nel 2014.

Il target da smuovere sono naturalmente i giovani, che non vedono l'ora di vivere alla maniera occidentale.

Anche le motivazioni farlocche sono simili a quelle precedenti: rafforzare le istituzioni democratiche, aumentare la sovranità nazionale e diversificare l'economia (cioè privatizzarla). Il tutto in opposizione a Cina e Russia, i cui regimi cosiddetti "autocratici" minaccerebbero l'indipendenza mongola.

Il legame della Nuland con la Mongolia risale al 1988, quando si aprì l'ambasciata americana. È ricomparsa nel Paese nell'aprile di quest'anno. Sta studiando la scenografia del golpe.

Inoltre il Dipartimento della Difesa americano ha preparato un vasto programma di ricerca biologica per la Mongolia, dove potrebbe trasferire ricerche simili a quelle che si stavano svolgendo nei 46 laboratori ucraini.

Come noto la Russia ha già accusato gli Stati Uniti di sviluppare armi biologiche, cioè di testare gli effetti di virus pericolosi sul corpo delle persone. È ridicolo parlare di ricerca "focalizzata sul miglioramento della salute pubblica e della sicurezza agricola." I mongoli, tra l'altro, dovrebbero sapere che le richieste di Mosca per un'indagine su cosa esattamente stessero facendo quei laboratori in Ucraina, hanno ricevuto il veto alle Nazioni Unite da parte degli Stati Uniti e dei loro alleati NATO, Gran Bretagna e Francia.

Un altro motivo dell'aumento dell'interesse americano per la Mongolia è economico: il Paese, con una popolazione di soli 3,2 milioni di persone, dispone di colossali risorse di rame, carbone, oro, uranio e altri minerali, e lo sviluppo dei maggiori giacimenti non è ancora iniziato.

È anche probabile che gli USA mirino a interrompere il previsto gasdotto Power of Siberia 2, che dovrebbe attraversare il territorio della Mongolia per esportare gas naturale russo in Cina.

Attenzione che le prossime elezioni parlamentari in Mongolia sono previste per l'estate del 2024: ci potrebbero essere sorprese sfavorevoli a Russia e Cina. Mi sa che questa volta non saranno i mongoli a occupare Cina e Russia ma il contrario.

## [14] È confessionale sin dall'inizio

Dicono che Israele si sia caratterizzata come uno Stato confessionale solo di recente, con la Legge fondamentale del 2018.

In realtà lo è dal 1948. Infatti nel 1950 il parlamento votò la cosiddetta "Legge del ritorno", il cui primo art. stabiliva: "Tutti gli ebrei hanno diritto a immigrare nel Paese". Cioè l'immigrazione non sarebbe dipesa in alcun modo da entità non ebraiche.

Del resto, lo Stato sionista si era appropriato, con la guerra del 1948, del 94% delle proprietà dei palestinesi fuoriusciti, assegnandole a ebrei israeliani. I palestinesi fuggiti in quella prima guerra non poterono più rientrare (come proprio gli ebrei al tempo della guerra giudaica contro i Romani).

Ben 700.000 immigrati ebrei fecero ingresso nei primi quattro anni di esistenza d'Israele e nei 15 anni successivi ne arrivarono altri 700.000. Fra i Paesi arabi gli arrivi maggiori di ebrei provenivano dal Marocco (165.000), dall'Iraq (120.000) e dall'Egitto (80.000). Nel 2000 nell'intero mondo arabo rimanevano appena 5.000 ebrei.

Paradossalmente gli ebrei provenienti dal mondo arabo, sentendosi discriminati rispetto agli ebrei più imborghesiti e acculturati dell'occidente, finirono col sostenere proprio il Likud (il partito oggi guidato da Netanyahu), contro l'élite del partito laburista, che pretese sia la statalizzazione dell'istruzione che il monopolio nell'uso della forza. Non solo, ma lo Stato d'Israele beneficia anche di una rendita extra, dovuta a contributi di ebrei o Stati esteri (solo gli USA da decenni contribuiscono con circa 3,8 miliardi di dollari all'anno).

### In quel lontano 1993...

Gli Accordi di Oslo tra Israele e Palestina furono stipulati e ratificati tra l'agosto e il settembre del 1993. Israele, abituata a spadroneggiare e a considerare i palestinesi un popolo sottosviluppato da colonizzare, li firmò ma non senza considerarli penalizzanti.

Proprio in quell'anno infatti si era conclusa la prima Intifada (iniziata nel 1987). Al lancio di pietre da parte dei giovani, la reazione israeliana fu durissima: furono uccisi dai soldati israeliani dai 900 ai 1.200 palestinesi, 18.000 i feriti, 175.000 gli arrestati, 23.000 i torturati, e naturalmente furono distrutte 2.000 abitazioni per rappresaglia. Gli israeliani uccisi furono solo 160.

Il livello di vita nei territori palestinesi si abbassò del 40% anche perché Israele decise di fare a meno della forza lavoro dei frontalieri, favorendo l'immigrazione dall'Asia orientale e meridionale, dall'Europa dell'Est e dall'Africa, con effetti devastanti a Gaza sulla disoccupazione e sulla povertà.

Nessun governo israeliano ha mai accettato spontaneamente il principio "terra in cambio di pace". Israele vuole in realtà tutta la terra palestinese e la sottomissione completa di tutta la popolazione araba. Chi non si adegua viene eliminato o imprigionato o è sollecitato ad andarsene, tanto può essere facilmente sostituito da lavoratori immigrati provenienti dal Sud Globale. L'importante è che vengano ampliati gli insediamenti di coloni israeliani nei territori occupati, facilitati da enormi incentivi e agevolazioni fiscali. I coloni, quando non si difendono da soli, sono protetti dall'esercito israeliano.

Israele non è molto diverso dagli Stati razzisti e colonialisti del secolo scorso: Sudafrica, Rhodesia, Namibia... Da notare che l'apartheid è stato dichiarato crimine internazionale dall'Assemblea Generale dell'ONU solo il 30 novembre 1973. Ci si mise così tanto tempo rispetto alla Dichiarazione Universale dei Diritti Umani, promulgata sempre dall'ONU, nel 1948, che all'art. 1 sanciva l'uguaglianza di tutti gli esseri umani, proprio perché l'occidente ama le belle parole ma non i fatti concreti. Israele lo sa bene e si comporta di conseguenza.

Infatti proprio nel 1993 si inaugurava la Seconda Conferenza sui Diritti Umani a Vienna, la quale sottolineò che, in forza della globalizzazione [leggi: neoliberista], in molte parti del mondo, invece di diminuire, stava aumentando la xenofobia, il razzismo e la discriminazione soprattutto nei confronti delle minoranze nazionali, etniche, linguistiche e religiose, ma anche contro i lavoratori migranti e le donne.

### Dove e quante le basi americane?

In tutta la storia dell'umanità non era mai capitato che le forze armate di un Paese fossero così tanto presenti nel mondo come quelle degli Stati Uniti, sia in termini di quantità di mezzi e uomini sia in termini di distribuzione nello spazio. Basti pensare che solamente negli ultimi 20 anni il governo americano ha speso la cifra enorme di 8 trilioni di dollari per finanziare la "guerra al terrore" [sottinteso: islamico] in Medio

Oriente e che attualmente almeno 170 Paesi nel mondo accolgono militari USA e almeno 76 Stati ospitano in totale circa 642 basi.

La presenza militare americana in tutto il pianeta garantisce a Washington soprattutto il dominio sulle rotte commerciali globali e sui *choke points* (i colli di bottiglia marini corrispondenti a stretti o canali strategici).

Nell'ultimo documento ufficiale disponibile, contenente i dati del 2021, risultano 544 basi degli USA in 43 Stati esteri, più altre 159 in territori statunitensi d'oltremare. Tuttavia, il *Base Structure Report* del Pentagono si limita a elencare le proprietà del Dipartimento della Difesa, che valgono oltre 10 milioni di dollari e/o hanno una dimensione superiore a 10 acri (poco più di 4 ettari).

Il Professor David Vine ha censito almeno 642 basi in 76 Paesi (al luglio 2021), ma molte informazioni rimangono segrete. Di sicuro ci sono truppe americane operative in ogni mare e in ogni continente, Antartide compreso, e si può trovare personale militare statunitense in più di 170 Paesi del mondo. Considerando che gli Stati riconosciuti a livello internazionale sono 195, significa che gli USA sono presenti in almeno l'87% dei Paesi del mondo.

Le aree geografiche o gli Stati in cui sono più presenti sono: l'Europa (circa 100.000 militari, in particolare in Germania, Italia e Regno Unito), il Giappone (circa 56.000 militari), la Corea del Sud (circa 28.000 militari) e il Medio Oriente (circa 15.000 militari).

Il più alto numero di basi si trova in due Paesi in particolare: la Germania (contro la Russia) e il Giappone (contro la Cina). La prima contiene almeno 123 basi, il secondo almeno 113. La base di Ramstein, in Germania, è anche la più grande in Europa, e occupa più di 1.400 ettari di territorio.

Al terzo posto si attesta la Corea del Sud, con almeno 79 basi, sempre contro la Cina ma anche contro la Corea del Nord.

L'Italia è al quarto posto, con almeno 49 basi americane. Secondo stime che considerano anche siti molto piccoli, tuttavia, sarebbero più di 120.

Quando il governo americano non rinviene più la necessità di avere delle basi, chiuderle è relativamente facile, dato che in nessuna fase del procedimento viene coinvolto il Congresso.

A cura di geopop.it


## [15] Situazioni imbarazzanti

Un passaggio del video, diffuso dall'esercito israeliano, girato nel sottosuolo dell'ospedale pediatrico Rantisi di Gaza, ha suscitato un certo imbarazzo.

Il portavoce delle Forze Armate, Daniel Hagari, dopo aver mostrato i luoghi dove Hamas, avrebbe tenuto gli ostaggi, indica infatti dei fogli scritti a mano, appesi a un muro, dicendo: "Questa è una lista dei guardiani, dove ogni terrorista ha scritto il suo nome e ogni terrorista aveva un turno assegnato per sorvegliare le persone che si trovavano qui".

In realtà, verificando la traduzione dall'arabo, quella indicata non è una lista, ma i giorni della settimana. Sopra la scritta 7 ottobre c'è scritto "sabato". Nella casella dell'8 ottobre, domenica. Lunedì il 9 e così via.

Perché uno si deve inventare delle scemenze del genere? Risposta: perché in fondo anche i militari hanno una coscienza, per quanto si comportino peggio delle bestie.

Vuoi che un militare israeliano, che quando non combatte è sicuramente una persona dotata di un certo spessore intellettuale, non sappia cosa prevede il diritto internazionale in merito alla guerra?

- Art. 50 Regolamento Aja del 1907 e art. 33 della Quarta Convenzione di Ginevra: è vietato alla potenza occupante sottoporre l'intera popolazione del territorio occupato a una punizione collettiva per un atto commesso da alcuni suoi membri;

- Art. 51 del Primo Protocollo Addizionale del 1997, Statuto della Corte Penale Internazionale: sono vietate rappresaglie di guerra, quale l'interruzione dell'accesso all'acqua potabile e alle fonti di energia per tutta la popolazione civile;

- Art. 85 Regolamento Aja del 1907: è vietato il trasferimento forzato della popolazione civile per poter creare zone dove le operazioni belliche possano essere condotte liberamente;

- Art. 54 Primo Protocollo Addizionale del 1977, Statuto della Corte Penale Internazionale: le risposte militari devono rispettare i principi di precauzione, distinzione tra combattenti e civili, proporzionalità e in nessun caso devono includere bombardamenti indiscriminati e pratiche di *starvation*, ossia far soffrire la fame ai civili come metodo di combattimento;

- Art. 55 Quarta Convenzione di Ginevra del 1949: la potenza occupante ha l'obbligo di fornire cibo e materiale medico alla popolazione del territorio occupato.

Certamente un militare israeliano, sapendo che gli statisti sionisti se ne fregano del diritto internazionale, avrebbe potuto evitare d'inventarsi cose inesistenti. Si vede però che i giudizi di condanna provenienti da tutto il mondo cominciano a pesare.

## Una seconda Nakba

Su "L'Indipendente" è apparso un interessante articolo relativo alla strategia finale che i sionisti intendono applicare alla Striscia di Gaza. È un report pubblicato da uno dei più influenti *think tank* israeliani: Istituto per le strategie sioniste (IZS), molto vicino al Likud.

L'idea di fondo è quella di fondare uno Stato su base etnica in cui non ci sia posto per i palestinesi, definiti dai sionisti "animali umani". Questo significa che i residenti di Gaza vanno trasferiti tutti in Egitto. Come al tempo del Far West si obbligavano i nativi a trasferirsi in Canada.

Il documento specifica che nell'area metropolitana del Cairo vi è un enorme quantità di appartamenti statali costruiti e vuoti, disponibili a basso costo e ideali per essere abitati da tutta la popolazione di Gaza. In cambio dell'operazione il governo potrebbe sostenere una parte delle spese.

Si è fatto questo semplice calcolo. Poiché il costo medio di un appartamento sfitto al Cairo – che i residenti, nonostante i prezzi molto bassi, non riescono a comprare – è di circa 19.000 euro, per finanziare il progetto e garantire l'alloggio ai circa due milioni di palestinesi, sarà necessario trasferire alle casse dello Stato egiziano (alle prese con una grave crisi economica a causa dell'altissima inflazione) tra i 5 e gli 8 miliardi di di dollari: un costo facilmente finanziabile dallo Stato di Israele, in quanto compreso tra l'1% e l'1,5% del PIL. Una cifra che si potrebbe pagare anche solo coi 14,3 miliardi di dollari appena stanziati dagli USA a favore d'Israele.

In cambio si chiede il possesso dell'intera Striscia di Gaza, dove andranno a vivere, in nome del suprematismo etnico, solo i cittadini israeliani, cui saranno garantiti "alloggi di alta qualità". In tale maniera verrà estesa a dismisura l'area metropolitana di Tel Aviv.

Ce la faranno i sionisti? Se vanno avanti con questi bombardamenti terroristici e con la complicità del mondo occidentale, si può presumere di sì.

### Terrorismo militare mafioso

Il ministro della Difesa israeliano Yoav Gallant ha avvertito il gruppo Hezbollah con sede in Libano che se continuano a compiere attacchi vicino al confine settentrionale di Israele, a pagarne il prezzo saranno i cittadini libanesi.

Cioè praticamente ha detto che se Hezbollah vuole la guerra, Israele bombarderà le città libanesi e quindi eliminerà i civili. "Ciò che stiamo facendo a Gaza, sappiamo come farlo anche a Beirut. La nostra aeronautica sta utilizzando solo un decimo delle sue risorse a Gaza", ha precisato.

Sembra una minaccia di tipo mafioso. Come quando viene detto a chi insiste a fare una cosa sbagliata: "Ci tieni alla tua bella famiglia? Sappiamo tutto di te. Ricordalo".

Se non è terrorismo questo, che cos'è?

## Il sionismo è figlio dell'occidente

Bombardamenti così disumani sulla popolazione palestinese fanno pensare che nei confronti di questa popolazione vi siano comportamenti oppressivi, da parte delle istituzioni e della popolazione israeliana (si pensi solo ai coloni in Cisgiordania), anche quando non è in corso un'improvvisa ed eclatante guerra, ma solo un conflitto strisciante quotidiano.

Cioè qui non si tratta soltanto della convinzione che i sionisti hanno d'essere tollerati, in questo comportamento, dal loro alleato superpotente, che non li tradisce mai: gli Stati Uniti. Qui è in gioco anche un odio di tipo razziale, che investe tutto e tutti, dalle istituzioni alla popolazione d'Israele. Tant'è che non si vedono proteste di massa, come quelle nei Paesi islamici o in quelli occidentali dove la componente islamica è molto forte a causa dell'immigrazione.

Si ha come l'impressione che mentre i palestinesi di Gaza e Cisgiordania somiglino ai nativi americani, i quali, piuttosto che lasciarsi schiavizzare, preferivano farsi ammazzare o vivere nelle riserve; gli arabo-israeliani siano invece come gli afro-americani, che quella schiavitù l'accettarono, fatto salvo ovviamente il fatto che oggi non si può parlare di schiavitù ma, al massimo, di discriminazione o di atteggiamenti vessatori.

A Gaza la popolazione viene tenuta come in una riserva indiana o in un lager nazista o in un gulag sovietico o in un bantustan sudafricano, cioè segregata, con possibilità molto minimale di autonomia. In Cisgiordania e Gerusalemme est viene invece sollecitata, attraverso soprusi e violenze di vario genere (non escluso l'omicidio), ad andarsene, cioè a emigrare al di fuori della Palestina.

Ora, il terrorismo statale che il governo di Netanyahu sta applicando a Gaza lascia pensare, visto che si chiede l'evacuazione dell'intera Striscia, che Israele voglia allargare i propri confini. Già adesso l'area nord di Gaza è così devastata che per un palestinese sarebbe impossibile viverci. Dove vivrebbe, prima che si ricostruiscano gli edifici? Nel deserto del Sinai?

Lo scontro tra israeliani e palestinesi parte da un odio viscerale, che riguarda i valori di fondo del vivere quotidiano. È uno scontro irriducibile tra civiltà o culture opposte. Chi non si sottomette, chi si ribella a tale sottomissione è destinato a essere incarcerato o addirittura a morire. E gli israeliani sono senza dubbio più forti, anche perché fruiscono dell'appoggio delle istituzioni occidentali.

La stessa cosa successe nell'America del nord. Prima della rivoluzione del 1773 i nativi venivano strumentalizzati da francesi e inglesi contro i coloni americani, che si ribellavano alla madrepatria. Ma dopo quella rivoluzione quale Paese europeo contestò agli statunitensi la pretesa di sterminare le popolazioni native, privandole dei loro territori? E quando mai venivano contestati per lo schiavismo degli africani? Il razzismo statunitense, come quello ispanico-lusitano, ha radici in Europa. Poi naturalmente vi sono differenze nei mezzi e nei modi, come tra cattolici e protestanti.

È difficile quindi pensare che il razzismo praticato dai sionisti possa venir meno senza che l'occidente smetta di appoggiarlo dall'esterno. L'ideologia sionista è un prodotto derivato da un'ideologia di tipo occidentale, nettamente favorevole a un capitalismo di tipo industriale e finanziario. La componente ebraica viene usata dai sionisti in maniera strumentale, come fanno i neonazisti di Kiev nei confronti della Chiesa ortodossa scismatica.

## [16] La Corte più ridicola del mondo

Dopo la pressione internazionale, la Corte Penale Internazionale ha annunciato che sta conducendo un'indagine sui crimini di guerra perpetrati da Israele nel suo disumano attacco a Gaza.

È incredibile che la CPI abbia avuto bisogno di "pressioni" prima di muoversi. Ancora più incredibile che il procuratore Karim Khan, per poter agire, abbia bisogno di accedere a Gaza tramite il valico di Rafah in Egitto. Israele sta compiendo crimini contro l'umanità così evidenti che non c'è bisogno di entrare personalmente a Gaza per iniziare le indagini. Le informazioni su alcuni di questi crimini sono già di dominio pubblico grazie ai mass-media.

Ogni ritardo nel denunciare i colpevoli di questo genocidio non fa che aumentare i morti e i feriti tra i civili.

Peraltro la Palestina è diventata membro della CPI nel 2015. Da allora i palestinesi han presentato dozzine di denunce contro lo Stato di Israele, che sono rimaste lettera morta. Anche perché Israele non è membro della CPI; anzi, ha già detto che se anche lo fosse, il tribunale non avrebbe giurisdizione per indagare sul conflitto in corso, poiché la Palestina non è uno Stato sovrano. È la stessa posizione sostenuta dagli USA.

In ogni caso il procuratore ha detto che se non riesce a entrare a Gaza, non può far nulla. E naturalmente Israele non lo fa entrare.

Insomma in altre occasioni avremmo detto che siamo alle comiche.

Queste assurdità le avevamo già viste nel 2021, quando l'ex procuratore capo della CPI, Fatou Bensouda, aveva avviato un'indagine sui crimini di guerra d'Israele nei territori palestinesi occupati di Gaza, Cisgiordania e Gerusalemme est risalenti al 2014. Ci vollero ben 6 anni! E quando Bensouda lasciò l'incarico, tutto finì in una bolla di sapone.

Qui si può soltanto ricordare a Netanyahu e alla sua cricca razzista e colonialista che Israele ha firmato le Convenzioni di Ginevra, che obbligano a indagare e perseguire i crimini di guerra, compresi quelli commessi dalle proprie forze militari.

### L'Africa ragiona, noi no

Si può forse considerare casuale che tutti i Paesi africani si siano opposti al bombardamento e all'invasione di Gaza da parte di Israele?

Cioè è normale che mentre l'occidente collettivo (esclusa l'Irlanda) sta dalla parte d'Israele, il Sud Globale invece sta dalla parte della Palestina?

Qui c'è qualcosa che non quadra. Com'è possibile che di fronte a un medesimo fatto, le interpretazioni siano così polarizzate? così diametralmente opposte sul piano geopolitico?

In fondo non tutta l'Africa è in mano a governi islamici, anzi alcuni di loro hanno sostenuto gli Accordi di Abramo. Ed è difficile pensare che il continente si sia espresso contro Israele proprio perché questo Paese è sostenuto dall'Europa colonialista. Come sarebbe assurdo pensare che l'Africa non sostenga l'Ucraina solo perché non considera la Russia un Paese colonialista.

I Paesi africani non stanno giudicando i fatti per partito preso, o perché condizionati da un pregresso storico che pur ancora oggi continua a ferirli. Non stanno cominciando a ritirare i propri ambasciatori da Israele secondo schemi precostituiti.

L'Africa sta ragionando con la propria testa. Quelli che sragionano di fronte a certe evidenze siamo noi.

### Alla fine han dovuto dimetterla

La solidarietà filo-palestinese nel Regno Unito sta causando una forte crisi all'interno dei due principali partiti politici britannici, con i conservatori che cercano di reprimere l'attivismo popolare e i laburisti divisi sull'opportunità di chiedere un cessate il fuoco o una semplice tregua umanitaria.

Dalle marce ai sit-in nelle stazioni ferroviarie, dalle proteste nelle fabbriche di armi agli scioperi delle conferenze universitarie, il Regno Unito ha assistito a un'escalation di attivismo che non si vedeva da un pezzo.

Il ministro degli Interni, Suella Braverman (di origine indù), senza rendersi conto di ciò che diceva, voleva vietare le proteste filo-palestinesi, che ha definito "marce dell'odio", mentre in realtà erano semplici proteste in cui si chiedeva soltanto il cessate il fuoco. Le ha addirittura paragonate alle manifestazioni dell'Irlanda del Nord, giudicate "settarie". Voleva vietare l'uso della bandiera palestinese, ritenendo, questo, un gesto estremista.

Si è scontrata persino con Sir Mark Rowley, il commissario della polizia metropolitana di Londra, che ha sottolineato il diritto legale di protestare.

Alla fine il governo ha dovuto dimetterla, anche se il premier Sunak ha mantenuto una ferma posizione a sostegno di Israele, che avrebbe diritto a difendersi entro i confini del diritto internazionale.

Povero Sunak: ancora nessuno gli ha spiegato che Netanyahu se ne frega del diritto internazionale. Ancora nessuno gli ha detto (perché evidentemente lui da solo non riesce a capirlo) che punizioni collettive, trasferimento forzato della popolazione e uso sproporzionato della forza non rientrano in alcun diritto internazionale.

Ma soprattutto a Sunak qualcuno dovrebbe dire che gli israeliani stanno bombardando Gaza con molte delle armi vendute proprio dal Regno Unito. Solo gli aerei da combattimento stealth F-35 hanno il 15% di componentistica Made in England.

Sveglia Sunak, chiedi ai tuoi servizi segreti quanto il Regno Unito è complice della vergognosa mattanza a Gaza. Non ti pare strano che, stando a un sondaggio, il 76% del pubblico britannico pensa che dovrebbe esserci un cessate il fuoco, mentre per una richiesta così elementare, di buon senso, un recente voto parlamentare ha visto solo un misero 13% a favore? Non lo sai che quando si viaggia su due binari così separati, i governi prima o poi devono dimettersi. Democrazia vuol dire "governo del popolo". Il governo dei ricchi si chiama "oligarchia".

### Un cavallo di razza

Gli attacchi dell'aviazione israeliana non possono essere definiti "imprecisi", così come non sono "casuali" quelli dell'artiglieria e dei carri armati. L'intento di questi attacchi devastanti e sommamente distruttivi ha una finalità inequivocabile: terrorizzare la popolazione fino al punto in cui preferisce andarsene invece che morire. Ecco perché non è possibile fare differenza tra civili e militari e neppure, all'interno dei civili, tra le varie categorie di persone.

Qui si tratta di convincere oltre 2 milioni di persone che devono trasferirsi altrove. I morti ammazzati sono oltre 12.000, di cui i bambini quasi 5.000. Ma potrebbero tranquillamente diventare il doppio.

Ora Israele chiede di evacuare anche l'area meridionale di Gaza. Netanyahu ha iniziato una mattanza che i palestinesi non sono assolutamente in grado d'impedire, anche perché non si stanno scontrando due eserciti come in Ucraina. E ora lui la vuole portare sino in fondo. Non può più tirarsi indietro. Sembra che neppure degli ostaggi gli importi granché, e forse neppure di Hamas. Se gli riesce di occupare l'intera Gaza potrà sempre dire che Israele, finché è circondata da "terroristi", è costretta ad essere spietata, e che per trionfare con sicurezza, i sacrifici bisogna metterli nel preventivo. Con nulla non si ottiene nulla. Il vero obiettivo è quello di occupare quanti più territori possibile nel minor tempo possibile: una guerra di lunga durata, senza l'appoggio finanziario e militare dell'occidente, avrebbe conseguenze catastrofiche anche per Israele. E lui, che da giovane è stato un manager economico, queste cose le sa.

Non è da oggi che Netanyahu è un falco. Lo è da molto tempo. È stato un militare dal 1967 al 1973, ambasciatore all'ONU dal 1984 al 1988 e, all'interno del suo Paese, è in politica attiva, ricoprendo ruoli apicali, dal 1993. Ha un curriculum di tutto rispetto per un sionista. Non può essere considerato un burattino come Zelensky, su cui l'occidente ha investito cifre folli senza ottenere praticamente nulla. Qui invece, se l'occidente vuol far scoppiare una guerra mondiale, può puntare su un cavallo di razza.

## [17] Il ruolo nullo della UE

Nessuna espulsione dei palestinesi da Gaza (per farli accogliere da altri Paesi), nessuna riduzione del territorio della Striscia e nessuna occupazione israeliana. Sono alcune delle richieste dell'Europa a Tel Aviv per quando la guerra sarà finita.

Sembra una barzelletta. Netanyahu non farà nessuna delle tre cose: non ha mandato a morire i suoi militari per ottenere un nulla di fatto. La UE si preoccupa di non avere in casa dei profughi palestinesi, che sicuramente, per come vengono trattati a Gaza, sarebbero molto incattiviti. Ma ai sionisti questo è del tutto irrilevante.

La stessa UE chiede che non ci sia un ritorno di Hamas a Gaza. Quindi da un lato approva quanto fatto dagli israeliani; dall'altro vuole imporre alla "nuova Gaza" (quella decisa da Israele) come i cittadini dovranno votare.

Borrell ha detto, dall'alto della sua insipienza, che "la Striscia di Gaza deve tornare sotto il controllo di un'autorità palestinese" che abbia "legittimità definita e sancita dal Consiglio di sicurezza dell'ONU", quindi diversa da quella di Abu Mazen, che a Gaza non viene riconosciuto, se non come persona molto inetta e prona alla volontà sionista.

Quindi in pratica dev'essere l'ONU a decidere chi deve comandare in Palestina, non sono i palestinesi.

L'Europa è come se facesse questo discorso: "Voi da soli non vi sapete gestire. Israele vi ha dato giustamente una lezione, seppur sproporzionata nei mezzi e nei modi. D'ora in avanti ci pensa l'ONU a farvi da balia".

### In Israele esistono i palestinesi?

Se si chiede a un sionista perché si comporta come un nazista nei confronti dei palestinesi, cosa risponde? "Noi non ce l'abbiamo con gli arabi in sé (gli Accordi di Abramo lo dimostrano e tutti gli altri accordi firmati in precedenza), ma solo con quelli che vogliono distruggere lo Stato d'Israele".

E poi si mette a parlare degli arabi residenti all'interno dello Stato d'Israele, che sono cittadini riconosciuti come tali: meno di 2 milioni di persone (21%, il doppio rispetto al 1950, dovuto soprattutto a un alto tasso di fecondità). Sono di religione musulmana all'82% (sunnita in primis), ma vi è anche un 9% di cristiani di varie confessioni (circa l'80% dei cristiani israeliani è arabo) e un 9% di drusi, che professano una religione di derivazione musulmana.

Questa comunità arabo-israeliana ebbe le sue origini dalla Nakba, il grande esodo dei palestinesi dopo la guerra del 1948 che Israele vinse contro i Paesi arabi e i palestinesi. I sionisti occuparono ampi territori abitati dai palestinesi, i quali, in più di 700.000, furono costretti a fuggire in Giordania e in Libano. Rimasero però meno di 200.000 persone, da cui oggi discende il grosso dei palestinesi-israeliani.

Questi palestinesi rimasti dopo la Nakba ottennero quasi immediatamente la cittadinanza israeliana: due politici furono persino eletti nella prima Knesset (parlamento di Gerusalemme). Anche oggi la Lista araba unita, Ra'am, un partito politico fondato nel 1996, oggi detiene cinque seggi alla Knesset. E poi ci sono Mada (il Partito democratico arabo) e Ta'al (il Movimento arabo per il rinnovamento). Nel giugno del

2021, Ra'am, per la prima volta nella storia di Israele, è entrata a far parte della coalizione del governo Bennett-Lapid.

Gli arabo-israeliani che vivono in Israele votano, lavorano, hanno proprie scuole e feste, pagano le tasse, vengono curati come gli ebrei che vivono in Israele.

Perché dunque si parla di apartheid?

In realtà gli arabo-israeliani fino al 1966 furono sottoposti alle legge marziale, che consentiva al governo israeliano d'imporre coprifuoco, arresti arbitrari e di rendere necessari permessi speciali per viaggiare. Questa condizione di subalternità, tra le altre cose, permise allo Stato israeliano di espropriare la gran parte delle terre di proprietà di famiglie palestinesi. Tuttora i palestinesi israeliani vivono soprattutto nelle zone più povere e meno sviluppate d'Israele. Rispetto al loro numero solo il 2-3% possiede dei terreni e solo il 2,5% del territorio israeliano viene amministrato da loro.

Dal 1966 hanno formalmente tutti i diritti e i doveri degli altri cittadini israeliani. Naturalmente sono esonerati dal servizio militare (salvo i drusi): al massimo fanno il servizio civile.

Subiscono tuttavia ancora varie forme di discriminazione economica e sociale. Sono continuamente soggetti a misure di controllo e sicurezza, poiché tendenzialmente non ci si fida di loro e si spera sempre che se ne vadano. Tant'è che non li si vede mai nei ruoli apicali dello Stato israeliano. Se non sanno l'ebraico perfettamente, non possono accedere alle università. Inoltre le coppie interreligiose sono vietate in Israele. Il governo non si è mai impegnato nel creare insediamenti residenziali destinati a loro.

Insomma sono considerati cittadini di seconda categoria, che potrebbero essere espulsi da Israele in qualunque momento (non hanno il passaporto israeliano, ma uno dedicato a loro; persino le targhe delle auto sono identificabili come appartenenti a loro).

Peraltro nel 2018 i sionisti si sono dati una specie di Legge fondamentale in cui si dice chiaramente che quello israeliano è uno Stato confessionale, cioè della nazione ebraica, non laico, in cui soltanto l'ebraico è considerato lingua ufficiale.

Non solo, ma siccome la destra israeliana e gli ebrei più ortodossi vedono nell'aumento della popolazione arabo-israeliana una minaccia al progetto politico di uno Stato ebraico, governato da ebrei, in quanto mediamente sono più prolifici, nel 2003 è stata approvata una legge che vieta agli abitanti della Cisgiordania e della Striscia di Gaza di ottenere la cittadinanza israeliana (o perfino un permesso di soggiorno), anche se sposano un cittadino o una cittadina israeliana.

I rabbinati, coi loro standard ossessivi e restrittivi su argomenti che vanno dalla conversione al matrimonio, hanno un potere enorme alla Knesset, del tutto sproporzionato rispetto al loro numero.

Insomma gli arabo-israeliani, se vogliono essere lasciati in pace, devono prima dimostrare di non aver nulla di arabo, o comunque nulla che possa dar fastidio a una coscienza diversa dalla loro.

## Una Lega Araba poco convincente

Quali sono stati i punti salienti del recente incontro a Riyad tra i Paesi della Lega degli Stati arabi e dell'Organizzazione per la cooperazione islamica?

1- La Striscia di Gaza è una parte inseparabile dei territori palestinesi in Cisgiordania (cosa che fino ad oggi era scontata).

2- Israele è responsabile del conflitto armato nella Striscia di Gaza (quindi l'attacco di Hamas del 7 ottobre va considerato una *false flag?*).

3- La Lega Araba e i Paesi dell'OIC chiederanno che la comunità internazionale indaghi sui crimini di guerra a Gaza (ma non è stato specificato con quale organismo).

4- La Lega Araba e i paesi dell'OIC creeranno un sistema di sicurezza finanziaria per sostenere i palestinesi (cosa che sempre han fatto, seppur in maniera separata).

5- I Paesi del mondo dovrebbero tenere una conferenza di pace internazionale sulla situazione nella Striscia di Gaza (che immagino debba ripartire quanto meno dagli Accordi di Oslo).

Per il resto niente sanzioni o embarghi a Israele. Al massimo è stata chiesta l'immediata cessazione dell'aggressione, rifiutando di accettare la giustificazione di autodifesa presentata da Israele alla comunità internazionale. E si è chiesto d'imporre l'ingresso immediato di convogli di aiuti umanitari che trasportino cibo, medicine e carburante (chi dovrebbe imporlo?).

Di fatto non è stata preventivata alcuna mobilitazione generale, né formulata alcuna dichiarazione di guerra. L'Iran ha chiesto di rompere le relazioni economiche con Israele, ma altri Stati si son rifiutati. Evidentemente han capito che Israele ha la capacità di farli sviluppare.

Neppure è stata accettata la proposta algerina di non permettere agli americani l'uso delle loro basi militari sparse in tutto il Medio Oriente a favore d'Israele, anche se è stato raccomandato lo stop alla vendita di armi al governo di Netanyahu.

L'Algeria ha anche chiesto di bloccare le forniture di petrolio a Israele, ma Emirati Arabi Uniti, Bahrein e Turchia si sono opposti.

Le rotture diplomatiche, col ritiro dell'ambasciatore, sono a discrezione del singolo Stato. In ogni caso la proposta iraniana di non riconoscere la legittimità dello Stato di Israele e di equiparare il suo esercito a un'organizzazione "terroristica", è stata respinta da Arabia Saudita e altri Paesi, che vogliono evitare l'estendersi del conflitto a tutta la regione.

Erdoğan ha preteso però di considerare terroristi almeno i coloni dei territori occupati. Ha poi proposto una conferenza sulla non proliferazione delle armi nucleari che porti all'invio di ispettori in territorio israeliano. Vuol forse essere l'unico a disporne in Medioriente?

Non c'è stata unanimità neppure sull'idea di costituire un unico Stato arabo-israeliano o due Stati separati. L'Iran ha chiesto che la cosa sia decisa da un referendum cui tutti possano partecipare. Di sicuro viene rifiutata qualsiasi proposta che implichi la separazione di Gaza dalla Cisgiordania e da Gerusalemme Est.

Come se non si sapesse che Israele si oppone al trasferimento della Striscia di Gaza sotto il controllo dell'Autorità Palestinese, che attualmente governa la Cisgiordania.

Probabilmente per questi Paesi islamici 11.000 morti, di cui quasi 5.000 bambini, non è un numero sufficiente per poter agire più seriamente. La Siria l'ha fatto capire abbastanza chiaramente.

## Cinismo e vigliaccheria

Supponiamo che davvero Hamas abbia messo le sue truppe in vari bunker sotto ospedali, scuole, moschee e altri luoghi civili. Hamas naturalmente lo nega, poiché non ama essere considerato un vile che usa i civili come scudi umani.

Supponiamo quindi che i sionisti, in virtù della loro potente *intelligence*, sappiano con sicurezza che i miliziani siano proprio lì sotto.

A questo punto, dando per scontato che Israele abbia diritto a difendersi, come avrebbe dovuto comportarsi un governo davvero democratico?

Secondo il diritto internazionale avrebbe dovuto comportarsi come la Russia, che nei suoi interventi armati si preoccupa anzitutto di smilitarizzare l'Ucraina e non di bombardare le strutture civili col pretesto che potrebbero nascondere dei militari nemici. È questo il motivo per cui la guerra è ormai durata quasi due anni (un periodo di tempo per Israele impensabile).

I russi lo dissero subito che gli ucronazi usavano i civili come scudi umani in varie forme: per es. impedendone l'evacuazione o di ricevere aiuti umanitari.

Viceversa il comportamento dei sionisti qual è? Loro bombardano le strutture civili (persino le ambulanze) convinti che nascondano dei terroristi. E non si preoccupano se per uccidere un terrorista fanno fuori per es. 10 civili, inclusi i bambini. Per loro la colpa del terrorismo è collettiva. Poi però, pressati dall'opinione pubblica mondiale, dicono che è Hamas a impedire ai civili di fuggire.

È un comportamento basato su una logica assurda, poiché non c'è un confronto diretto tra eserciti opposti, ma, a tutta prima, cioè sulla base dell'evidenza più lampante, tra un esercito ben armato e una popolazione totalmente disarmata.

Supponiamo però che Hamas sia davvero così bestiale come dicono i sionisti. Ora, se noi fossimo il Paese attaccante, ci sentiremmo comunque autorizzati a distruggere in toto gli edifici civili? No. Se lo facessimo saremmo disumani. Violeremmo tutte le convenzioni e i trattati internazionali sul diritto bellico.

Se proprio volessimo dare una lezione ad Hamas, dovremmo comportarci come i russi: entrare nelle città e combattere casa per casa, rinunciando completamente ai raid aerei.

Se si ricorre all'aviazione in un'area così densamente popolata, non si dimostra alcun coraggio, ma solo cinismo e vigliaccheria. È impossibile non eliminare i civili o parlare di "effetto collaterale".

E non si dica che si preferisce bombardare in tempi brevi e con proiettili devastanti piuttosto che cimentarsi in un lungo, faticoso e rischioso corpo a corpo, perché si cerca di salvaguardare il più possibile i propri soldati.

Una scelta del genere indica non la forza di un esercito ma la propria debolezza strutturale e la propria insufficienza umana e inconsistenza morale. Se anche un esercito del genere vincesse, continuerebbe ad alimentare l'odio da parte della popolazione sconfitta.

Israele non sta dimostrando d'essere migliore di Hamas, ma, quanto meno, si pone allo stesso livello terroristico, salvo una differenza fondamentale: il terrorismo di Hamas è dettato dalla frustrazione di quasi 80 anni di apartheid; quello dei sionisti è solo frutto di arroganza e di suprematismo etnico, con la complicità dell'occidente collettivo.

## [18] Israele fa quello che gli si chiede

Quando si leggono affermazioni del genere (da parte della sinistra radicale) si resta stupiti: Gli USA hanno espresso la loro contrarietà all'occupazione a tempo indeterminato della Striscia di Gaza da parte di Israele, come anche a qualsiasi ipotesi di trasferimento forzato dei palestinesi al di fuori. L'America vuole evitare l'allargamento del conflitto, che andrebbe a suo svantaggio.

Ma davvero pensiamo a una sciocchezza del genere? Israele non potrebbe far nulla che gli USA non volessero. Israele è una colonia americana al 100%, a prescindere dai governi in carica. È il fondamentale avamposto in Medio Oriente contro i Paesi arabi che non si adeguano all'egemonia globalista, con cui gli USA pretendono di avere fonti energetiche a prezzi di favore (senza parlare del petrolio che attraverso le loro basi rubano in Iraq e in Siria).

Il governo di Biden non è così sprovveduto da non capire che Netanyahu sta compiendo un genocidio a Gaza; è impossibile che non sappia che Israele vuole impadronirsi della Striscia (di almeno una parte o di tutt'intera) e cacciare la popolazione nel Sinai o in Egitto, oppure obbligandola a emigrare in vari Paesi del mondo. Biden deve solo sostenere una parte moderata in una tragedia che tutto il mondo considera tale. E si guarda bene dal chiedere un cessate il fuoco.

Quando gli USA si dichiarano a favore della concessione ai palestinesi di uno loro Stato, eventualmente consegnando la Striscia all'ANP di Abu Mazen, sanno benissimo che ciò non avverrà mai, e non tanto perché l'ANP non controlla nemmeno la Cisgiordania, è corrotta ed è malvista dalla maggior parte dei palestinesi, quanto perché Israele non lo permetterà mai. Quando mai un governo israeliano ha accettato di mandare a morire i propri soldati senza pretendere di occupare dei territori palestinesi o di Stati come Egitto, Siria, Libano, Giordania? E Netanyahu non può certo essere considerato più generoso degli statisti che l'hanno preceduto.

*

La corrispondente della BBC, Yolande Knell, ha detto che non è stata vista alcuna prova a sostegno delle affermazioni dell'esercito israeliano, secondo cui l'ospedale al Shifa di Gaza viene utilizzato come "sofisticato centro di comando e controllo da Hamas".

Cioè i sionisti si sono inventati tutto.

### Nessuna intesa tra Iran e Hamas

Il "Wall Street Journal" aveva detto che l'attacco di Hamas del 7 ottobre era stato pianificato, finanziato e armato dall'Iran.

Ebbene questa news si è rivelata falsa. L'ha detto la "Reuters", che ha interpellato alcuni alti ufficiali sia di Hamas che di Teheran, rimasti anonimi. A Teheran han già fatto capire che non intendono entrare in guerra al fianco di Hamas.

In particolare i funzionari iraniani han spiegato che non c'è alcun modo d'inviare armi dentro Gaza senza che i sionisti se ne accorgano.

Prima della guerra in corso era persino impossibile, senza il permesso esplicito da parte dei sionisti, il passaggio di persone malate che necessitavano di cure, o di famiglie che dovevano ricongiungersi o di persone che dovevano attraversare il confine per lavoro. È così dal 2007. Gaza assomiglia a un lager nazista.

Questo significa che i soldati israeliani han fatto apposta a lasciar passare le armi. Ma non si sa da dove l'abbiano fatto. In ogni caso il valico di Rafah è inaccessibile all'Iran, che non ha più rapporti diplomatici col Cairo sin dal 1980, cioè da dopo l'esilio dello scià di Persia in Egitto.

Ma c'è anche un altro problema di fondo. Hamas è un movimento sunnita, derivato dai Fratelli Musulmani. L'Iran è invece un Paese sciita che negli anni passati ha combattuto con le armi proprio i Fratelli Musulmani e le loro derivazioni.

La Fratellanza musulmana viene giudicata negativamente dall'Iran, poiché questo movimento è stato appoggiato dall'occidente, che nel 2011 con le cosiddette "primavere arabe" ha tentato di destabilizzare diversi Paesi arabi, tra cui Tunisia, Libia, Yemen e anche Siria, storico alleato dell'Iran. E Teheran in Siria ha combattuto con le armi proprio quelle cellule islamiste sunnite vicine alla Fratellanza musulmana.

L'Iran quindi appoggia politicamente la causa palestinese, ma è impensabile che possa appoggiare militarmente un gruppo come Hamas che non ha nessun punto di contatto religioso con gli ayatollah.

Fonte: byoblu.com

## Il ruolo dell'occidente nella questione palestinese

Dovendo ammettere formalmente l'esistenza di diritti umani internazionali, l'occidente riconosce ai palestinesi il diritto di essere considerati un "popolo a sé", nel senso che lo ritiene molto diverso dalla popolazione israeliana. O comunque dà ragione ai sionisti quando questi si considerano molto diversi dai palestinesi.

Il che, a ben guardare, è un controsenso, in quanto entrambe le popolazioni sono semitiche; anzi forse lo sono di più i palestinesi, poiché da molto tempo, per esigenze demografiche, la categoria di "israelita" include popolazioni provenienti da tutto il pianeta, che possono essere persino non ebraiche.

Oggi gli israeliani sono multietnici, che lo vogliano o no. Aver promulgato una Legge fondamentale nel 2018, che nega questa evidenza, fa un torto alla loro intelligenza (benché i voti favorevoli siano stati solo 62, mentre quelli contrari 55 e 2 gli astenuti). Sono multietnici proprio come gli statunitensi, per quanto l'ideologia anglosassone resti nettamente prevalente sulle culture afroamericane o latinoamericane, per non parlare di quella indigena dei nativi, che è quasi scomparsa.

Tra gli israeliani prevale l'ideologia sionista, che somiglia molto a quella anglosassone, essendo fondamentalmente razzista, colonialista, capitalista-industriale, guerrafondaia... La maggiore aggressività dei sionisti, il maggior disprezzo del diritto formale internazionale dipende dal fatto che hanno potuto costituire un proprio Stato, con pretese egemoniche, solo a partire dal 1948, e per poter fare di tutta la Palestina un unico Stato ebraico, devono eliminare tutte le componenti etniche che non si lasciano dominare.

Per loro dunque l'alternativa è molto semplice: o le popolazioni di origine araba diventano come gli israeliani, conservando per sé solo degli aspetti marginali, folcloristici, oppure devono scomparire. In tal senso si potrebbe dire che gli arabi, i cristiani, i drusi presenti all'interno dello Stato d'Israele non costituiscono più un problema, in quanto hanno accettato una cittadinanza di seconda categoria, i cui diritti non possono essere paragonati a quelli dell'etnia dominante.

Ma c'è un altro aspetto da considerare. L'occidente riconosce ai palestinesi un parziale diritto all'autodeterminazione solamente quando essi lo rivendicano con una forza di tipo bellico, tale da minacciare la sicurezza degli abitanti di Israele. Cioè il modo che ha l'occidente di comportarsi si riduce a questo: chiudere un occhio sul colonialismo dei sionisti (poiché ci fanno comodo in una regione dove la gestione del petrolio non può essere affidata interamente a chi lo possiede), ma nel caso in cui emerga una certa resistenza bellicosa da parte dei palestinesi, riconoscere a questi ultimi il diritto a una relativa autonomia. Bastone e carota.

Ebbene tale diritto, dal 1948 ad oggi, è andato riducendosi sempre più. Oggi Israele sta occupando militarmente anche la Striscia di Gaza, proponendo alla popolazione locale due opzioni: o evacuazione totale o totale sottomissione. Il parlamento è già stato fatto saltare.

La differenza tra Gaza e Cisgiordania sta solamente nel fatto che nella prima il diritto del più forte si sta imponendo sfruttando il fatto che la popolazione locale, oppressa da un regime segregazionista, tende di tanto in tanto a reagire in maniera scomposta e velleitaria; nella seconda invece l'Autorità palestinese ha accettato di vivere una condizione di subalternità, nell'illusione di poter sopravvivere più facilmente.

## Quali analogie tra due diverse popolazioni in guerra?

Probabilmente le guerre russo-ucraina e israelo-palestinese hanno questo in comune: al principio di autodeterminazione dei popoli viene opposto quello del primato dello Stato politico.

In Ucraina il governo di Kiev non voleva riconoscere l'indipendenza rivendicata dai russofoni del Donbass dopo il golpe del 2014, che per loro fu una tragedia, in quanto rischiavano d'essere non solo politicamente sottomessi, culturalmente discriminati ed economicamente sfruttati ma anche fisicamente eliminati dai neonazisti e nazionalisti russofobi di Kiev.

In Palestina è anche peggio, in quanto una popolazione un tempo nettamente maggioritaria sta subendo un genocidio che la sta portando a essere minoritaria. Se la parola "genocidio" appare esagerata, si può usare quella di "sterminio" o "crimini contro l'umanità".

Ora, in base al principio dell'autodeterminazione dei popoli, accettato dall'ONU, qualsiasi popolo di una certa consistenza avrebbe il diritto di sganciarsi da una entità statuale ritenuta non aderente o non congrua ai propri interessi.

Nessuna Costituzione in linea di principio potrebbe opporsi dicendo che lo Stato ha confini sacri e inviolabili nel caso vi sia una popolazione dello stesso Stato che si vuole separare.

In tal senso forse sarebbe meglio dire che mentre i palestinesi della Cisgiordania e di Gerusalemme est somigliano ai nativi americani, essendo entrambi fatti fuori, progressivamente, da coloni protetti da un esercito; quelli di Gaza somigliano di più a una riserva indiana, che i muri, il filo spinato, i sistemi di controllo capillare che la circondano rendono più simile a un lager nazista.

## [19] A chi giova l'estremismo?

Si è detto mille volte che Israele ha appoggiato Hamas per contrastare il potere dell'OLP di Arafat e quello di Abu Mazen, succeduto ad Arafat. Cioè Netanyahu preferiva di gran lunga una formazione estremistica a una democratica, poiché in tal modo aveva l'alibi per fare i suoi interventi armati e per pretendere, in politica interna, una sorta di dittatura privata, istituzionale, capace di condizionare persino la magistratura, impedendole di mettere il bastone tra le sue ruote usurate dalla corruzione.

Tutto ciò ovviamente non vuol dire che Hamas sia una "creatura" d'Israele. Hamas è stato creato da palestinesi esasperati, costretti a vivere dal 2006 in una prigione a cielo aperto. Una sofferenza non può essere sopportata per un tempo illimitato. Hamas è una risposta estremistica da parte di una popolazione incapace di farsi valere in maniera democratica. Anche perché essa stessa è in grado di vedere coi propri occhi che là dove i palestinesi, in Cisgiordania, si comportano in maniera più democratica, la situazione per loro va peggiorando ogni giorno che passa. I coloni, con l'appoggio dell'esercito israeliano, la stanno privando di tutte le terre. I palestinesi vengono malmenati, incarcerati, processati, uccisi… Sono costretti a fuggire.

I sionisti vogliono fare terra bruciata attorno a loro, vogliono creare una grande nazione etnocentrica, dominata da una sorta di fascismo religioso, caratterizzata da un capitalismo aggressivo, senza scrupoli, sommamente colonialistico e imperialistico, intenzionato a espandersi in Libano, Siria, Egitto… I palestinesi sono il problema minore.

Qualunque forma di terrorismo o di estremismo serve ad Israele per esercitare il proprio terrorismo statale, istituzionale. Dopo Netanyahu verrà fuori uno statista peggiore di lui, se l'occidente non smette di sostenere questi mostri con le proprie finanze e le proprie armi, oppure se gli Stati islamici del Medio Oriente non decidono di coalizzarsi seriamente per fare una guerra risolutiva, oppure se all'interno della società israeliana non emergono forze democratiche in grado di rovesciare questa deriva apocalittica.

Se Israele continua su questa strada, l'antisemitismo è destinato a crescere in maniera esponenziale. Sarà una valanga che travolgerà tutti gli ebrei del mondo, anche quelli contrari alle politiche sionistiche. Come l'odierno Israele, quando colpisce, non fa differenza al momento tra civili e militari e, all'interno dei civili, tra uomini donne bambini e anziani, così potrà accadere anche nei loro confronti. Se Israele pretende di vincere usando metodi così disumani, è destinata a perdere, a subire catastrofi epocali, come è già successo molte volte nel passato.

La gente non si lascerà più commuovere dall'olocausto e dell'atteggiamento vittimistico degli ebrei non saprà proprio che farne.

## Il saggio Gideon Levy

Nel web ci sono vari video in cui parla Gideon Levy, giornalista israeliano di "Haaretz". Le sue tesi sull'attuale conflitto israelo-palestinese fanno riflettere.

Secondo lui la società israeliana sta vivendo un momento di follia, che però ha radici lontane.

1) La maggior parte degli israeliani, se non tutti, crede profondamente che siamo il "popolo eletto". E, se siamo il popolo eletto, abbiamo diritto di fare tutto quel che vogliamo. Questo per lui è un vero e proprio "muro mentale".

2) Non è normale che un Paese si senta nello stesso momento vittima e occupante. Il vittimismo sta diventando un pretesto, un alibi per compiere ogni sorta di brutalità.

3) Se la narrativa dominante tende a produrre una sistematica disumanizzazione dei palestinesi, è evidente che a loro, come popolo, non

si può mai concedere alcun diritto. Se non ci si mette su un piano di parità, l'odio nei confronti dei palestinesi non farà che aumentare sempre più.

4) La richiesta, da parte del *mainstream*, di cancellare Gaza appare giustificata dopo il 7 di ottobre, poiché Gaza viene fatta coincidere con Hamas. Ma questo atteggiamento andrà a incidere negativamente sul livello della democrazia israeliana, e persino molto di più della riforma giudiziaria inaugurata da Netanyahu. Già adesso si reprimono le persone che mostrano semplici simpatie per Gaza. Il clima sociale in Israele diventerà sempre più aggressivo.

5) La richiesta, da più parti avanzata, di trasferire i palestinesi nel deserto del Sinai o in Egitto, è piuttosto condivisa, in barba al diritto internazionale e alla morale. Il sentimento dominante è quello della vendetta. Il politico di destra Moshe Feiglin ha chiesto di trasformare la striscia di Gaza in una Dresda, affinché nessuna pietra rimanga sull'altra.

6) La crudeltà della guerra non viene per niente mostrata agli israeliani. Non vedono le migliaia di civili massacrati. È lontanissima l'idea nella popolazione che, finita questa guerra, i politici o i militari debbano pagare per possibili crimini di guerra.

7) Siccome Israele è abituata a vedere che a ogni condanna verbale da parte dell'Unione Europea e degli Stati Uniti per ciò che compie relativamente alla colonizzazione dei territori in Cisgiordania, non si fanno mai seguire dei fatti concreti, è difficile che possa preoccuparsi di nuove condanne morali per ciò che sta facendo a Gaza. È la stessa comunità internazionale che ci chiede di "normalizzare", cioè di trovare delle soluzioni accettabili per il regime di apartheid che abbiamo imposto ai palestinesi.

8) Dopo il 7 di ottobre è diventato più facile per un colono in Cisgiordania arrivare a uccidere un palestinese senza rischiare d'essere processato.

9) La soluzione dei due Stati è morta da molto tempo. Non c'è nessun posto per uno Stato palestinese in Cisgiordania, perché nessuno è in grado di evacuare 700.000 coloni israeliani che vivono lì. Chi parla ancora di due Stati per due popoli non fa che favorire l'occupazione delle terre palestinesi, in quanto sa benissimo che è un'ipotesi irrealizzabile. È solo una scusa per non fare niente.

10) Ho sempre pensato che tutto deve arrivare al male estremo prima che possa nascere il bene. Ma al momento tutte le istituzioni governative e soprattutto i media ci presentano un quadro in cui i palestinesi sono nati per uccidere, in cui tutto il mondo è contro di noi, e noi possiamo fidarci soltanto delle nostre armi.

11) Qui le alternative sono due: o i palestinesi smettono di riven-

dicare diritti e accettano di vivere come cittadini di seconda classe in una sorta di apartheid, oppure si forma un unico Stato democratico per tutti, laico, secolare, ma questa ipotesi è al momento utopica.

Fonte: poterealpopolo.org

## [20] Istigazione a delinquere

L'accademico americano John Mearsheimer, uno dei massimi esperti mondiali di relazioni internazionali, ha detto che se gli israeliani facessero di tutto per prendere di mira solo Hamas ed evitare vittime civili, allora si potrebbe sostenere in modo coerente che non si tratta di commettere crimini di guerra.

Tuttavia sappiamo bene che Netanyahu ha sempre detto di preferire Hamas ad Arafat o Abu Mazen, o comunque ha fatto in modo che l'estremismo prevalesse sulla moderazione, per avere poi il pretesto per compiere azioni di guerra.

Come lo si vuole chiamare un atteggiamento del genere? Una furbizia politica? Una forma di cinismo? Ovviamente chi è filo-israeliano non ha difficoltà ad accettarlo, anche perché condivide l'idea che i palestinesi siano una specie di razza subumana, una sorta di popolazione primitiva che ostacola il progresso di quella regione. Il ministro israeliano della Difesa li ha definiti "animali umani": un'espressione che ricorda quella che usavano i romani per definire gli schiavi (strumenti o animali parlanti).

Però se fossimo moralmente sani o intellettualmente onesti dovremmo ammettere che qui siamo in presenza di un'altra forma di crimine, che in giurisprudenza viene definito col termine di "istigazione a delinquere".

Cioè se con la forza ti faccio vivere in condizioni disumane, in una precarietà assoluta, e se delle tue rimostranze non m'importa assolutamente nulla; anzi faccio in modo che le teste calde compiano gesti estremi che legittimano una mia reazione spropositata, con cui posso impadronirmi anche degli ultimi tuoi beni, io non sto forse compiendo un crimine?

Non voglio dire che tra Netanyahu e Hamas si fosse formata una specie di associazione a delinquere, in cui uno svolgeva il ruolo dell'esecutore e l'altro quello del mandante. Semmai un rapporto mafioso del genere esiste tra USA e Israele. Voglio solo dire che chi dispone di tutte le leve del potere è in grado d'influenzare in maniera significativa i comportamenti della parte più debole.

Nei sistemi politici democratici si può forse accettare il principio latino *divide et impera*? E allora perché lo facciamo nei rapporti tra Israele e Palestina? Perché noi europei dobbiamo tagliare i ponti con la Russia solo perché lo pretendono gli statunitensi? Perché dobbiamo accettare l'idea che chi fa sciopero si pone contro gli interessi dei lavoratori che non lo fanno? Perché siamo circondati da politici e statisti che fomentano odio e rancore contro chi pretende giustizia sociale?

### La vera guerra

Chi sta al potere non può avere scrupoli. Lo sappiamo tutti. La moderna "scienza della politica" l'hanno inventata gli italiani con Machiavelli: il politologo più cinico di un popolo di santi, poeti e navigatori.

La politica è l'arte di dominare gli altri, assumendo atteggiamenti diversi a seconda delle situazioni. La coerenza non è di sicuro un valore del politico.

Per un cittadino comune, nell'arco di una vita intera, è normale cambiare opinione su taluni fatti o argomenti. Ma un politico, che voglia restare sulla cresta dell'onda, deve saperlo fare molto in fretta, senza preoccuparsi del giudizio altrui.

La politica esiste perché esistono gli antagonismi sociali, i conflitti di classe o di ceto o di etnia, che spesso rappresentano interessi economici opposti. Ma in assenza di tutto ciò, il suo destino è quello di scomparire. Al massimo può restare per prendere decisioni comuni nella gestione quotidiana delle cose. In tal senso si riduce a qualcosa di amministrativo. Non viene certamente usata per dominare qualcuno.

Ecco perché, quando guardiamo con orrore certi statisti, ci diciamo, ingenuamente, che al loro posto ci saremmo comportati in maniera diversa. Come se non sapessimo che, il più delle volte, sono le circostanze a formare gli esseri umani, le coscienze. Per impedire che ciò avvenga negativamente, occorre un certo sforzo di volontà, basato su una diversa consapevolezza della natura delle cose.

Tutto questo per dire che nei sistemi di vita che dominano il mondo, i singoli statisti hanno sì la loro importanza, ma relativamente. Spesso non fanno altro che rappresentare qualcosa di molto più importante di loro, al punto che se anche ne volessimo eliminare uno, facilmente verrebbe sostituito da un altro, che potrebbe anche essere peggiore.

La vera guerra infatti, quella più incisiva, va fatta contro le idee disumane, contro quelle politiche che di democratico hanno solo il nome. Quando tali obiettivi vengono raggiunti, tutti beneficiano del risultato, anche gli arroganti e gli ignavi.

### [21] Chi sono davvero i semiti?

Quel che più stupisce nel comportamento fascista, razzista e colonialista d'Israele è la convinzione di poter compiere qualunque efferatezza, sapendo che non verrà condannata in alcuna maniera dall'occidente collettivo. È come se i sionisti sapessero di avere in mano una documentazione con cui poter ricattare qualunque Paese o statista occidentale. Sembrano una sorta di P2 all'italiana.

Una nazione di così pochi abitanti (neanche 10 milioni, di cui il 20% di origine araba e con tanti coloni che non sono neppure ebrei), che vive in un territorio che va da 20.000 a 27.000 kmq (a seconda che si includano i territori occupati abusivamente), paragonabile all'incirca all'estensione della Sicilia, sembra avere un potere spropositato. Un potere che ovviamente qualcuno, ben più grande, le riconosce: in primis gli USA, che da sempre la armano, la finanziano e la sostengono all'ONU.

Paradossalmente Israele è uno dei pochi casi in cui il colonialismo ai danni dei palestinesi viene esercitato nella forma europea classica, cioè senza ricorrere a sotterfugi di varia natura, ma con tutta la violenza possibile.

Il sionismo, come le crociate medievali, è nato in Europa, ma non proviene da un popolo: forse sarebbe meglio dire che proviene da strumentalizzazioni religiose eurocentriche, che col semitismo o l'ebraismo c'entrano poco o nulla.

I veri semiti oggi sono soltanto i musulmani del Levante, che hanno ereditato, restando in Medio Oriente, l'ideologia religiosa del giudaismo e del cristianesimo. Il che non vuol dire che l'abbiano fatto nel migliore dei modi (in quanto ogni religione lascia il tempo che trova, non essendo in grado di risolvere i problemi sociali causati dal capitalismo). Vuol semplicemente dire che sul piano etnico i veri semiti, per continuità geostorica sin dai tempi di Maometto, sono gli islamici.

Ebrei e cristiani se ne andarono in massa dalla Palestina a causa della guerra, perduta, contro le legioni romane. Quando vi poterono rientrare, con l'impero bizantino, avevano già perso la loro connotazione semitica. Che invece rimase negli arabi.

## Ucraina e Israele si somigliano

C'è un aspetto che unisce i due regimi fascisti di cui i media stan parlando: Ucraina e Israele. È il disprezzo assoluto nei confronti di chi vuole porsi in maniera diversa rispetto all'ideologia dominante e alla politica governativa. Sia i neonazisti di Kiev che i sionisti di Tel Aviv odiano mortalmente il principio di autodeterminazione dei popoli. Il loro nazionalismo presenta una forma rivoltante d'integralismo totalitario. A chi si pone in maniera diversa per usi e costumi (cultura, religione, lingua...) si concede solo quel tanto che fa comodo e che può essere revocato in qualunque momento.

La differenza sta nel fatto che i russofoni del Donbass sono oggetto di pesanti discriminazioni e persecuzioni dal 2014 (anno del golpe), mentre i palestinesi lo sono dal 1948, un anno per loro catastrofico, paragonabile a un golpe, ma con valenza genocidaria.

Entrambi i rovesciamenti istituzionali sono stati approvati dall'occidente collettivo, che li ha sostenuti militarmente e finanziariamente. Li ha anche legittimati attraverso uno strumento che in teoria dovrebbe essere preposto a difendere il diritto internazionale: l'ONU.

Tuttavia una differenza abissale li separa: in Ucraina i russofoni del Donbass sono stati difesi militarmente dalla Federazione Russa; i palestinesi invece non sono ancora riusciti a trovare nei Paesi islamici un valido difensore. L'islam continua a porsi come religione tribale, al massimo nazionalistica, incapace di darsi un respiro internazionale, incapace soprattutto di affrontare i problemi del Medio Oriente andando al di là delle specifiche diversità regionali. Per questi Paesi i palestinesi sembrano essere una palla al piede che li imbarazza non poco.

## [22] La Grande Israele è un'idea antistorica

Chi pensa che il conflitto israele-palestinese possa essere risolto perorando la causa dei due Stati per i due popoli, sta praticamente sponsorizzando un'idea che al giorno d'oggi qualunque Paese occidentale, se avesse degli statisti un minimo onesti, dovrebbe considerare totalmente assurda. Ci riferiamo alla nascita di due Stati *ideologici*, cioè due entità politico-istituzionali caratterizzate in maniera *confessionale*. Il laicismo imperante in occidente favorirebbe una specie di ritorno al Medioevo.

Questo per dire che non solo non ha senso sostenere Israele contro i palestinesi, ma neppure auspicare che i palestinesi abbiano uno Stato come quello israeliano, il cui fondamentalismo religioso è antistorico.

La Palestina è un territorio in cui tre religioni monoteistiche convivono da molti secoli (i semiti sono presenti da almeno 10.000 anni). Se vogliono continuare a farlo, devono rinunciare a fare delle diversità religiose un elemento per distinguersi sul piano politico-statuale.

Questo vuol dire che lo Stato di Israele va sostituito con uno Stato laico, aconfessionale, democratico e pluralista, comprendente tutta la Palestina, in cui non solo le tre religioni possano riconoscersi, ma anche tutte quelle ideologie che nei confronti delle religioni assumono atteggiamenti agnostici o ateistici.

L'idea geopolitica che l'attuale sionismo manifesta di voler creare uno Stato di Israele i cui confini non si limitino alla Palestina storica, ma si espandano anche al Libano, alla Siria, all'Iraq, alla Giordania, all'Egitto e all'Arabia Saudita, dal Nilo all'Eufrate, è un'idea che andrebbe soffocata sul nascere.

Il fatto stesso che Israele rifiuti di darsi una Costituzione, per non dover definire i propri confini territoriali, va considerato come un tentativo per espandersi più facilmente in senso colonialistico.

Statisti come Netanyahu sono molto pericolosi, e quando gli Stati occidentali lo sostengono, sono peggio di lui.

### Lucciole per lanterne

Che l'ebraismo abbia diritto a una nazione è non meno assurdo che dire che questo diritto spetta anche al cristianesimo o all'islam o a qualche altra religione.

Generalmente le religioni amano espandersi, per cui non possono avere confini nazionali. Inoltre le persone si spostano per tanti motivi: economici, bellici, ambientali... e si portano dietro le loro convinzioni religiose, se ne hanno.

Bisogna solo ammettere che le tre religioni monoteistiche si sono espanse nel mondo usando una certa violenza, cioè hanno preteso d'imporsi con la forza delle armi: dapprima l'ebraismo, poi il cristianesimo, infine l'islam.

Quando è aumentata la laicizzazione delle idee o la secolarizzazione dei costumi, queste tre religioni hanno usato le armi dell'economia o della finanza, perdendo così il loro carisma ideologico, il loro idealismo.

Se guardiamo la diffusione dell'ebraismo in Europa, è impossibile dire che abbia una connotazione semitica. Gli europei di confessione religiosa ebraica vengono detti *ashkenaziti*: non sono semiti. Il movimento fascista-coloniale di Israele e il progetto di costruzione di uno "Stato-nazione" per gli ebrei, nasce da loro. Il sionismo è una costruzione politica artificiale, influenzata dalla cultura anglosassone e con riferimenti a un socialismo di tipo nazionalistico, che con l'ebraismo c'entra solo molto relativamente, e meno ancora c'entra col semitismo, poiché i veri semiti sono gli islamici che non hanno mai abbandonato il Medio Oriente.

È assolutamente assurdo sostenere che gli ebrei abbiano diritto a uno Stato in Palestina. Sarebbe come dire che 210 milioni di musulmani indonesiani possono rivendicare dei diritti storici nella penisola arabica.

Questo per dire che i sionisti di oggi, quando si richiamano alla Bibbia per sostenere il loro diritto ad avere un proprio Stato in Palestina, non sanno quello che dicono. La Bibbia parla dell'epopea di un popolo semitico che non c'entra nulla con i sionisti o gli ashkenaziti di oggi.

Se si guarda la biografia di Netanyahu, ci si accorge che le sue origini paterne e materne sono polacche-lituane-bielorusse. Al massimo si può dire che sono sefardite (stando a Wikipedia). Solo una mente distorta come la sua può sostenere che gli "epici passaggi religiosi ebraici" dei suoi antenati fanno parte del suo background semitico.

Netanyahu è solo un colonizzatore fascista di origini slave, che usa il terrorismo di Stato per cacciare i palestinesi dalle loro terre storiche. Israele di religioso ha solo il fanatismo razzista e colonialista. I veri ebrei sanno benissimo che la costruzione di una monarchia statuale al tempo di Saul, Davide e Salomone è stata la più grande disgrazia dell'ebraismo. Il meglio di sé l'ebraismo l'ha dato come popolazione tribale e nomade. Anche il cristianesimo il meglio di sé l'ha dato quando non si configurava come religione statale. E l'islam quando combatteva la corruzione del cristianesimo.

## [23] Chi sono gli israeliani?

La distinzione tradizionale tra gli ebrei è tra ashkenaziti e sefarditi. Questa distinzione è antica di secoli e ha origine nella diaspora del popolo ebraico in Europa, Africa e Asia.

Gli ashkenaziti (germanici) sono gli ebrei che dopo la diaspora si stabilirono nell'Europa centrale e dell'est, mentre i sefarditi sono gli ebrei che nel 1492 furono cacciati dalla Spagna e si stabilirono principalmente nell'Africa settentrionale e nell'impero ottomano, ma anche in Italia e nei Balcani.

Dopo la fondazione d'Israele nel 1948 gli ebrei ashkenaziti sono diventati quelli originari non solo dell'Europa, ma anche di altri luoghi genericamente identificati come l'Occidente, per es. l'America del nord. Oggi in Israele sono il 30%.

Quasi tutti gli altri ebrei, cioè quelli che provengono da Africa, Medio Oriente e Asia, sono invece identificati come mizrahim (che signfica "orientali" e che infatti fino alla prima metà del XX sec. comprendeva gli ebrei ashkenaziti orientali). Oggi il termine ha finito per inglobare non solo quello di sefarditi, ma comprende anche gruppi ebraici molto diversi tra loro dal punto di vista etnico, linguistico, culturale e religioso, al punto che in Israele sono di gran lunga la maggioranza (45%).

Parlare di Israele come di uno "Stato ebraico" non ha senso, poiché oltre il 20% è arabo e molti ebrei sono appunto di vari ceppi etnico-geografici, linguistici..., per non parlare del fatto che molti coloni non sono neppure ebrei, e all'interno di Israele esistono gruppi di cristiani e di drusi.

Secondo i dati risalenti al settembre del 2023, la popolazione di Israele è composta da 9,7 milioni di persone. Di queste il 73,3% sono ebrei, il 21,1% sono arabi (cioè cittadini palestinesi di Israele) e il 5,6% sono classificati come "altri" (cristiani non arabi, i drusi, alcune fazioni ebraiche lontane dall'ortodossia, ecc.).

Il sistema politico israeliano, peraltro, è stato pensato proprio per dare rappresentanza a tutte queste componenti e minoranze estremamente varie. Fino a qualche tempo fa era un sistema politico proporzionale puro, in un unico collegio nazionale, che consentiva l'elezione anche di partiti piuttosto piccoli, ma siccome negli anni ciò ha portato a una grossa instabilità politica, si è imposta la necessità di mettere uno sbarramento al 3,25%. Il voto è per lista, senza preferenze.

Definire cosa sia Israele sul piano puramente geografico non è semplice, poiché, nonostante numerose risoluzioni dell'ONU, i governi di Tel Aviv continuano a occupare, coi coloni, porzioni di territorio in Cisgiordania e a Gerusalemme est, nonché l'intero Golan siriano (riconosciuto nel 2019 da Trump come appartenente a Israele).

Lo Stato ebraico, attraverso la "Legge del ritorno", approvata nel 1950 e più volte emendata, garantisce agli ebrei di tutto il mondo il diritto di trasferirsi in Israele e di ricevere automaticamente la cittadinanza (senza per questo perdere la cittadinanza del loro paese d'origine). Viceversa i non ebrei che vogliono diventare cittadini d'Israele devono risiedere nel Paese per almeno tre anni, dimostrare di avere una certa conoscenza della lingua ebraica e rinunciare alla loro cittadinanza precedente.

Con la Legge del ritorno ha diritto a tornare in Israele chiunque abbia un parente ebreo (da parte di padre o di madre) o si sia convertito alla religione ebraica. Non ne hanno diritto invece gli ebrei che si siano convertiti a un'altra religione. Il che è abbastanza ridicolo, in quanto il 44% degli ebrei israeliani si definisce "laico", cioè non credente. Gli ultraortodossi, cioè gli ebrei fondamentalisti religiosi, sono solo il 14% della popolazione, anche se sono quelli che fanno più figli di tutti.

Tuttavia secondo un'interpretazione più ortodossa potrebbe essere definito ebreo soltanto chi lo è per discendenza matrilineare (quindi ha la madre o la nonna materna ebree). Questo fa sì per es. che attualmente in Israele vivano decine di migliaia di persone provenienti dall'ex Unione Sovietica, che non sono considerate formalmente ebree, in quanto la discendenza ebraica proveniva dalla parte paterna della famiglia. Queste persone si autodefiniscono ebree, ma nei censimenti e nei dati forniti dal governo israeliano sono inserite alla vice "altri".

In ogni caso la Legge del ritorno ha fatto sì che, nei decenni, nello Stato di Israele arrivassero ebrei provenienti da ogni parte del mondo. Al punto che oggi non ha alcun senso dire che esiste una popolazione "bianca" ed "europea" che opprime una popolazione "di colore". L'oppressione nei confronti dei palestinesi sembra essere diventato il criterio fondamentale per far parte dello Stato d'Israele, qualunque siano le caratteristiche fisiche, geografiche, linguistiche e persino religiose che definiscono un "israeliano".

*Rebus sic stantibus*, aver promulgato nel 2018 una Legge fondamentale che istituisce una specie di Stato etnocratico è davvero una cosa senza senso.

### In che senso due Stati per due popoli?

Chi sta appoggiando l'idea di uno Stato anche per i palestinesi, dovrebbe dire come lo vorrebbe realizzare.

In questo momento non solo Israele ha occupato Gaza, ma sta anche eliminando molti palestinesi in Cisgiordania, aumentando di parecchio l'espansione dei coloni. Persino le popolazioni di origini cristiane si lamentano.

Poiché Israele ha eliminato con la forza la continuità territoriale tra le due regioni palestinesi, oggi i palestinesi potrebbero pretendere un loro Stato solo nella Cisgiordania e a Gerusalemme est.

A questo punto l'unica trattativa possibile sarebbe quella di trasferire da Gaza gli oltre 2 milioni di palestinesi in Cisgiordania, e a Gaza i 700.000 coloni israeliani che si trovano abusivamente in Cisgiordania e Gerusalemme est. Un po' come avvenne tra indiani e pakistani.

Quella assurda partizione ideologica indo-pakistana fu un'altra conseguenza dell'imperialismo inglese in sfacelo. Che, guarda caso, avvenne nello stesso periodo in cui il Regno Unito rinunciò a gestire la Palestina, consegnando la patata bollente all'ONU. Ancora oggi tra India e Pakistan l'odio cova sotto la cenere, soprattutto quando sono in gioco i territori contesi del Kashmir.

Sia come sia due Stati per due popoli non faranno certo aumentare la democrazia nella regione della Palestina. Anche perché se continuiamo a pensare che lo scontro fondamentale sia tra due religioni, siamo completamente fuori strada. Israele fa anzitutto gli interessi dell'occidente contro i Paesi arabi che non si piegano all'egemonia del petrodollaro. E vuole anche gestire in proprio i fondali del Mediterraneo ricchi di risorse energetiche che si trovano di fronte a Gaza.

### [24] Che fatica trovare una tregua!

Un accordo di cessate il fuoco tra i gruppi di resistenza palestinesi e Israele è stato raggiunto grazie agli sforzi dell'Egitto e del Qatar. I dettagli dell'accordo sono molto più vicini alle condizioni di Hamas che a quelle di Israele, cioè una tregua di 4 giorni e un significativo aiuto umanitario.

Il Ministero della Giustizia israeliano ha pubblicato i dettagli sui prigionieri palestinesi (decine di donne e bambini) che saranno rilasciati. Hamas libererà 30 bambini, 8 madri e altre 12 donne tra gli ostaggi catturati dopo l'attacco del 7 ottobre.

Il mondo ha così scoperto che ci sono bambini palestinesi prigionieri in Israele. Si stima infatti che ogni anno tra i 500 e i 1.000 minori palestinesi vengano reclusi nel sistema di detenzione militare israeliano. La nuova ricerca di *Save the Children Injustice* rivela che quattro ragazzi su cinque sono stati picchiati dopo l'arresto, e quasi la metà di loro è stata ferita al momento dell'arresto; tra le ferite ci sono quelle da arma da fuoco e fratture ossee.

La Jihad islamica ha fatto sapere che i prigionieri israeliani militari non otterranno la libertà fino a quando tutti i prigionieri palestinesi civili non saranno liberati dalle carceri israeliane. Ha anche detto che se alcuni ostaggi (come per es. Hanna Katsir) rischiano di morire sotto i bombardamenti dell'aviazione israeliana o perché il governo tarda nelle trattative del loro rilascio, tutta la responsabilità ricade su Netanyahu.

**Siamo alla resa dei conti**

Dicono che la tomba della causa palestinese si trovi tra gli umilianti Accordi di Oslo del 1993 e il fatto che gli statisti dei Paesi arabi limitrofi han deciso di considerare quella palestinese una causa persa.

Probabilmente oggi siamo quasi arrivati al capolinea. Lo stesso occidente, convinto dal 1948 che Israele sia circondato da "bestie arabe", sta cominciando a pensare che anche l'occupazione di Gaza sia, in definitiva, la soluzione migliore. Verseremo lacrime di coccodrillo per un po', poi tutto passerà. Lo sterminio di un popolo semitico nativo, che vive lì da più di 11.000 anni, sarà per l'occidente un fatto increscioso ma inevitabile, come per es. lo è stato quello dei nativi americani in tutto il continente da noi scoperto con quel venale di Colombo.

Il fatto che l'esercito israeliano abbia già occupato l'edificio del Parlamento di Gaza e dichiarato l'eliminazione di Hamas nel nord dell'enclave, è sintomatico nella sua simbolicità. Anche se il Consiglio palestinese era stato istituito come organo legislativo della Cisgiordania e della Striscia di Gaza con gli Accordi di Oslo e non si riuniva più dal 2007 a causa della spaccatura tra Hamas e Fatah, restava comunque un luogo della possibile riscossa della causa palestinese. Oggi invece Gaza è politicamente morta.

Non solo, ma Netanyahu ha dichiarato che l'intero territorio, dopo la fine delle ostilità, verrà completamente smilitarizzato e Tel Aviv manterrà il controllo militare sulla Striscia per un periodo indefinito. Cioè non ci si fida neppure di Abu Mazen, né di qualunque altro suo successore alla guida dell'Autorità Palestinese, la quale è già stata accusata dal premier di educare i bambini a voler eliminare Israele, di sostenere il terrorismo e di non aver condannato l'azione di Hamas.

Netanyahu è un ipocrita all'ennesima potenza. Fino a qualche giorno fa aveva negato l'esistenza di piani per occupare Gaza. Che l'avesse detto per impedire ad Hamas di eliminare gli ostaggi? Oppure ha cambiato idea proprio per indurlo a farlo? In fondo è da quando ha iniziato la ritorsione che si inventa pretesti per sterminare la popolazione civile.

### E dopo? Quali prospettive?

La maggior parte dei palestinesi è riuscita a lasciare la pericolosa area settentrionale di Gaza, riversandosi a sud.

Dando per scontato che Hamas rinunci a recuperarla, che succederà da qui in avanti?

Se Israele si mette a bombardare la zona sud con la stessa intensità usata per fare terra bruciata nel nord, sarà facile arrivare a 100.000 morti, essendo diventata elevatissima la densità demografica e agghiacciante la crisi umanitaria.

D'altra parte a sud non sono certo state eliminate le formazioni militari di Hamas. Finita la breve tregua per lo scambio dei prigionieri, che intenzioni ha Netanyahu? Vuole ricominciare da capo? Ma se non lo farà, come riuscirà a controllare l'area sud dell'enclave?

Ricordiamo che l'insieme della mobilitazione israeliana è ormai maggiore che in Russia:

sono state richiamate oltre 400.000 persone su un totale di 9,3 milioni di cittadini, di cui più di 2 milioni sono esentati dal servizio militare. Ogni giorno la mobilitazione di un numero così elevato di persone infligge un duro colpo all'economia nazionale.

Israele non è in grado di sostenere guerre per molto tempo, di sicuro non senza l'appoggio totale e incondizionato dell'intero occidente. Non può controllare militarmente 2 milioni di persone in uno spazio ridotto della metà rispetto al precedente. Una nuova guerra sarà inevitabile.

L'esperienza dell'Intifada a Gaza nel 1987-1991 e nel 2000-2005 ci dice che prima o poi i palestinesi spingeranno gli israeliani fuori dalla Striscia, magari sfruttando un cambiamento nella situazione politica interna a Israele.

L'incapacità cronica degli statisti israeliani di negoziare in maniera seria e coerente è l'esempio più lampante della volontà colonialistica, razzistica e genocidaria dell'ideologia sionista.

Stanno mettendo in imbarazzo la stessa amministrazione americana, che vedeva di buon occhio la cessione di Gaza a quella mezza figura di Abu Mazen. Stai a vedere che saranno gli stessi Stati Uniti a ridimensionare le pretese colonialistiche di Israele, rifacendosi una verginità democratica in un'area come quella mediorientale, in cui da oltre 20 anni compiono massacri e devastazioni a non finire. Ma questa è solo fanta-politica.

## [25] Forse non abbiamo capito bene

Contro il sionismo scrive Rabkin Y. M. nel suo libro *Capire lo Stato di Israele. Ideologia, religione e società*, del 2018: "Dio non esiste e ci ha promesso questa terra". Questa è una tipica affermazione sionistica, influenzata dalla tradizione ebraica.

Tuttavia è un'affermazione priva di senso, e non tanto perché cerca di conciliare l'ateismo con la religione, quanto perché per molto tempo la tradizionale posizione dei rabbini nei confronti della "terra di Israele" è stata caratterizzata da una sostanziale indifferenza nei confronti di qualunque tipo di rivendicazione territoriale. Anzi l'idea di riunificare il popolo ebraico in Palestina è stata considerata empia e combattuta. Lo stesso termine "antisionista" è nato tra gli ebrei.

Secondo Rabkin il movimento sionista, pur facendo frequente ricorso a citazioni bibliche, avrebbe operato una separazione tra il giudaismo (inteso come identità spirituale e religiosa peculiare del popolo ebraico) ed ebraismo, usato come un concetto etnico-razziale.

Questa separazione è nata negli ambienti del millenarismo protestante, i cui intellettuali cristiani già nel 1621 preconizzavano il ritorno degli ebrei in Terrasanta come propedeutico al ritorno di Cristo sulla terra.

Oltre a ciò vi è stata la frustrazione degli intellettuali ebrei, tendenzialmente atei o agnostici, a causa delle politiche discriminatorie messe in atto soprattutto nei Paesi dell'Europa centro-orientale. Ciò li avrebbe portati ad accogliere il tema del nazionalismo ottocentesco e a considerarlo l'unica soluzione contro le persecuzioni.

Sviluppatosi in un contesto politico autocratico, lontano dal liberalismo che stava conquistando l'egemonia politica nei Paesi occidentali, il sionismo laico avrebbe aderito a un nazionalismo "sangue e suolo" con forti connotati autoritari e cinici.

Il sionismo non ha avuto dubbi ad appoggiare i regimi di destra, compreso il nazismo, o quelli di sinistra, compreso lo stalinismo, se questo poteva servire per fondare un proprio Stato. Infatti entrambe le ideologie totalitarie consideravano gli ebrei come un popolo straniero che non si sarebbe mai assimilato e per il quale non vi era posto in Europa.

Il sionismo quindi non c'entra niente con la tradizione ebraica. Lo dimostra anche il concetto di "esilio", che è centrale nell'ideologia sionista, mentre invece viene inteso nella fede ebraica come "uno stato di incompletezza spirituale, una perdita di contatto con la presenza divina, più che un allontanamento da un luogo fisico concreto". Addirittura la nascita dello Stato di Israele, che per i sionisti è considerata la redenzione dallo sterminio e dalle persecuzioni, per i rabbini invece è stata e sarà la causa del processo di distruzione del popolo ebraico per aver violato i precetti divini.

Alcuni rabbini, come Elhanan Wasserman, erano convinti che la Shoah "non fosse altro che un castigo per l'abbandono della Torah così a lungo incoraggiato e praticato dai sionisti."

Al dire di Rabkin è stata la guerra dei Sei Giorni del 1967 a convincere molti gruppi integralisti religiosi che bisognava schierarsi apertamente a sostegno di Israele e del processo di colonizzazione dei territori palestinesi occupati.

Anzi sono stati i "fautori del nazional-giudaismo" ad essere i primi a fondare colonie (*Settlements*) e ad essere i più fanatici e violenti contro i palestinesi. Furono loro a eliminare Rabin.

Purtroppo col tempo molte comunità ebraiche nel resto del mondo si sono schierate in modo incondizionato dalla parte di Israele. Cioè "per molti la fedeltà a Israele ha sostituito il giudaismo come principio cardine dell'identità ebraica, dimenticandosi che nella diaspora questa fedeltà si indirizza a uno Stato ideale, persino immaginario, più che allo Stato di Israele esistente."

Questa visione idealizzata non ammette critiche e non dà ascolto neanche alle voci degli israeliani dissidenti. Tuttavia da sondaggi effettuati sull'argomento risulta che negli USA solo il 40% degli ebrei ritiene che Israele incarni la promessa di Dio al popolo ebraico, contro l'82% degli evangelici bianchi. Cioè paradossalmente a credere nello Stato di Israele sono soprattutto i 50 milioni di "cristiani sionisti" negli USA, appartenenti a sette protestanti.

### Sto con Patrizia Cecconi...

... quando scrive su infopal.it che ciò che Israele sta commettendo in questi giorni è talmente grave da configurarsi come genocidio.

L'impunità di tutti questi anni ha portato la sua delittuosa arroganza fino a questo punto.

Israele, senza pagar pegno, può infatti dileggiare, ingiuriare e minacciare il Segretario generale dell'ONU, bombardare ambulanze, centri sanitari e ospedali, con o senza superflue giustificazioni, può fare a pezzi più di 15.000 civili tra cui 5.500 bambini (oggi sono 6.150), può vantarsi di aver distrutto in poche ore oltre 200 costruzioni civili e varie altre migliaia in un mese, può fare strage di giornalisti (testimoni scomodi), di medici e paramedici; può distruggere luoghi di culto cristiani e musulmani ed edifici simbolo della legalità internazionale come le sedi dell'ONU, può distruggere le scuole dell'ONU e assassinare una settantina di membri dell'ONU, e nonostante tutto questo può contare sul codazzo di *opinion maker*, suoi fedeli sostenitori, che definiranno come "risposta democratica forse un po' eccessiva" i suoi crimini di guerra e definiranno come "prova di democrazia" l'opposizione delle famiglie degli ostaggi all'approvazione di una legge sulla pena di morte per i prigionieri palestinesi, poiché "ora" metterebbe in pericolo la vita dei loro cari. Potranno però approvarla più tardi, a ostaggi riconsegnati. Una democrazia in cui le uniche vite che contano sono quelle israeliane.

La gravità di questa diffusione di barbarie spacciata per "diritto a difendersi", la cancellazione di ogni regola tanto giuridica che umanitaria, la normalizzazione del sopruso e del crimine sottratti alle norme della legalità internazionale non è solo una catastrofe per il popolo palestinese, ma ammorba e sfibra le regole di civiltà che la comunità internazionale si è data, fino a renderle l'ombra di se stesse.

Tutto questo è come il batterio della peste. Si diffonderà come si diffuse la peste "manzoniana" che arrivò nel Granducato di Toscana, nel Ducato di Modena, nello Stato Pontificio ecc., fino ad apparire qualche anno dopo anche nel Regno di Napoli. La peste venne debellata solo quando si scoprì il farmaco giusto.

Nel caso di Israele il farmaco non è certo cercare di sottrarsi all'accusa di antisemitismo, mantello utile a coprire tutti i suoi numerosi abusi, gettando discredito su chiunque osi avanzare una critica. La sua impunità rende una caricatura tutto ciò che oggi chiamiamo "democrazia", se Israele viene definito democrazia.

Non si può ignorare che Israele assedia, sebbene in forma diversa, non solo Gaza ma anche tutta la Palestina occupata dal 1967; che si è impossessato, come "bottino di guerra", nel 1949, del 78% della Palestina storica invece di accontentarsi di quel 56% previsto dalla risoluzione ONU n. 181, lasciando meno del 22% ai palestinesi contro quel 43,7% previsto dalla stessa Risoluzione ONU per un loro ipotetico Stato di Palestina. Proposta che, comprensibilmente, allora il mondo arabo rifiutò, e che involontariamente "tolse le castagne dal fuoco" a Ben Gurion, il cui progetto di annessione totale continua ad avanzare dal 14 maggio del 1948 (data della Nakba palestinese), grazie anche alla confisca illegale di terre palestinesi da parte dei coloni ebrei che, dopo gli accordi di Oslo, non ha fatto altro che crescere a dismisura.

Non solo, ma l'appetito sionista teso a fagocitare l'intera Palestina, è stato ulteriormente stimolato alla fine degli anni '90, dalla scoperta dei giacimenti di gas naturale al largo del mare di Gaza, e che gli accordi tra Yaser Arafat e la britannica BG per il loro sfruttamento sono stati ostacolati da Israele, il quale, passo dopo passo, ha reso la Striscia di Gaza una vera prigione, con l'impedimento di qualunque forma di commercializzazione autonoma e con l'intento, facilmente ipotizzabile, di appropriarsi anche dei giacimenti "Gaza marine".

Solo una profonda non conoscenza di ciò che ha subìto tutto il popolo palestinese dal 1948 ad oggi – o una totale malafede – può portare alla ripetizione tanto efficace quanto mendace del "diritto di Israele a difendersi", formula protettiva di qualunque crimine lo Stato ebraico commetta, vera peste che prolifera col sostegno dei suoi complici politici e mediatici, spargendo lutti e cancellando ogni speranza di giustizia e, conseguentemente, di dignitosa pace.

## Un sondaggio che fa riflettere

Secondo un sondaggio condotto dall'Istituto Cattaneo, quasi uno studente universitario su due ritiene "vero" che "il governo israeliano si stia comportando coi palestinesi come i nazisti si comportarono con gli ebrei".

La ricerca si è svolta tra il 29 settembre e il 31 ottobre in tre università (Milano-Bicocca, Padova e Bologna), raccogliendo i pareri di 2.579 studenti.

Nel questionario c'erano anche 13 domande sull'antisemitismo, suddivise nella maniera seguente: 1) un primo gruppo faceva riferimento al modello "classico" che "vede gli ebrei a capo di una cospirazione mondiale attuata grazie al controllo della finanza"; 2) un secondo gruppo includeva l'accusa di "doppia lealtà" (gli ebrei "rappresentano un corpo estraneo nelle società in cui vivono", in quanto dovendo scegliere tra gli interessi nazionali e quelli di se stessi, scelgono anzitutto questi ultimi); 3) un terzo gruppo ridimensionava la portata della shoah e accusava gli ebrei di "usare quell'esperienza per scopi giustificazionisti".

Ebbene, per il 14% degli intervistati gli ebrei controllano i mezzi di comunicazione in molti Paesi; per il 30% "sono più leali verso lo Stato di Israele che verso il Paese in cui vivono" (per il 33% gli ebrei preferiscono frequentare "i membri del loro gruppo escludendo gli altri"); infine per il 46,3% gli ebrei usano la shoah per giustificare i loro crimini, ritenuti simili a quelli dei nazisti contro gli ebrei.

## [26] Due grossi problemi

Se non riuscirà ad evacuare l'intera Striscia di Gaza, come farà il governo di Tel Aviv a controllare l'area meridionale? Se anche eliminasse 200.000 civili, gliene resterebbero altri due milioni. Israele non ha risorse umane così ingenti per un'operazione così imponente. Ogni giorno la mobilitazione di un numero vasto di persone infligge un duro colpo alla propria economia. Dunque sarà già molto se riuscirà a tenersi l'area settentrionale.

Tuttavia per dimostrare che è davvero intenzionata a tenersela (senza di quella è impossibile sfruttare i giacimenti gasiferi trovati al largo delle coste di Gaza), dovrà bombardare anche l'area sud, e solo dopo scendere a trattative. Quindi, finito lo scambio dei prigionieri, aspettiamoci il peggio.

L'Egitto infatti non è disposto ad accogliere due milioni di profughi. Vive già per conto suo una situazione economica molto traballante.

Peraltro la soluzione al conflitto che le maggiori potenze mondiali stanno pensando non contempla affatto la fine militare di Hamas, ma semplicemente che Gaza passi sotto il controllo dell'Autorità Palestinese, creando uno Stato autonomo, pur senza la continuità territoriale con la Cisgiordania, impedita militarmente da Israele.

Questa è anche la posizione del Segretario generale dell'ONU, che ha promesso il sostegno della comunità internazionale.

Il problema però è che nessun Paese al mondo, se non quelli occidentali, sta pensando che per costruire lo Stato palestinese si debba riconoscere a Israele la conquista dell'area nord di Gaza.

L'altro grosso problema è che in questo momento la Cisgiordania e Gerusalemme est sono occupate da 700.000 coloni.

Quale trattativa pacifica è in grado di risolvere questi due problemi? Quale conferenza internazionale? Ci lamentiamo che di tanto in tanto i palestinesi usano metodi terroristici, ma fino adesso l'unico modo che hanno avuto per difendersi da Israele è stato quello demografico. Per il resto un raggiro dietro l'altro, che li ha portati alla disperazione. Si sono stufati persino di chi li sostiene. Infatti non hanno tutti i torti a considerarci ipocriti quando condividiamo la loro resistenza passiva, salvo poi considerarli terroristi se si difendono con le armi.

## Un'altra guerra per procura

Ecco la differenza tra chi pensa che, avendo vissuto la shoah, tutto gli sia lecito, come se si sentisse autorizzato a vendicarsi, e chi invece, essendo egemone dalla fine della seconda guerra mondiale e quindi odiato dai 3/4 dell'umanità, pensa di dover salvare almeno le apparenze della legalità. Qui sta anche la differenza tra due forme di laicizzazione: quella cristiano-borghese e quella ebraico-sionista.

Ci riferiamo al fatto che la Casa Bianca e il Dipartimento di Stato "consigliano" a Tel Aviv di agire con moderazione. Sì, possono bombardare ospedali, scuole, operatori sanitari, giornalisti, migliaia di donne, migliaia di bambini, ma devono essere "gentili".

Gli obiettivi finali degli USA li conosciamo: spazzare via l'intero "asse della resistenza" di matrice islamica in Medio Oriente (Palestina, Yemen, Iran, Iraq, Siria e Libano), inclusi i tre principali attori dell'integrazione eurasiatica: Iran, Russia e Cina (nuovo "asse del male").

Questi ultimi hanno interpretato a tutti gli effetti il genocidio di Gaza come un'operazione israelo-americana. E hanno chiaramente identificato il vettore chiave: l'energia dell'intero Medio Oriente, fino a quella dei fondali del Mediterraneo, che dagli anni '90 Gaza vorrebbe sfruttare ma Israele glielo impedisce.

Insomma stiamo assistendo a qualcosa di molto simile alle crociate, il cui obiettivo è quello di controllare il flusso mondiale di energia. Chi controlla l'energia controlla l'industria e può facilmente ridurre a "colonia economica" qualunque concorrente (come han dimostrato gli USA nei confronti della UE facendo saltare il Nordstream).

Questa è un'altra guerra per procura che gli USA stanno conducendo con un nuovo strumento del terrore, Israele, il cui governo fascista non è molto diverso, nella cinica brutalità, da quello di Kiev.

Nei confronti dell'operazione speciale di Putin l'occidente collettivo si sentiva tranquillamente dalla parte dell'Ucraina, poiché il proprio *mainstream* aveva rimosso completamente il golpe del 2014 e gli 8 anni di guerra civile contro i russofoni del Donbass.

Ora invece qualche perplessità esiste. Lo sanno tutti che la prepotenza di Israele risale al 1948, e soprattutto alla guerra dei Sei giorni. Tuttavia i governi occidentali devono recitare un ruolo filo-israeliano contro le proteste delle proprie popolazioni.

In Ucraina l'occidente ha perso la partita non perché le popolazioni occidentali hanno avuto la meglio contro i loro governi, ma perché si è sottovalutata completamente la forza della Russia.

In Palestina invece chi vincerà? Quale potenza straniera assumerà le difese di Hamas? Finora abbiamo sentito solo chiacchiere e distintivo. Tutti hanno paura della reazione americana. La Turchia non è neppure riuscita a interrompere la fornitura di petrolio a Israele proveniente dall'oleodotto Baku-Tbilisi-Ceyhan, che per almeno il 40% alimenta la macchina militare dei sionisti.

## [27] Davvero tre religioni diverse?

In fondo che cos'è il moderno ebraismo, quando si esprime nella forma politica del sionismo? In un certo senso è la stessa cosa del moderno islamismo di quei poteri statali che si sono enormemente arricchiti grazie alla vendita delle loro risorse energetiche. È la stessa cosa di quel cristianesimo borghese che ha fatto del denaro la misura del valore di qualunque cosa, avendo mercificato tutto, anche i sentimenti.

Queste sono tre confessioni che del loro idealismo originario non han conservato niente e che s'illudono di combattere per motivi "religiosi". Sono tre "Chiese" sommamente corrotte, che han venduto l'anima al capitale. Per trovare persone oneste e sincere, in questi monoteismi, bisogna andarle a cercare tra gli ultimi, tra chi s'accontenta dell'essenziale per sopravvivere.

Tuttavia di queste tre religioni una, il cristianesimo, prevale sulle altre, poiché, con la sua capacità mistificatrice, è riuscita a creare qualcosa che nel Medioevo non esisteva: il *capitalismo*, nelle sue varie forme: commerciale, manifatturiero e industriale. Un capitalismo che oggi è diventato soprattutto finanziario.

Le altre due religioni si sono adeguate: si sono "imborghesite", conservando, solo in apparenza, i caratteri specifici della propria diversità. Come in Giappone il capitalismo ha conservato tracce dello shintoismo, e in Cina il socialismo mercantile tracce del confucianesimo.

Con una differenza però: l'islam non è altro che un ebraismo semplificato e quindi universalizzato. Nel mondo delle religioni l'ebraismo non ha alcuna possibilità di successo. I grandi personaggi della storia, di origine ebraica (Marx, Freud, Einstein ecc.), erano tutti atei.

Se per questo, neppure l'islam ha futuro, a meno che il Sud globale non sia costretto a subire, da parte del globalismo neoliberista, contraddizioni sempre più vaste e profonde. Quella è una religione usata in funzione anticolonialistica, ma se guardiamo i suoi contenuti teologici, è nettamente inferiore alla complessità del cristianesimo, per non parlare della sua inferiorità abissale rispetto all'umanesimo laico.

Che cos'è dunque la guerra tra Israele e Palestina? È forse la guerra di due religioni opposte? No, è la guerra di due forme di capitalismo, create dalla laicizzazione del cristianesimo occidentale (europeo e nordamericano). Il sionismo rappresenta il capitalismo industriale e finanziario; l'islamismo palestinese rappresenta una sorta di proto-capitalismo agrario e artigianale, privo di industrie significative, quasi impossibilitato a commerciare per colpa del controllo asfissiante dei sionisti, foraggiato finanziariamente da Paesi terzi e da organizzazioni internazionali, nonché dalle rimesse dei transfrontalieri e di quanti vivono all'estero. La disoccupazione a Gaza arriva al 40%.

Sopra questi due contendenti sta l'ipocrisia del cristianesimo borghese, sempre più laicizzato, col suo immenso potere industriale e finanziario, che parteggia per Israele, perché più gli somiglia nella gestione dell'economia, e perché gli serve nella gestione delle riserve energetiche del Medio Oriente.

Ma perché i grandi Paesi islamici, ricchi di petrolio, non scendono direttamente in campo contro Israele? Perché si sentono deboli, hanno paura, stanno uscendo solo adesso dai grandi condizionamenti feudali che hanno impedito loro di diventare dei Paesi capitalisti avanzati.

Al suo nascere Israele non ha avuto bisogno di combattere contro una resistenza vetero-feudale (come non hanno avuto bisogno di farlo i puritani protestanti sbarcati nell'America del Nord). Certamente Israele è ancora alle prese, sul piano culturale e ideologico, con un'ortodossia religiosa piuttosto reazionaria. Ma si tratta pur sempre di una minoranza che non è in grado di ostacolare lo sviluppo di un capitalismo avanzato.

Questo per dire che la popolazione palestinese è destinata a difendersi da sola e, nel suo confronto con la potenza israelitica, è destinata a soccombere, a meno che in suo soccorso non vengano Paesi industrialmente avanzati, come per es. la Russia (agganciata con la Siria) o la Turchia, potente Paese della Nato, nuclearizzato e con un grande esercito per le sue velleità neo-ottomane, o la Cina, che vuole costruire anche in Medio Oriente la sua gigantesca Via della Seta.

## Un equivoco di fondo

Forse c'è un equivoco di fondo. In occidente quando si parla di Hamas e di Hezbollah che non riconoscono lo Stato di Israele, si pensa che vogliano ammazzare tutta la popolazione di questo Stato o che la vogliano cacciare dalla penisola della Palestina.

In realtà si vuol soltanto ribadire un concetto molto semplice: non ci può essere pace senza giustizia e non ci può essere giustizia se non si elimina il colonialismo.

Quello che non si sopporta d'Israele è l'arroganza con cui fino adesso ha voluto imporsi, il razzismo come ideologia dominante, la pretesa d'insegnare ai palestinesi come devono vivere.

La Palestina dovrebbe essere un unico Stato laico e democratico, pluralista, aperto a tutte le religioni, rispettoso dell'autonomia locale, etnico-tribale. Dovrebbe essere un modello di convivenza delle diversità culturali.

Impedire che i profughi del 1948 o del 1967 rientrino in patria, requisire o distruggere beni immobili ai palestinesi, uccidere o imprigionare chiunque si opponga al colonialismo, imporre una determinata ideologia a sfondo religioso, far pesare la necessità di conoscere perfettamente una determinata lingua... son tutte cose che nessun ebreo al mondo dovrebbe accettare. Di più: son tutte cose che nessun cittadino al mondo dovrebbe sentirsi indotto ad accettare solo perché gli ebrei han subìto la Shoah. È assurdo essere accusati di antisemitismo quando non si condividono questi atteggiamenti totalitari.

Dov'è tutta questa intelligenza che gli ebrei rivendicano nei confronti dei palestinesi? Che fine ha fatto la loro cultura ultra millenaria? Quando inizieranno a capire che il loro precetto fondamentale (ereditato poi dal cristianesimo e dall'islamismo): "ama il prossimo tuo come te stesso", è un principio universale che non può fare distinzioni di persone? E se proprio si fa fatica ad amare chi è diverso da noi, l'ebraismo prevede un altro precetto, non meno importante per la fondazione della democrazia: "non fare agli altri quello che non vuoi venga fatto a te".

Sono questi gli argomenti di cui bisognerebbe parlare in una conferenza internazionale.

La trilogia monoteistica ebraica, cristiana e musulmana è un'eredità semitica che nessuno dovrebbe mettere in discussione. Il grado di coesistenza pacifica di queste tre confessioni sarà un indice della maturità di ciò che ha ereditato il meglio da ognuna di loro: l'*umanesimo laico*.

## Le bugie hanno le gambe corte

A quanto pare le forze di difesa israeliane (IDF) han fatto irruzione nel complesso ospedaliero al-Shifa di Gaza, insistendo che Hamas stesse utilizzando la struttura sanitaria come "quartier generale del terrore", nonostante avessero scoperto l'effettivo quartier generale del gruppo militante pochi giorni prima, a 8,5 km di distanza dall'ospedale. L'han detto "Consortium News" e "Jerusalem Post".

Il quartier generale era accessibile tramite un pozzo di ascensore insolitamente profondo (30 metri) che si apriva in una caverna sotterranea dotata di ossigeno, aria condizionata e tecnologia di comunicazione avanzata, che portava segni di recente utilizzo da parte del gruppo.

Per falsificare la propria operazione nell'ospedale, l'IDF ha indicato una stanza sotterranea in stile dormitorio e una manciata di pistole e granate, ma i giornalisti che hanno visitato i ritrovamenti hanno sottolineato che le armi avrebbero potuto essere portate da chiunque.

L'IDF, sostenuta da Washington, ha inoltre parlato di un vasto centro operativo comprendente cinque edifici separati e tunnel che li collegavano a varie altre risorse. Ma "Associated Press" e "The Guardian" han messo in discussione le affermazioni che sono servite da base per il raid nell'ospedale, un sito protetto dal diritto umanitario internazionale.

Alcuni analisti si chiedono se l'IDF ha davvero travisato i serbatoi d'acqua e i pozzi degli ascensori all'interno di al-Shifa come "tunnel di Hamas" o se l'abbia fatto apposta, ma la risposta è scontata.

Lo dimostra anche un video che pretendeva di mostrare un'infermiera palestinese che si lamentava che Hamas stava "prendendo il controllo" di al-Shifa. Il video in realtà era falso, in quanto l'"infermiera" è stata identificata come un'attrice israeliana.

Da notare che Hamas e i medici impiegati nell'ospedale avevano sempre negato che l'ospedale fosse utilizzato per scopi militari.

Insomma l'IDF ha distrutto un ospedale per niente, ha ucciso pur potendone fare a meno, ha mentito nella maniera più vergognosa possibile.

## [28] Si può dar torto all'Egitto?

Il governo egiziano controlla il varco di Rafah, cioè l'unico passaggio di confine con la Striscia di Gaza che non porta in territorio israeliano, e che consentirebbe agli aiuti umanitari di entrare nella Striscia e ai profughi che scappano dai bombardamenti di uscire. Il varco è molto militarizzato poiché la città di Rafah dal 1982 è stata divisa in due tra Gaza ed Egitto, e attorno alla città il governo egiziano ha fatto costruire nel 2015 un fossato profondo 10 metri e largo 20.

In questo momento non riescono a varcare il passaggio neppure quelli che hanno il doppio passaporto (per es. solo di americani ve ne saranno circa 600).

Quale Paese sarebbe in grado di accogliere, tutti insieme e nello stesso momento, due milioni di profughi, siano essi palestinesi o di qualunque altra etnia o nazionalità? Se l'Egitto fosse costretto a farlo, non è da escludere che dichiarerebbe guerra a Israele, trovando tutto il Maghreb dalla sua parte, anzi l'intera Africa musulmana, che farebbe vedere ai Paesi ricchi del Golfo cosa vuol dire "solidarietà internazionale".

E poi il presidente egiziano Abdel Fattah al Sisi non vede di buon occhio Hamas, che è una costola dei Fratelli Musulmani, posti fuori legge nel 2013, dopo aver deposto con un golpe il presidente Mohamed Morsi.

Se l'occidente pretende che lui apra il varco per dare rifugio ai profughi, sarebbe ancora più giusto che si organizzasse per i profughi un viaggio di sola andata verso l'Unione Europea e il Regno Unito, visto che noi europei siamo così impegnati a sostenere i sionisti, e visto che non abbiamo un'inflazione al 38% su base annua come gli egiziani.

L'Egitto è uno Stato che spesso non è in grado di pagare gli stipendi pubblici. Di recente il FMI si è rifiutato di concedere al Paese alcuni prestiti già accordati, perché è convinto che non sarebbe in grado di ripagarli. E al momento non ha molta voglia di rinunciare agli accordi di Camp David del 1978, con cui ha stabilito una pace con Israele.

Mettere i profughi nel Sinai solo a una persona fuori di senno potrebbe venire in mente. Quella penisola è una grande area semidesertica e scarsamente popolata, priva di infrastrutture, dove peraltro negli anni scorsi c'era una forte presenza di gruppi jihadisti affiliati all'ISIS e dove tuttora operano milizie armate.

Peraltro, anche se il varco fosse aperto e ai palestinesi fosse concesso di fuggire, siamo sicuri che tutti lascerebbero la Striscia di Gaza? Siamo sicuri che accetterebbero una nuova *nakba* (catastrofe)? Ai profughi del 1948, rifugiatisi in Giordania e Libano, è vietato rientrare in patria. Attualmente si stima che circa 5 milioni di palestinesi vivano in campi profughi in vari Paesi del Medio Oriente.

## Basta col nucleare in Israele

Alla luce del voto schiacciante di 152 Stati al Primo Comitato delle Nazioni Unite a favore della supervisione degli impianti nucleari del regime israeliano da parte dell'AIEA, la società civile palestinese chiede una pressione globale sull'ONU per costringere Israele a dichiarare e smantellare tutte le sue armi di distruzione di massa. Se rifiuta, dovrebbe essere soggetto a sanzioni mirate, legittime e proporzionate per costringerlo a farlo.

Fino adesso ha evitato la supervisione grazie al sostegno europeo e statunitense.

Israele è l'unico Stato del Medio Oriente – e uno dei pochi tra i 193 Stati membri delle Nazioni Unite – che non ha firmato il Trattato di non proliferazione delle armi nucleari (TNP).

Da notare che le Nazioni Unite hanno imposto severe sanzioni alla Corea del Nord dal 2006 per aver testato armi nucleari e non aver aderito al TNP. Non solo, ma gli Stati Uniti e la UE hanno imposto un brutale regime di sanzioni all'Iran, che pur ha firmato il TNP e non ha un programma militare di produzione di armi nucleari.

Documenti d'archivio israeliani, scoperti di recente, hanno rivelato che nel 1948 le milizie sioniste e successivamente le truppe israeliane avvelenarono i pozzi palestinesi indigeni come parte della campagna premeditata di pulizia etnica nel Naqab e nell'Acri e per fermare l'avanzata dell'esercito egiziano. Quando l'Egitto si è lamentato dell'uso di armi di distruzione di massa vietate, i funzionari israeliani hanno accusato l'Egitto di antisemitismo.

Sempre a proposito di questi veleni chimici. Il 4 ottobre 1992 il volo El Al 1862 (un aereo cargo Boeing 747 dell'allora compagnia aerea statale israeliana El Al), si schiantò contro gli appartamenti di Groeneveen e Klein-Kruitberg nel quartiere Bijlmermeer di Amsterdam. Ebbene, le autorità israeliane si rifiutarono di fornire il manifesto completo delle sostanze chimiche potenzialmente letali di livello militare a bordo. Eppure proprio quel carico procurò varie malattie tra i residenti sopravvissuti del quartiere. Ancora oggi la vicenda non si è chiarita.

### Ammirare e imitare

Sembra che l'Europa viva di stereotipi, di luoghi comuni. Nella guerra in Ucraina i cattivi sono i russi. Nella guerra d'Israele i cattivi sono i palestinesi. Domani daremo la colpa ai cinesi contro Taiwan.

Ci stiamo americanizzando. Stiamo perdendo le sfumature del grigio. Stiamo diventando ottusi come loro, che nella loro arroganza egemonica guardano solo in bianco e nero: o con noi o contro di noi.

E in questa americanizzazione stiamo perdendo le ultime briciole di autonomia rimaste. Stiamo diventando una colonia a tutti gli effetti, schiacciati dal peso di una potenza militare che ci sovrasta senza tante discussioni.

La nascita dell'Unione Europea, dopo due devastanti guerre mondiali in cui ci siamo ammazzati a vicenda (per non parlare dei secoli precedenti), ci aveva fatto credere, per un momento, che finalmente la pace avrebbe caratterizzato il nostro continente.

Invece ci siamo trovati continuamente in guerra, a fianco di chi pretende di dominare l'intero pianeta. Con la differenza che questa volta l'abbiamo fatto proprio in quanto "europei", non come singoli Stati.

Ci è parso del tutto normale distruggere la Jugoslavia, l'Iraq, la Libia, l'Afghanistan, la Siria... Non ci imbarazza minimamente stare dalla parte dei fascisti di Kiev e di Tel Aviv.

Abbiamo degli statisti così negativi (salvo qualche eccezione naturalmente) che non abbiamo più neanche gli aggettivi per qualificarli. Quando vengono sostituiti, al potere ci va qualcuno che rappresenta l'estrema destra.

Che ci succede? Che ci facciamo in un'Europa così? Così egocentrica, così arrogante, così ipocrita..., peraltro mai messa in discussione dal *mainstream* mediatico, così venduto e corrotto che per avere notizie un minimo obiettive, bisogna andarle a cercare in alcuni canali di You-Tube o di Telegram.

In un'Europa così distopica, dove la capacità di riflessione si sta riducendo a zero, dobbiamo guardare con ammirazione la capacità resiliente, anzi oppositiva di popolazioni come i russofoni del Donbass o i palestinesi. Sono modelli di autodeterminazione dei popoli, di rivendicazione alla diversità etnica, linguistica, culturale... La tenacia con cui resistono alle discriminazioni, alle persecuzioni, ai tentativi genocidari messi in atto da più parti, è indubbiamente fonte di ispirazione. Al momento li stiamo ammirando, ma non è da escludere che tra un po' ci venga chiesto di imitarli.

Un mese prima di essere assassinato il giudice Borsellino disse che la procura di Palermo gli sembrava "un nido di vipere". Perché le basi NATO, per l'indipendenza del nostro Paese, che cosa sono?

*

A sinistra si sente spesso dire che l'Italia, anzi l'Europa deve uscire dalla NATO. In realtà sono gli Stati Uniti che devono uscire dalla NATO, poiché questa alleanza va considerata "europea" non "euroamericana".

Non solo, ma gli USA devono chiudere tutte le loro basi militari in Europa, poiché gli europei non hanno alcuna base negli USA e neppure nelle loro vicinanze.

Qualunque base militare in Italia e nella UE va nazionalizzata, cioè deve uscire dal regime di extraterritorialità.

## Una inutile laicità

È strano che un'Europa così profondamente laica, in cui le chiese protestanti tacciono su qualunque catastrofe umanitaria, e in cui la voce del papa è quella di uno che grida nel deserto, in quanto nessuno si sente in dovere di ascoltarlo; è strano che, nonostante il valore etico, filosofico e politico della laicità sia stato conseguito dopo tanti secoli e dopo tanto spargimento di sangue, l'Europa degli statisti (salvo qualche eccezione) e di una certa fetta di popolazione difenda uno "Stato-nazione" della religione ebraica.

Ci rincresce la brutalità dei metodi terroristici che i sionisti usano per difendersi, ma nel complesso riteniamo gli islamici, a causa del loro numero e dei loro flussi migratori in Europa, molto più pericolosi per la nostra sicurezza e soprattutto per i nostri valori.

Proprio in nome dei nostri valori laici, dovremmo tenere una posizione più equilibrata, più distaccata, evitando di schierarci apertamente per uno Stato confessionale. Anzi dovremmo considerare vergognoso l'atteggiamento di chi ci considera antisemiti solo perché ci permettiamo di dire che i metodi usati da Israele per difendersi sono disumani.

Una posizione laica è razionale, è basata sul buon senso, sulla tolleranza, sul rispetto della diversità: tutte cose che Israele, sin dalla sua nascita, non ha mai avuto.

Noi non siamo tenuti a nutrire sensi di colpa nei confronti di una popolazione che, per poter esistere, adotta gli stessi metodi genocidari che abbiamo usato noi nei suoi confronti nei secoli passati. Noi europei abbiamo sbagliato e ci siamo pentiti dei nostri errori, ma questo non dovrebbe impedirci dall'essere obiettivi.

Proprio in nome della laicità e naturalmente della democrazia, di cui ci vantiamo d'essere i campioni, noi europei dovremmo dire che l'atteggiamento dei sionisti è barbarico, è disumano, è contro ogni regola internazionale: di sicuro non risolverà la questione palestinese, anzi la peggiorerà ancora di più, poiché l'odio che scatena non avrà mai fine.

Israele non vuole giustizia né pace, ma una guerra a sfondo colonialistico. Ora sta costringendo i palestinesi a scavarsi in fretta le tante fosse comuni dei tanti civili ammazzati, ma, così facendo, non lascia molte alternative ai propri nemici, anche se la codardia dei Paesi islamici, recentemente riunitisi a Ryad, è stata piuttosto imbarazzante.

*

Edmilson Rodrigues, sindaco di Belém (capitale dello Stato del Pará nell'Amazzonia, rinomata per riunire tutti, indigeni e non, nella lotta per la giustizia), ha dichiarato la sua città "Spazio libero dall'apartheid israeliana", denunciando "l'espulsione di un popolo dal proprio territorio ancestrale, un vero apartheid".

La decisione fa seguito a quelle del sindaco di Barcellona (Catalogna) di sospendere i legami istituzionali con il regime israeliano di apartheid e di porre fine al gemellaggio con Tel Aviv. Anche il Consiglio comunale di Liegi (Belgio) ha deciso di tagliare i legami con l'apartheid, mentre il Consiglio comunale di Oslo (Norvegia) ha deciso di escludere dagli appalti pubblici le società che contribuiscono, direttamente o indirettamente, al progetto d'insediamento coloniale d'Israele.

## [29] Che cos'è l'epistemicidio?

Tra gli analisti filo-palestinesi ho trovato una parola strana, mai vista prima: "epistemicidio". E naturalmente la relativa spiegazione: di-

151

struzione programmata della base di conoscenze e di saggezza di un determinato gruppo etnico.

Una cosa orribile, che rientra ovviamente nel concetto di genocidio. Se si elimina una popolazione è facile che lo si voglia fare anche della sua cultura.

In questo atteggiamento gli europei razzisti e colonialisti sono maestri insuperati: potremmo dire sin dal tempo degli antichi romani. Fare degli esempi sarebbe banale: basta guardare cosa abbiamo fatto in Africa o in America Latina.

Forse si potrebbe dire che i nostri genocidi sono diventati tanto più devastanti quanto più si sono perfezionati i mezzi di distruzione di massa. Ma lasciamo agli storici l'onere di fare paragoni relativi a questi ultimi 2000 anni.

Di sicuro quando una popolazione reagisce alla nostra violenza, la sterminiamo. Se invece si sottomette, la derubiamo di tutto, anche della sua cultura, se ci può servire.

Contemporaneamente al furto della proprietà altrui, materiale e intellettuale, siamo maestri nell'usare i mass media, con cui giustifichiamo, in nome del progresso, la loro assimilazione alla nostra visione del mondo e al nostro stile di vita.

Detto questo, chiediamoci: gli israeliani si comportano in maniera molto diversa nei confronti dei palestinesi, rispetto a come le popolazioni di origine europea si sono comportate nei confronti di altre popolazioni incontrate nel periodo del colonialismo?

Se la risposta può apparire scontata, poniamoci quest'altra domanda: perché oggi i sionisti si sentono liberi di comportarsi come razzisti e colonialisti nei confronti dei palestinesi? Cioè perché sono convinti di non poter essere giudicati dall'occidente?

Evidentemente perché sanno che le popolazioni di origine europea, nonostante la loro cultura appaia caratterizzata da valori umani, continuano a comportarsi come razzisti e colonialisti. Di diverso ci sono soltanto i mezzi e i modi. Siamo diventati più subdoli e ricorriamo all'uso della forza bruta solo in caso di necessità.

I sionisti sono persone intelligenti, dotate di una certa cultura: queste cose le sanno molto bene. Non hanno bisogno di utilizzare i mass media per convincere che loro sono una razza superiore, che ha ogni diritto di occupare l'intera Palestina per far diventare Israele una grande nazione. Nel loro bagaglio propagandistico è sufficiente un argomento: gli ebrei hanno avuto 6 milioni di morti durante l'ultima guerra mondiale e in Europa sono sempre stati perseguitati. Chi impedisce loro di comportarsi come gli europei è un antisemita. E il discorso è chiuso.

I palestinesi che non accettano la superiorità tecnico-scientifica degli israeliani sono destinati a soccombere e quindi a lasciarsi integrare completamente come cittadini di seconda categoria, oppure se ne devono andare.

Gli europei prenderanno atto di questi comportamenti suprematisti, evitando di giudicarli, proprio perché sanno che, al posto dei sionisti, avrebbero fatto la stessa cosa. Lo dimostra il fatto stesso che in questi giorni, per risolvere il conflitto, abbiamo deciso d'imporre alla Striscia di Gaza l'Autorità palestinese di Abu Mazen. Ancora una volta non ci interessa il parere dei cittadini di Gaza.

## Chi è Hamas?

I leader di Hamas non sono dei trogloditi, non sono dei mostri senza scrupoli, come appaiono nei media occidentali. Da anni hanno una presenza molto visibile in Qatar, Turchia e Libano, Paesi in cui mantengono degli uffici, dei portavoce ufficiali e dove organizzano conferenze e cene di gala.

Certo, sono considerati terroristi dagli USA e dalla UE, ma se per questo anche la Russia di Putin è stata accusata di terrorismo, di crimini contro l'umanità e di altre scemenze del genere. L'opinione degli statisti occidentali ormai conta solo in occidente, un'area geografica che nella UE ha solo il 5,7% della popolazione mondiale (negli USA addirittura il 40% della popolazione non è neppure di origine europea).

In realtà la natura di Hamas è decisamente ibrida. Se l'attacco contro Israele del 7 ottobre può apparire, in taluni suoi aspetti, di tipo terroristico, è anche vero però che ha un'ala politica che funziona come un partito, anzi come un'amministrazione statuale che gestisce ospedali, scuole, poste, sovrintendendo al lavoro di migliaia di dipendenti pubblici. Dispone anche di una specie di corpo diplomatico che cura i rapporti con gli alleati internazionali.

Formalmente Hamas è nato nel 1987, ma esisteva già da diversi anni come sezione palestinese dei Fratelli Musulmani, un movimento nato in Egitto negli anni '20.

In Palestina i Fratelli Musulmani furono molto attivi fin dal dopoguerra. Negli anni '70 fondarono un'associazione, chiamata Mujama al Islamiya, che in pochi anni aprì scuole, centri culturali per giovani, ospedali, e prese il controllo dell'Università Islamica di Gaza.

Le cose cambiarono negli anni '80, quando, a distanza di 20 anni dall'occupazione israeliana della Cisgiordania e della Striscia di Gaza, diversi movimenti palestinesi organizzarono la prima Intifada, cioè la prima rivolta di massa. Hamas riteneva prioritario impegnarsi per la creazione di uno Stato palestinese indipendente.

A quei tempi il movimento politico più diffuso fra i palestinesi era Fatah, fondato nel 1959 da Yasser Arafat, laico e moderato. Fatah aveva una posizione di forza nell'Organizzazione per la Liberazione della Palestina (OLP), che curava i rapporti con la comunità internazionale per conto del popolo palestinese.

Già allora però alcuni attivisti consideravano Fatah troppo moderata e vicina all'Occidente, oltre che per nulla interessata alla promozione di una società basata sui valori tradizionali islamici. Hamas invece fin dalla sua fondazione ebbe un carattere fortemente nazionalista e religioso, due aspetti intrinsecamente legati fra loro, come si evince dallo Statuto fondativo del movimento, pubblicato nel 1988. Cioè per Hamas uno Stato palestinese ha senso soltanto se fondato sulla dottrina dell'Islam.

Lo Statuto fondativo non riteneva possibile una convivenza fra musulmani ed ebrei se questi ultimi gestivano un proprio Stato in Palestina.

Ora, al punto in cui siamo oggi, in cui la forza militare d'Israele ha avuto il suo peso, chiunque è in grado di capire che una possibile convivenza pacifica tra queste due popolazioni, basata sulla democrazia e il pluralismo, sul rispetto della libertà di coscienza, dei diritti umani in generale e delle autonomie locali, è possibile soltanto se si istituisce un unico Stato laico, non confessionale, con un parlamento rappresentativo in maniera paritaria di tutte le popolazioni presenti nella penisola. Nella sua fase iniziale questo Stato va posto sotto la tutela di nazioni che non hanno mai avuto interessi di parte nella regione.

## [30] Ebraismo e nazionalità

In Europa siamo troppo ignoranti, bisogna ammetterlo. Non siamo in grado di distinguere tra ebraismo e nazionalità. Siamo convinti che, messo di fronte alla necessità di scegliere, un ebreo preferisca la propria religione agli interessi nazionali del Paese in cui vive. Ma questo vuol dire essere antisemiti.

Siamo convinti che per un ebreo il richiamo a una propria nazionalità sia invincibile, per cui non vede l'ora di diventare cittadino israeliano, magari colono in Palestina, e non gli importa nulla se ciò implica la negazione dei diritti di un palestinese (il cui nome peraltro vuol dire "abitante della Palestina", non necessariamente di religione islamica).

Anche questo vuol dire essere antisemiti, poiché la stragrande maggioranza degli ebrei si identifica col Paese in cui vive, e se davvero crede nella propria religione, non ritiene affatto indispensabile vivere in Israele, anzi, giudica molto negativamente i comportamenti razzisti e colonialisti dei sionisti al potere. L'ebraicità oggi non ha un connotato politico o geografico: è soltanto un'appartenenza religiosa che non implica neppure la definizione di "popolo ebraico", che è un'altra invenzione della cultura occidentale. Come se noi europei stessimo sempre dalla parte dei nordamericani perché sappiamo che la loro origine è europea (cosa peraltro vera oggi solo al 60%).

Chi si sognerebbe oggi di parlare di popolo inglese o francese o tedesco, dove la popolazione straniera può superare anche il 20%? In occidente l'omogeneità etnica linguistica culturale religiosa non esiste più da un pezzo. Anzi forse non è mai esistita. Attribuirla agli ebrei o ai palestinesi è ancora più assurdo. Anche solo per questo l'idea di fare due Stati non ha alcun senso. In tutta la Palestina le popolazioni sono incredibilmente mescolate che persino la creazione di un unico Stato laico e pluralista sarebbe molto difficoltosa. Come minimo dovrebbe riconoscere ampia autonomia amministrativa alle realtà locali.

Gli ebrei di tutto il mondo neppure sentono di avere un rapporto parentale con gli ebrei della Palestina, così come invece lo sentono i russi con gli ucraini, al punto che fanno di tutto per combattere solo i militari, che ancora assurdamente pretendono di occupare il Donbass. Anche perché molti ebrei in Palestina sono di origine russa o araba o non sono ebrei di nascita.

I problemi demografici degli israeliani sono enormi: temono, alla lunga, di non reggere il confronto col trend riproduttivo dei palestinesi. Questo per loro è un motivo sufficiente per non fare troppe distinzioni tra un ebreo e un altro e, di tanto in tanto, per concedersi un po' di "pulizia etnica", cioè di non andare tanto per il sottile, quando bombardano con gli aerei, tra civili e militari o tra adulti e bambini.

Neppure imporre un'unica lingua fa di una popolazione un popolo unito, ben distinto. La lingua madre non si scorda mai. La lingua orale fa concessioni alla prepotenza di quella scritta, ma poi in privato si sente libera.

Lo stesso con la religione: al giorno d'oggi sdoppiarsi tra una fede formale e una indifferenza sostanziale è molto facile.

Se tutti oggi in Palestina accettassero il principio dell'unità nella diversità, e se lo facessero disarmati, probabilmente riuscirebbero a costruire un *melting pot* unico nel suo genere.

## Le radici di Hamas

Hamas è un acronimo di Movimento di Resistenza Islamica, ma anche una parola araba traducibile con "zelo, coraggio". Il suo fondatore e a lungo leader spirituale fu Ahmed Yassin, un predicatore molto conservatore e carismatico, ucciso il 22 marzo 2004 da un bombardamento mirato dell'esercito israeliano.

Nei suoi primi anni di vita Hamas ereditò dai Fratelli Musulmani una certa cautela nella pratica della lotta armata. Infatti i primi attacchi terroristici contro i civili israeliani risalgono alla fine del 1990.

Negli anni successivi Hamas investì molto nel terrorismo e nella lotta armata anche per via della creazione nel 1991 della brigata Izz ad Din al Qassam, la sua ala militare (dal nome di un predicatore e attivista dei primi anni del '900 che sostenne la resistenza dei libici contro la colonizzazione italiana e dei siriani contro quella francese).

Fra il 1991 e il 2000 Hamas fece decine di attacchi terroristici, inclusi 12 attentati suicidi. Anche nella seconda Intifada (2001-2005) realizzò diversi attentati contro i civili israeliani.

Dai Fratelli Musulmani Hamas ereditò un'attenzione a costruire anche una forte ala politica e una rete di fondazioni e associazioni vicine al movimento. Infatti da quando è al governo, è in grado di controllare scuole, ospedali, tribunali, ecc. Nella regolamentazione del settore privato tende a favorire le aziende che percepisce come vicine al proprio movimento. Hamas riscuote le tasse anche sul contrabbando illegale con Egitto e Israele, che avviene soprattutto nei tunnel sotterranei scavati e gestiti dalla stessa organizzazione.

Come noto, la Striscia di Gaza ha un'economia piuttosto informale e poco sviluppata, al punto che viene considerata uno dei posti più poveri al mondo. Per far quadrare il bilancio Hamas coltiva da sempre una rete internazionale di finanziatori privati e statali, prevalentemente di religione islamica (Qatar, Turchia, Iran, Arabia Saudita ecc.). Si serve anche di mercati di criptovalute per ricevere e spostare soldi in maniera non tracciabile.

L'agenzia Reuters addirittura sostiene che questi soldi vengono trasferiti con un bonifico a Israele, che poi li converte in banconote fisiche: alcuni funzionari israeliani e dell'ONU poi si occupano di trasportare queste grosse quantità di banconote dentro la Striscia.

In cima all'organigramma di Hamas vi è un consiglio politico (non militare) di 15 membri che ha sede in Qatar. Il leader dal 2017 è Ismail Haniyeh, ex strettissimo collaboratore del fondatore Yassin.

Il leader più importante nella Striscia è Yahya Sinwar, nominato nel 2017. Gli analisti sostengono che il potere da lui accumulato in questi anni è il sintomo di come l'ala militare stia guadagnando sempre più influenza all'interno di Hamas. Fu arrestato dagli israeliani nel 1989 e fu rilasciato solo in seguito a uno scambio di prigionieri, dopo 22 anni.

L'altro leader militare molto quotato è Mohammed Deif, che ha fatto diventare la brigata al Qassam un esercito vero e proprio di 15.000 soldati, con cui ha pianificato la sortita del 7 ottobre in territorio israeliano.

Questi leader, ritenendoli troppo penalizzanti per la Palestina, non hanno mai riconosciuto gli Accordi di Oslo del 1993, con cui per la prima volta Israele e l'Autorità palestinese si sono riconosciute a vicenda come interlocutori legittimi.

Non ci si crederà ma l'ex vice-capo del consiglio politico di Hamas, Mousa Abu Marzouk, ha fatto capire, in un'intervista al "The New Yorker" che nessun leader dell'ala politica era stato avvisato delle tempistiche e delle modalità degli attacchi del 7 ottobre.

Sappiamo però con certezza che grazie agli attacchi terroristici di Deif nel 1996, la destra razzista e fondamentalista di Sharon e Netanyahu ebbe la meglio sul socialista Peres, e si avviò a smantellare gli stessi Accordi di Oslo.

# Dicembre

## [1] Chi più chi meno

Dario Fabbri, l'analista geopolitico, sostiene che anche quando si è in presenza di regimi autoritari, come per es. quello israeliano, ha un senso molto relativo distinguere la volontà del governo da quella dei cittadini. Dice che se si assume una posizione buonista, si fa un torto alle popolazioni, considerandole del tutto sprovvedute quando scelgono certi statisti.

Lui è sicuramente un cinico e io condivido poco le sue idee, però su questo devo dire che non ha tutti i torti.

Ricordo che durante la seconda guerra mondiale i nazisti in Russia non facevano molta differenza tra militari e civili o tra dirigenti e gente comune. Ammazzavano o incarceravano chiunque gli capitasse a tiro, in quanto ritenevano la slava una razza inferiore da sostituire con quella germanica o da soggiogare. Li risparmiavano solo quando vedevano ch'erano apertamente filo-nazisti, cioè disposti a eliminare, senza scrupoli, ebrei e comunisti.

Viceversa i sovietici sostenevano che l'ideologia nazista era da attribuire a una banda di criminali, che col terrore e la propaganda era riuscita a imporla all'intera popolazione tedesca.

Oggi sosteniamo la stessa dicotomia: l'ebraismo è una cosa, il sionismo un'altra. Molti li ritengono persino opposti. Nessuno vuole apparire antisemita condannando il sionismo senza se e senza ma.

È vero, saranno diversi, ma fino a un certo punto. Si pensi solo al fatto che il sionismo domina in Palestina dal 1948. È un tempo lunghissimo per poter escludere che la popolazione israeliana non sia rimasta in qualche modo condizionata da tale ideologia. Non è per nulla scontato vedere degli ebrei combatterla con la stessa determinazione dei palestinesi.

Qui naturalmente prescindiamo dagli atti di terrorismo che certe componenti estremistiche dei palestinesi compiono a causa dell'oppressione che patiscono. Nessuno chiede agli ebrei di mettersi sullo stesso piano.

Però, visto che la loro società viene considerata la più democratica del Medio Oriente, li si vorrebbe vedere più solerti, più partecipi nel chiedere la fine dell'apartheid e del colonialismo. Non fosse altro che per smentire chi sostiene che, in ultima istanza, non c'è molta differenza tra sionismo ed ebraismo o tra governo razzista e popolazione che alle elezioni è autorizzata a votare.

Forse sarebbe meglio dire che di fronte al tribunale della storia siamo tutti responsabili, chi più chi meno.

## Una guerra inutile

Questa guerra tra ebraismo sionista e islamismo palestinese ha un che di paradossale.

Infatti, anche prescindendo dalle motivazioni politiche (anticolonialismo, antiterrorismo) o economiche (povertà da apartheid, idrocarburi mediterranei) che la motivano, resta pur sempre una guerra tra due confessioni nettamente superate dal cristianesimo. Il quale, nella sua versione borghese-protestantica (puritana o calvinistica), domina nettamente nell'occidente capitalistico: una versione che dal secondo dopoguerra ad oggi si è fortemente laicizzata.

Naturalmente il fatto che si sia laicizzato non significa che tale calvinismo si sia anche maggiormente umanizzato o democraticizzato. Anzi, al contrario, è aumentata la disumanizzazione e l'arroganza di una pretesa egemonia mondiale. E non tanto per colpa della laicizzazione, quanto perché tale laicizzazione è rimasta nell'ambito borghese, che è sommamente individualistico, e quindi falso e ipocrita, abituato a vivere sfruttando le risorse altrui.

Il laicismo borghese dell'occidente collettivo predica valori umanistici in maniera puramente astratta, teorica, mentre sul piano pratico si comporta in maniera razzistica, colonialistica e genocidaria.

Il problema è che di fronte a queste incongruenze tra teoria e prassi, l'ebraismo sionista si sente giustificato a comportarsi senza alcun principio morale. Come se dicesse: "Se ci volete come voi, noi prenderemo di voi il peggio, e voi sarete costretti a tacere".

L'islam invece, non avendo più bisogno d'essere aggressivo per farsi strada nel mondo (salvo le eccezioni estremistiche sostenute dallo stesso occidente per motivi strategici), guardando l'ipocrisia degli occidentali, si convince ancora di più a restare uguale a se stesso, cioè a non ritenere necessaria una propria laicizzazione. Come se dicesse: "Perché dovremmo accettare la vostra democrazia borghese, i vostri valori laici, quando sul piano pratico vi comportate peggio di noi?".

Insomma l'intera umanità è posta di fronte a una questione di retroguardia, che non la fa sviluppare minimamente né verso un autentico umanesimo laico né verso un socialismo davvero democratico. Comunque finisca questa guerra israelo-palestinese, non si saranno poste neanche le premesse per un vero sviluppo del genere umano.

## [2] Vecchi e nuovi colonialismi

La Palestina è stata colonizzata da molteplici popoli europei e non europei ed è stata colonizzata da due movimenti europei, le Crociate (1099) e il Sionismo (1948), che non sono popoli ma raggruppamenti ideologici a sfondo razzista.

Le Crociate medievali le conosciamo. I fedeli pensavano, ingenuamente, di poter recuperare i luoghi sacri dei vangeli, e se poveri, aspiravano a riscattarsi. Chi le organizzava mirava a impadronirsi dei beni altrui (islamici, ebraici, bizantini e slavi) e controllare le rotte marittime. La religione era il principale punto di riferimento ideologico per le persone dell'epoca.

Partecipare alla guerra santa biblica garantiva il perdono dei peccati; morirvi, l'ingresso nel paradiso celeste.

Il mondo del Levante sconfisse, dopo molto tempo, l'oscurantismo delle crociate europee. Oggi sembra che debba farlo il mondo arabo e persiano e magari anche curdo. Il nemico è il potente fascismo coloniale euro-sionista, quello che (anche prima del 1948) voleva colonizzare la Palestina col pretesto di voler tornare alla terra che Jahvè aveva promesso, la terra dei loro antenati. Come se dopo 1900 anni di diaspora qualcuno potesse pretendere che la storia fosse trascorsa invano, al pari di quelle case dove i genitori lasciano intatta la camera del figlio in attesa che un giorno ritorni.

Oggi però è assurdo affermare che in nome della pace o della democrazia dobbiamo riconoscere il razzismo e il colonialismo d'Israele. Davvero la storia, seppur con idee mezzi e metodi diversi, sembra essersi fermata a mille anni fa.

Chiunque è in grado di capire che ogni popolo nativo deve intraprendere la sua missione storica di combattere il suo colonizzatore.

Tutti quelli che nascono in Palestina dovrebbero chiamarsi palestinesi, e tutti (anche se hanno la cittadinanza israeliana) dovrebbero combattere quello spirito da crociato che infesta la regione.

Tutti abbiamo un appuntamento con la Storia e un debito con l'Umanità. La liberazione della Palestina è la liberazione del mondo.

I popoli nei tempi dell'oscurantismo religioso si ribellarono agli invasori coloniali, e non può essere che oggi, nel tempo della modernità, dobbiamo accettare l'anacronismo coloniale chiamato "Israele".

### Chi ci libererà?

Le più grandi persecuzioni contro i cristiani avvennero

nell'Europa pagana, politeista, e le più grandi persecuzioni contro gli ebrei furono nell'Europa pagano-politeista e cristiano-monoteista.

L'Europa è sempre stata uno scontro di religioni provenienti da oriente, soprattutto dal Medio Oriente. Le utilizzava come se fossero delle droghe, per sopportare la durezza disumana dei rapporti schiavistici.

Però nessuna religione riuscì mai a superare i limiti dello schiavismo. Non vi riuscì neppure alcuna rivolta schiavile.

Per porre fine a questa vergogna dell'umanità ci vollero popolazioni non europee ma asiatiche, che noi chiamavamo con disprezzo "barbariche".

Queste popolazioni, una volta divenute stanziali e convertite alla religione cattolico-romana, crearono un nuovo sistema sociale: il feudalesimo, basato sulla servitù della gleba, cioè sulla rendita terriera.

Dalle contraddizioni antagonistiche (servo/padrone) nacquero i movimenti pauperistici ereticali, tutti duramente repressi.

Rinacque anche l'urbanizzazione (i Comuni borghesi), ove la religione era vissuta in maniera piuttosto formale.

Questi Comuni furono la culla dello sviluppo di vari fenomeni collaterali: le crociate e quindi il colonialismo e le prime forme del moderno capitalismo, giustificato da una nuova confessione religiosa: il protestantesimo, soprattutto nella sua variante calvinistica.

L'Europa feudale e moderna non era più in guerra solo con gli ebrei, gli islamici, gli eretici, i cristiano-ortodossi (bizantini e slavi), ma col mondo intero, da sfruttare economicamente e da convertire al cattolicesimo o al protestantesimo.

Nel XX sec. questa prassi disumana è stata fatta propria dagli Stati Uniti, che pretendono di dominare il mondo intero, inclusa l'Europa, da cui pur provengono.

In questo momento i due strumenti principali che gli USA stanno utilizzando sono l'Ucraina (per indebolire la Russia) e Israele (per controllare il Medio Oriente). A breve vi sarà anche Taiwan, per ridimensionare la Cina.

Ora la domanda è: posto che all'interno dell'occidente collettivo non vi sono forze sufficienti per abbattere il sistema, quali nuove popolazioni "barbariche" potranno farlo? Dobbiamo attenderle dal Sud globale?

## [3] Gli opposti estremismi si toccano

Lo sviluppo di Hamas ha avuto una funzione, diretta o indiretta che sia, avversa all'Organizzazione per la Liberazione della Palestina sin dal 1993, quando rifiutò gli "Accordi di Oslo" tra il leader Arafat e il premier israeliano Rabin, che sancivano il riconoscimento reciproco tra l'OLP e Israele.

La motivazione era giusta: Israele, Stato colonialista per definizione, non può essere riconosciuto come legittimo, ma i metodi terroristici erano sbagliati.

Paradossalmente però Hamas minò un processo di pace cui era contrario anche la destra sionista israeliana, quella che si opponeva alla politica del partito laburista di Rabin.

Rabin e Arafat vennero insigniti del Premio Nobel per la Pace, ma Rabin venne ucciso nel 1995 da un esponente della destra estrema israeliana durante un comizio.

Gli attacchi suicidi organizzati da Hamas continuarono a seminare terrore in Israele, al punto che il nuovo premier israeliano, Netanyahu, decise di bloccare gli Accordi di Oslo e la formazione di uno Stato Palestinese.

Col passare degli anni Hamas e governi sionisti hanno rappresentato l'uno la fortuna politica dell'altro in termini di consenso. Gli opposti estremismi si giustificano sempre a vicenda.

Solo che tra i due popoli, chi ci ha rimesso infinitamente di più, a causa della sua debolezza militare, è stato quello palestinese. E ancora oggi lo vediamo, al punto che non si riesce neppure a parlare di guerra tra due eserciti, ma della mattanza di migliaia di civili, metà dei quali sono bambini. Siamo a livelli di guerra infanticida, come quella condotta dagli USA in Iraq, dove, in un modo o nell'altro, furono eliminati mezzo milione di minorenni. Un orrore di fronte al quale la segretaria di Stato americana, Madeleine Albright (di origine praghese e membra del PD), disse che per il bene della democrazia era stato un sacrificio giustificabile. Come se oggi qualcuno possa dire che l'Iraq sia un Paese democratico!

Gaza soffre di apartheid da 16 anni e ora i suoi abitanti sono destinati a essere evacuati. Che finiscano in Egitto o in Europa o in qualunque altra parte del pianeta, al governo di Netanyahu non importa assolutamente nulla. Lui vuole garantire sicurezza assoluta agli israeliani e se, per ottenerla, sarà costretto a eliminare persino gli ultimi ostaggi in mano ad Hamas, lo farà, e l'occidente glielo lascerà fare, altrimenti si sarebbe già opposto con qualche sanzione a questa incredibile carneficina.

Ormai non è più questione di numero di morti ammazzati, ma solo di tempo: i sionisti devono sbrigarsi, perché in occidente le proteste potrebbero aumentare, e nessuno vuol finire come in Vietnam.

Quasi tutti gli statisti in Europa sono in febbrile attesa che Israele metta mano alle imponenti risorse energiche al largo di Gaza perché venga avviato un sicuro rimpiazzo di almeno una parte di quelle provenienti dalla Russia.

## I fili dell'alta tensione

Dire che Israele non potrebbe fare ciò che fa senza l'appoggio incondizionato degli Stati Uniti, è dire una banalità. È da quando è nata che lo vediamo. Il sionismo è una forma di pseudo democrazia a sfondo religioso con intenti razzistici, colonialistici e genocidari nei confronti dei palestinesi.

Il governo americano si limita ad assumere, di tanto in tanto, il ruolo del padre che finge di redarguire il proprio figlio quando questi esagera nei suoi comportamenti violenti. Lo fa solo per salvarsi la faccia agli occhi del mondo. Infatti il figlio non è destinato a sostituire il padre nel compito di esportare la democrazia borghese nel mondo. Al massimo singoli esponenti del mondo ebraico possono far parte dell'entourage statunitense alla guida del pianeta, ma di sicuro devono rinunciare alla propria ebraicità, che è un elemento fortemente divisivo, come per es. fece Kissinger e ora Blinken.

Tuttavia oggi assistiamo a qualcosa di particolare, che suscita scandalo e orrore in quasi tutto il mondo. Da un lato Israele sta massacrando migliaia di bambini e si è posta come obiettivo l'espulsione di oltre 2 milioni di persone dall'intera Striscia di Gaza; dall'altro l'intero occidente tace. Sembra di assistere a una riedizione del genocidio turco nei confronti degli armeni.

Il ruolo mediativo dell'Europa è scomparso. I due anni di guerra contro la Russia hanno reso quasi tutti gli statisti molto timorosi dell'arroganza americana. Dopo il sabotaggio del Nordstream tutti temono la fine dell'industrializzazione o della possibilità di competere a livello internazionale a causa dei costi proibitivi dell'energia fornita da altri Paesi.

In questo senso gli statisti europei non vedono l'ora che Israele prenda pieno possesso dei ricchi fondali energetici al largo delle coste di Gaza e che indirizzi verso la UE i gasdotti da costruire. Ci stiamo comportando come quando Hitler dava gli ordini ai propri generali: "l'obiettivo che dovete assolutamente conseguire è questo; i mezzi e i metodi li lascio a voi. Fate solo attenzione a non metterci troppo tempo, perché posso sostituirvi in qualunque momento". Chi non rispettava gli ordini, sapeva che sarebbe stato meglio per lui suicidarsi, come per es. fece Rommel.

Insomma questa non sembra essere l'ennesima pulizia etnica da parte di Israele, ma una specie di guerra per procura che l'occidente collettivo conduce contro l'intero Medio Oriente islamico, che ha avuto il coraggio, in questi ultimi anni, di mettere in discussione l'egemonia americana in un'area considerata ancora strategica sul piano energetico. E l'ha fatto:

- non condannando esplicitamente la Russia nella guerra contro l'Ucraina,

- usando il petrolio come arma di ricatto,

- guardando favorevolmente i rapporti commerciali e militari con la Cina,

- cambiando alleanze senza il consenso degli USA (si pensi solo alla riconciliazione tra Iran e Arabia Saudita o alla riammissione della Siria nella Lega Araba),

- favorendo lo sviluppo dei BRICS e la fine del petrodollaro.

Se i Paesi arabi cominciassero a chiedere anche lo smantellamento delle basi americane, assisteremmo a una svolta di portata epocale.

Tutte queste prese di posizione fanno pensare una cosa molto semplice: essendo Tel Aviv agli ordini di Washington, è come se i sionisti stessero combattendo al posto degli americani. Chi tocca Israele muore, come succede coi fili dell'alta tensione.


**Con che faccia...**


Dopo un mese di bombardamenti la povertà a Gaza è aumentata del 20%. Ormai siamo a 2 mesi e, secondo proiezioni meramente matematiche, la povertà dovrebbe aumentare del 45%, portando il numero di persone verso la povertà assoluta a circa 660.000.

Ma questi dati sono del tutto approssimativi, poiché chiunque sa che se Israele bombarda anche l'area sud di Gaza, non ci sarà più nessuna occupazione, nessun PIL, ma solo fame, miseria, malattie ed epidemie per tutti, per non parlare dei massicci flussi migratori in Europa, in Egitto e nel Maghreb.

Già adesso possiamo dire con sicurezza che l'impatto di questa guerra avrà effetti di lunga durata e non sarà limitato a Gaza. Ci vorranno decenni prima di tornare allo stato ante-guerra. A meno che, naturalmente, tutti i palestinesi di Gaza vengano sostituiti dai coloni israeliani.

Mi chiedo però con che faccia uno edificherà una casa sopra le macerie di intere famiglie sterminate pochi mesi prima.


## [4] Il fallimento degli Accordi di Abramo


Gli Accordi di Abramo del 2020, voluti da Trump e portati avanti anche da Biden, avevano lo scopo di convincere i Paesi arabi a riconoscere unilateralmente lo Stato d'Israele, senza alcuna concessione sulla questione dello Stato palestinese. Le relazioni andavano normalizzate coi grandi produttori arabi di energia, a partire da Bahrain ed Emirati Arabi

Uniti e in prospettiva con l'Arabia Saudita. I trattati annessi prevedevano rapporti anche con Marocco e Sudan. Infatti l'incentivo degli USA era rappresentato da concessioni unilaterali a questi stessi Paesi arabi, come la rimozione del Sudan dalla lista degli Stati sponsor del terrorismo e il riconoscimento della sovranità del Marocco sul Sahara Occidentale.

L'idea era quella di non perdere in alcuna maniera l'apporto energetico del Medio Oriente alle richieste crescenti del mondo occidentale. Era anche quella, da parte degli USA, di legare a sé, tramite interessi finanziari, le monarchie sunnite, contrapponendole all'Iran, repubblica sciita da tempo sotto sanzioni. Anche la Via del Cotone, che coinvolgeva India e vari Stati del Golfo, UE e Israele, contrapponendosi alla Via cinese della Seta, avrebbe dovuto aggirare l'Iran.

Ora questi Accordi sono saltati completamente, *cum magno gaudio* di Hamas, poiché l'intera Palestina (Cisgiordania e Gaza) era stata tenuta ai margini. I Paesi islamici firmatari non avevano posto condizioni a favore dei palestinesi. Avevano pensato solo ai loro affari.

Chi ha fatto saltare i suddetti Accordi, dopo la sortita terroristica di Hamas, è stata soprattutto l'Arabia Saudita, che sta diventando una spina molto dolorosa al fianco degli USA. Infatti:

- sta passando alle armi cinesi e russe per sostituire quelle americane,

- ha ridotto drasticamente i suoi investimenti in titoli di Stato statunitensi,

- sta scambiando il petrolio in yuan cinesi, smantellando il sistema dei petrodollari,

- sta tagliando le quote di produzione del greggio, facendo un favore ai russi.

E se tutto ciò lo fanno i sauditi, possiamo star certi che gli altri Paesi del Golfo si accoderanno. Le sanzioni statunitensi nel settore dei chip sono quanto meno ridicole: gli arabi possono rivolgersi tranquillamente alla Cina.

## Il fuoco della Geenna

La principale frase che i sionisti usano per giustificare la loro presenza in Palestina è ben nota: "Siamo venuti in una terra senza popolo per un popolo senza terra".

Una frase sommamente falsa oltre che razzista. La Palestina aveva già un popolo, quello appunto palestinese, anzi più popoli, seguaci delle tre religioni monoteistiche.

Semmai erano gli ebrei ashkenaziti a non essere un popolo, in quanto provenienti da vari Stati dell'Europa cristiana, già divisa nelle tre confessioni opposte, ognuna delle quali nutriva atteggiamenti antisemitici.

La suddetta frase era ideologicamente razzista, in quanto riconosceva alla sola componente ebraico-palestinese il diritto di restare in quella penisola. Ciò a testimonianza che l'ebraismo, a prescindere dai suoi comportamenti politici o economici, resta una religione divisiva, sia perché ebrei si nasce per sangue materno, tant'è che se, in mancanza di questo, lo si diventa, si resta sempre un credente di minore importanza; sia perché i riti e i precetti sono esageratamente minuziosi, incompatibili con le esigenze di una moderna società laica. Per vivere in una società del genere un ebreo deve rinunciare a molte delle sue peculiarità.

Il razzismo ebraico (che è in fondo una forma di aristocraticismo), pur professando valori umani, come qualunque altra religione, non si fa molti scrupoli a eliminare fisicamente chi lo ostacola nella realizzazione dei suoi obiettivi.

Infatti una volta deciso che la Palestina deve appartenere agli ebrei, come duemila anni fa, non c'è santo che tenga. Il possesso di uno specifico territorio è diventato il chiodo fisso degli ashkenaziti sin dalla fine del XIX sec., e pur di ampliare il più possibile i suoi confini, si sono compiute soprusi e nefandezze inimmaginabili. Al punto che vien da chiedersi: "Ecco, ora che sono riusciti a impadronirsi con la forza di un determinato territorio, cos'hanno di umano da mostrare nella loro religione, che possa almeno in parte giustificare la loro pretesa?" Ebbene, io non vedo nulla, solo falsità e ipocrisia.

Già il solo fatto che in questa ennesima guerra gli israeliani se la prendano con Netanyahu per aver permesso la cattura di ostaggi e di fare poco per riaverli o di rischiare di ammazzarli coi suoi bombardamenti indiscriminati, è una cosa che indispone parecchio. Non una parola infatti dicono a favore dei civili palestinesi, di cui la metà bambini, che vengono impunemente e orrendamente massacrati ogni giorno, dopo averli privati di qualunque cosa. Gli israeliani vengono "uccisi", i palestinesi sono semplicemente "morti".

Non lo sanno che ogni albero che non produce frutti buoni viene tagliato e gettato nel fuoco della Geenna?

## [5] Attenzione alle istigazioni

Il vittimismo degli ebrei fa di nuovo capolino. Infatti si stanno cominciando a preoccupare delle proteste che salgono dalle piazze di varie città del mondo.

A dir il vero sono soprattutto le proteste occidentali che li preoccupano, poiché gli ebrei sanno benissimo che il mondo islamico è più tollerante di quel che non si pensi nei loro confronti. In fondo le peggiori discriminazioni le han patite in Europa. Ci tengono a far vedere che se gli statisti e i governi occidentali, in grandissima maggioranza, stanno dalla loro parte, le piazze d'Europa, le strade d'America e d'Australia si sono invece riempite di folle urlanti.

Ma forse sarebbe meglio dire che sono i sionisti, la cui gestione del potere è una vergogna dell'umanità, a mettere sull'avviso gli ebrei di tutto il mondo. Hanno infatti bisogno di trovare una giustificazione con cui legittimare i loro crimini, con cui anzi aumentare il loro autoritarismo. E dove trovarne una migliore se non in ciò che Hamas ha compiuto il 7 ottobre? Come se Hamas abbia potuto agire così senza una qualche complicità dell'*intelligence* israeliana!

Tuttavia le preoccupazioni e il vittimismo li esprimono nei confronti dell'occidente, poiché sanno bene che se l'occidente, a causa della Shoah, può essere moralmente ricattato, il mondo islamico non può esserlo. Al massimo i palestinesi possono essere insultati, qualificandoli come terroristi per definizione, e anche della peggior specie (addirittura "belve o animali umani" li han chiamati).

I sionisti amano far credere che in occidente la vita degli ebrei è in pericolo, proprio per indurre l'occidente a considerare come proprio nemico l'intero mondo islamico. Le piazze arabe sono infarcite di odio e volontà omicida: è questo il messaggio che si vuol far passare nel *mainstream* occidentale.

Questo però significa istigare il mondo intero a compiere una nuova guerra mondiale. È davvero questo che vogliamo? È normale che le persecuzioni subite nel passato possano autorizzare gli ebrei a reagire utilizzando qualunque atteggiamento come legittima difesa? È normale che uno debba compromettere la serenità della propria coscienza provando un odio sconfinato nei confronti del mondo solo perché un tempo ha subìto dei torti che giudica irreparabili? Cosa dovrebbero dire i russi che solo nell'ultima guerra mondiale han perso per colpa del nazifascismo oltre 25 milioni di cittadini e che ancora oggi sono costretti a difendersi da questa ideologia criminale sostenuta dall'occidente collettivo? Chi glielo fa fare ad assicurare agli europei che se sono disposti a ripristinare il Nordstream, loro ci stanno?

È normale che chi si sente una minoranza (non solo in Medio Oriente ma nel mondo intero) debba assumere come stile di vita l'arroganza? Davvero senza questa quotidiana e pervicace prepotenza gli ebrei rischierebbero di dover affrontare una nuova minaccia alla loro esistenza in vita?

**Mai sottovalutare il nemico**

Che i sionisti e gli israeliani in generale non siano gente da poco è dimostrato non solo dal fatto che hanno un ottimo esercito (uno dei più potenti al mondo), un'ottima *intelligence*, un'ottima capacità industriale sul piano infotelematico, un'ottima capacità lavorativa e commerciale, ma anche dal fatto che hanno il potere di controllare la politica americana.

È fuor di dubbio infatti che la Commissione americana per gli affari pubblici d'Israele (AIPAC) di Washington può creare o distruggere qualsiasi politico di sua scelta, al punto che fanno tutti a gara per accontentarla, soprattutto durante le elezioni (chi costringeva Trump a trasferire l'ambasciata americana da Tel Aviv a Gerusalemme? E proprio mentre promuoveva gli Accordi di Abramo?).

In un certo senso si potrebbe dire che tutte le forze del mondo sono impotenti contro Israele, comprese le Nazioni Unite, poiché i sionisti beneficiano del veto americano per bloccare qualsiasi condanna dei loro crimini di guerra.

D'altra parte Israele ha il potere d'influenzare anche i media *mainstream* americani e, si sa, chi riesce a far questo, indirettamente controlla i media di tutto il mondo occidentale. È difficile trovare in Europa un quotidiano che dica cose diverse da un quotidiano statunitense: la piaggeria e il servilismo sono una nostra prerogativa, tanto che certi quotidiani vengono definiti in maniera spregiativa: "Corriere della serva", "Ripubblica"...

Israele investe milioni di dollari nelle pubbliche relazioni, sicché la CNN, il "New York Times" e altre testate svolgono un ottimo lavoro nel promuovere la propaganda sionista. Per es. in questi giorni la versione dominante degli orrendi crimini che sta compiendo l'esercito israeliano nella Striscia di Gaza vuole che sia Hamas a mettere in pericolo la vita dei civili, a impedire che fuggano da Gaza, e così via.

In tal senso sarebbe bene non star lì a esaltare il fatto che Hamas sia riuscito a eludere tutta la miriade di controlli che circonda la Striscia di Gaza. Non è neanche ipotizzabile che ciò sia potuto avvenire senza qualche complicità, diretta o indiretta, da parte delle forze israeliane.

Non possiamo sottovalutare un Paese che nel 1948, appena nato, era già in grado di disporre del 78% della terra di Palestina, espropriando i suoi abitanti, che vivevano lì da migliaia di anni, e sostituendoli definitivamente con ebrei provenienti da tutto il mondo. Mentre i nativi non sono autorizzati a tornare, gli ebrei immigrati invece ottengono la cittadinanza senza alcun problema, anzi con parecchie facilitazioni per il loro inserimento di tipo coloniale, che generalmente è razzistico e guerrafondaio. Per es. in questi giorni i coloni contestano Netanyahu per aver gestito male la questione degli ostaggi, non perché si sta comportando come un criminale.

Nel 1967 i sionisti hanno posto sotto il loro controllo le restanti terre della Palestina – Gerusalemme Est, Cisgiordania e Gaza –, sottoponendo i loro abitanti a un dominio militare opprimente, controllando ogni aspetto della loro vita quotidiana, nella generale indifferenza del mondo occidentale.

Siamo così succubi della narrativa sionista che non c'imbarazza per niente stringere la mano e dialogare e fare affari con statisti che si sono macchiati di orrendi crimini contro l'umanità. D'altronde perché dovremmo? Non facciamo lo stesso con quelli americani?

## [6] Chi sono i rifugiati palestinesi?

I rifugiati palestinesi sono quelli che non possono più rientrare in patria, in quanto espulsi dalla Palestina o nel 1948 o nel 1967. Israele non li vuole, perché sarebbe costretta a restituire il maltolto. Lo farà anche con quelli di Gaza e da tempo lo sta facendo con quelli della Cisgiordania e di Gerusalemme est. Li vuole tutti fuori.

Questi rifugiati vivono di assistenza, privata o pubblica, statale o internazionale. Sono un peso per l'umanità per colpa dei sionisti. In totale sono circa i 3/4 dell'intera popolazione palestinese nel mondo (circa 14 milioni), calcolata oggi intorno ai 9-10 milioni di persone. Sono il gruppo più numeroso di rifugiati nel mondo, al punto che ogni cinque rifugiati, quasi due sono palestinesi.

La maggior parte dei rifugiati della Nakba (catastrofe) del 1948 furono dislocati in diversi Stati arabi, nella West Bank e nella Striscia di Gaza. Questi due ultimi territori si trovavano rispettivamente sotto il dominio di Giordania ed Egitto, fino a quando furono occupati da Israele nel 1967.

Alla fine della guerra i palestinesi che ebbero l'abitazione requisita, non la riottennero più. Israele è tassativa su questo: quel che ruba, lo ruba per sempre.

Tutti i muri che Israele ha costruito per separarsi dai palestinesi vanno considerati provvisori, nel senso che ogni occasione è buona per abbatterli e occupare le aree interne, sfollando con la forza i residenti. La sortita terroristica di Hamas del 7 ottobre è stata, in tal senso, una grande occasione per uno sgombero di tipo militare, che va ben oltre quello poliziesco, poiché i morti si contano ormai a decine di migliaia, senza fare distinzione tra le varie tipologie di civili.

Israele non ha nessun timore che i palestinesi possano rovesciare il suo potere. Sa benissimo di avere un esercito molto potente, finanziamenti a volontà e protezione assicurata dall'occidente. Non è come il governo razzista sudafricano al tempo di Mandela: è molto peggio. Proprio perché non è solo razzista, ma anche colonialista, cioè vuole occupare i territori altrui: demolisce case, revoca diritti di residenza, ostacola in vari modi la permanenza in un determinato territorio, costruisce insediamenti illegali, favorisce l'immigrazione dei coloni, imprigiona o uccide chiunque si opponga in maniera decisa o plateale a questa politica sommamente autoritaria.

### Un abbaglio colossale

I palestinesi a Gaza non hanno più nessun posto dove rifugiarsi. Possono solo essere massacrati. E in occidente, quando si fanno affermazioni del genere, ci si lamenta che si parla male solo d'Israele e non anche di Hamas. Siamo a questi livelli.

I sionisti chiedono ai civili di evacuare l'intera enclave. Rifiutano di rendersi conto che qui si ha a che fare con oltre 2 milioni di persone: è una delle aree (365 kmq) più densamente popolate al mondo. Non sono migliaia o decine o centinaia di migliaia. È incredibile che anche l'intero occidente non riesca a capire la mostruosità dei numeri in gioco. Andando avanti di questo passo, 1/10 della popolazione è in procinto di finire in fosse comuni, su cui i coloni edificheranno le loro nuove abitazioni.

L'assedio imposto dal governo israeliano ha privato la totalità della popolazione di Gaza di forniture essenziali come cibo, acqua, riparo per l'inverno, energia elettrica e cure mediche. Anche tutte le comunicazioni sono saltate e il rifornimento del gas domestico.

Ai palestinesi non è consentito di raggiungere in massa il campo profughi del distretto di Rafah. E il sud è tutto bombardato, esattamente come nei giorni scorsi lo era il nord. Non s'è attenuata la spietatezza. Solo che prima potevano rifugiarsi a sud. Ora invece non sanno dove andare: 1,8 milioni di persone han già perduto la propria abitazione.

L'egiziana Rafah, che normalmente ha una popolazione di 280.000 abitanti, non è in grado di far fronte all'afflusso, poiché ospita già circa 470.000 sfollati.

La mattanza dei civili viene attribuita, indirettamente, allo stesso Hamas, che, secondo Israele, li usa come scudi umani. Cioè, pur sapendo questo, l'aviazione li bombarda ugualmente. Come se non si sapesse che i miliziani di Hamas non si trovano tutti a Gaza e non si riuscirà a eliminarli allagando i loro tunnel sotterranei con l'acqua marina.

È evidente che il piano dei sionisti è quello di evacuare l'intera enclave, obbligando l'Egitto ad accogliere tutti i profughi, salvo la concessione di un "risarcimento danni". Poi sarà la UE a fare il resto, per es.

condonando i debiti al Paese, ospitando una parte dei profughi, ecc. L'ha fatto con gli ucraini: perché non dovrebbe farlo coi palestinesi?

Un tale sfollamento di persone ricorda inevitabilmente il genocidio armeno da parte dei turchi. Già adesso 16.000 persone sono state ammazzate. Il numero dei feriti e mutilati è incalcolabile. Tra i sopravvissuti quanti sono quelli psicologicamente traumatizzati? E quelli soggetti a malattie? Quanti subiranno un'epidemia? Le persone che vivono in spazi sovraffollati, con la mancanza di acqua potabile e di servizi igienici e senza un sistema di prevenzione e sorveglianza, sono la ricetta ideale per malattie e infezioni come diarrea, tifo, colera, scabbia e pidocchi, varicella e morbillo, eruzioni cutanee e infezioni respiratorie.

E quanti ostaggi, dei 137 rimasti, rischiano di finire male? Hamas non li rilascerà mai senza una contropartita. Netanyahu ha già detto che non riuscirà a salvarli tutti. La sua popolarità in Israele è diminuita proprio per questo, non tanto per il suo comportamento genocidario. Lui sa solo che il bilancio ufficiale delle vittime israeliane parla di circa 1.200 persone da quando il conflitto si è intensificato, di cui più di 400 sono soldati. Hamas, a quanto pare, si difende, ma non potrà impedire che Gaza faccia la fine di Cartagine al tempo dei romani. Se pensava che il mondo intero avrebbe fatto qualcosa contro i sionisti, ha preso un abbaglio colossale.

## [7] Fine e mezzi

Il fine giustifica i mezzi? In astratto no; in concreto bisogna forse vedere caso per caso. L'etica dice che i mezzi devono essere compatibili col fine. Cioè non è possibile usare mezzi spropositati per conseguire un determinato scopo.

Hamas ha attaccato Israele per avere degli ostaggi da barattare coi prigionieri palestinesi rinchiusi nelle carceri israeliane. Ha usato un mezzo incongruo? Evidentemente sì, poiché è stato costretto a eliminare molte persone e non ha calcolato il livello di reazione del governo di Netanyahu.

Tuttavia i sionisti non sono da meno. Per eliminare questo movimento stanno massacrando migliaia di inermi civili, inclusi i bambini. Come se il terrorismo dell'uno[4] potesse giustificare il terrorismo dell'altro, o come se la colpa dell'atto terroristico del 7 ottobre appartenesse a "tutto" il popolo della Striscia di Gaza, senza fare alcuna distin-

---

[4] L'attacco di Hamas del 7 ottobre avrebbe potuto essere legittimo o "non terroristico" solo se tutti i coloni fossero stati armati e si fossero difesi per non essere catturati. Ma così non è stato.

zione tra organizzatori, esecutori, fiancheggiatori, persone inconsapevoli o non responsabili.

Non a caso i coloni e l'esercito di Tel Aviv stanno duramente infierendo anche contro i cittadini palestinesi della Cisgiordania e di Gerusalemme est, che non hanno partecipato alla sortita di Hamas e che, probabilmente, non l'hanno neppure condivisa.

Insomma se proprio Israele voleva radere al suolo l'enclave o eliminare tutti i miliziani di Hamas, doveva prima assicurare ai civili una via di fuga, un'alternativa concretamente praticabile alla decisione dell'esercito israeliano di bombardare a tappeto le aree urbane (come in genere fanno gli USA o la NATO).

Israele si vanta d'essere l'unico Paese democratico del Medio oriente. Ma supponiamo che gli stessi miliziani di Hamas avessero potuto approfittare di una qualche via di fuga, come avrebbe dovuto comportarsi un Paese davvero democratico? Semplicemente accontentandosi: "ti lascio fuggire ma ti porto via tutta la terra ove vivi".

Invece così si sta macchiando di delitti orrendi, di crimini contro l'umanità, che scandalizzano il mondo intero. Non sta usando mezzi e metodi proporzionati al danno subìto.

Ammesso che Israele riesca a evacuare completamente Gaza e a trasferire qui una parte dei propri coloni e a incentivare l'arrivo di altri ebrei sparsi in tutto il pianeta, come prenderanno la cosa i palestinesi di Cisgiordania e di Gerusalemme est? E i cosiddetti arabo-israeliani, cittadini di seconda categoria in Israele? Saranno indotti a diventare più o meno democratici? Diventeranno ancora più moderati per timore di fare la stessa fine o preferiranno radicalizzarsi pensando a una qualche vendetta? Possibile che i sionisti vogliano una guerra infinita? Si vantano di essere un "popolo eletto", unico nella storia, diverso da tutti gli altri, ma i metodi che usano in cosa si differenziano dai nostri occidentali?

Torniamo però alla questione teorica dei mezzi e dei fini.

La decisione se connettere in maniera congrua gli uni agli altri dipende sostanzialmente da un fattore, che va valutato di volta in volta: tra i contendenti vi è o no uno scontro alla pari? Cioè sostanzialmente equivalente sulla base delle forze in campo? I militari sanno valutare queste cose.

È evidente infatti che quando uno dei due dispone di tutti i mezzi per farsi valere, l'altro, se non li ha, non può andare tanto per il sottile nella ricerca dei mezzi più eticamente adeguati. Una volta che si è deciso di entrare in guerra, valutando tutti i pro e i contro, non è che si può tornare indietro facilmente. Se si accetta il rischio di perdere la partita piuttosto velocemente, vuol dire che è stata fatta una scelta irresponsabile, e scelte del genere, per quanto dettate dalla disperazione, alla fine si pagano sempre e anche in maniera piuttosto cara, in quanto non è possibile sapere in anticipo come si comporterà il vincitore.

Quindi potremmo dire che nella fase iniziale del combattimento (tra Stati o tra classi sociali) si può pensare a una conformità dei mezzi ai fini. Ma se ad un certo punto i poteri dominanti cominciano a infierire sulla popolazione, questa non può aver remore nel colpire il nemico con tutti i mezzi e in tutti i modi, anche perché chi subisce, in genere, fruisce del consenso di ampie masse popolari, mentre chi infierisce ha dalla sua solo le forze dell'ordine e quelle armate.

Quando è un'intera popolazione civile ad essere in qualche maniera armata, o il nemico si arrende (e può anche essere risparmiato) o ne subirà tutte le conseguenze. Non ha senso legarsi mani e piedi con scrupoli morali di fronte a un nemico che massacra i civili senza fare differenze di alcun tipo.

### Netanyahu emulo di Sharon

Chi è che non ricorda ciò che fece il premier Ariel Sharon a Gaza nel 2005?

Era sull'orlo di dover subire un processo all'Aia, presso il Tribunale per i crimini di guerra, per i fatti del 1982, avvenuti nei campi profughi di Sabra e Shatila. Aveva guidato l'invasione del Libano, bombardando e assediando Beirut, e aveva favorito il massacro di circa 3.500 uomini, donne e bambini palestinesi e libanesi.

Non era un tipo tanto per la quale. Aveva già orchestrato il massacro nel 1953 di 69 civili palestinesi a Qibya, per lo più donne e bambini, mentre era a capo dell'"Unità 101", una famigerata unità dell'esercito israeliano.

Per questa sua risolutezza lo fecero diventare premier dal 2001 al 2006. Aveva appena fatto la sua famosa e provocatoria "passeggiata" nella Spianata delle moschee di Gerusalemme (2000), luogo sacro per gli arabi, che scatenò la seconda Intifada.

Sharon era un duro: non sopportava la popolarità di Arafat, tanto che lo confinò a Ramallah, né aveva intenzione di firmare gli Accordi di Oslo (1993).

Sharon era come un bambino prepotente. Usava la forza per farsi rispettare. Dopo l'incontro con Bush e Abu Mazen nel 2003 si convinse di due cose, che poi realizzò nel 2005: 1) al confine con la Cisgiordania sarebbe stato meglio mettere un muro per ridurre al minimo gli attentati suicidi dei palestinesi in Israele; 2) i coloni e i soldati israeliani dovevano essere trasferiti da Gaza in Cisgiordania (i coloni erano 8.000, occupavano già il 30% di Gaza e se la presero con lui piuttosto vivacemente).

In questa maniera riuscì a isolare completamente Gaza dalla Cisgiordania, ponendo le condizioni perché fosse completamente controllata.

Se oggi Netanyahu può fare quello che fa, lo deve anche a lui, ch'era del suo stesso partito.

## [8] Rivelazioni inutili

Un'inchiesta del "New York Times" rivela che i militari e l'*intelligence* israeliani sapevano da più di un anno che i miliziani di Hamas volevano attaccare, ma non li ritenevano in grado di farlo.

Queste inchieste non vogliono dire niente. Gli USA stanno forse accusando di superficialità il governo di Netanyahu? Lo stanno facendo perché, dopo aver visto la sua disumana reazione, non vogliono sentirsi coinvolti? Davvero americani e sionisti, pur potendo evitare tranquillamente l'attacco di Hamas, han preferito permetterlo per far vedere che non han paura di nulla? E chi ci dice che la modalità e la tempistica di quell'attacco non siano stati orchestrati proprio dagli americani con la complicità dei sionisti? Siamo forse in presenza di una nuova guerra per procura?

Certo uno si potrebbe chiedere il fine di questa operazione. Ma la risposta non dovrebbe essere difficile: la Russia non ha ceduto alle provocazioni dell'occidente nella guerra in Ucraina. Non è stato possibile addebitare a Putin lo scoppio di una terza guerra mondiale, anche se Biden ci sta riprovando, dicendo che se la Russia vince in Ucraina, di sicuro attaccherà subito dopo uno Stato della NATO.

Sia come sia, quel che non si è potuto ottenere a Kiev, gli americani possono sempre sperare di ottenerlo a Tel Aviv. Se Netanyahu riuscisse a compiere il suo mostruoso piano genocidario, avrebbe in premio l'intera conquista di Gaza e una sicura immunità per tutti i suoi crimini in politica estera e i suoi autoritarismi in politica interna.

Gli USA si stanno giocando le loro ultime carte contro la tendenza irreversibile a un mondo multipolare. Fino adesso sono riusciti soltanto a sottomettere completamente l'Unione Europea. Ma è stato piuttosto facile, essendo gli statisti che la governano un gregge di pecore belanti alla ricerca di un pastore.

Hanno naturalmente altre carte da giocare, in cui obbligare le popolazioni locali a versare fiumi di sangue: una è Taiwan, l'altra è la Corea del Nord. Ma non dobbiamo dimenticare che gli USA hanno gestito fino a ieri un dominio mondiale. Ci vorrà tempo prima che escano dalla storia e si lascino sostituire da altri imperi.

Perché è a questo purtroppo che siamo costretti: a vedere un continuo alternarsi di grandi nazioni che fagocitano tutte le altre. Quelle che oggi parlano di multipolarità, continueranno a farlo dopo la fine degli Stati Uniti?

**E qui comando io...**

Di fronte alle dichiarazioni del presidente palestinese Abu Mazen di voler governare Gaza dopo la fine della guerra, Netanyahu ha parlato chiaro: "Finché sono il premier d'Israele di sicuro non lo farà".

In effetti non s'è mai visto che Israele mandi a morire i suoi soldati per fare un favore ai palestinesi. Ed è impensabile che i sionisti, coi loro bombardamenti indiscriminati, si espongano così tanto alle critiche del mondo intero, per poi bellamente ritirarsi, convinti che nessuno li denuncerà per crimini contro l'umanità.

Netanyahu non ha mai accettato gli Accordi di Oslo. Ha sempre temuto che in Palestina si potesse formare un potere separato da Israele, tale per cui Tel Aviv avrebbe dovuto rinunciare a un dominio su cielo, mare e terra intorno a Gaza.

Se ci pensiamo il 7 ottobre è stata un'occasione d'oro per evitare qualunque accordo che non includesse un controllo autoritario esclusivo di Netanyahu sulla Striscia e soprattutto sui giacimenti energetici nei fondali del Mediterraneo, che Gaza non ha mai potuto sfruttare perché impedita da Israele.

L'occasione è stata d'oro anche per gli americani. È servita per distrarre l'opinione pubblica mondiale dal fatto che in Ucraina la NATO ha perso la guerra per procura. Ed è servita anche per porre un freno al processo di avvicinamento dell'intero Medio Oriente alla Russia e alla Cina.

È probabile che la società israeliana permetterà a Netanyahu di completare l'occupazione di Gaza e di avviare la sua colonizzazione. Poi, siccome è troppo autoritario e corrotto, e ha gestito male la questione degli ostaggi, è quasi certo che verrà sostituito con un premier più moderato.

Nel frattempo ha già chiesto aiuto all'Italia e alla NATO per l'appoggio militare e per porre le basi dei futuri accordi commerciali sulla vendita degli idrocarburi al largo di Gaza.

L'Europa, così affamata di energia dopo la rottura con la Russia, non ha dubbi da che parte stare.

## [9] La strategia del Likud

Qual è la strategia di fondo del partito di Netanyahu, il Likud?

In origine l'idea fissa era quella di costruire una Grande Israele, che non includesse solo i territori dal Giordano al Mediterraneo, ma anche tutta l'attuale Giordania. Cioè in pratica tutto il territorio appartenente alla Palestina mandataria britannica, che i sionisti pensarono gli appartenesse secondo la famosa "Dichiarazione di Balfour" del 1917.

Da notare, *en passant*, che di questa Dichiarazione i sionisti diedero una curiosa interpretazione, come spesso fanno quando devono tutelare i loro interessi. Per loro l'espressione "national home", cioè "focolare nazionale", voleva dire fare man bassa di tutto ciò che si può confiscare ai palestinesi. Peraltro la suddetta Dichiarazione vincolava la concessione territoriale al divieto di "pregiudicare i diritti civili e religiosi delle comunità non ebraiche della Palestina, e i diritti e lo status politico degli ebrei nelle altre nazioni". Questa clausola i sionisti la disattesero sin dal primo momento, lasciando così intuire, visto che nessuno in occidente protestò, che gli inglesi, in ultima istanza, fossero d'accordo con loro.

E comunque col passare degli anni il Likud si accontentò di una politica di annessione che rinunciasse alla Giordania. Già Sharon aveva detto che la Giordania poteva diventare l'unico vero Stato palestinese, perché in fondo non era mai appartenuta agli ebrei.

Viceversa i territori a ovest del Giordano (Cisgiordania e Gerusalemme est) andavano evacuati da tutti i palestinesi, o comunque bisognava ridurre questi ultimi a cittadini di seconda categoria, anche per evitare che la loro crescita demografica mettesse in difficoltà le famiglie ebraiche. La Cisgiordania, così come le regioni di Giudea e Samaria, andava considerata come parte integrante d'Israele, in quanto appartenente al regno ebraico sin dai tempi della Bibbia (nonostante gli ultimi 1900 anni di storia). Di qui l'idea di favorire una forte colonizzazione (da notare che oggi in Cisgiordania ci sono "strade" solo per ebrei).

Qual è la differenza tra Sharon e Netanyahu? Sharon considerava i coloni uno strumento di pressione per ottenere accordi vantaggiosi: per es. dopo aver sconfitto l'Egitto nel 1973, non esitò a gestire lo sgombero di tutto il Sinai nei primi anni '80 (quando era ministro della Difesa), così come ordinò lo sgombero di Gaza nel 2005. Questo perché in entrambi i casi ottenne il pieno riconoscimento d'Israele a esistere (cosa che Hamas non ha mai concesso).

Netanyahu non è così ingenuo da considerare i coloni come pedine che, a seconda degli obiettivi strategici, si possono spostare da un luogo all'altro della Palestina. Non sono neppure delle truppe cui si può ordinare una manovra, ma sono intere popolazioni.

In tal senso è difficile pensare che, nel caso in cui si dovesse riconoscere ai palestinesi un proprio Stato, Netanyahu (o chiunque dopo di lui) deciderà di evacuare la Cisgiordania dei suoi 700.000 coloni. Per obbligare Israele a prendere una decisione del genere è necessaria una forza d'interposizione di non poco conto.

## Il jolly dell'antisemitismo

Cosa vuol dire IHRA? *International Holocaust Remembrance Alliance.*

A che serve? È l'unica organizzazione intergovernativa incaricata di concentrarsi esclusivamente sulle questioni legate all'Olocausto ebraico.

In particolare ha formulato una definizione di antisemitismo giuridicamente non vincolante ma sufficiente per individuare determinati comportamenti antisemitici. L'han fatto perché secondo gli aderenti a questa organizzazione l'antisemitismo è in aumento nel mondo.

La definizione è stata formulata il 26 maggio 2016 in una plenaria di Bucarest.

È questa: "L'antisemitismo è una certa percezione degli ebrei, che può essere espressa come odio verso gli ebrei. Le manifestazioni retoriche e fisiche dell'antisemitismo sono dirette verso individui ebrei o non ebrei e/o le loro proprietà, verso le istituzioni della comunità ebraica e le strutture religiose".

In teoria le suddette manifestazioni potrebbero includere il prendere di mira lo Stato di Israele, concepito come una collettività ebraica. Tuttavia, critiche rivolte a Israele (simili a quelle rivolte a qualsiasi altro Paese) non possono essere considerate antisemitiche.

L'antisemitismo spesso accusa gli ebrei di cospirazione per danneggiare l'umanità, ed è spesso usato per incolpare gli ebrei "perché le cose vanno male", cioè perché controllano i media, l'economia, il governo o altri aspetti sociali o istituzionali.

Poi fanno vari esempi contemporanei, tra i quali alcuni colpiscono per la loro attualità:

1- "Negare al popolo ebraico il diritto all'autodeterminazione, ad es., sostenendo che l'esistenza di uno Stato di Israele è un'impresa razzista."

2- "Fare paragoni tra la politica israeliana contemporanea e quella nazista."

3- "Ritenere gli ebrei collettivamente responsabili delle azioni dello Stato di Israele."

4- "Accusare i cittadini ebrei di essere più fedeli a Israele, o alle presunte priorità degli ebrei nel mondo, che agli interessi delle proprie nazioni."

Si notino le incongruenze dovute al fatto che non si fa alcuna differenza tra ebraismo e sionismo:

1- è al popolo palestinese che si nega l'autodeterminazione proprio perché lo Stato d'Israele è fondamentalmente razzista;

2- i paragoni tra sionismo e nazismo sono basati sul regime di apartheid che si è creato contro i palestinesi e sulla violenza che si usa nei confronti di chi non l'accetta;

3- sono i sionisti che fanno della propria ideologia politica qualcosa che deve appartenere a tutti gli ebrei del mondo;

4- sono soprattutto gli ebrei che devono dimostrare che la loro religione non c'entra nulla con la politica razzistica e colonialistica di Israele.

Da notare che in questo momento in tantissime università dell'occidente collettivo si sta usando proprio la definizione di antisemitismo, formulata dall'IHRA, come arma per mettere a tacere qualunque critica alle violazioni dei diritti umani e ai crimini di guerra di Israele.

Ma soprattutto è una cosa che viene travisata: i veri "semiti" non sono gli ebrei ma gli arabi, perché loro non hanno mai abbandonato il Medio Oriente. E quella è un'accezione etno-geografica che non c'entra niente con la religione: gli arabi hanno abbracciato religioni politeistiche e monoteistiche.

Quindi l'unica cosa che meriterebbe d'essere approfondita nella suddetta definizione è il passaggio in cui si dice che si può essere antisemitici nei confronti di "individui ebrei o non ebrei". Certo per un sionista può voler dire che si può essere ebrei di nascita o perché lo si è diventati. Ma sappiamo bene quali sono le motivazioni demografiche che lo inducono a essere così largo di maniche.

## [10] I grandi Paesi autistici

Gli Stati Uniti sono malati di autismo o di narcisismo politico. Esattamente come Israele. Hanno realizzato il sogno di un dominio globale a partire da un'idea di eccezionalità (autoattribuita), quella del cosiddetto "destino manifesto". In piccolo, cioè nel Medio Oriente, Israele pretende di fare la stessa cosa.

D'altra parte han vinto la seconda guerra mondiale e la guerra fredda. Potevano non pensare che il proprio successo globale non fosse la controprova della loro titolarità a ottenerlo? E Israele non ha forse vinto i Paesi arabi sin dal 1948?

Basati su un'etica calvinista, gli americani han sviluppato una vera e propria ideologia suprematista, il cui fondamento culturale è la convinzione d'incarnare l'ideale di giustizia. E il calvinismo, si sa, parteggia per il sionismo.

Suprematismo però vuol dire razzismo, manicheismo e, in fondo, fascismo e colonialismo. Tutti valori che si ritrovano anche tra i sionisti, loro stretti alleati. Tant'è che in origine i sionisti puntarono a un'alleanza coi tedeschi nazisti, poi con gli imperialisti inglesi, infine con l'egemone americano.

Certo è che se un Paese si considera "buono e giusto" per definizione, diventa inevitabile pretendere che il mondo viva di riflesso, come la luna col sole. In tal senso pretendono di somigliare, *mutatis mutandis*, all'antico impero romano, per il quale tutti gli altri popoli erano barbari finché, per convenienza, non venivano riconosciuti come cittadini romani.

Gli USA sono un Paese giovane, privo di radici (quelle dei nativi le hanno sradicate completamente), e che, per questa ragione, non s'interessano di memoria storica. Quando parlano del passato lo deformano sempre, perché lo vedono in loro funzione, come un'anticipazione di se stessi. E in questo senso i sionisti d'Israele li imitano, poiché interpretano la storia ebraica a loro uso e consumo, e vogliono sradicare in Palestina tutte le radici arabe.

Questa autoreferenzialità, che capisce solo la logica del dominio il più possibile globale, ha impedito di prevedere agli statisti di Washington che i due colossi asiatici, Cina e Russia, si sarebbero alleati a livello geopolitico, commerciale e anche militare. Non solo, ma buona parte del mondo non allineato alla NATO e al G7 chiede di entrare nei BRICS e di poter commerciare nella propria valuta nazionale, diversa dal dollaro. Una cosa del genere sta destabilizzando non solo gli USA ma l'intero occidente.

Cioè in pratica chi non fa parte dell'occidente non si è lasciato affatto impressionare dal sabotaggio del Nordstream, dall'uso delle sanzioni, dalla minaccia di una guerra mondiale nucleare... Praticamente solo i Paesi totalmente privi d'intelligenza credono alla narrativa americana (in primis quelli europei).

La Russia non è uno "Stato paria", di tipo "regionale", che non può avanzare diritti relativi alla propria sicurezza. In Ucraina l'intera NATO ha perso la guerra per procura, e ora ci si chiede quando l'occidente collettivo sarà costretto ad ammettere la stessa cosa nella guerra per procura che sta conducendo a Gaza.

**Sopra la testa dei palestinesi...**

parte prima

Su nogeoingegneria.com l'economista Michel Chossudwsky dice

che Israele è destinato a diventare un grande esportatore di gas e di petrolio, "se tutto va secondo i piani".

In che senso? Semplice: il Canale Ben Gurion sostituirà il Canale di Suez. Israele ha bisogno di distruggere Gaza per controllare la rotta marittima più importante del mondo. L'occidente lo sa e lo permette senza tanti problemi.

Questo Canale Ben Gurion inizierebbe a Eilat (nel deserto meridionale del Negev, posta sulle rive del Mar Rosso) e finirebbe proprio a Gaza.

Il Canale di Suez è una risorsa geostrategica al momento insostituibile, in quanto si trova all'intersezione di tre continenti: riduce tempi e costi di spedizione al punto che oggi il 12% del commercio mondiale e il 30% del traffico globale di container passano attraverso questo canale.

Al presidente egiziano al-Sisi è stato detto che se avesse accettato il piano di Israele di prendere i palestinesi a Gaza, mettendoli nel deserto del Sinai (cosa per cui Israele avrebbe pagato), allora gli Stati Uniti avrebbero cancellato il debito nazionale dell'Egitto.

Non solo, ma siccome l'Egitto rischia di perdere molta acqua a causa della diga costruita dall'Etiopia, USA e Israele han promesso ad al-Sisi che se accoglie i profughi palestinesi, loro faranno in modo che la numerosa popolazione ebraica in Etiopia spinga il governo a non riempire interamente l'invaso.

Non ci sono altre vere spiegazioni per questo genocidio. Le altre son solo pretestuose. Il problema però è che i palestinesi sanno che, se andranno via da Gaza, non potranno più ritornarvi, come non han potuto farlo i profughi del 1948 e quelli del 1967.

parte seconda

Il Mar Rosso, che confluirebbe nel Canale Ben Gurion, conta già un'enorme presenza di truppe americane e israeliane. Anzi la più grande base militare israeliana si trova proprio sull'isola di Dahlak, in Eritrea, oggetto di vari e recenti attacchi missilistici da parte dei militanti yemeniti Houthi, che parteggiano per Gaza.

Sono decenni che gli USA cercano di controllare completamente il Golfo di Aden e lo Stretto di Bab el-Mandab, attraversato da decine di migliaia di navi, soprattutto petrolifere. Hanno posizionato le loro truppe proprio di fronte allo Yemen, all'interno di Gibuti, nel Corno d'Africa. Si sono serviti anche dell'Arabia Saudita per attaccare lo Yemen, che si trova vicino all'Eritrea.

Purtroppo gli Emirati Arabi Uniti, dopo aver normalizzato i rapporti con Israele tramite gli Accordi di Abramo, han permesso ai sionisti di stabilire una presenza militare e spionistica anche nell'isola yemenita di Socotra, posta tra il Corno d'Africa, il Golfo di Aden, il Mar Arabico e l'Oceano Indiano.

L'importanza dello stretto di Bab al-Mandab è che sia l'Iran che la Cina devono utilizzare questa rotta marittima affinché l'Iran possa esportare carburante e la Cina diventi il principale partner commerciale della maggior parte dei Paesi.

Ora passiamo allo Stretto di Hormuz, che separa la penisola arabica dalle coste dell'Iran e mette in comunicazione il Golfo con l'Oceano Indiano.

Qui gli Stati Uniti e Israele cercano costantemente di affondare le navi di carburante iraniane o a sequestrarne il carico per poterlo rivendere, e l'Iran risponde colpendo le navi di proprietà israeliana.

USA e Israele vogliono controllare questo stretto, in modo da poter attaccare le navi iraniane e cinesi nello stretto di Bab al-Mandab, fino al Mar Rosso e, naturalmente, sostituendo il Canale di Suez con il futuro Canale Ben Gurion. Se il progetto riesce USA e Israele domineranno il commercio marittimo mondiale.

In tutto questo è davvero strano che l'Egitto non chiuda immediatamente il Canale di Suez.

Ancora più strano è che l'Arabia Saudita non minacci di tagliare la produzione di petrolio per cercare di fermare la guerra.


parte terza


All'apparenza il mondo arabo sembra essere molto più potente dell'Europa, dove i Paesi non hanno nulla in comune se non la geografia. Nel mondo arabo invece, dal Marocco all'Oman, c'è una lingua comune, una geografia comune, una religione comune, una storia comune e una cultura comune.

Questo fa automaticamente degli arabi una superpotenza globale, per non parlare dell'enorme ricchezza di risorse energetiche, della enorme superficie geografica e della vasta popolazione.

Tutti gli stretti e le vie di navigazione vitali si trovano nei Paesi arabi: dallo Stretto di Gibilterra (originariamente Jabal Ṭāriq) al Canale di Suez, dallo Stretto di Bab al-Mandab allo Stretto di Hormuz tra Iran e Oman.

Le potenze coloniali europee piazzarono nel mezzo del Medio Oriente un Paese razzista e colonialista come Israele proprio allo scopo di creare caos e di tenere sotto controllo la potenza, soprattutto energetica, dei Paesi arabi. Poi hanno lavorato affinché i regni arabi normalizzassero i legami con Israele (vedi per es. gli Accordi di Abramo).


181

Tutti questi confini in Medio Oriente sono stati tracciati dai vincitori della prima guerra mondiale: Francia e Regno Unito, che smembrarono l'impero ottomano.

La politica estera dell'Europa verso il Medio Oriente è una strategia di divisione e conquista. Si tratta di colonialismo e furto. Si tratta di dividere il mondo arabo, creare instabilità e controllare le risorse e gli stretti.

Per ottenere ciò han sempre giocato la carta del settarismo: sunniti contro sciiti in Iraq e in Libano, arabi contro persiani dell'Iran, ebrei contro musulmani in Palestina, e così via. L'Occidente ha paura dell'unità tra arabi e musulmani. Ecco perché lo sterminio dei palestinesi rientra in un loro progetto imperialista.

## [11] Mentire fa guadagnare meglio

Fondato da uno stupratore seriale, il gruppo di soccorso ultraortodosso israeliano Zaka è responsabile di alcune tra le più oscene falsificazioni delle atrocità relative all'attacco del 7 ottobre di Hamas, dai bambini decapitati allo stupro di massa, fino al feto strappato alla madre.

Biden e Blinken si sono serviti di queste falsità per impedire qualunque negoziato o tregua umanitaria o un cessate il fuoco. E il mondo occidentale ha creduto a questi due ipocriti senza verificare le loro fonti.

Accusata anche di frode finanziaria, Zaka sta sfruttando queste menzogne e la notorietà del 7 ottobre per raccogliere somme di denaro senza precedenti. Fidarsi di un'organizzazione del genere, priva di alcun rigore scientifico, è pazzesco.

Fino a poco tempo fa la copertura mediatica israeliana dell'organizzazione si concentrava in gran parte sui raccapriccianti crimini sessuali commessi dal suo fondatore, il pezzo grosso ultraortodosso Yehuda Meshi-Zahav, conosciuto dalla comunità ortodossa di Gerusalemme come "il Jeffrey Epstein degli Haredi". La sua ben documentata propensione a stuprare giovani di entrambi i sessi, si è conclusa solo dopo il suo suicidio.

Da quando i suoi volontari sono apparsi per la prima volta sulle strade di Israele con le loro moto, negli anni '90, Zaka ha ingaggiato una guerra pubblicitaria coi gruppi di soccorso ultraortodossi rivali, come United Hatzalah, per accaparrarsi milioni di dollari da parte dei ricchi donatori ebrei all'estero.

La competizione tra queste organizzazioni sembra essere alla base del flusso di false storie di atrocità che arrivano da entrambi i gruppi di volontari. Più pubblicità generano i media e i leader occidentali, più probabilità hanno di superare i loro obiettivi di raccolta fondi.

Lo shock del 7 ottobre si è effettivamente rivelato una miniera di fondi per queste organizzazioni religiose notoriamente prive di scrupoli, consentendo loro di trasformare il governo israeliano, i media occidentali e l'amministrazione Biden in agenzie pubblicitarie gratuite.

È stato grazie a queste agenzie che sfornano a getto continuo false informazioni che in Israele si è diffuso un forte senso di insicurezza, che si è presto trasformato in una brama quasi insaziabile di vendetta, tale da giustificare la mattanza della popolazione palestinese, giudicata corresponsabile degli eventi del 7 ottobre.

Ancora oggi è difficile incontrare un israeliano che ritenga sproporzionata la reazione del proprio esercito. Si lamentano solo per la gestione degli ostaggi.

## Topi in un labirinto

Le forze di occupazione israeliane hanno pubblicato una dettagliata mappa che divide Gaza in circa 600 blocchi, come parte dei loro piani genocidari.

La griglia è accessibile tramite un codice QR su volantini e post sui social media. Ma è ridicolo, poiché pochissime persone riescono a connettersi a una rete.

Praticamente i sionisti fingono di permettere alle persone di potersi informare per non essere colpite dalle bombe indiscriminate dell'aviazione.

In teoria i palestinesi dovrebbero ricevere un blocco alternativo ove rifugiarsi, mentre il loro quartiere viene raso al suolo. In realtà le persone non sanno mai bene in quale area potranno salvare la pelle. Hanno l'impressione d'essere trattate come topi in un labirinto.

Insomma la "campagna" di Israele a Gaza è come un'operazione di mattatoio, metodica e pianificata, che mira alla completa distruzione di ogni rimanente parvenza di società, cioè all'annientamento di ogni speranza di ricostruzione.

I 2,3 milioni di palestinesi sono costretti ad affrontare solo due alternative: o morte o esilio. La morte può essere determinata da vari fattori (non ci sono solo le bombe): malattie, epidemie, mancanza di beni di prima necessità, di aiuti umanitari, ecc. Quanto all'esilio non si sa dove possano rifugiarsi: sono circondati dal mare, dal confine israeliano strettamente sorvegliato e all'estremo sud il confine con l'Egitto, che considera il valico di Rafah una linea rossa.

Già adesso, siccome non si può più viaggiare liberamente da una sezione all'altra della mappa, le catene di approvvigionamento sono state completamente alterate: l'ONU dice che 9 persone su 10 sono alla fame.

Dopo la tregua non arriva praticamente nessun aiuto umanitario, neanche le medicine. Gli ospedali rimasti sono al collasso: neppure l'anestesia possono garantire.

Il mondo sta assistendo a una seconda Nakba in tempo reale, molto più mortale e devastante di quella del 1948. Questa non è una guerra contro il terrorismo ma contro un'intera popolazione disarmata. Non assomiglia per nulla a quella condotta dai russi contro i neonazisti di Kiev.

Ormai non ci sono più parole per definire la complicità dell'occidente e la passività del mondo islamico. Anche la lentezza con cui i Paesi BRICS si stanno muovendo è inspiegabile. Ancora ci si aspetta qualcosa dall'ONU, che, per come è strutturato, non può fare assolutamente nulla. Questa guerra sta rivelando tutti i suoi profondi limiti.

*

"Più di 130 miei colleghi han già perso la vita, molti con le loro famiglie. È la più grande perdita di vite umane nella storia della nostra Organizzazione. Alcuni dei nostri collaboratori portano i loro figli al lavoro per avere la certezza di vivere o morire insieme".

Chi ha detto queste cose è il Segretario generale delle Nazioni Unite António Guterres. Perché non si dimette per protesta non si sa.

*

Il rabbino Eliezer Castiel, direttore della prestigiosa scuola militare e religiosa Bnei David di Mateh Binyamin, in Israele, diceva già nel 2019: "La conquista è il nostro dovere. E se questo è il nostro dovere, allora nemmeno Shabbat ci può impedire a farlo. Anche se contro di noi non verrà sparato neanche un colpo, anche se gli abitanti di Gaza, che non sono ebrei, ci regaleranno solo i fiori e le cartoline simpatiche coi cuoricini, noi lo stesso dobbiamo, nonostante Shabbat, iniziare la guerra per la conquista della terra promessa. Se i palestinesi vorranno semplicemente lasciare a noi questa terra d'Israele, può andare bene. Se non vorranno farlo, dovremo prendere questa terra con la forza. Questa è la nostra terra, terra sacra promessa da Dio".

Curioso un rabbino di una scuola militare, curioso che la scuola sia contemporaneamente militare e religiosa. Se non è "spirito di crociata" questo, che cos'è? La religione, quando assume toni politici, diventa più fanatica e aggressiva di quella politica che si serve della religione.

## [12] Sionismo e razzismo

Perché il sionismo è una forma di razzismo?

A questa domanda bisognerebbe dare delle risposte teoriche, di tipo etico-politico, che vadano al di là dei fatti storici. Così si rende ancora più attuale il problema di come superare questa ideologia razzistica e colonialistica. Meglio confrontarsi sull'attendibilità di certe tesi interpretative piuttosto che sulle fonti storiche, anche perché sembrano solo apparentemente oggettive (pensiamo solo al fatto che se dovessimo basarci sui vangeli canonici per capire la figura politica di Gesù Cristo, poveri noi!).

1- Anzitutto per i sionisti i crimini contro l'umanità compiuti storicamente dai nazisti non vengono considerati come inerenti alla loro aberrante ideologia, ma come una conseguenza dell'eterno antisemitismo.

Il che è assurdo, e non perché i nazisti non fossero antisemiti, quanto perché, prima di esserlo, erano antidemocratici e anticomunisti. La religione era un problema secondario. E quando manifestavano il loro razzismo, era anche nei confronti degli slavi, degli africani, degli asiatici... Inoltre è storicamente noto che collaboravano coi sionisti per eliminare gli stessi ebrei.

2- I sionisti, che pretendono di rappresentare tutti gli ebrei, ritengono che qualsiasi critica rivolta al sionismo o alla politica d'Israele sia una manifestazione di antisemitismo.

Questa è follia allo stato puro. Sionismo ed ebraismo sono concetti molto diversi: il primo non è l'espressione politica del secondo. Il sionismo punta alla fascistizzazione della società, all'esclusività nazionale, al disprezzo razzista per gli altri popoli. Se l'ebraismo si sente una religione superiore alle altre, non fa valere questa convinzione usando la coercizione statale. L'integralismo politico-religioso è finito al tempo della guerra giudaica contro la dominazione romana.

3- I sionisti affermano d'essere affiliati al socialismo e, a dimostrazione di ciò, citano l'esempio dei kibbutz.

Questo è ridicolo, sia perché il sionismo divide i lavoratori a seconda della religione di riferimento; sia perché predica la collaborazione di classe (pacifica) tra lavoro e capitale; sia perché fa dei kibbutz un avamposto aggressivo con compiti di occupazione di terre arabe, senza obbligo di pagare alcun indennizzo, anzi opprimendo in tutte le maniere i legittimi proprietari. Non a caso questi insediamenti abusivi furono condannati dalla risoluzione ONU n. 446 del 1979.

I sionisti sono sempre stati ferocemente anticomunisti. È la risoluzione ONU n. 3.377 del 1975 che equipara sionismo a razzismo.

## Due strategie opposte?

In genere i premier, gli statisti e i militari israeliani portano avanti, nei confronti dei palestinesi, una strategia unilaterale, basata sul fatto che Israele deve solo pensare alla propria sicurezza, mentre gli arabi devono limitarsi a prendere atto della legittimità istituzionale d'Israele e devono risolvere per conto loro il problema palestinese. Cioè in pratica i Paesi arabi hanno il compito di persuadere i palestinesi ad assumere atteggiamenti molto moderati e hanno il dovere di allestire i campi profughi per quelli evacuati dalla Palestina a causa del loro radicalismo, mettendosi bene in testa che chi viene evacuato con la forza, non potrà più tornare da dove è stato espulso.

Uno dei fondatori dello Stato d'Israele, Zeev Jabotinsky, dichiaratamente "fascista", era convinto della strategia del "muro d'acciaio": gli israeliani devono difendersi senza compromessi, finché non compariranno, ai loro confini, leadership arabe sufficientemente moderate da accettare la pace e la coesistenza. Il negoziato sarà dunque possibile solo quando gli arabi accetteranno di cessare le ostilità.[5]

Tendenzialmente invece i laburisti hanno un'altra modalità strategica: è l'assenza di negoziato che causa la guerra. Questa modalità è risultata perdente, cioè ha smesso di avere consensi significativi.

Quando il suo leader più rappresentativo, Yitzhak Rabin, fu assassinato da un estremista di destra israeliano nel 1995, i laburisti non ottennero una vittoria schiacciante alle elezioni. Anzi nel 2001 furono superati dal partito conservatore e guerrafondaio di Sharon, il Likud.

La società israeliana è abituata a ragionare così: chi perde una battaglia, perde la guerra; se ai palestinesi concedi un dito, ti prendono il braccio.

In ogni caso dopo la scomparsa di Begin, Perez, Rabin e Sharon dalla scena politica sembra che Israele non abbia più prodotto alcun leader dotato di visione strategica di lungo periodo, in grado di dialogare coi palestinesi. Netanyahu svolge solo un ruolo criminale e basta. E con lui la coalizione di sette partiti che lo sostiene: Likud, Ebraismo della Torah Unita, Shas, Partito Sionista Religioso, Otzma Yehudit, Noam e Unità Nazionale, la maggior parte dei quali di estrema destra, sionismo cristiano, conservatori religiosi, ultranazionalisti e nemici irriducibili degli ara-

---

[5] Lo stesso Jabotinsky diceva, per giustificare l'ostilità contro i palestinesi: "Si è mai visto un popolo cedere ad altri il suo territorio di propria volontà?". Aveva ragione. Tuttavia non si è neppure mai visto un popolo cedere spontaneamente un territorio rubato a un altro popolo. Quindi se nel primo caso è stata necessaria una guerra, lo sarà anche nel secondo.

bi.

## La piaga degli ashkenaziti

Nel periodo precedente il mandato britannico in Palestina (1920-48) ebbe inizio una rinascita culturale e politica nella cosiddetta "Qutr al-Filastin", ovvero Terra dei Filistei, antica popolazione distrutta dagli ebrei emigrati dall'Egitto.

Indubbiamente mancava un'organizzazione statuale vera e propria, avente precisi confini, ma ciò non significa che la popolazione di questa provincia ottomana vivesse in condizioni barbariche. Anzi era in costante crescita demografica, e aveva relazioni politico-diplomatiche con molti Paesi europei, che organizzavano pellegrinaggi religiosi per visitare i luoghi sacri della tradizione cristiana.

La provincia palestinese cominciò ad aprirsi agli insediamenti dei non-musulmani dopo il 1840. Francia, Gran Bretagna, Austria, Russia e Germania istituirono lì dei consolati; comunità religiose di cattolici, protestanti e greci ortodossi vi costruirono chiese, scuole e ospedali. Tutti fruivano di uguali diritti e a tutti fu permesso di acquistare dei terreni secondo la legge ottomana.

Sicuramente prima del mandato britannico la situazione sociale ed economica era in costante miglioramento, tant'è che alla fine del 1870 la popolazione aveva raggiunto circa i 380.000 abitanti, con un aumento di quella ebraica (di origine araba o sefardita) a circa 27.000.

Tuttavia questa rinascita (favorita dagli egiziani) non era condivisa dagli ebrei ashkenaziti, che invece preferivano parlare di "una terra senza popolo per un popolo senza terra".

Ancora oggi Netanyahu sostiene che la Palestina era un territorio desertico, ove loro, i "nuovi ebrei" avevano portato la civiltà e il progresso, edificando varie città.

Infatti gli ebrei ashkenaziti, provenienti dal nord Europa, entrarono in Palestina a fine '800 con una mentalità nettamente capitalistica, con cui si considerava la Palestina una terra desolata da civilizzare.

In un primo momento gli autoctoni, abituati a situazioni di tipo multi-etnico-religioso, ebbero una reazione positiva all'arrivo dei coloni europei ed ebrei. Anzi li ammiravano per la loro tenacia e il progresso tecnologico. Solidarizzavano persino con gli ebrei costretti a fuggire da persecuzioni antisemitiche in Europa.

I problemi cominciarono ad emergere quando gli ashkenaziti sionisti avevano intenzione di trasformare l'intera Palestina in una patria nazionale di tutti gli ebrei.

Il progetto colonizzatore fu chiaro sin dal primo Congresso sionista di Basilea nell'agosto del 1897, al quale parteciparono più di 200 rappresentanti delle comunità ebraiche provenienti da tutto il mondo. Il fatto di garantire al popolo ebraico una patria pubblicamente e giuridicamente riconosciuta contraddiceva l'idea plurisecolare secondo cui gli ebrei erano destinati alla diaspora, restando in attesa della venuta del Messia, che avrebbe stravolto l'ordine mondiale e salvato il popolo eletto.

L'idea sionista si fece strada e nel periodo 1904-14 si verificò la seconda ondata migratoria (35-40.000). Questa volta gli ashkenaziti erano molto più aggressivi e colonialisti dei precedenti, al punto che la popolazione araba cominciò a protestare.

Gli ashkenaziti erano già abbastanza benestanti e potevano beneficiare non solo di cospicue donazioni fornite da alcuni celebri ebrei di successo (come per es. Rothschild), e non solo di uno specifico Fondo Nazionale Ebraico, ma anche del pieno appoggio inglese.

Gli inglesi infatti avevano scoperto che il Medio Oriente era pieno di petrolio, ma siccome erano considerati traditori dagli arabi, a causa del patto colonialistico segreto di Sykes-Picot, stipulato con la Francia, avevano bisogno di una potenza regionale come quella sionistica per intimorire gli arabi e sfruttare quella risorsa energetica.

Inoltre Palestina ed Egitto servivano per collegare il commercio inglese a tutto il Medio Oriente e soprattutto all'India.

## Nessun Davide, nessun Golia

Su "Haaretz" Seraj Assi ha scritto che nella guerra del 1948 tra Israele e Paesi arabi è del tutto leggendario attribuire a questi ultimi dei grandi eserciti. Non solo non li avevano, ma non erano neppure coordinati tra loro, cioè non avevano né un comando unificato né una strategia comune d'intervento. Infatti la coalizione araba era più che altro intenzionata a spartirsi i territori della Palestina.

Il re Abdullah I di Giordania (uomo chiave della politica britannica nel Vicino Oriente) era lì per creare una Grande Siria hashemita (Giordania, Palestina, Libano, Siria e Iraq). I siriani, che temevano la Giordania più di Israele, erano lì per impedire alla Giordania di annettersi la Cisgiordania. L'Egitto era lì per bloccare gli hashemiti giordani, per occupare la Striscia di Gaza e affermare la sua supremazia sui suoi vicini arabi.

La Palestina era un campo di battaglia per procura delle loro ambizioni e paure. Il destino degli stessi palestinesi figurava a malapena nei calcoli degli autocrati arabi, diffidenti più l'uno dell'altro che non d'Israele. Nessuno degli Stati arabi entrati in guerra desiderava vedere emergere al proprio fianco un potenziale Stato palestinese.

In particolare già nel novembre 1947, alla vigilia del Piano di spartizione, il suddetto re Abdullah aveva incontrato segretamente la leader sionista Golda Meir per firmare un patto di non aggressione: il re s'impegnava a non opporsi alla creazione dello Stato ebraico in cambio dell'annessione della Cisgiordania.

Tre mesi dopo, nel febbraio 1948, gli inglesi diedero il via libera al piano segreto di Abdullah. Dopodiché lasciarono la Palestina e Israele dichiarò l'indipendenza. Il mandato britannico in Giordania era però terminato già nel 1946.

Non c'è da stupirsi che la Giordania sia stato l'unico Paese arabo a non opporsi al Piano di spartizione. D'altra parte era riuscita a ottenere la Cisgiordania e Gerusalemme Est, mentre l'Egitto poteva impadronirsi di Gaza. Nessuno dei due Stati aveva intenzione di permettere ad Hajj Amin al-Huseini, il Mufti di Gerusalemme, di creare uno Stato palestinese. Gli altri Stati arabi intervennero perché preoccupati dell'enorme allargamento dei confini della Giordania, più che per "salvare" la Palestina. Tant'è che l'amicizia coi britannici fu fatale al destino del re giordano, assassinato da un palestinese nel 1951.

Insomma le trame inglesi furono all'origine della situazione odierna, anche se pochissimi sionisti venivano dal Regno Unito (di sicuro i coloni ebrei non erano inglesi). D'altra parte nel 1948 Egitto, Iraq e Giordania erano ancora sotto il loro controllo. E gli inglesi non avevano alcuna intenzione di eliminare i sionisti. Era ingenuo aspettarsi che gli arabi liberassero la Palestina quando gli stessi arabi non erano ancora stati liberati.

Anche l'inferiorità militare degli israeliani è un mito. Questo perché in ogni fase della guerra, le loro forze in campo superavano tutte quelle arabe messe insieme. L'esito finale della guerra non fu quindi un miracolo, ma un riflesso dello squilibrio militare sul campo.

## [13] Schegge impazzite

Sembra che la strategia degli USA sia basata sul caos. E Israele la riproduce. Sembrano due entità anomale di natura, prive di esigenze pacificatrici, abituate a un individualismo sfrenato, dove conta solo avere soldi o potere. Sono schegge impazzite.

La guerra sembra che venga intesa non solo come strumento che, attraverso il conseguimento di determinati obiettivi militari, punta a ottenere un risultato politico o economico, ma anche come strumento in sé, per una propria ragione di vita, come se l'esigenza di creare disordine e instabilità fosse una valvola di sfogo per i propri problemi interni, ritenuti irrisolvibili.

Non è infatti possibile credere che i sionisti siano davvero convinti di poter espellere da Gaza 2,3 milioni di persone, o che, una volta realizzato questo mostruoso progetto, sarà davvero risolta la questione palestinese o il terrorismo islamico, che oggi viene attribuito ad Hamas e domani a chissà chi.

Sembra che la politica statunitense o israeliana non sia autonoma, ma dipendente da esigenze destabilizzanti, guerrafondaie di apparati economici, finanziari, militari...

Gli esiti dei conflitti in Ucraina o a Gaza appaiono secondari sotto il profilo militare. È impossibile che gli USA e Israele non vogliano scatenare una nuova guerra tra qualche anno o mese. Da quando sono nati l'han sempre fatto. I loro premier o presidenti, di destra o di sinistra, democratici o repubblicani, progressisti o conservatori han sempre avuto bisogno di allarmare l'opinione pubblica mondiale con qualche azione scriteriata, assolutamente arbitraria.

Le guerre devono durare finché conviene che durino, e non tanto perché maggiore è la durata e maggiore sarà il logoramento del nemico, ma solo perché è il caos bellico ciò che si vuole. In questo caos si conquistano terreni, regioni, risorse per poter campare di rendita. Ma poi non si è mai sazi, e ci si rivolge altrove, per ricominciare da capo.

La guerra del Vietnam, così come quella in Afghanistan, sono durate 20 anni. E si sono entrambe concluse con una precipitosa fuga, quando a Washington han ritenuto che il gioco non valesse più la candela.

Questo per dire che se anche scoppiasse una guerra mondiale, non è detto che, una volta ricostruite le città sulle loro stesse macerie, non si ricominci da capo. Qui siamo in presenza di cancri dell'umanità, che stanno ammalando l'intero pianeta, infinitamente peggio di qualunque devastazione ambientale.

**Opprimere il diverso è normale**

Forse è inutile meravigliarsi nel vedere che, se si prescinde dalla trappola degli Accordi di Oslo, il popolo palestinese è sempre stato escluso da ogni negoziato che riguardasse il suo futuro, a cominciare dalla spartizione della Palestina decisa dall'ONU nel 1947, sino agli Accordi di Abramo.

Il motivo di questo atteggiamento supponente da parte degli occidentali è molto semplice: il mondo moderno (quello che conta) non è basato sul concetto di "popolo" ma su quello di "nazione".

La Palestina, se si prescinde dalla personalità carismatica di Arafat, non ha mai avuto un leader che la ponesse all'attenzione del mondo

190

come "entità etnica", meritevole d'esistere anche senza avere una precisa configurazione statuale. Lo stesso si potrebbe dire del Kurdistan.

D'altra parte come potrebbe essere diversamente? Se in una etnia la popolazione attribuisce a un determinato leader i pieni poteri, è normale che all'interno della stessa popolazione maturi la convinzione che la democrazia insita nel proprio vissuto sia in procinto d'essere sostituita da una qualche forma di monarchia o di dittatura.

Un'etnia o una tribù può riconoscere un "capo" solo in via provvisoria, soprattutto in caso di guerra contro una popolazione ostile. Finita la guerra si torna a vivere come prima, in una situazione che noi occidentali definiremmo non tanto di tipo "democratico" ma "anarchico" o comunque informale, non strutturata.

Per noi senza una rappresentanza politica chiara e distinta, definitiva, cioè senza un parlamento, uno Stato, una bandiera, dei confini invalicabili, un esercito permanente, varie forze dell'ordine, una burocrazia amministrativa e fiscale, una Costituzione o una qualche Legge fondamentale, una separazione dei poteri o cose del genere, non esiste nessun popolo.

Al tempo degli antichi greci e romani, ma anche al tempo del moderno colonialismo europeo, tutte le popolazioni diverse da noi venivano considerate "barbariche". Non avevano "diritti", e quindi potevano essere legittimamente sottomesse. Anzi noi ci sentivamo in "dovere" di sottometterle, al fine di diffondere nell'intero pianeta la nostra ideologia "salvifica" (laica o religiosa che fosse).

Potevamo impadronirci delle loro terre perché ci ritenevamo una civiltà superiore. Cosa che ci era facile dimostrare non solo usando la forza militare, ma anche avvalendoci di una tecnologia più avanzata e, soprattutto, facendo leva su una statualità basata sul diritto, un diritto che permetteva agli "altri" di diventare come noi se accettavano integralmente il nostro sistema di vita, a sua volta basato sull'antagonismo sociale, sulla competizione degli individui o delle forze in campo, di qualunque natura fossero.

Nella guerra in Ucraina abbiamo visto la stessa cosa: il governo nazionalista e neonazista di Kiev non ha mai riconosciuto l'autodeterminazione delle proprie minoranze, siano esse etnico-linguistiche o semplicemente locali-regionali.

Questo per dire che il comportamento d'Israele riflette quello che gli occidentali han sempre tenuto sin dai tempi dello schiavismo. L'unico momento in cui l'Europa occidentale è parsa non aggressiva di suo, è stato quello alto-medievale, caratterizzato dall'invasione delle popolazioni provenienti dall'Asia, che non praticavano lo schiavismo come sistema di vita. Ma queste popolazioni, venendo a contatto con la cultura e la mentalità occidentale, profondamente individualistica, persero col tempo la loro diversa strutturazione sociale. La prima ad assumere una connotazione "occidentale" fu la tribù franca di Carlo Magno, che, con l'appoggio del papato, inventò il servaggio feudale e, in politica estera, cominciò a cristianizzare con la forza le popolazioni pagane dell'Europa orientale.

Poi, a partire dal Mille, cioè a partire dalla rinascita dei commerci e dallo sviluppo dei Comuni borghesi, s'impose con prepotenza l'idea di "crociata", una forma di colonialismo *ante-litteram*.

Tutto ciò per dire che i sionisti han bisogno d'inventarsi dei nemici esterni alla loro nazione per giustificare il loro diritto a esistere. E più il nemico viene dipinto come barbarico, più si sentono in dovere di sterminarlo.

In tal senso sono destinati a non vedere l'origine dei loro problemi interni e a considerare qualunque Stato diverso dal proprio come un nemico da sottomettere.

Una volta ridotti i palestinesi a cittadini di seconda categoria, totalmente privi di un loro Stato, sarà normale per i sionisti dire all'Egitto che il Sinai gli appartiene per motivi storici.

## [14] Sionismo e nazismo

*parte prima*

È forse strano che in Israele non si celebri ufficialmente la vittoria sulla Germania nazista? No, perché i governi d'Israele si ispirano a un nazional-sciovinismo viscerale, del tutto anticomunista e con inequivocabili caratteristiche di tipo razzistico e colonialistico.

Non a caso i leader sionisti videro nel nazismo un fattore che avrebbe potuto favorire un insediamento nella Palestina di coloni "scelti", in grado di opporsi efficacemente (anche in maniera militare) agli arabi ivi residenti, creando uno Stato d'Israele riservato ai soli ebrei.

Per dimostrare ch'erano "tedeschi" affidabili, con la loro Unione sionista della Germania presero a controllare assiduamente il mezzo milione di ebrei del Paese. Infatti verso la metà degli anni '30 tutte le organizzazioni ebraiche non sioniste, presenti in Germania, erano state liquidate.

Al loro esordio i nazisti si fidavano dei sionisti. La suddetta Unione fu ribattezzata col nome di Unione imperiale degli ebrei in Germania. L'unico giornale ebraico che rimase aperto, dal 1902 fino al 1938, fu il loro: "Jüdische Rundschau".

Questi sionisti si erano dati come obiettivo prioritario l'esportazione di capitali a beneficio delle aziende sioniste della Palestina, le quali depositavano il denaro presso due banche tedesche. Inoltre molte merci tedesche venivano vendute in Palestina e in Medioriente. Insomma un vantaggio reciproco che permise ai sionisti di porre le basi economiche della futura Israele.

Non solo, ma i sionisti sfruttavano la politica razzistica dei nazisti per trasferire in Palestina quegli ebrei filo-sionisti che sarebbero serviti per combattere i palestinesi. La Gestapo non aveva problemi a condividere tali obiettivi, almeno finché non si ideò la "soluzione finale".

*parte seconda*

Che i leader sionisti collaborassero coi nazisti è dimostrato in maniera eloquente da ciò che fecero a Leopoli, in Galizia, nell'odierna Ucraina. Erano loro che gestivano lo Judenrat (Consiglio ebraico), strumento genocidario creato dai nazisti. Con esso i sionisti gestirono il ghetto della città e salvarono solo i loro seguaci, di regola molto più agiati o influenti degli ebrei comuni.

Prima dell'invasione nazista della Russia esistevano a Leopoli circa 160.000 ebrei (alcune fonti arrivano a oltre 220.000). Dopo la fine della guerra era stata eliminata la grande maggioranza.

Presidenti dello Judenrat furono Josef Parnas (luglio-ottobre 1941), poi assassinato dai tedeschi, Adolf (Abraham) Rothfeld, morto di arresto cardiaco nel 1942, e Heinrich (Józef) Landesberg, poi impiccato dai tedeschi: erano tutti sionisti.

I nazisti tedeschi, Adolf Eichmann e Herbert Hagen, furono sempre in stretti rapporti anche con Feivel Polkes, delegato della Haganah, organizzazione eversiva e spionistica dei sionisti a favore della Gestapo. L'Haganah tradiva gli interessi di tutti gli ebrei anti-nazisti presenti in qualunque Paese del mondo.

Quando il 4 febbraio 1937 il giovane ebreo David Frankfurter assassinò il capo del movimento nazista in Svizzera, Wilhelm Gustloff, fu proprio Feivel Polkes che aiutò Eichmann a scoprire l'organizzazione dietro Frankfurter. Si offrì anche di trovare per la Germania fonti petrolifere in Medio Oriente.

Da notare che l'Organizzazione sionista mondiale, attraverso l'Agenzia ebraica capeggiata da Dov Yosef (1899-1980), negò pervicacemente tutti i documenti redatti dai sovietici in cui si denunciavano i terribili pogrom antiebraici che i nazisti compivano nei Paesi da loro occupati. Il primo documento fu del 6 gennaio 1942.

I sionisti temevano che se il genocidio ebraico fosse diventato di dominio pubblico, sarebbe poi stato impossibile giustificare la necessità di creare un "focolare nazionale" in Palestina.

*parte III*

Nell'archivio della città di Černivci (Czernowitz), nella regione storica della Bucovina del nord, nell'Ucraina occidentale, vi sono documenti che denunciano l'attività criminosa di Manfred (Meir) Reifer, ex membro dell'Agenzia ebraica e leader dell'organizzazione sionista della Bucovina.

Ebbene questo sionista di origine rumena era un uomo di fiducia del capo della Gestapo, Otto Ohlendorf, che organizzò (insieme al governatore della Bucovina, Corneliu Calotescu), l'eliminazione di circa l'85% dei 60.000 ebrei che risiedevano nella suddetta città prima della guerra.

Nel citato archivio esiste un numero del settembre 1933 del giornale ebraico "Czernowitzer Allgemeine Zeitung" in cui è attestata l'affiliazione nazista di Reifer, che peraltro vantava, in una lettera inviata il 9 agosto 1942 a Calotescu, un rapporto personale con Goebbels.

Reifer riuscì a salvarsi dalla deportazione in Transnistria pretesa dal dittatore militare fascista Ion Antonescu ed eseguita dallo stesso Calotescu, solo perché tra le poche migliaia di ebrei esentati da questo genocidio vi era anche il suo. Arrivò a Tel Aviv nel 1945 e vi morì nel 1952. Ancora oggi i sionisti lo considerano un perseguitato dell'antisemitismo.

Chissà quanti altri documenti si potranno trovare, simili a questi, negli archivi che gli americani si son portati nel loro Paese dopo essere entrati in Europa.

*parte IV*

Durante la seconda guerra mondiale operavano in Palestina alcune organizzazioni paramilitari dei sionisti, spesso con finalità terroristiche. Una di esse, Haganah, aveva stretti rapporti col nazista Eichmann e altri esponenti delle SS sin dal 1937.

Un'altra organizzazione militare, Irgun Zvai Leumi, aveva tra i dirigenti Avraham Stern (ucciso dagli inglesi a Tel Aviv nel 1942), Menachem Begin (Premio Nobel per la pace nel 1978), Yitzhak Shamir (o Yezernitsky, ministro degli Esteri nel governo di Begin), interessati a stretti legami coi nazisti verso la metà del 1940.

Tra i suddetti leader, uno, Stern, si staccò dell'Irgun e creò la famigerata Banda Stern (Lohamei Herut Israel), che chiese ai fascisti italiani di entrare in Palestina in funzione anti-araba. Il gruppo Stern fu sempre convinto che gli inglesi avrebbero sacrificato il sionismo per i loro interessi colonialistici, in virtù dei quali cercavano, per quanto possibile, di mantenere buoni rapporti con gli arabi.

Siccome però i fascisti non erano molto convinti di sfruttare questa opportunità, in quanto vedevano nel sionismo uno strumento nelle mani dell'imperialismo inglese, Stern si rivolse ai nazisti, che a fine autunno del 1940 crearono un'Organizzazione militare Medio Oriente con sede ad Ankara e filiali a Beirut e Damasco.

I nazisti che collaboravano con l'Irgun e la Banda Stern erano Rudolf Rosen, ufficiale dell'Abwehr, e Otto von Hentig, capo della sezione mediorientale del ministero degli Esteri.

L'Irgun (guidata da Jabotinsky) non aveva dubbi sulla benevolenza dei nazisti nei confronti dei sionisti. Anzi dichiarò formalmente guerra agli inglesi nel gennaio 1944, organizzando attività terroristiche contro di loro in Palestina, e questo mentre gli ebrei europei venivano ancora sterminati dai nazisti.

Insomma si era convinti che i nazisti non avrebbero mai ostacolato la creazione dello Stato d'Israele, se questo fosse servito per risolvere definitivamente la questione ebraica in Europa.

I sionisti volevano creare uno Stato nazionalista e totalitario che beneficiasse della protezione tedesca non solo contro i colonialisti inglesi nel Medio oriente, ma anche contro il mondo arabo, il quale sicuramente si sarebbe opposto all'edificazione di un vero e proprio Stato ebraico in Palestina. Ecco perché erano disposti, se fosse scoppiata la guerra, a schierarsi dalla parte dei tedeschi.

Avraham Stern (delfino di Begin e predecessore di Shamir alla carica di dirigente dei Combattenti per la libertà d'Israele – LEHI) proponeva a Hitler di occupare tutto il Medio Oriente con l'appoggio dei sionisti.

Tuttavia gli hitleriani nel 1941 non avevano più bisogno dell'appoggio dei sionisti, i quali rischiavano pure loro di finire nelle camere a gas. Di qui alla fine l'intenzione di parteggiare per gli anglo-americani.

Senonché Begin, nel biennio 1943-44, alla testa dell'Irgun, e Shamir, a capo del LEHI, continuarono a fare il gioco dei nazisti almeno fino a quando non fu chiaro che in URSS la Germania aveva definitivamente perso la guerra. Tant'è che i nazisti esultarono quando il 6 novembre 1944 Shamir fece uccidere al Cairo Lord Moyne, ministro britannico residente in Medio Oriente, dando inizio alla guerra contro gli inglesi.

Non solo, ma quando gli inglesi arrestarono 2.675 dirigenti sionisti, la reazione fu durissima: Begin fece saltare a Gerusalemme nel luglio 1946 l'hotel Re David, ammazzando 91 persone (di cui 28 inglesi) e ferendone altrettante: quell'hotel ospitava il quartier generale amministrativo e militare delle autorità mandatarie britanniche, che dopo quel fatto decisero di andarsene dalla Palestina. D'altronde non potevano massacrare una popolazione che lo era già stata in Europa da parte dei nazisti.

*parte V*

Rapporti organici di amicizia e stretta collaborazione tra sionisti e fascisti italiani risalgono a due mesi dopo la marcia su Roma.

Mussolini s'incontrò col massimo esponente del movimento sionista, Chaim Weizmann, futuro primo presidente di Israele. Fu lui a dire al XX Congresso sionista del 1937: "Non si possono portare sei milioni di ebrei in Palestina. Due milioni di giovani basteranno". Lo diceva perché aveva bisogno di persone irriducibili disposte a combattere contro gli arabi.

Nel 1927 lo stesso rabbino capo di Roma, Angelo Sacerdoti, disse che i princìpi fondamentali dell'ideologia fascista erano simili a quelli sionisti, in quanto nettamente anti-marxisti e anti-comunisti.

Negli anni '30 l'intesa tra il leader dell'ala più estrema del sionismo, Vladimir Jabotinsky, e Mussolini era totale.

Grazie a Jabotinsky (morto a New York nel 1940[6]) dal 1934 al 1937 i giovani sionisti seguaci del duce, dopo essersi addestrati nella scuola navale di Civitavecchia, daranno vita alla marina militare dello Stato d'Israele.

I rapporti tra le due ideologie politiche cessarono solo dopo le leggi razziali del 1938. Tuttavia il neofascista Giorgio Almirante fu sempre un sostenitore della politica aggressiva e razzista d'Israele.

Anche al tempo delle Brigate Rosse alcuni agenti del Mossad appoggiavano i terroristi per indurre il governo italiano a mutare la politica mediorientale favorevole ai palestinesi.

Fonti:
invictapalestina.org/archives/41989
crt-ii.org/_awards/_apdfs/Reifer_Manfred.pdf
sttpml.org/wp-content/uploads/2015/08/BAZO.pdf?
fbclid=IwAR0I1Q_XQ7HH02SfUDX1F9Yy75Afbw3iZEKm6ZKVSU-
GJTPLXk_XBDlQc_So
lastsuperpower.net/docs/nzccontents
marxists.org/history/etol/document/mideast/agedict/

---

[6] Da notare che Jabotinsky fu sostituito, alla sua morte, da Begin su proposta dei sionisti americani.

# [15] Natura del sionismo politico

Il 1896 indica la nascita del sionismo politico, che avanzò l'idea di uno Stato ebraico in Palestina. Era molto diverso dal sionismo anarco-socialista dei tempi di Moisés Hess, amico di Marx.

I dirigenti sionisti di allora, tutti europei e ashkenaziti, memori dei secoli di antisemitismo, dei ghetti e dei pogrom sofferti in Europa (l'Affare Dreyfus è del 1894), erano convinti che gli ebrei fossero destinati a essere perseguitati sempre e ovunque, per cui agognavano ad avere un proprio Stato politico, assolutamente indipendente.

Inoltre, poiché vivevano in piena epoca coloniale e vedevano le potenze europee spartirsi il Medio Oriente a tavolino, pensavano che ritagliarsene un pezzo in quest'area geografica fosse più che plausibile.

Erano caratterizzati da esigenze che, in ultima istanza, sono all'origine della catastrofe palestinese di oggi. Perché?

Semplicemente perché l'idea che una popolazione abbia bisogno di uno Stato per non essere perseguitata avrebbe senso se quella popolazione fosse omogenea dal punto di vista territoriale. Per es. i russofoni del Donbass avevano bisogno dell'intervento armato della Russia, poiché non riuscivano a ottenere alcuna vera autonomia amministrativa dal governo golpista e nazionalista di Kiev, e quella che avevano non era sufficiente per non essere continuamente bombardati.

Prendiamo ora i sionisti. Quando pretesero di avere un proprio Stato non erano un popolo omogeneo sul piano territoriale. Al massimo erano comunità sparse in vari Paesi europei, ognuna delle quali non era certo nelle condizioni di poter rivendicare uno Stato politico.

Quando si costituirono in un'organizzazione internazionale, erano solo un insieme di comunità sparpagliate, non di minoranze etniche riferibili a un'area geografica specifica, all'interno della quale avrebbero potuto rivendicare un'autonomia politica o amministrativa. Peraltro chi desiderava avere un proprio Stato politico viveva nelle città non nelle campagne.

Insomma stavano chiedendo una cosa che, per potersi realizzare, avrebbe avuto bisogno dell'appoggio di uno Stato autoritario, imperialista, che avrebbe dovuto aiutarli soprattutto nella fase iniziale, quella costitutiva, che inevitabilmente avrebbe comportato uno scontro con la popolazione locale della Palestina (ma anche se fossero andati in Madagascar sarebbe stata la stessa cosa).

Il caso volle che il progetto sionista di uno Stato ebraico in Palestina, presentato dai dirigenti sionisti ai governi occidentali come "baluardo di civiltà contro la barbarie", corrispondeva alle mire imperialistiche delle potenze europee di allora in Medio Oriente, un'area molto favorevole agli scambi commerciali col lontano Oriente. A questi Stati avrebbe fatto comodo avere un punto d'appoggio di tipo occidentale contro l'impero ottomano e la rivale civiltà islamica, che nel passato aveva impedito alla civiltà latina di mettere piede in maniera stabile con le crociate cattolico-borghesi. Inoltre tutti in Europa pensavano che in questa maniera si sarebbe risolta definitivamente l'annosa questione ebraica.

In tal senso per i sionisti era del tutto irrilevante servirsi dei nazisti tedeschi o degli imperialisti inglesi. L'importante era la determinazione di aiutarli a realizzare il loro progetto colonialista.

Da allora il progetto sionista comporta per la popolazione palestinese, senza soluzione di continuità, decisioni abominevoli calate dall'alto: uccisioni, espulsioni, apartheid, incarcerazioni, requisizioni o distruzioni di beni immobili. Chi si sottomette senza discutere, al massimo può beneficiare di una cittadinanza di infima categoria.

Pretendere due Stati per due popoli quando ormai un popolo non esiste più, è un insulto all'intelligenza. Della Palestina storica è rimasto solo il 17%. Prima del 7 ottobre, e solo per il 2023, erano già stati ammazzati ben 320 palestinesi!

### Fuoco amico non indagabile

Sul sito di Maurizio Blondet è scritto che l'esercito israeliano ha ammesso che il 7 ottobre hanno avuto luogo una "quantità immensa e complessa" di quelli che definisce incidenti di "fuoco amico", ma che l'esercito "ritiene che… non sarebbe moralmente corretto indagare".

Da quel giorno sono aumentate costantemente le prove che molti – se non la maggior parte – degli israeliani uccisi quel giorno furono uccisi da Israele stesso.

Queste prove sono state riportate da media indipendenti, tra cui "The Electronic Intifada", "The Grayzone", "The Cradle" e "Mondoweiss".

In una delle rivelazioni più recenti, un colonnello dell'aeronautica israeliana ha ammesso in un podcast ebraico di aver fatto saltare in aria le case israeliane negli insediamenti, ma ha insistito sul fatto che non l'hanno mai fatto "senza permesso".

Il colonnello Nof Erez ha anche affermato che il 7 ottobre è stato un evento di "Annibale di massa", in riferimento a una controversa dottrina militare israeliana, secondo cui alle forze israeliane è consentito adottare tutti i mezzi necessari per impedire che gli israeliani vengano catturati vivi, anche a costo di uccidere i prigionieri.

### Sul genocidio l'ONU è inutile

Scrive Ali Abunimah in electronicintifada.net:

Alice Wairimu Nderitu, consigliera speciale del segretario generale delle Nazioni Unite per la prevenzione del genocidio, sta violando il suo mandato rimanendo in silenzio su Gaza, soprattutto sui bombardamenti indiscriminati che subisce.

Il 15 ottobre ha rilasciato una dichiarazione in cui condanna fermamente – non meno di tre volte – Hamas per aver attaccato Israele il 7 ottobre, accettando come fatti tutte le affermazioni non verificate di Israele.

Non solo, ma ha pure condiviso l'assurda propaganda israeliana secondo cui è l'antisemitismo a motivare la resistenza palestinese e non un'occupazione brutale e pluridecennale.

Il suo collega, George Okoth-Obbo, è come lei.

Decine di membri dello staff delle Nazioni Unite e più di una dozzina di organizzazioni palestinesi per i diritti umani hanno più volte sottolineato tale anomalia, ma nessuno ha reagito. Questo a testimonianza che ormai l'ONU lascia il tempo che trova.

Già il 15 ottobre 800 studiosi e professionisti del diritto internazionale e degli studi sul genocidio, tra cui eminenti studiosi dell'Olocausto, avevano firmato una dichiarazione "per suonare l'allarme sulla possibilità che le forze israeliane perpetrino il crimine di genocidio contro i palestinesi nella Striscia di Gaza." Ma anche decine di esperti indipendenti in materia di diritti umani delle Nazioni Unite hanno lanciato appelli simili.

Quindi il silenzio all'ONU non è agghiacciante, ma l'azione di sicuro è impotente. Craig Mokhiber, collega di Nderitu alle Nazioni Unite, si è dimesso in ottobre dalla carica di direttore dell'ufficio per i diritti umani delle Nazioni Unite a New York. Proprio perché si è reso conto che l'ONU non serve a nulla.

E non è che ci voglia molto per capire che qui siamo in presenza di un genocidio. Il ministro della Difesa israeliana, Yoav Gallant, ha definito i palestinesi "animali umani", quando ha annunciato che Israele stava tagliando acqua, cibo, elettricità, medicine e carburante (come se neppure gli animali abbiano bisogno di "acqua e cibo" per sopravvivere).

Isaac Herzog, presidente di Israele, ha indicato che tutti i 2,3 milioni di persone a Gaza – metà dei quali bambini – sono colpevoli. Le sue frasi deliranti sono state molto chiare: "C'è un'intera nazione là fuori che è responsabile. Non è assolutamente vera questa retorica sui civili non consapevoli, non coinvolti". Cioè in sostanza i palestinesi di Gaza possono incolpare solo se stessi se non sono riusciti a sollevarsi e a rovesciare Hamas.

Lo stesso Netanyahu ha paragonato il popolo palestinese ad Amalek, un nemico degli Israeliti biblici. Nella Bibbia Dio comanda: "Ora va' e attacca Amalek e distruggi completamente tutto ciò che hanno e non risparmiarli. Uccidi sia l'uomo che la donna, il bambino e il lattante, il bue e la pecora, il cammello e l'asino". Questo sembra essere il manuale operativo dell'esercito israeliano.

Se un genocidio è in atto, non ha senso intervenire quando si è concluso. Ogni minuto di ritardo indica una complicità di cui ci si dovrebbe pentire amaramente. Un genocidio andrebbe denunciato quando s'intravvedono le prime avvisaglie che sta per compiersi. La tempestività dell'azione non può dipendere dalla sensibilità di chi gestisce questo ufficio dell'ONU. I meccanismi per i quali dovrebbe scattare l'allarme preventivo sono già stati ampiamente codificati. La Convenzione sulla prevenzione e la repressione del crimine di genocidio è del 1948.

Che l'ufficio della Nderitu non funzioni o usi doppi standard è dimostrato dal fatto che ha lanciato avvertimenti sul diritto dei rifugiati armeni al ritorno, sull'accresciuto rischio di genocidio e crimini atroci nel Tigray, Amhara, Afar, Oromi e sul rischio di genocidio nel Darfur e in Sudan. Che abbia avuto paura, visto che lei è di origine keniana, che le attenzioni dei media *mainstream* su Gaza distogliessero le attenzioni sui genocidi che si stanno compiendo in Africa?

A dir il vero qualunque Paese che abbia ratificato la suddetta Convenzione avrebbe il diritto-dovere di denunciare alla Corte internazionale di giustizia e ad altri organi delle Nazioni Unite chi la sta violando o abbia intenzione di farlo. Finora nessun governo l'ha fatto.

## [16] È un grave errore uccidere la Palestina

Uccidere la Palestina, come sta facendo Israele, è fare un grande torto alla diversità culturale e religiosa.

In questa penisola infatti si trovano i luoghi santi delle tre grandi religioni monoteistiche. Qui la tolleranza nei confronti del pluralismo è sempre stata più forte che altrove.

Se i sionisti fossero davvero "ebrei", e non volgari razzisti e colonialisti, si renderebbero facilmente conto che eliminare i palestinesi significa eliminare se stessi. Significa minare alle fondamenta un modello esemplare di coesistenza pacifica tra etnie, culture, tradizioni, valori religiosi, che per molti versi sono addirittura opposti.

Il cristianesimo, infatti, ha sempre considerato se stesso un superamento o un compimento dell'ebraismo (dopo averlo però contaminato con elementi spiritualistici tratti dalla cultura pagana). E l'islam ha preso dall'ebraismo quanto gli bastava per superare la decadenza del cristianesimo statalistico, totalitario, ponendosi alla fine come religione di buona parte del pianeta avverso al colonialismo occidentale.

La Palestina è stata una terra relativamente pacifica fino a quando non sono arrivati i sionisti con l'appoggio sia dei tedeschi nazisti che degli imperialisti inglesi, a seconda delle convenienze di circostanza.

Prima dei sionisti e degli occidentali dovevano soltanto fronteggiare il peso feudale dell'impero ottomano, cioè la gogna del vassallaggio e della rendita, che però non implicò mai la persecuzione per motivi etnici, linguistici o religiosi.

I sionisti invece furono subito visti come la *longa manus* degli inglesi che, insieme ai francesi, avevano tradito le istanze rivendicative degli arabi contro i turchi (vedi il trattato segreto di Sykes-Picot).

L'indipendenza, tanto agognata dai palestinesi e dagli arabi in generale, si trasformò in una schiavitù assai peggiore di quella subìta sotto i pascià turchi. Non c'è dubbio che le forme estremistiche del nazionalismo arabo sono spesso il risvolto di una insopportabile frustrazione, di un'ingiustizia troppo a lunga subita.

Di qui, in fondo, il rifarsi anacronistico all'islam, come se fosse lo strumento migliore per trovare un'alternativa all'occidente e allo Stato d'Israele.

La grande ingenuità dei palestinesi è sempre stata quella di credere che la loro causa politico-nazionale sarebbe stata appoggiata con fermezza e coerenza dai Paesi arabi limitrofi. Anche oggi è difficile pensare che Hamas non abbia pensato la stessa cosa.

Tuttavia la lentezza e l'indecisione con cui si muovono i Paesi arabi è un fatto incontestabile. Per non parlare della scarsa coordinazione tra di loro. Neppure la necessità di dover fronteggiare, dal 1948 ad oggi, il gravissimo problema dei profughi palestinesi, è riuscita a convincerli a superare le divergenze sul piano etnico, religioso o geopolitico.

È evidente infatti che la questione palestinese costringe gli arabi a un'economia di guerra e impedisce di seguire uno sviluppo lineare nei rapporti interni e internazionali. I militari, in questi Paesi, han finito con l'avere un potere che in un'altra situazione sarebbe parso eccessivo a tutti.

Non è da escludere, in tal senso, che i Paesi arabi si servano proprio della questione palestinese per impedire una crescita democratica delle loro stesse popolazioni. Qui le posizioni arabe e israeliane si toccano nel loro reciproco estremismo, si giustificano a vicenda.

## Israele è un Paese normale?

È noto che Israele non potrebbe combattere nessuna guerra senza il rifornimento statunitense per le sue forze armate. Quindi anche questa guerra contro Gaza si configura come una guerra per procura.

Praticamente i missili, le munizioni, le bombe a guida di precisione, gli aeroplani...: tutto proviene dagli Stati Uniti.

Quando Biden chiede di permettere agli "aiuti umanitari" di entrare a Gaza significa tre cose: 1) vuol salvare la faccia da un'evidente genocidio, pur continuando a mettere veti all'ONU sulla sua fine; 2) vuole che il conflitto duri il più possibile per fare un favore all'apparato militare-industriale del suo Paese; 3) spera che il conflitto si allarghi ad altre nazioni (soprattutto quelle islamiche del Medio Oriente) per poter ripristinare un'egemonia perduta.

I sionisti sono contrari alle pause umanitarie, poiché temono che Hamas si possa rifornire di cibo, acqua e carburante. Ma devono farlo per fronteggiare non tanto le pressioni esterne quanto quelle interne, che vogliono la liberazione degli ostaggi con uno scambio di prigionieri e non vogliono che vengano uccisi per sbaglio o sulla base della cosiddetta "Direttiva Annibale".

Tuttavia se si chiede a Israele di ridurre al minimo le vittime civili palestinesi, inevitabilmente si mettono in pericolo i soldati israeliani, che stanno cominciando a morire o a ferirsi a un ritmo insostenibile quando la guerra è casa per casa.

Al momento l'espansione dell'offensiva di terra nella parte centrale e meridionale di Gaza, dove si trova il grosso delle forze di Hamas, non sta procedendo, se non appunto facendo strage di civili con l'aviazione.

Questo dimostra che Israele non può vincere Hamas tanto facilmente. Non solo cioè non può comportarsi in maniera tale da non rispettare le convenzioni internazionali, ma non può neppure fare nulla in autonomia: né di scatenare una guerra, né di sospenderla, né di concluderla.

È normale una situazione del genere? Nella gestione del problema degli ostaggi si ripete il dilemma amletico. Se si piega alle richieste di Hamas, li riporta a casa sani e salvi, ma permette ad Hamas di rafforzarsi e di aumentare la sua credibilità, in quanto gli permette di dimostrare la sua forza e di ottenere in cambio la scarcerazione di vari detenuti palestinesi. Se non si piega e decide di liberarli con la forza, rischia di ammazzare molti civili palestinesi, rischia di veder morire sia i propri militari che gli stessi ostaggi, e questo può comportare la riduzione degli aiuti militari da parte degli USA e l'inizio di sanzioni economiche insostenibili da parte di Paesi non occidentali.

**I Paesi arabi vogliono sentirsi liberi**

Per affrontare la questione palestinese bisognerebbe partire da alcuni presupposti fondamentali, meritevoli d'essere discussi in un'eventuale Conferenza internazionale.

Anzitutto per i palestinesi definizioni come "unità araba", "nazione araba", "popolo arabo", ecc., non sono semplici concetti (geo)politici, ma obiettivi per affermare la propria esistenza in vita, in assenza dei quali si rischia di scomparire dal Medioriente, anzi dalla storia.

Di sicuro tra loro non è possibile ravvisare un'ideologia dominante, neppure di tipo religioso. È infatti limitativo sostenere che i palestinesi sono prevalentemente sunniti, con una minoranza sciita nel sud del Libano, e che gli appartenenti alla comunità cristiana sono localizzati principalmente in alcuni distretti della Cisgiordania e all'interno dello Stato di Israele.

Per chi è musulmano il riferimento alle fonti islamiche tradizionali non è più fondamentale di quanto possa essere il riferimento ai testi biblici da parte degli ebrei (per non parlare dei sionisti, che interpretano tutto come gli pare). Infatti la secolarizzazione avviata dal mondo occidentale (in maniera netta a partire dalla rivoluzione francese), ha intaccato anche le popolazioni mediorientali, per non parlare di quelle asiatiche facenti capo all'indo-buddismo.

L'OLP di Arafat (nata nel 1964 e riconosciuta dall'ONU dopo un decennio) era indubbiamente un movimento nazionalistico, ma anche molto laico e democratico, più di qualunque altra organizzazione islamica.

In Palestina il nazionalismo è sempre stato visto da angolature diverse, forse proprio perché i palestinesi non hanno mai avuto un proprio Stato. Per es. al-Fatah ha ereditato il nazionalismo dell'OLP, ma all'interno di un'ideologia molto più moderata di quella di Hamas, costola dei Fratelli Musulmani.

I palestinesi se ne sono accorti e, per non rischiare di soccombere agli abusi dei sionisti, han preferito assumere atteggiamenti più radicali. È infatti sotto gli occhi di tutti che l'assimilazione o integrazione degli arabi all'interno dello Stato d'Israele, li porterà a diventare o degli eterni emarginati (come gli immigrati di origine africana nelle *banlieue* parigine), oppure degli opportunisti privi di scrupoli, dediti agli affari, come succede all'élite afro-americana negli USA.

Nei territori palestinesi non ha prevalso la linea laico-socialista del Fronte per la Liberazione della Palestina, che attribuisce il fallimento del movimento di liberazione nazionale alle forze politiche che han preferito appoggiarsi a nazioni esterne piuttosto che sulle classi popolari. Cioè più che contare sugli aiuti assistenziali provenienti dai Paesi arabi più ricchi o da vari enti internazionali, che spesso usano quegli aiuti finanziari come armi di ricatto, la popolazione palestinese dovrebbe puntare su un proprio sviluppo economico e culturale, tale da competere con Israele.

Non è sufficiente dire che la contraddizione fondamentale sta nell'antagonismo tra sionismo colonialista, da un lato, e popolo arabo dall'altro. Questa è un'evidenza che tutti i palestinesi sanno facilmente cogliere. Il vero problema è di tipo strategico, e non si può dire che fino ad oggi Hamas o al-Fatah abbiano espresso un'intelligenza davvero adeguata alla situazione. Il sionismo li sta mettendo entrambi brutalmente alla prova, e non senza successo.

Chissà se gli altri Paesi arabi si rendono conto che se i palestinesi perdono la partita, sarà l'intero mondo arabo che l'avrà persa, non avendo ancora sufficienti risorse intellettuali per opporsi all'egemonia ideologica dell'occidente collettivo, che da mezzo millennio domina in maniera più o meno incontrastata nel mondo.

I Paesi arabi devono smettere di credere che l'attaccamento risoluto alle loro radici islamiche sia la soluzione migliore per superare quella sciagura dell'umanità passata sotto il nome di *modo di produzione capitalistico*. Anche perché, se non si laicizzano, i Paesi arabi non riusciranno mai a convincere l'occidente collettivo che il loro radicalismo non proviene dalla loro religione ma dalla loro sofferta, pesante e prolungata discriminazione.

## [17] Tristezza e nervoso

All'origine della storica questione palestinese vi è anche l'atteggiamento irresponsabile dell'ex impero ottomano.

Infatti nel luglio 1917 alcuni soggetti fondamentali, gli anglo-francesi e gli arabi, stavano combattendo in Palestina contro i turchi.

Gli arabi si fidavano più degli inglesi che dei francesi, poiché questi ultimi avevano già fatto velatamente capire di voler stabilire un protettorato sul Libano e almeno su una parte della Siria.

In un certo senso si può dire che la sconfitta militare degli ottomani si decise proprio in Palestina, occupata dagli anglo-arabi negli ultimi mesi del 1917.

Gli inglesi cosa avevano promesso agli arabi? Che la Palestina avrebbe fatto parte del futuro Stato arabo.

Niente di più falso. Con la pubblicazione della lettera del segretario inglese agli Affari esteri, Balfour, inviata al banchiere ebreo-inglese Rothschild, si faceva capire che il governo inglese era favorevole alla formazione di una sede nazionale del popolo ebraico (filo-occidentale) in Palestina. E con gli accordi segreti tra l'inglese Sykes e il francese Picot era chiaro che agli arabi sarebbe rimasto ben poco da gestire in autonomia.

Quando questi accordi vennero resi pubblici dai sovietici, gli arabi intavolarono trattative con la Turchia per una pace separata in funzione anti-occidentale.

Perché le trattative non approdarono a nulla? Per colpa dei turchi, che non vollero riconoscere nulla alle richiesta nazionali arabe. Solo nel settembre 1918, quando videro che la guerra contro gli anglo-francesi era persa, ebbero un ripensamento. Ormai però era troppo tardi.

Perché ricordare queste cose? Perché quando si sente Erdoğan dire che la Palestina ha fatto sempre parte dell'influenza turca e che la Turchia dovrebbe riprenderla, cacciando via i sionisti, viene solo una gran tristezza mista a un gran nervoso.

### Frasi roboanti

Le frasi roboanti di Erdoğan proprio non le soffro. E non perché non siano giuste o non rispecchino una situazione reale, ma proprio perché restano soltanto delle frasi.

Vuoi che abbia torto quando dice che il futuro di Gaza dopo la guerra dovrà essere deciso dal popolo palestinese? Ma come potrà farlo dopo che Gaza sarà stata totalmente distrutta nelle sue principali infrastrutture e buona parte della popolazione sarà stata eliminata, ferita o costretta a fuggire o circoscritta nell'area meridionale della Striscia?

Vuoi che non sia vero che Israele deve restituire i territori occupati? Ma c'è forse qualcuno che può obbligarla? Quando mai i palestinesi vi sono riusciti? Lo vediamo proprio in questi giorni: Israele non colpisce solo Gaza, ma anche la Cisgiordania, che non ha partecipato all'azione terroristica del 7 ottobre. Anche l'ONU è del tutto impotente: l'Assemblea generale non conta niente sul piano operativo rispetto al Consiglio di sicurezza, neppure se approvasse all'unanimità una risoluzione relativa al cessate il fuoco o agli aiuti umanitari. Quanto ai Paesi islamici lo vediamo coi nostri occhi: non vanno oltre alle semplici affermazioni di condanna; nessuna mobilitazione, nessuna sanzione; al massimo qualche rottura diplomatica.

Che senso ha dire: "Annienteremo Israele se colpisce Hamas in Turchia"? Solo perché i servizi segreti d'Israele hanno ricevuto istruzioni per eliminare i dirigenti di Hamas ovunque si trovino, compresa la Turchia? È evidente che Israele ha lanciato una provocazione per allargare il conflitto, e l'ha fatto dietro sollecitazione americana, poiché questa è un'altra guerra per procura, lo sappiamo tutti.

Ma non è forse un'altra iperbole dire che "pagheranno un prezzo tale che non saranno più un grado di riprendersi"? Questo forse significa che la Turchia sgancerà delle atomiche su un altro Paese nucleare? Non lo sa Erdoğan che Israele è come un "figlio" per gli Stati Uniti? E che qualunque cosa gli si faccia, se la dovrà vedere col Pentagono e l'intero apparato militare-industriale degli USA, che spende in armi la metà di quanto spende l'intero pianeta?

E che senso ha dire che "Netanyahu non sarà in grado di evitare la punizione per le sue azioni, presto o tardi sarà processato e pagherà il prezzo dei crimini di guerra che ha commesso"? Quando mai una Corte penale ha condannato uno statista israeliano o americano o europeo per gli enormi crimini di guerra che ha compiuto? Al massimo dovremmo tornare a quelli di Tokyo e Norimberga, quando la colpevolezza degli imputati era di un'evidenza lapalissiana. Generalmente infatti è l'occidente collettivo che condanna gli statisti degli altri Paesi. A quelli occidentali guerrafondai semmai danno i Premi Nobel (vedi Kissinger e Obama).

Non possiamo scherzare su queste cose. Non possiamo fare minacce a vuoto o battute fuori luogo. Netanyahu non si presenterà mai "sventolando la bandiera bianca". Non l'hanno votato perché assumesse atteggiamenti pacifisti.

Non è affatto vero che "Gaza è Palestina, è terra dei palestinesi e tale rimarrà per sempre". È dal 1948 che lo si dice, e oggi la Palestina è sempre di più appartenente a Israele. Proprio perché da allora non si è fatto quasi niente per impedirlo. Al punto che parlare di "due Stati per due popoli" è la cosa più assurda che si possa pensare. Non esistono due popoli in guerra, ma solo un governo sionista che vuol eliminare una popolazione civile sostanzialmente disarmata, in quanto costantemente sotto controllo in tutti i suoi aspetti esistenziali. È una popolazione che quanto più reagisce con attentati terroristici, tanto più subisce ritorsioni devastanti.

Erdoğan ha semplicemente scoperto l'acqua calda quando dice che "se non fosse per il sostegno a Israele da parte di tutti i Paesi occidentali, soprattutto gli USA, non ci sarebbe una situazione del genere nella regione".

Chiunque è in grado di capire che se le cose stanno così, cioè se qualunque guerra iniziata da Israele ha ricevuto l'avallo degli occidentali, è quanto meno improprio affermare che "La strada verso la pace nella nostra regione passa attraverso la creazione dello Stato di Palestina".

Neanche se i palestinesi avessero un proprio Stato, si potrebbe davvero dire che la pace è maggiormente garantita. Come minimo bisognerebbe dire: Gaza e Cisgiordania non possono essere tenute separate, altrimenti non ha alcun senso parlare di Stato indipendente con confini invalicabili, espressione di una precisa unità territoriale. Né possono esistere dei regimi di *apartheid* all'interno di ognuno di questi territori separati, cioè dei muri che li fanno diventare dei *bantustan*.

Inoltre tutti i coloni ebrei vanno evacuati dalla Cisgiordania e da Gerusalemme est: e sono 700.000! Chi è in grado di farlo? E come farlo senza usare la forza? Davvero la Turchia sarà in grado da sola di assumersi "ogni tipo di responsabilità, incluso il ruolo di garante, per assicurare la pace"? Davvero Erdoğan pensa che un qualunque statista israeliano accetterà mai una mediazione del genere? Al massimo potrebbe accettare quella dell'India, visto che tra i due premier, Modi e Netanyahu, c'è un certo *feeling*.

Infine Gerusalemme deve restare una città internazionale, non può appartenere a nessuno Stato.

E queste sono solo condizioni minime. Tra le massime bisogna chiedere a Israele di rinunciare completamente al proprio nucleare. E non può continuare a usare apparati satellitari o spionistici per controllare i palestinesi. Come può esserci la pace con un vicino di casa così aggressivo? Così paranoico? Così intollerante sul piano etnico, linguistico, religioso?

Erdoğan ha anche detto che "la Turchia respinge il progetto di istituire una zona cuscinetto a Gaza dopo la fine dei combattimenti". E chi potrà impedirlo a Israele, che non ha mai rispettato le convenzioni internazionali? I sionisti (soprattutto i partiti di destra) capiscono solo i rapporti di forza: devono essere costretti a fare determinate cose, spontaneamente non fanno nulla. Su questo si può convenire con quanto dice Erdoğan: "Dobbiamo vedere come il mondo guarda Israele più che aspettare una buona volontà da parte di Israele".

Tuttavia l'unica cosa davvero intelligente che ha detto si configura come una sorta di auspicio: "È dovere di tutto il mondo islamico compattarsi per non permettere a Israele di portare avanti questa politica espansionistica. Intervenire per l'integrità della Palestina è un dovere non solo nei confronti dei nostri fratelli palestinesi, ma della nostra stessa sicurezza. Oggi è Gaza, ma sappiamo tutti che metteranno presto gli occhi su altre aree".

In effetti è proprio così. Israele non si accontenterà solo della Palestina, ma mirerà a occupare anche il Libano, il Sinai, altri territori della Siria, la Giordania e così via. Ed è semplicemente vergognoso che il mondo arabo o islamico o persiano, sia esso sunnita o sciita, non abbia ancora trovato il modo di porre fine a questo atteggiamento colonialistico supportato dall'occidente. Se hanno bisogno del sostegno di superpotenze come per es. Cina e Russia, lo dicano chiaramente. La smettano di aver paura che questi Stati vogliano sostituirsi agli Stati Uniti in Medioriente. Il mondo unipolare è finito. Il mondo arabo ha diritto a esistere come qualunque altra macroregione.

## [18] Confidare in se stessi

Chissà se qualcuno s'è accorto che all'origine della progressiva sostituzione dell'influenza americana rispetto a quella delle potenze anglo-francesi in Medioriente, vi sono le dichiarazioni che il presidente Woodrow Wilson fece verso la fine della prima guerra mondiale.

Al mondo arabo le due potenze europee apparivano false e bugiarde, intenzionate a soddisfare solo i loro appetiti colonialistici.

Tuttavia gli USA non erano ancora in grado di aiutare gli arabi contro Francia e Regno Unito, e decidere i destini dell'umanità. Però era solo questione di tempo, poiché l'Europa era uscita distrutta dalla guerra mondiale, mentre gli USA si erano enormemente rafforzati.

Ma cosa disse di così convincente Wilson?

1) Nel dicembre 1917 dichiarò al Congresso che alle popolazioni dell'impero ottomano doveva essere assicurato il diritto all'autodeterminazione.

2) Nel gennaio 1918 formulò i suoi famosi "Quattordici punti", in cui era previsto, al n. 12, che la sovranità turca poteva essere esercitata solo sui territori abitati dai turchi e che gli arabi avrebbero dovuto associarsi in una Lega delle Nazioni al fine di tutelare i loro interessi.

Gli inglesi si spaventarono di queste dichiarazioni e cercarono di rassicurare gli arabi, col Memorandum Hogarth, che anche loro sapevano essere "democratici".

Tuttavia quel Memorandum fu l'ennesimo inganno. Come lo fu, successivamente, l'atteggiamento degli stessi americani, benché espresso in maniera più sofisticata, meno invasiva, anche se per questo ancora più ipocrita.

Insomma questi arabi erano davvero degli ingenui. Forse solo oggi cominciano a svegliarsi un po'. Solo oggi, rivolgendosi all'idea russo-cinese di un mondo multipolare, stanno ponendo le basi per liberarsi del fardello neocoloniale degli occidentali in Medioriente.

Ma devono anzitutto confidare in se stessi e devono smetterla di assumere atteggiamenti mimetico-imitativi nei confronti della cultura occidentale. Noi non siamo dei "modelli" per nessuno.

In tal senso devono al più presto liberarsi di un altro grande fardello che li opprime in casa loro: il sionismo politico.

### Radici anarco-socialiste del sionismo

Noi occidentali abbiamo creato un sistema di vita in cui facilmente i buoni propositi si trasformano, al momento di metterli in pratica, nel loro contrario. C'è quasi da fidarsi di più dei cinici, sperando che un giorno, per un qualche motivo inaspettato, possano migliorare.

È questa l'interpretazione migliore del sionismo, nato nella forma sociale dell'anarchismo comunista e cresciuto nella forma politica del razzismo colonialista (vedi il teorico Theodor Herzl e l'organizzatore Chaim Weizmann).

Anche i sionisti di sinistra volevano ritornare in Palestina, ma senza costruire alcuno Stato, almeno non col concorso di forze imperialiste come quelle europee o feudali come l'impero ottomano. Nei kibbutz e nei moshav ebrei e palestinesi dovevano convivere pacificamente, sulla base di un'uguaglianza effettiva e di una proprietà comune dei mezzi produttivi agricoli. Il primo kibbutz (Degania Alef) fu costruito sulla sponda meridionale del Mare di Galilea nel 1909.

Eventualmente sarebbero stati loro, di comune accordo, a creare uno Stato condiviso, necessariamente laico e democratico. Infatti gli Stati confessionali sono sempre una conseguenza dell'intolleranza ideologica, per lo più di tipo religioso.

Partiti come Poale Zion e Hachomer Hatzaïr, che dopo la nascita d'Israele confluirono nel Mapaï (1948), si richiamavano persino al marxismo (Poale Zion) o al socialismo populista russo, non senza influssi anarchici (Hachomer Hatzaïr) derivanti dalle idee di Kropotkin e Tolstoj. L'attuale Partito Laburista ha le sue radici storiche in Poale Zion, ma di socialista oggi ha solo il nome.

Se si esaminano le opere di Moisés Hess (amico di Marx), Dov Ber Borojov, Nahum Sirkin, Berl Katzenelson, David Aron Gordon, Bernard Lazare ci si accorgerà facilmente che non volevano costruire una società modellata secondo il capitalismo europeo. Per es. l'anarchico Lazare (il primo a schierarsi a favore di Dreyfus nel 1896), dopo aver brevemente affiancato Herzl nella sua elaborazione del sionismo politico, se ne distaccò accusandolo d'essere troppo "borghese".

Poi il capitalismo ha trionfato in tutto il mondo e il sionismo si è adeguato, esattamente come l'ebraismo, l'islamismo e tutti gli altri "ismi".

Già negli anni '20 si manifestarono i segni premonitori della crisi del socialismo nel movimento, anche se l'uso del kibbutz come "mito mobilizzatore" durò sino alla fine degli anni '70.

Per questo oggi sarebbe una gran cosa vedere ebrei e palestinesi ritrovarsi in una battaglia comune contro il vero flagello dell'umanità.

**[19] Quattro inganni**

I palestinesi furono raggirati dagli inglesi, sul piano delle dichiarazioni scritte, almeno quattro volte al tempo della prima guerra mondiale.

1) La lettera che Balfour, segretario agli Affari esteri, inviò al banchiere ebreo-inglese Rothschild, con cui prometteva ai sionisti politici di poter istituire un "focolare nazionale" in Palestina. Tale lettera, resa pubblica dal governo inglese il 2 novembre 1917, fu approvata subito da USA, Francia e Italia. Costituì un vero spartiacque per i destini della Palestina. Suscitò profonda indignazione tra gli arabi, anche se nella lettera si chiedeva ai sionisti di rispettare i diritti dei nativi. Di fatto però la lettera servì agli inglesi per separare la Palestina da qualunque Stato arabo confinante.

2) Gli Accordi segreti sull'Asia Minore tra due diplomatici, l'inglese Sykes e il francese Picot, che suddivisero l'impero ottomano nella maniera seguente: al Regno Unito il controllo della Giordania, dell'Iraq e una piccola area intorno ad Haifa (ma poi si prese anche la Palestina); alla Francia il controllo della zona sud-est della Turchia, la parte settentrionale dell'Iraq, la Siria e il Libano.

Gli Accordi furono resi pubblici dai sovietici nel novembre 1917, rendendo ancora più evidente che le potenze imperialistiche europee non avevano alcun interesse a tutelare le istanze autonomistiche degli arabi.

3) Il Memorandum di Hogarth (capo dell'Arab Bureau del Cairo) del 16 giugno 1918, con cui gli inglesi vollero dimostrare agli arabi che non erano meno democratici degli americani, il cui presidente Wilson affermava che gli arabi, sulla base del principio di autodeterminazione dei popoli, andavano rispettati.

Hogarth spiegò ai capi del movimento arabo che il protettorato degli inglesi sulla Palestina avrebbe impedito che l'immigrazione degli ebrei costituisse un problema per i palestinesi. Anzi assicurò che tutti gli arabi sparsi nell'ex impero ottomano avrebbero potuto istituire un loro Stato autonomo. Era un modo per indorare la pillola.

4) La Dichiarazione ai Sette del 16 giugno 1918, con cui il governo inglese rispose alle richiesta di precisazione di un gruppo di nazionalisti siriani giunti al Cairo. In essa i Paesi arabi venivano divisi in tre categorie:

a) territori liberati dagli stessi arabi (Hegiaz, oggi parte dell'Arabia Saudita);

b) territori liberati dagli inglesi (sud della Palestina e Iraq);

c) territori ancora nelle mani dei turchi (Siria, Libano e Iraq settentrionale, che finiranno in mani francesi).

Gli inglesi garantivano: l'indipendenza ai primi territori; il rispetto delle popolazioni locali ai secondi territori (sui quali però avevano già mentito, in quanto erano stati liberati col contributo fondamentale degli arabi, come attesta l'epopea del famoso tenente colonnello Lawrence); infine l'impegno a liberare gli ultimi territori in mano turca.

I capi degli arabi credettero agli inglesi e insieme a loro conclusero la guerra contro i turchi. Alla fine della guerra videro però, con grande sorpresa e sdegno, che il Libano e la Siria occidentale erano passate nelle mani del commissario francese Picot, quello dell'accordo segreto con Sykes.

Ingenuamente avevano pensato che i Paesi europei erano così altruisti da mandare a morire i propri soldati per una pura e semplice idea di giustizia, senza pretendere in cambio tutto quanto era possibile e anche molto di più.

### Sionismo politico e fascismo italiano

Verso il sionismo politico il fascismo italiano è sempre stato in genere piuttosto diffidente: sia perché temeva che fosse uno strumento nelle mani degli inglesi, che avevano promosso la formazione di un "focolare nazionale ebraico in Palestina" per i loro interessi imperialistici e in funzione anti-islamica; sia perché era convinto che gli ebrei sionisti fossero poco "patriottici" nei confronti dell'Italia, o comunque molto meno nazionalisti degli iscritti al partito (d'altra parte si pensava la stessa cosa nei confronti degli ebrei in generale).

Chi cercò a più riprese di dissuadere Mussolini da questa convinzione, facendogli capire che il fascismo poteva utilizzare il sionismo contro l'imperialismo inglese in Medioriente fu il rabbino capo di Roma, Angelo Sacerdoti, di origine ebraico-veneziana.

Sacerdoti nel 1908 era stato rabbino a Reggio Emilia e nel 1912 lo divenne a Roma a soli 26 anni, ancora celibe e appena laureato. La nomina fu inaspettata, perché scavalcò due rabbini sionisti molto più titolati di lui, Alfredo S. Toaff e Dante Lattes, che sarebbero diventati fra i più influenti rabbini italiani del '900.

Cos'è che convinse l'élite ebraica italiana a volerlo quanto prima a Roma? Il fatto che aveva ideato e svolto concretamente un'attività di rabbino militare durante la prima guerra mondiale. Era lui che invitava gli ebrei a combattere per l'Italia, al fine di dimostrare l'infondatezza dell'accusa antisemitica secondo lui tra gli interessi nazionali e i propri, gli ebrei scelgono i propri.

Fu lui a convincere Mussolini che gli ebrei potevano essere dei perfetti "fascisti", e che se il fascismo avesse aiutato i sionisti a istituire uno Stato in Palestina, gli sarebbero stati eternamente riconoscenti. Infatti gli inglesi non si erano spinti al punto da soddisfare tale richiesta, temendo la reazione dei Paesi arabi.

Sacerdoti gli disse anche che in questa maniera si sarebbe risolta definitivamente la questione ebraica in Europa. E naturalmente gli chiedeva d'intervenire presso Hitler al fine di mitigare i provvedimenti antisemitici emanati in Germania.

Al sentire questo Mussolini cominciò a vagheggiare l'idea che forse, proprio grazie ai sionisti, avrebbe potuto aprirsi un varco d'infiltrazione politico-economica nel Vicino Oriente, opponendosi agli inglesi.

Anche il Vaticano drizzò le antenne, poiché non vedeva l'ora di poter controllare sul piano religioso i Luoghi Santi cristiani. Cosa che non poteva fare col mandato inglese di protettorato in via esclusiva.

Tuttavia questi progetti finirono in una bolla di sapone, e non tanto, ovviamente, perché Sacerdoti morì improvvisamente all'età di 49 anni nel 1935, colpito da un'angina; quanto perché, su pressione del nazismo, il fascismo italiano nel 1938 adottò delle leggi nettamente antisemitiche.

## [20] Abbiamo ancora molte risorse

La rivista di geopolitica "Limes" già nel 2009 (n. 1) diceva che in Palestina "la farsa dei due Stati finisce nella tragedia dello Stato con due ghetti".

La redazione però aggiungeva che se Israele avesse occupato interamente Gaza e Cisgiordania, gli ebrei si sarebbero trovati in forte minoranza e il sionismo avrebbe rischiato di morire (come se il sionismo potesse morire per motivi demografici!).

Se questa consapevolezza è sempre stata reale nei leader politici e militari d'Israele, si spiega bene il motivo per cui han cercato di dosare la progressiva occupazione dei territori palestinesi in relazione all'effettiva entità degli afflussi di ebrei provenienti da tutto il mondo, col compito di diventare coloni senza tanti scrupoli.

Molti di questi coloni sono gli stessi che oggi si meravigliano dell'attacco del partito Hamas del 7 ottobre; che considerano tutti i palestinesi dei terroristi, reali o potenziali; che piangono i loro morti, senza voler ammettere che una buona parte è stata eliminata dal cosiddetto "fuoco amico" degli stessi soldati israeliani; che si bevono tutte le *fake news* prodotte dai media governativi; e che si disperano per la sorte degli ostaggi catturati da Hamas per lo scambio dei prigionieri, e non proferiscono parola sui tanti palestinesi, anche minorenni, incarcerati per anni senza neanche subire un processo o sapere il capo d'accusa.

Quando si sentono le loro testimonianze in televisione, si resta stupiti del fatto che i coloni ritengono di avere tutti i diritti a occupare i territori altrui: questo per loro è un fatto scontato, che non può essere messo assolutamente in discussione, in quanto derivante da una volontà addirittura "divina". Non solo, ma non mostrano alcun interesse al genocidio di civili che sta compiendo Israele a Gaza. Sembra che neppure ne siano a conoscenza. E comunque non vedono proprio dove stia il problema a evacuare totalmente la Striscia dei suoi 2,3 milioni di abitanti, distruggendone tutte le loro infrastrutture.

Insomma si resta abbastanza sconcertati nel vedere che parlano come se vivessero in una loro dimensione fiabesca, in cui tutti i protagonisti sono separati in buoni e cattivi da una barriera ideologica invalicabile (che i sionisti, peraltro, han voluto costruire anche fisicamente sia a Gaza che in Cisgiordania). E pensare che neanche nelle fiabe migliori, neanche nei miti più elaborati del mondo greco è mai scontata una separazione così netta.

E tutti i canali televisivi, senza eccezioni, è come se volessero trasferire questa bolla mediatica nelle nostre case: lo spettatore deve, a seconda dei casi, commuoversi o indignarsi sulla base dell'atteggiamento o delle dichiarazioni dell'intervistato, preventivamente selezionato dal giornalista compiacente (*embedded*, come si dice).

In questa situazione surreale, in cui la verità delle cose è circonfusa da un alone di mistificazioni, è difficile pensare, se si è un minimo avveduti, che la guerra contro i palestinesi sia condotta solo dai sionisti e non anche, in altre forme e modi, dagli occidentali che li sostengono.

Noi siamo già entrati in guerra, senza ombra di dubbio. L'abbiamo fatto in Ucraina contro la Russia e ora lo stiamo facendo contro i palestinesi, senza soluzione di continuità. Per noi questa continua fibrillazione sta diventando assolutamente normale.

Le incredibili stragi che vengono compiute contro i civili, prescindendo da età, sesso o da qualunque altra contingenza o considerazione, preferiamo non vederle, oppure le accettiamo visivamente solo quel tanto che basta a non sconvolgere la nostra sensibilità emotiva. In definitiva ci appaiono esclusivamente correlate al fatto che Hamas non vuole arrendersi né rilasciare gli ostaggi, e neppure smettere di usare i civili come scudi umani. La responsabilità di queste stragi è tutta sua, poiché gli israeliani – così ci dicono – danno sempre un "preavviso" prima di bombardare.

E quando si tratta di votare all'ONU, lo facciamo a ragion veduta: o siamo esplicitamente contro i palestinesi, che per noi quelli di Gaza sono fondamentalmente dei terroristi; oppure ci asteniamo quando viene richiesto un cessate il fuoco e una tregua umanitaria, in quanto pretendiamo che prima di tutto Hamas venga definito un partito di terroristi.

Per noi non esiste un vero e proprio genocidio, ma un semplice effetto collaterale, che, per quanto disgraziato sia, è inevitabile, come in tutte le guerre.

Ora, se le cose stanno in questi termini, è difficile non avere l'impressione che l'occidente collettivo non sia un puro e semplice "complice" del genocidio, bensì il vero e proprio "mandante". I sionisti paiono soltanto degli esecutori al nostro servizio.

Noi occidentali abbiamo voluto dimostrare al mondo intero che, se anche abbiamo perso la guerra contro i russi, abbiamo ancora molte risorse da spendere. Siamo come un cane rabbioso che non vuole mollare la presa.

## Il cielo stellato e la coscienza morale

Considerando che a Gaza Hamas ha vinto le elezioni nel gennaio 2006, e che da allora la Striscia è stata periodicamente bombardata da Israele (ma due operazioni militari vi furono già nel 2004), facendo strage ogni volta di molti civili, al cospetto di una specie di silenzio-assenso da parte degli occidentali, inevitabilmente vien da pensare che la questione palestinese sia destinata a restare irrisolta ancora per molto tempo.

I sionisti dovrebbero quanto meno convincersi che erigere dei muri fisici non serve a niente, se non s'impedisce a una popolazione di 2,3 milioni di persone di armarsi di razzi e missili.

In Cisgiordania è diverso: oltre al muro vi sono gli insediamenti dei coloni che, grazie all'appoggio militare, stanno facendo "pulizia etnica" in maniera lenta ma progressiva. Probabilmente alla fine di questo secolo la Cisgiordania non esisterà più con questo nome, coi suoi abitanti islamici, con la sua Gerusalemme est.

L'ANP di Abu Mazen sembra non aver capito che con uno Stato aggressivo come Israele, la remissività non paga, non garantisce alcuna autonomia: nel peggiore dei casi neppure la sopravvivenza.

A Gaza, per colpa di Hamas, la popolazione civile è più riottosa: di qui la necessità di "asfaltarla" periodicamente al fine di sottometterla. Hamas si configura come un movimento radicale, anzi terroristico, intenzionato a resistere con la forza delle armi.

In questo momento è difficile dire se scomparirà prima Gaza o la Cisgiordania come entità geografica islamica. Guardando il modo come reagisce l'occidente, si dovrebbe forse pensare che sarà Gaza a uscire di scena per prima, o comunque a veder ridotto di parecchio il suo perimetro abitativo.

Considerando che negli USA l'ultimo anno del mandato presidenziale è dedicato alla campagna elettorale, e che per il governo in carica è bene non far vedere che si stanno buttando fiumi di dollari nella politica estera, si può ipotizzare che Israele si accontenterà di occupare l'area nord della Striscia, riempiendola di coloni e limitandosi a controllare militarmente l'area sud.

Tuttavia questo vorrà dire che almeno metà della sua popolazione dovrà emigrare. Al-Sisi, che regge l'Egitto, dovrà fare buon viso a cattivo gioco, cioè dovrà accettare il condono dei debiti colossali del proprio Stato, in cambio dell'accettazione dei profughi. Naturalmente riceverà dei fondi anche da parte d'Israele, per il "disturbo" arrecato.

La soluzione più verosimile pare questa, sia perché in Medioriente i Paesi del Golfo (se si esclude lo Yemen) campano solo di petrolio e non possono permettersi il lusso di allargare il conflitto; sia perché gli altri Paesi islamici (Egitto, Turchia, Siria, Libano…) non sono pronti ad affrontare una guerra contro gli USA o la NATO; sia perché i Paesi BRICS non hanno ancora elaborato una strategia comune sul piano militare; sia perché, infine, l'ONU ha dimostrato di non contare assolutamente nulla.

Dunque Israele occuperà l'area nord di Gaza, sterminerà parte della popolazione libanese se Hezbollah continuerà a fare il galletto coi propri missili, sfrutterà i giacimenti gasiferi al largo di Striscia e si terrà pronta a invadere tra qualche anno anche l'area meridionale. E l'occidente collettivo dirà come Kant: "Due cose nella mia vita hanno contato: il cielo stellato sopra di me e la coscienza morale dentro di me".

## [21] Ci sono dei limiti alla sofferenza?

Negli anni passati si potevano mettere sullo stesso piano i razzi che partivano da Gaza (praticamente dal 2001 in poi) per colpire insediamenti coloniali o città israeliane, con la reazione di Tel Aviv, che poteva arrivare a occupare, seppur provvisoriamente, la Striscia di Gaza, facendo strage di civili?

Non mi si dica che la differenza tra le due azioni stava unicamente nel tipo di gittata che avevano i razzi, nel senso cioè che quanto più era grande, tanto più essa giustificava una dura ritorsione da parte di Israele.

Se il problema fosse stato solo a questi livelli balistici, ci si dovrebbe quanto meno chiedere come facessero i cosiddetti "terroristi" di Gaza a procurarsi armi di volta in volta sempre più pericolose (nel 2001 la gittata era solo di 3 km; oggi arriva a 75!).

I gaziani non vivono forse all'interno di un lager? Chi pensa che i razzi venissero acquisiti senza che il governo d'Israele lo sapesse, è un povero ingenuo. Come fanno i sionisti a giustificare le loro reazioni spropositate e genocidarie, se di fronte a loro non hanno un'azione scriteriata frutto della disperazione?

La vera domanda in realtà è un'altra, quella a cui l'occidente (in particolare gli USA) non ha mai voluto dare alcuna risposta convincente: Ha senso vivere in un lager? Si può vivere in un territorio circondato da un muro invalicabile, con tutti i valichi chiusi? Si può sopportare d'essere controllati in ogni aspetto della propria vita e in ogni momento della propria giornata da una potenza straniera?

Se uno si pone domande del genere, arriva per forza a considerare i razzi artigianali o i missili teleguidati che partono da Gaza come l'esito inevitabile di una esasperazione insopportabile, che va avanti da troppo tempo per essere facilmente risolta.

Chi pensa che per i sionisti ci sia differenza tra lanciare sassi (come nelle Intifade) e lanciare missili, ritenendo che per loro oggi sia diventato impossibile mettersi a discutere coi cosiddetti "terroristi" di Gaza, è soltanto un ipocrita che finge di non capire niente di quella situazione. Soprattutto finge di non sapere che un popolo ha diritto a essere lasciato libero e in pace.

Certo, un popolo può decidere di accettare compromessi con un popolo confinante (per es. nell'uso dell'acqua), ma deve poterlo fare senza sentirsi continuamente minacciato d'essere privato dei propri beni o, se prova a opporsi, incarcerato o ucciso.

È dal 1948 (non tanto dal 1967) che non si possono mettere sullo stesso piano gli atteggiamenti "intolleranti" dei palestinesi con quelli degli israeliani. Se uno prendesse in considerazione soltanto il tempo trascorso e se mettesse sulla bilancia il numero di morti e feriti che le due popolazioni hanno avuto da quando è nata la questione palestinese (senza poi contare che ai morti e ai feriti e mutilati i palestinesi devono aggiungere anche un numero incalcolabile di profughi, destinati a non rientrare in patria), ci si dovrebbe in realtà meravigliare dell'incredibile pazienza con cui un popolo oppresso sopporta le angherie di governi particolarmente oppressivi come quelli d'Israele.

Uno si dovrebbe sempre porre questa domanda: In quella situazione come mi sarei comportato? Qual è il limite massimo di sofferenza che un individuo o un'intera popolazione è in grado di sopportare?

### Troppo comoda l'etichetta di terrorista

È evidente che quando una formazione politica, come per es. Hamas, viene considerata terroristica per definizione, qualunque rapporto o mediazione o trattativa diventa molto difficile, se non impossibile. Lo stesso avviene con Hezbollah e una parte significativa della resistenza irakena.

Tuttavia Hamas non può essere considerato un movimento clandestino. Nel 2006 è andato al potere grazie non a un golpe (come fece il governo di Kiev nel 2014) ma a regolari elezioni. Poi certamente lo scontro col partito rivale, al-Fatah, è stato molto duro, ma non per questo l'occidente doveva usare la parola "terrorismo": sarebbero state meglio parole meno connotate.

La forza di Hamas nasce dal radicamento nella società e Israele non può eliminare metà del popolo palestinese. Il fatto che Abu Mazen in Cisgiordania non abbia voluto acconsentire a nuove elezioni sta appunto a indicare che ha paura della popolarità di Hamas.

Semmai è Israele che pratica il terrorismo statale, massacrando i civili; e non meno terroristi sono gli Stati e le organizzazioni internazionali che non fanno nulla per impedirglielo. Non si è terroristi solo quando si uccidono proditoriamente persone indifese.

Hamas non è un gruppo jihadista, non ha niente a che vedere con al-Qaida o l'Isis. Non è interessato a distruggere Israele se Israele non vuole distruggere la Palestina.

Si può parlare di Palestina quando la continuità territoriale è stata distrutta dalla guerra nel 1967, rendendo così impossibile la nascita di uno Stato indipendente? Si può vivere in un lager? circondati da alte mura e con tutti i valichi di frontiera chiusi o sotto controllo?

Perché gli Accordi di Oslo sono falliti? Perché i palestinesi non sono tanto più legittimati agli occhi del mondo quanto più riducono la loro resistenza nazionale, ma quanto più l'aumentano. Chi non rivendica diritti, è finito. Porgere l'altra guancia a uno Stato razzista e colonialista, significa diventare schiavi. È tutta qui la differenza tra i due principali partiti palestinesi.

L'occidente continua a vincolare il riconoscimento del governo di Hamas al riconoscimento del diritto a esistere che ha Israele. Ma nessuno chiede a Israele come pregiudiziale per un negoziato di riconoscere la Palestina come Stato indipendente. Se l'occidente non riconosce la legittimità di Hamas, etichettato come terrorista, non si vede perché Hamas debba farlo nei confronti di uno Stato che giudica nella stessa maniera.

Quando un Paese bombarda i civili, è terrorista, c'è poco da fare. Si possono esibire tutte le giustificazioni che si vogliono, ma in un mondo normale gli statisti di un Paese del genere dovrebbero essere processati da una Corte Penale Internazionale, la quale dovrebbe verificare le eventuali attenuanti o aggravanti, gli effetti collaterali o le intenzioni mirate.

Puntare le bombe su obiettivi come scuole, ospedali, luoghi religiosi o culturali, campi di profughi, ambulanze, o impedire vie di fuga, soccorsi umanitari, un cessate il fuoco, o vietare generi di prima necessità per la mera sopravvivenza, o eliminare persone scomode come i giornalisti o i funzionari dell'ONU: tutto questo come si configura?

Gli obiettivi di Hamas sono noti da tempo e non hanno nulla di terroristico: poter costruire uno Stato indipendente, porre fine all'assedio di Gaza e alla colonizzazione della Cisgiordania, abbattere i muri divisori, liberare i prigionieri politici.

Purtroppo dal 1948 ad oggi nessun presidente americano ha ascoltato queste esigenze. Ecco perché se non vogliamo che l'esasperazione porti Hamas a compiere gesti inconsulti come quello del 7 ottobre, e se non ci si può fidare dell'ONU, dove l'assurdità del diritto di veto impedisce qualunque risoluzione (di qui peraltro l'impotenza dell'UNIFIL nel Libano meridionale), occorre convocare una Conferenza internazionale in grado di realizzare le risoluzioni che approva.

### Ho chiesto a ChatGPT

Illudendomi che l'intelligenza artificiale sia migliore di quella umana, ho chiesto a ChatGPT: "Ritieni che i palestinesi abbiano diritto a un loro Stato indipendente?"

Ed ecco la risposta:

La questione del diritto dei palestinesi a uno Stato indipendente è un tema complesso e dibattuto a livello internazionale. La comunità internazionale e molti Stati hanno espresso supporto per l'idea di uno Stato palestinese indipendente, basato su negoziati e una soluzione negoziata al conflitto israelo-palestinese.

Le richieste di autodeterminazione e uno Stato indipendente per il popolo palestinese si basano su princìpi di giustizia, uguaglianza e rispetto dei diritti umani. Queste richieste hanno ricevuto sostegno da parte di diverse organizzazioni internazionali e risoluzioni dell'Assemblea Generale delle Nazioni Unite.

Allo stesso tempo ci sono anche posizioni diverse e complessità politiche nel contesto del conflitto israelo-palestinese. Il raggiungimento di una soluzione duratura richiede negoziati tra le parti interessate, con la ricerca di un accordo che soddisfi le esigenze e i diritti di entrambi i popoli, garantendo la sicurezza e la stabilità per tutti.

È importante sottolineare che la risoluzione del conflitto israelo-palestinese è un compito complesso e richiede un impegno a livello internazionale, negoziati bilaterali e l'adesione ai princìpi di giustizia, diritti umani e rispetto del diritto internazionale.

Bla-Bla-Bla… ChatGPT non ha alcun senso storico, altrimenti si sarebbe meravigliata che tutti i negoziati avviati a partire dal 1949 non hanno portato assolutamente ad alcun miglioramento delle condizioni di vita dei palestinesi. Avrebbe almeno potuto dire che le risoluzioni dell'Assemblea generale dell'ONU sono sempre state ostacolate dagli USA in sede di Consiglio di sicurezza.

## [22] Ci siamo infilati in un vicolo cieco

Massacri periodici di civili a Gaza, dopo che l'ANP di Abu Mazen venne cacciata via da Hamas (giugno 2007), ne sono stati fatti da Israele, ottenendo sempre l'impunità internazionale e il sostegno senza condizioni da parte degli USA, anche quando era presidente Obama, premio Nobel per la pace (2009).

Il sociologo Alessandro Orsini sostiene che tale pulizia etnica passa sotto silenzio in occidente perché i palestinesi vengono considerati "terroristi" proprio in quanto "islamici" (o comunque più facilmente predisposti a diventarlo a causa della loro religione).

Detto altrimenti, l'occidente è così tanto abituato a veder massacrare popolazioni di questo genere (si pensi alle guerre in Iraq, Afghanistan, Libia, Libano, Siria, Yemen...) che ormai non ci si fa più caso.

In effetti la concezione che noi occidentali abbiamo dell'islam è ancora medievale, quella del tempo delle crociate. Ci rappresentiamo gli islamici come soggetti potenzialmente pericolosi, eversivi, disposti persino a suicidarsi quando compiono i loro attentati. Ci infastidisce parecchio il fatto che siano totalmente privi di laicità, in quanto la loro teologia ha una connotazione chiaramente politica. Ricordiamo tutti l'islamofobia dell'Oriana Fallaci.

In altre parole l'occidente sa benissimo che i palestinesi soffrono una condizione d'ingiustizia dal 1948, ma siccome appartengono all'islam e, da quando è spuntato fuori Hamas, mostrano atteggiamenti di resistenza irriducibile, preferiamo fingere che Israele abbia più ragioni di loro.

In fondo per noi Israele vuol dire "ebraismo", anche se si esprime nella forma del sionismo politico, un'ideologia che, seppur non meno fanatica e integralistica, riteniamo sia meno pericolosa, in quanto non appartiene a due miliardi di persone. L'ebraismo l'abbiamo sempre considerato un parente stretto del cristianesimo: il Vaticano ha persino rimosso l'espressione "perfidi giudei".

L'islam invece non è neanche un parente lontano. Anzi, data la sua grande vastità demografica (che per molti aspetti coincide con le nostre aree colonizzate), per noi è solo un pericoloso rivale, anche se ci siamo laicizzati. Pertanto in Medioriente l'occidente starà sempre dalla parte degli israeliani (magari se sono laburisti è meglio).

Questa narrativa di basso livello che passa il *mainstream* occidentale va bene per chi non capisce che la religione è solo una sovrastruttura di antagonismi sociali ed economici, cioè di quei problemi che noi occidentali non vogliamo affrontare, poiché non abbiamo alcuna vera soluzione che non sia la guerra.

## Lo Yemen e la trama del Faust

Di sicuro il modo in cui lo Yemen si sta comportando rientra nei desiderata di Hamas, anche perché pare impossibile pensare che chi ha organizzato la sortita del 7 ottobre, non si aspettasse una reazione immediata e militarizzata da parte di qualche Paese mediorientale. In caso contrario verrebbe da credere che Hamas viva al di fuori della realtà.

Gli Houthi han detto chiaro e tondo, anche se l'occidente ha preferito capire fischi per fiaschi, che le rotte marittime attraverso il Mar Rosso sono sicure per qualsiasi nave, tranne quelle appartenenti a Israele o dirette ai suoi porti. Anche la Malesia si rifiuta di accogliere le navi israeliane.

Per noi occidentali invece è l'occasione buona per allargare il conflitto il più possibile. A questo punto è inutile che gli islamici dosino le parole, riducano al minimo le iniziative. Tutto ci può servire come pretesto. Infatti abbiamo reagito dicendo che il nostro obiettivo è quello di difendere la navigazione internazionale, quando invece è anzitutto quello di proteggere Israele.

In realtà sono gli occidentali (in primis gli USA, ma anche Regno Unito, Canada, Francia, Italia, Paesi Bassi, Norvegia, Seychelles e Spagna, e persino il Bahrein) che, militarizzando il Mar Rosso, il Golfo di Aden e Bab al-Mandab, rendono insicuro il traffico marittimo internazionale. D'altra parte gli Houthi non scherzano: non rilasceranno alcuna nave catturata se non alle condizioni stabilite dal popolo palestinese.

Un Paese piccolo come lo Yemen, che ha la fortuna di trovarsi in un'area alquanto strategica, può forse decidere le sorti della mattanza nella Striscia di Gaza? Davvero è in grado di rispondere coi suoi missili e droni a qualsiasi possibile aggressione americana? Davvero con la sua coraggiosa determinazione sarà capace di convincere i sauditi a non restare neutrali rispetto a ciò che sta accadendo ai palestinesi? Non è che siamo in presenza di un nuovo soggetto megalomane, convinto che l'aver affrontato con successo la lunga guerra contro l'Arabia e altri otto Stati (sostenuti da USA, Regno Unito e Francia) lo autorizzi a pensare d'essere imbattibile? Non è che lo Yemen sta pensando di poter mettere in ginocchio finanziariamente gli USA coi suoi droni da 2.000 dollari a fronte di missili navali che costano fino a 2,1 milioni di dollari a colpo? Non era meglio limitarsi a proporre di ritirare i propri asset finanziari dalle banche dei Paesi che sostengono Israele?

Queste domande non sono banali, anche perché gli Houthi sanno bene che tra gli stessi Paesi arabi ve ne sono alcuni di cui sarebbe meglio non fidarsi: infatti il primo lotto di generi alimentari freschi è arrivato in Israele proprio dagli Emirati Arabi Uniti, grazie a un nuovo ponte terrestre che ha attraversato l'Arabia Saudita e la Giordania. Dieci camion han percorso 2.000 km in due giorni e nessuno li ha fermati.

Al governo filo-iraniano yemenita bisogna dare atto che su una cosa ha indubbiamente ragione: l'occupazione israeliana rappresenta una minaccia per il futuro di qualunque Paese islamico del Medioriente. È ingenuo pensare che dopo una vittoria, Israele non voglia conseguirne un'altra tra qualche anno. Nella mente dei sionisti la "Grande Israele" deve andare dal fiume Giordano al mare Mediterraneo, senza ostacoli geografici di sorta. Fare affari con uno Stato del genere, come prevedevano gli Accordi di Abramo, è come ripetere la trama del Faust.

### Povero Stern!

Kiryat Shmona è una città israeliana che confina col Libano. Fu fondata nel 1950 in luogo di un preesistente villaggio arabo i cui abitanti avevano dovuto andarsene dopo la guerra arabo-israeliana del 1948. La popolazione di 23.000 abitanti è di origine ebraica quasi al 98%.

È sempre stata oggetto di attacchi missilistici da parte delle forze di Hezbollah, tanto da determinare una prima invasione israeliana del Libano già nel lontano 1978.

Oggi è in procinto d'essere quasi completamente evacuata. Infatti il sindaco Avichai Stern si sta lamentando che ogni giorno si hanno morti e feriti. E non va tanto per il sottile col governo di Netanyahu. Infatti secondo lui Hezbollah e Hamas sono la stessa cosa, per cui se hanno deciso di distruggere l'uno, non si capisce perché non siano decisi a voler distruggere con la stessa determinazione anche l'altro.

Povero Stern, che persona limitata! Non tanto perché non ha nel suo dizionario parole come trattativa diplomazia negoziato pacificazione, quanto perché non si rende conto che Israele non è in grado di tener testa contemporaneamente a più fronti bellici. In questo momento ha già lo Yemen come gatta da pelare, e la minaccia di Netanyahu di bombardare anche i civili libanesi se Hezbollah non la smette coi suoi missili, era solo un'intimidazione da spaccone. Di fatto in questo momento non può far nulla.

Però resta significativo il fatto che vi siano dei sindaci che chiedano a un premier d'essere ancora più spietato nei confronti di chi non si piega ai diktat d'Israele. È una conferma che Netanyahu gode di una certa popolarità e che quando gli viene meno, la colpa è del suo "buonismo"!

### Tutta colpa di Netanyahu

L'ex parlamentare israeliano Moshe Feiglin, leader del partito sionista libertario Zehut, ha annunciato il suo ritiro dal Likud, accusando Netanyahu d'aver scatenato un disastro strategico su Israele.

Nella sua lettera l'ha rimproverato d'essere stato troppo tenero con Hamas, con Hezbollah e con l'Iran. Adesso è tardi, anche perché, per colpa sua, in Iran l'atomica è un fatto compiuto. Lo Stato d'Israele rischia di trasformarsi in un rimpicciolito ghetto nel centro della Palestina sotto la protezione americana, in attesa del colpo di grazia, quando gli USA abbandoneranno la regione, come è loro abitudine, se vedono che non gli conviene più.

Da notare che Feiglin è lo stesso che lo scorso 26 ottobre aveva detto: "Non lasciate pietra su pietra a Gaza. Gaza deve diventare come Dresda! Incenerimento completo, niente più speranza...".

Strano che adesso dica queste cose, perché sta proprio avvenendo ciò che lui desiderava. Evidentemente l'esercito israeliano sta incontrando una resistenza inaspettata da parte di Hamas e dei palestinesi in generale. Quindi qualcuno sta cominciando a mettere le mani avanti... Che abbia ancora una volta ragione il sociologo Orsini quando dice che Israele sta perdendo la guerra?

## [23] Farsi temere o amare?

In Israele (ma questo vale per qualunque nazione abituata a vivere nell'antagonismo sociale) quanto più la popolazione si sente minacciata da una forza esterna, sia che questa lanci sassi con le fionde o razzi e missili o che compia disperate azioni suicide a scopo terroristico, tanto più essa tende a premiare chi, tra i partiti, garantisce la migliore sicurezza possibile.

In Israele sono abituati a ragionare nei termini seguenti: se qualcuno mi minaccia, io devo dimostrare subito d'essere più forte di lui, altrimenti lui se ne approfitta e dalle minacce passa ai fatti, e io non ho una seconda possibilità, poiché vivo in un Paese geograficamente piccolo e con pochi abitanti. Ecco perché il Likud ha così tanto potere: gli altri partiti subentrano solo per dare un senso alla democrazia formale, ma nella sostanza anche la sinistra contro i palestinesi resta autoritaria.

L'"altro" (che, a seconda dei casi, può essere il palestinese, il libanese, il siriano, l'egiziano, il giordano, l'iraniano...) è visto sempre come un nemico potenziale, di cui è meglio non fidarsi sino in fondo. Lo è per definizione, a prescindere da ciò che fa, per cui è sempre bene tenersi pronti al peggio. Israele è afflitta dalla sindrome di persecuzione, dovuta all'accerchiamento di popolazioni non ebraiche.

Di qui la forte militarizzazione della società. Tutti devono essere in grado di difendere il Paese, uomini o donne che siano. Il servizio militare è lungo e obbligatorio, e il congedo, in un certo senso, non è mai illimitato, salvo eccezioni. A dir il vero i giovani delle famiglie abbienti tendono a sfuggire alla leva, tant'è che i reparti militari sono spesso composti da falascià etiopici o da slavi di recente immigrazione.

Tutti comunque devono vivere in un costante stress psicologico, come se la propria megalomania fosse inscindibile dalla paranoia.

Quando un Paese come questo fa affari di tipo economico, non può diventare "amico" della parte contraente. Il business non viene mai considerato un'occasione con conoscere meglio il proprio cliente, per acquisire da lui valori che vanno oltre l'economia.

Gli israeliani si sentono un popolo "speciale" (i rabbini parlano ancora, pur al cospetto di quasi 2000 anni di diaspora, di "popolo eletto", di "nazione santa"), un popolo che non ha bisogno d'imparare dagli altri le regole di un'esistenza normale, tranquilla.

Sanno benissimo di essere considerati degli intrusi in Palestina, cioè di avere dei diritti che il mondo arabo ha imparato a riconoscergli solo a proprie spese, perdendo tutte le guerre che ha intrapreso contro di loro.

Gli israeliani si fanno rispettare per la forza militare che han saputo dimostrare. E naturalmente non si nascondono che senza la protezione militare e l'assistenza finanziaria che proviene dagli USA, non riuscirebbero a sopravvivere in un territorio in cui si è circondati da popolazioni islamiche in continua crescita, sotto tutti i punti di vista.

Possono chiedere a tutti gli ebrei del mondo di venire a vivere in Palestina, ma non arriveranno mai a competere con gli islamici sul piano demografico. Sono troppo occidentalizzati, e poi il loro Paese è troppo piccolo, per lo più desertico, con problemi idrici di non poco conto, costretto (se vuole sopravvivere dandosi arie da superpotenza) a continue operazioni colonialistiche.

La popolazione israeliana ancora non ha capito che in un territorio come il suo, per molti versi di non facile abitabilità, la soluzione migliore sarebbe quella di "collaborare" con le popolazioni limitrofe. Ancora non ha capito che si deve rinunciare ad almeno una parte della propria vantata "diversità", mescolandosi con la "diversità" altrui, in un magico *melting pot*.

Non ha più alcun senso insistere con questi atteggiamenti muscolari, da bulli di quartiere che rivendicano un controllo esclusivo sul loro territorio. Devono imparare a farsi amare più che a farsi temere. Statisti aggressivi come Netanyahu, che sembrano degli Erodi biblici, vanno messi a riposo. Appartengono a un mondo invivibile.

### Errori fondamentali

Per un social è un errore fondamentale schierarsi ideologicamente. Facebook l'ha fatto durante la pandemia, prendendo le difese a oltranza delle case farmaceutiche internazionali; poi si è schierato a favore dei neonazisti di Kiev contro i russi che volevano liberare il Donbass da uno sterminio in atto; ora, tra i palestinesi e i sionisti, fa capire chiaramente da che parte sta. La misura è colma.

Un social dovrebbe restare neutrale e lasciare che gli iscritti discutano liberamente e prendano iniziative per conto loro. Non può intromettersi nelle questioni politiche, quelle relative alla libertà di pensiero e di parola e di azione.

Facebook (oggi Meta) è un social commerciale. Non è nato così, ma lo è diventato. Si limiti a quello. Può sempre chiedere all'utente di pagare un abbonamento annuale, ma non può pretendere che un gruppo si autodefinisca "privato" per non subire censure. E comunque in cambio di un abbonamento, lasci libero l'utente di pensare e di agire. Le eventuali censure sui post che siano i gruppi a metterle, e speriamo lo facciano solo a posteriori. È così che si cresce.

Basta coi supervisori da "grande fratello". La democrazia è una cosa seria, che non può essere minimamente affidata agli algoritmi automatici, ai fact-checker che spiano dal buco della serratura o ai delatori che sbavano come cani idrofobi, o a redattori skillati in campo infotelematico ma con una cultura generale molto approssimativa.

Questa premessa per dire che alcuni miei post vengono censurati in vari gruppi (oppure sospesi a tempo indefinito) perché appaiono antisemitici. Se arrivano a cinque sospensioni, abbandono il gruppo: lo faccio anche se appare di sinistra o anti-sistema.

Ora, per dimostrare che non sono antisemita, farò due osservazioni con cui voglio attribuire alla teologia ebraica delle note di merito. Cioè non voglio limitarmi a dire che c'è differenza tra ebraismo e sionismo, poiché sarebbe banale.

1) Dell'ebraismo veterotestamentario ho sempre ammirato due cose: la carica politica come espressione di una volontà popolare e la concezione della divinità come di un ente non rappresentabile.

Rispetto alle culture o religioni pagane, ellenistiche o politeistiche non c'è confronto: l'ebraismo resta infinitamente superiore. È impossibile definirlo come una religione piena di superstizioni.

Non solo, ma le esigenze collettivistiche prevalgono nettamente su quelle individualistiche, tant'è che il peggio di sé l'ebraismo l'ha dato proprio durante la fase monarchica di Saul, Davide e Salomone, mentre il meglio di sé l'ha dato o nel periodo nomadico o in quello esilico.

A volte si vedono persone che si meravigliano degli aspetti truci del Dio veterotestamentario. Ma queste persone dimenticano che al tempo dello schiavismo (in cui l'ebraismo s'è formato) tutte le civiltà presentavano aspetti di inaudita violenza.

2) La seconda cosa che apprezzo dell'ebraismo e che rifiuto del cristianesimo è l'esigenza di voler creare un regno di libertà e giustizia su questa Terra, senza aspettare che Dio lo crei nel mondo ultraterreno.

Naturalmente sto parlando in astratto, poiché i casi concreti in cui questo obiettivo si è realizzato sono davvero pochi nella storia di quella umanità che lotta contro l'antagonismo sociale.

Se ci sono testi antisemitici per definizione sono i vangeli, che attribuiscono ai Giudei la causa della morte del Cristo, evitando di attribuire anche ai Romani la decisione di giustiziarlo. Peraltro lo sono anche perché tendono a non fare distinzione tra capi giudaici e popolo ebraico.

Tutti lo volevano morto e Pilato si piegò a questa volontà. Niente di più falso. Erano i sacerdoti, soprattutto quelli che gestivano il Tempio, che lui aveva cercato di occupare, a volerlo eliminare. Erano loro a non sopportare che tenesse separata la religione dalla politica (come fece capire alla Samaritana presso il pozzo di Giacobbe).

Ma lo temevano anche i Romani, poiché aveva intenzione di compiere un'insurrezione nazionale col contributo di tutti: Giudei, Galilei, Samaritani…, senza fare distinzioni etniche o tribali o di interpretazioni delle Scritture.

Quando i discepoli lo tradirono e i Romani lo giustiziarono, i cristiani lo trasformarono da leader liberatore e dio redentore. E questa alterazione della verità persiste ancora oggi, anche se l'esegesi laica, a partire da Reimarus, ha iniziato a smontarla.

*

280 miliardi di dollari dei contribuenti statunitensi investiti dal 1948 nelle operazioni di pulizia etnica e occupazione statunitense/israeliana; 150 miliardi di dollari di "aiuti" diretti e 130 miliardi di dollari in contratti "offensivi".

Fonte: Ambasciata di Israele, Washington, DC e Dipartimento di Stato americano.

## [24] Non mi piace la parola terrorista

È orribile dare del terrorista a una persona. Ci si impedisce di conoscere le motivazioni del suo agire, che possono essere ideologiche, politiche o socioeconomiche, oppure del tutto personali. Ma in quest'ultimo caso sarebbe meglio usare la parola "criminale". Un terrorista è colui che si fa portavoce, in maniera sbagliata, di esigenze collettive. Ecco perché è un termine che viene usato in chiave politica.

Però anche con un terrorista bisogna dialogare, trovare un'intesa, un compromesso. Non si può dividere il mondo in buoni e cattivi. Nessuna persona equilibrata lo fa, poiché tutti sanno che la vita è molto complessa, ha infinite sfaccettature, e ognuno può essere diverso a seconda delle circostanze o degli interessi in gioco.

Sarebbe meglio limitarsi a dire che uno è opportunista, ipocrita, rinnegato... Già la parola "traditore" è difficile affibbiarla a qualcuno, se non in riferimento a qualcosa di specifico che ha fatto. Spesso poi i traditori pensano di essersi comportati così per una causa giusta, per la quale, da quel momento in avanti, non sarebbero più disposti a tradire.

Ma terrorista è un'altra cosa. Nell'immaginario popolare può essere paragonato a un killer, con la differenza che uno è ideologico, mentre l'altro è venale. Entrambi uccidono senza tanti scrupoli, con identica determinazione, ma un terrorista che si mettesse a uccidere solo per denaro, sarebbe solo un volgare mercenario.

Quando uno Stato definisce terroristico un partito o un movimento, solo perché non si comporta secondo i propri criteri, compie una inevitabile forzatura. Lo si criminalizza in maniera irrevocabile. E lo si fa diventare ancora più estremista. Quando mai un'intera popolazione (piccola o grande che sia non importa) è del tutto terroristica? Semmai è lei che viene terrorizzata dai poteri forti.

"Terrorista" è una parola che non dovrebbe neppure esistere nel dizionario. Infatti quando qualcuno compie azioni definite "terroristiche", chi le subisce dovrebbe quanto meno chiedersene la ragione: "Cosa ho fatto di così terribile da indurre qualcuno a volermi eliminare a tutti i costi?".

A quel governo che stigmatizza come terrorista un partito o un movimento, vorrei chiedere: "Cosa hai fatto per indurlo a non scegliere la strada del terrorismo? Non ritieni che sia troppo comodo marchiare una persona come se fosse uno schiavo?".

## Villaggio globale o pianeti diversi?

Se uno Stato o una popolazione si comporta in maniera "terroristica" nei confronti di un altro Stato o di un'altra popolazione, avendo intenzione di occuparlo/a o di colonizzarlo/a, assumendo anche atteggiamenti razzistici e genocidari, come ci si deve comportare?

Uno Stato o una popolazione può essere considerato/a ugualmente "terroristico/a" se si difende lanciando razzi, missili, droni sugli insediamenti urbani del nemico, colpendo a caso la popolazione? Può esserlo se compie azioni all'interno delle città dello Stato nemico usando delle bombe per uccidere i civili? Oppure tutte queste azioni vanno qualificate come atti di resistenza legittima, di opposizione a una oppressione insopportabile?

Mi spiace per i benpensanti, ma ogni qual volta si uccidono dei civili disarmati, si compie un atto di terrorismo. Ogni volta che vengono uccisi senza dar la possibilità concreta, fattibile di mettersi in salvo, si è dei terroristi. Ogni volta che i militari usano i civili come "scudi umani" o che considerano le loro uccisioni come possibile effetto collaterale di un'azione volta a colpire un nemico armato, si è terroristi.

Quando si vivono situazioni del genere, cioè quando non ci si parla più ma ci si odia soltanto, al punto che dell'avversario si desidera soltanto che se ne vada, che muoia, che non esista più, la responsabilità di una soluzione del conflitto ricade sul mondo intero, sulle terze parti, che non possono assistere passivamente a questi periodici atti criminali. Perché, se ci si comporta in maniera così indifferente, si è complici del terrorismo di entrambe le parti in causa.

Un mondo impotente a risolvere i conflitti regionali, le controversie internazionali, non serve a niente, non merita neppure di esistere. Siamo solo facce di bronzo quando parliamo di democrazia e di diritti umani.

Consideriamo il mondo, grazie ai mezzi comunicativi e agli scambi commerciali, un unico "villaggio globale", e di fronte alle crisi più gravi, ci comportiamo come se vivessimo su pianeti diversi.

A questo punto è evidente che la vecchia ONU va messa al ricovero, la Lega Araba si deve mettere una mano sulla coscienza e chiedersi se abbia davvero un senso definirsi "islamici", e il neonato BRICS rischia di partire col piede sbagliato. Quanto alla UE, stendiamo un velo pietoso e iniziamo le pratiche per uscirne fuori il più presto possibile.

## [25] Tristezze natalizie

In questa mattanza dei palestinesi di Gaza operata dagli israeliani il partito Hamas si gioca il suo destino. Se ne uscirà sconfitto, inevitabilmente l'altro partito, al-Fatah di Abu Mazen, prevarrà anche a Gaza, sempre che gli israeliani lo permettano.

Dovremmo però dare per scontato che Israele non riuscirà a evacuare 2,3 milioni di persone e che quindi si insedierà solo nella zona nord della Striscia.

Per i sionisti sarà soltanto un'altra "guerra" vinta. Ma per il modo in cui la conducono sarà una sconfitta del mondo intero.

Qui infatti non sono solo i palestinesi a perderla, ma anche l'ONU, l'occidente collettivo, la Lega Araba, il Sud globale e i BRICS. Un intero pianeta avrà abdicato a tutti i princìpi umanitari formulati fino ad oggi. Tutti dovranno dichiarare che se un Paese vuole sterminare o assediare o disumanizzare una popolazione può farlo liberamente.

Tutti dovranno per forza ammettere che il diritto all'autodifesa cancella tutti gli altri diritti. Cancella anche tutti gli altri doveri, il primo dei quali è quello di lottare per la giustizia e la libertà.

Il mondo cristiano passerà le feste natalizie (che in teoria dovrebbero essere quelle della pace) con un senso d'impotenza, che cercherà di soffocare con l'apatia, l'indifferenza, l'autogiustificazione di chi è convinto che qualunque cosa faccia, non servirà a niente.

Questa pseudo "guerra" (pseudo perché in realtà è un genocidio) interpella le nostre coscienze e smaschera la nostra ipocrisia. Quando sarà finita, dovremo quanto meno smettere per sempre di parlare di due Stati per due popoli. Un popolo esisterà sempre meno, e quel che ne rimarrà, non vedrà l'ora di andarsene da quell'inferno, convinto che in qualunque altra parte del pianeta non ci possa essere nulla di peggio.

I nostri aiuti umanitari serviranno soltanto a favorire un nuovo esodo biblico, una rinuncia definitiva alla propria terra.

**Rivalità e convergenze monoteistiche**

Bisogna ammettere che la Palestina viene sentita come qualcosa di diverso da tutte e tre le religioni monoteistiche. Non a caso la definiscono col termine di "terra santa", che potremmo anche scriverlo, da quanto è usato, tutto attaccato.

Con questa definizione hanno giustificato qualunque cosa, dalle crociate al colonialismo, fino alle guerre più recenti.

Indubbiamente gli islamici hanno ereditato la parola "terrasanta" da ebrei e cristiani, i quali però non hanno mai voluto rinunciare a quella regione, anche se per lo più desertica.

Forse gli ebrei preferiscono il termine di "terra promessa", nel senso che per loro la Palestina doveva essere il luogo ove realizzare il paradiso perduto dagli antichi progenitori.

La differenza tra ebrei e cristiani qui è evidente. Dopo la morte cruenta del loro leader, i cristiani han rinunciato a qualunque regno terreno di perfezione, demandandone l'edificazione alla fine dei tempi:

un'astrazione mistica che gli ebrei – giustamente – non accettano, benché il loro modo di realizzare tale obiettivo contenga aspetti alquanto discutibili.

Tutte e tre le religioni sono forse la dimostrazione che l'uscita dal comunismo primitivo a favore dello schiavismo ha comportato dei condizionamenti tali per cui ci diventa molto facile realizzare il contrario di ciò che vorremmo.

Bisogna comunque fare attenzione a non credere che la Palestina, per gli islamici, sia meno importante dell'Arabia Saudita. Anzi per molti versi Gerusalemme lo è molto di più di Medina e della Mecca. Infatti secondo i mistici proprio in questa città è avvenuta l'ascensione di Maometto e avverrà il cosiddetto "giudizio universale".

Forse non tutti sanno che, secondo la mitologia islamica, a Betlemme Dio fece nascere una palma per dissetare Maria, alleviandone le sofferenze del parto.

Ma anche nel deserto di Palestina, in cui a lungo hanno errato gli ebrei, ha vissuto la misteriosa e celebre fenice, che poi si sarebbe trasferita in Arabia.

Le montagne sacre del cristianesimo (Sinai, Tabor e Getsemani) sono accolte anche dalla tradizione musulmana.

Insomma, come si può vedere, sono esistiti scambi culturali tra i tre monoteismi. Semmai è stato il sionismo che ha imposto un odio feroce che dal 1948 ad oggi non accenna a diminuire. Anche perché viene sostenuto da nazioni che si richiamano al cristianesimo.

E pensare che per gli islamici Cristo è il penultimo dei profeti, mentre per gli ebrei è solo un impostore. Chi avrà ragione? Gli esegeti laici contemporanei sostengono ch'egli fosse in realtà un leader politico rivoluzionario, non un semplice profeta, e che di sicuro la rappresentazione mistica e taumaturgica che ne danno i vangeli è quanto meno surreale.

## [26] Una spina nel fianco

Il fatto che non esista uno Stato palestinese vero e proprio non implica che la Palestina vada considerata una regione di scarsa importanza nel mondo musulmano.

La Palestina è islamica sin dalla prima ora della diffusione degli arabi in tutto il Medioriente. Se fosse rimasta sotto gli arabi, sicuramente si sarebbe sviluppata di più. Invece, essendo finita, a partire dal XVI sec., sotto gli ottomani, il cui impero aveva forti caratteristiche feudali, è rimasta una provincia emarginata fino al mandato britannico, e non è che con gli inglesi abbia iniziato a cambiare in meglio. Tutt'altro.

Quando arrivarono i sionisti, in Palestina convivevano pacificamente ebrei, cristiani e islamici, con netta dominanza di questi ultimi. Poi, dal 1948 in poi, è cambiato tutto. Pur continuando a essere demograficamente maggioritari, i palestinesi han cominciato a contare (politicamente) sempre meno.

I sionisti e gli ebrei li hanno oggettivamente sopravanzati, non solo perché ampiamente sostenuti (militarmente e finanziariamente) dall'occidente collettivo (in particolare dagli USA), ma anche perché han saputo adeguarsi più velocemente alle dinamiche del capitalismo contemporaneo.

Paradossalmente però, iniziando a vivere come intrusi nella propria terra e avendo a che fare con uno Stato molto ostile, i palestinesi non si sono radicalizzati nelle loro tradizioni islamiche, ma, al contrario, si sono progressivamente laicizzati. Sono più laici loro di tutti gli altri Paesi islamici del Medioriente.

Di primo acchito si avrebbe voglia di dire che questi Paesi sono riusciti a conservarsi meglio nella loro cultura islamica proprio perché han beneficiato di uno Stato che li tutelava. Ma il fatto che abbiano rinunciato a laicizzarsi con la stessa velocità dei palestinesi, non lo possiamo considerare un buon segno.

Anzi, qualcosa ci fa sospettare che i Paesi islamici del Medioriente non supportino con la dovuta determinazione i palestinesi proprio perché li vedono troppo laicizzati, troppo democratici.

I palestinesi sono una spina nel fianco non solo per i sionisti, ma anche per tutto il mondo arabo, che è ampiamente confessionale e caratterizzato dal dominio di svariate dinastie storiche, arricchitesi enormemente con lo sfruttamento del petrolio.

Inoltre i palestinesi appaiono troppo intransigenti nei confronti di Israele. Gli altri Paesi islamici, dopo aver perso varie guerre con Israele, ad un certo punto han preferito limitarsi a fare affari, come per es. attestano gli Accordi di Abramo e altri accordi ancora più importanti (per es. quello IMEC).

## Errori macroscopici di valutazione

Perché dopo la guerra del 1978 tra Israele e Libano, l'ONU ha stabilito un contingente UNIFIL in Libano, mentre non ha mai predisposto nulla a Gaza o in Cisgiordania?

L'UNIFIL ha fatto molto per il Libano. Dal 2012 è l'Italia che ha assunto il comando della missione, cui partecipano oltre 10.000 uomini e donne (gli italiani sono poco più di 1.100): i soldati provengono da 37 Paesi (più il personale civile). In 40 anni ne sono morti meno di 300. In questo momento la maggior parte vive nei bunker.

Dunque perché non c'è nulla del genere a Gaza o in Cisgiordania? Semplicemente perché né l'una né l'altra si configurano come "Stati". Gaza è un'enclave tenuta rigorosamente sotto controllo da Israele; la Cisgiordania è addirittura un'area occupata dall'esercito israeliano e dai coloni ebrei.

La cosa strana è che in realtà i palestinesi sono presenti all'ONU in qualità di "Stato osservatore non membro" (esattamente come il Vaticano).

Noi occidentali abbiamo il vizio di considerare gli Stati molto più importanti delle popolazioni. Anche nella guerra in Ucraina ci siamo comportati nella stessa maniera: il governo neonazista di Kiev ha il diritto di esistere; l'autogoverno della popolazione russofona del Donbass assolutamente no. Ancora oggi, siccome non riconosciamo che le quattro regioni del Donbass siano state incorporate *de jure* e *de facto* nella Federazione Russa, per noi continuano a costituire un motivo per proseguire la guerra.

Per quanto riguarda la Palestina e il Libano sia Israele che l'occidente collettivo si rifiutano di vedere Hamas e Hezbollah come due movimenti di liberazione nazionale; preferiscono vederli come due strumenti terroristici in mano a potenze straniere, come Iran, Siria, Turchia, Qatar…

È un errore madornale, che torna comodo a una strategia guerrafondaia. Se questi movimenti sono nati per resistere militarmente all'occupazione israeliana, sono poi diventati anche un sostegno fondamentale alle esigenze di sopravvivenza della popolazione civile, tant'è che alle elezioni parlamentari vengono premiati.

Se a un movimento si attribuisce solo una connotazione militare e lo si ritiene dipendente da una o più nazioni straniere, è facile qualificarlo come "terroristico". Ma così diventa impossibile misurarsi politicamente con le sue rivendicazioni sociali, politiche, ecc.

L'occidente non ha neppure capito che Hamas ed Hezbollah non sono partiti ideologici che vogliono creare uno Stato islamico. Non sono minimamente interessati alle guerre di religione, alle diatribe tra sciiti e sunniti, che invece l'occidente alimenta per dividere i Paesi mediorientali. Non amano neppure il settarismo di Al-Qaida. Hezbollah ha alleati provenienti persino dall'area laico-socialista. È dalla guerra civile libanese degli anni '80 che Hezbollah ha smesso di pretendere uno Stato islamico.

In ogni caso sia Hamas che Hezbollah han dimostrato che l'esercito israeliano, per avendo alle spalle nazioni superarmate e straricche come quelle dell'occidente collettivo, non è imbattibile. Non è quindi da escludere che, come la Russia ha fermato da sola i 31 Paesi della NATO, così due partiti militarizzati, radicati nel loro territorio, possano fare altrettanto con Israele.

D'altra parte con Israele non vi è molta scelta: ha fatto trattati di pace con Egitto e Giordania, ma continua a considerarli dei nemici. Israele impone che si viva entro i limiti della propria egemonia.

## [27] Il mito infranto dei kibbutz

Si è detto che il 7 ottobre Hamas ha attaccato anche dei kibbutz. Poi si è aggiunto che gli stessi soldati israeliani li han colpiti, avendo ricevuto l'ordine si sparare su qualunque cosa si muovesse.

Ma cosa sono questi kibbutz? Intanto al plurale dovremmo chiamarli kibbutzim, ma fa lo stesso: noi occidentali siamo soliti semplificare.

Sono delle "comuni agricole", nate nel 1909: fu la primissima esperienza del sionismo socialista in Palestina, che gli ebrei avevano acquisito in Europa orientale, soprattutto dalla Russia, ove si chiamavano "obščine".

In realtà gli ebrei immigrati in Palestina non erano né proprietari di terra né salariati agricoli, ma piccoli commercianti, artigiani, liberi professionisti e intellettuali, poiché non potevano fare per legge altri mestieri.

Le competenze per lavorare la terra le avevano acquisite dagli stessi agricoltori palestinesi ivi residenti, quando ancora non esisteva alcuna forma di razzismo e non si faceva della religione un fattore di divisione. Poi le migliorarono.

All'inizio il lavoro fu durissimo, in luoghi più che altro paludosi o semidesertici. Ma servì per dare una carica ideale al progetto.

Nei kibbutz, a differenza delle moshav (cooperative agricole), non esisteva una ripartizione degli utili. Il "comunismo" non era solo nella proprietà comune dei mezzi produttivi, ma anche nella distribuzione dei beni, a prescindere dal lavoro che uno faceva o dalla quantità che aveva prodotto o dal ruolo che ricopriva.

Era vietato avere rendite o possedere beni propri, se non quelli strettamente di uso personale; non vi era circolazione del denaro, se non per gli acquisti all'esterno. Il motto era molto semplice: dare secondo le proprie capacità, ricevere secondo i propri bisogni. Gli sprechi erano impossibili.

La burocrazia e la corruzione erano impedite dalla democrazia diretta, grazie alla quale ci si controllava a vicenda.

L'assemblea generale era l'organo politico che, a maggioranza, decideva qualunque cosa. La giunta amministrativa, che coordinava i lavori, era composta da eletti periodicamente.

Le abitazioni avevano superfici minime, in quanto i figli abitavano in appartamenti ad hoc. E il cibo veniva distribuito in una mensa comune.

L'uguaglianza di genere era reale. La formazione culturale piuttosto elevata.

I kibbutz avevano il dovere di aiutarsi a vicenda, in quanto erano tutti associati in una federazione. Si tendeva a rifiutare il lavoro salariato.

Gli aderenti a questo movimento agricolo protestarono contro la guerra dei Sei giorni, contro l'annessione del Golan e contro la prima guerra al Libano.

Poi, a partire dagli anni '80, hanno prevalso i condizionamenti del mondo capitalistico e le suggestioni delle città israeliane. Oggi i kibbutz producono soprattutto per il mercato (anche con metodi innovativi di coltura), sono orientati ideologicamente, accettano il lavoro salariato e gli stipendi non sono tutti uguali. Sono inoltre piuttosto armati contro i palestinesi, molto protetti dalle forze armate. I giovani però preferiscono vivere nelle città o, se restano, rivalutano gli aspetti privatistici.

Insomma il mito è finito.

## Piccoli palestinesi e progetti faraonici

Dal punto di vista geografico il Medioriente è composto dai seguenti Stati: Turchia, Siria, Libano, Israele, Egitto, Giordania, Iraq, Iran, Arabia Saudita, Kuwait, Yemen, Oman ed Emirati Arabi. Mancano solo la Palestina e il Kurdistan.

Se si esclude Israele (unico corpo estraneo), stiamo parlando di circa mezzo miliardo di persone, quasi tutte di ceppo e/o di lingua araba e di religione islamica.

Han fatto parte dell'impero ottomano, che ha garantito loro una relativa libertà amministrativa, dal XVI sec. sino alla prima guerra mondiale. Un periodo, quello, in cui gli europei furono caratterizzati da sconvolgimenti epocali di tipo capitalistico, che segnarono i destini non solo dell'Europa e del Medioriente, ma anche del mondo intero, salvo eccezioni.

Detto questo, pare assolutamente incredibile che nei confronti della questione palestinese le divisioni anglo-francesi in protettorati, secondo confini che non rispettavano per niente quelli naturali, abbiano ancora oggi un'influenza così negativa.

Quella volta i confini riflettevano le esigenze europee di commercio con l'oriente, esplose dopo l'inaugurazione del Canale di Suez nel 1869. Oggi a queste esigenze si sommano quelle degli stessi Paesi islamici e di Israele che vogliono commerciare con la ricca Europa e con la sempre più sviluppata India. Le nuove esigenze sono determinate soprattutto dalle risorse energetiche.

In una situazione così complicata e allo stesso tempo omogenea è molto strano che tutti questi Stati non abbiano mai trovato un'intesa a favore dei palestinesi. Fossero stati, quest'ultimi, una sparuta tribù beduina residente in qualche deserto, lo si potrebbe capire. Ma qui si tratta di milioni di persone urbanizzate, soggette a genocidio praticamente dal 1948, a fasi alterne sul piano militare, ma senza soluzione di continuità per quanto riguarda l'esproprio dei terreni e delle case, la privazione dell'acqua, ecc. La "pulizia etnica" non viene fatta soltanto con l'uso delle armi. Quella attuale potrà portare a 30.000 morti, ma le devastazioni compiute influiranno su due milioni di persone.

La scoperta degli enormi giacimenti petroliferi del Medioriente, avvenuta intorno agli anni '30 grazie a ricerche condotte da aziende americane, ha praticamente stravolto il Medioriente. Ogni Stato islamico ha cercato di arricchirsi il più possibile: si è per così dire concentrato su di sé.

Tutte le guerre fatte per liberare la Palestina dalla morsa dei sionisti sono state più che altro simboliche, condotte senza un vero coordinamento strategico.

Oggi i palestinesi paiono abbandonati a se stessi. Sembra che il loro destino sia non solo quello di pagare le mire espansionistiche d'Israele, che pratica un colonialismo simile a quello europeo dei secoli passati; ma anche quello di subire qualcosa che sta molto al di sopra delle loro teste, cioè gli enormi interessi economici che avvolgono come una ragnatela l'intera regione del Levante.

Infatti, oltre al controllo delle risorse energetiche, c'è anche quello delle infrastrutture (stradali, ferroviarie, aereo-navali) che permettono i commerci di qualunque bene industriale: dalla Via della Seta made in Cina, all'IMEC (lanciato al recente G20 di Nuova Delhi), che Israele vuole realizzare con l'aiuto soprattutto dell'India, ma anche di Arabia Saudita ed Emirati Arabi, fino al più recente PAC (*Partnership for Atlantic Cooperation*), con cui gli USA vogliono recuperare una perduta geostrategia globale.

I palestinesi sono tagliati fuori da tutti questi progetti faraonici, poiché non hanno risorse da esibire, e se le hanno (come quelle energetiche nei fondali del mare di Gaza), non hanno armi adeguate né diplomazia convincente con cui difenderle.

Questo popolo è destinato a fare la fine di un altro popolo, cui varie potenze occidentali e persino islamiche hanno pervicacemente negato il diritto ad avere un proprio Stato: quello kurdo, che al momento si trova sparpagliato in Turchia, Iran, Iraq e Siria, e che conta nel mondo un po' meno di 40 milioni di persone.

## Da Gaza al Mar Rosso

Il traffico marittimo nel Mar Rosso (12% di quello mondiale) segue due direttrici: la principale è il Canale di Suez (che porta al Mediterraneo), mentre la seconda è verso il Golfo di Aqaba nella cui propaggine si affaccia Israele col porto di Eilat.

In questo momento il traffico marittimo da e per Suez è drasticamente ridotto, mentre quello verso Eilat è azzerato. Gli armatori preferiscono non addentrarsi nel Mar Rosso per non correre rischi, ma anche perché le compagnie assicurative hanno alzato i premi. Molte navi sono tornate a circumnavigare l'Africa passando il Capo di Buona Speranza. Inevitabilmente aumentano tempi e costi di trasporto. E crollano gli introiti per l'Egitto, a causa dei mancati pedaggi delle navi in transito a Suez.

La Cina, che esporta in tutto il mondo, ha bisogno di stabilità, ma al momento non sta facendo nulla per porre fine alla mattanza dei palestinesi.

Viceversa la coalizione militare occidentale (ma c'è anche il Bahrein) promossa dagli USA sta cercando di allargare il conflitto nel Mar Rosso: il primo obiettivo è quello di bombardare le postazioni Houthi nello Yemen.

Stranamente tale coalizione non ha la propria base operativa a Gibuti, uno dei più importanti hub militari del mondo, dove USA, Germania, Spagna, Italia, Francia, Regno Unito, Cina e Arabia Saudita hanno proprie basi. Da lì sarebbe molto facile controllare tutto il settore di mare a ridosso dello Yemen.

La base operativa è nello stesso Bahrein, a molte migliaia di chilometri di distanza dallo Yemen, nel bel mezzo del Golfo Persico e di fronte all'Iran. È un piccolo Stato situato su un arcipelago di 33 isole vicino alle coste occidentali del Golfo Persico. Vi ha sede sede la Quinta Flotta della Marina statunitense.

L'intento degli USA è chiaro: colpire contemporaneamente Arabia Saudita, Iran e il processo distensivo inaugurato tra queste due nazioni grazie alla mediazione della Cina.

Tuttavia Italia, Spagna, Francia, Paesi Bassi, Norvegia e Danimarca sembrano riluttanti a partecipare con navi da guerra a questa coalizione navale, proprio perché è guidata dagli USA, non dalla NATO.

L'Operazione Prosperity Guardian al momento consiste in sette navi della Marina americana, inclusa la portaerei Eisenhower, una nave della Marina britannica e una nave della Marina greca.

A Washington sanno bene che il modo più facile per fronteggiare il proprio declino è destabilizzare il resto del mondo. Ma persino i Paesi alleati si stanno cominciando a stufare di questa prosopopea.

## [28] Da un estremo all'altro

In Germania si è passati da un estremo all'altro. Come al solito, del resto. Antisemiti per secoli, ora si è filosionisti per legge.

Infatti già nel maggio 2019 il governo considerava antisemitica la campagna contro Israele condotta dal movimento palestinese Boicottaggio, Disinvestimento, Sanzioni, nato nel 2005, prendendo ispirazione dal movimento anti-apartheid sudafricano. Per vietare l'antisemitismo si stigmatizzava chiunque manifestasse posizioni antisionistiche, favorendo una sorta di censura statale, in quanto si soffocava il dibattito nella sfera pubblica.

Oggi la situazione è di molto peggiorata. L'American Jewish Committee di Berlino ha parlato chiaro: Chi usa denaro pubblico per delegittimare Israele è neonazista. Persino gli studenti israeliani della School for Unlearning Zionism, residenti nella stessa capitale, non possono fare ricerche sul loro passato collettivo, cioè "disimparare" a essere sionisti.

Nel maggio 2020 il filosofo camerunese Achille Mbembe fu oggetto di inauditi attacchi in Germania solo perché aveva tracciato dei parallelismi tra l'apartheid subìto dai palestinesi e quello subìto dai neri sudafricani.

In pratica qualunque discussione su Israele oggi può essere condotta solo privatamente e, anche in questo ambito, è facile incontrare dei tedeschi che, per timore di passare per antisemiti, si chiudono a riccio con la solita espressione di rito: "è troppo complicato".

La situazione sta diventando piuttosto imbarazzante. I complessi di colpa per l'olocausto portano i tedeschi a feticizzare l'ebraismo. Si vantano d'avere la democrazia più forte d'Europa proprio mentre incarnano l'ebraismo in maniera ossessiva.

Insomma la Germania sembra essere diventata una succursale di Israele. Neanche negli USA si è così fanatici. Ormai la parola "neonazismo" siamo costretti a usarla in maniera traslata. Cioè la possiamo rivolgere non solo a chi si rifà esplicitamente alle deliranti ideologie hitleriane, ma anche a chi, in nome della democrazia, assume atteggiamenti nettamente dittatoriali.

Infatti come definire chi in Germania sta accusando tutti i palestinesi d'essere colpevoli di quanto Hamas ha fatto il 7 ottobre? Il nazismo prendeva di mira gli ebrei; oggi invece è la democrazia che prende di mira gli islamici. E lo fa sino al punto da considerare normale le stragi di civili che avvengono a Gaza.

A questo punto diventa inevitabile pensare che Netanyahu si senta libero di compiere un genocidio a Gaza proprio perché sa di avere le spalle coperte in occidente. Se è così, è facile anche prevedere che per i musulmani diventerà sempre più rischioso venire a vivere in Europa o esibire pubblicamente la loro "diversità".

E come vogliamo qualificare un ebreo antisionista che prende le difese di un palestinese o di un qualunque islamico perseguitato? È sufficiente dire che è un ingrato? O dovremo invece usare espressioni più colorite, del tipo "sporco traditore"?

### Fino a che punto il diritto di parola?

Già si è detto, in un post precedente, che in Germania tende a prevalere, in riferimento alla mattanza in corso contro i palestinesi, la ragion di stato rispetto al diritto costituzionale. Cioè è vietato essere antisionisti e mettere in discussione l'esistenza dello Stato d'Israele. È vietato persino suscitare dibattiti pubblici, poiché ciò potrebbe favorire l'antisemitismo.

Mi chiedo che senso abbia una tale costrizione ideologica e paternalistica. Se anche uno avesse delle idee antisemitiche, chi può avere il diritto d'impedirgli di esprimerle? La libertà di parola è un diritto fondamentale in tutte le Costituzioni democratiche. Se uno dice delle sciocchezze, è da un confronto sereno e tranquillo che glielo si può far capire.

Tra l'altro proprio la Costituzione tedesca tutela, nei limiti delle leggi generali, la libertà di esprimere pubblicamente anche l'opinione più ripugnante. Certo, tramite una legge specifica si può cercare d'impedire che una determinata opinione possa avere effetti pericolosi per l'intera popolazione o una sua parte. Ma il parlamento non può emanare una legge speciale che proibisca di avere una determinata opinione. La censura non può essere aprioristica, altrimenti lo Stato democratico non avrebbe a che fare con cittadini ma con sudditi.

Il fatto è purtroppo che ultimamente il governo ritiene che negare a Israele il diritto di esistere non sia una legittima opinione ma una falsa affermazione, paragonabile a quella di chi nega l'olocausto e per la quale è perseguibile penalmente.

Questa è una cosa assurda. Non c'è nulla che sia evidente in sé e per sé, neppure un fatto del passato, poiché tutto è sempre soggetto a interpretazione. Sono gli animali che prendono le cose così come sono. La verità non può essere imposta *ope legis*.

In Italia è forse vietato dichiararsi "fascisti"? In teoria sì, ma a che serve un divieto del genere quando oggi il fascismo il meglio di sé lo dà esprimendosi nelle forme della democrazia rappresentativa? Ha forse senso essere formali su questioni nominalistiche?

Anche in Germania la Corte costituzionale impedì nel 2009 di esprimere delle opinioni a favore del nazismo. Ma, comportandosi così, aveva solo dimostrato di non saper distinguere il diritto alla parola dalla organizzazione di gruppi terroristici, fortemente antidemocratici. Di fatto e per legge la libertà di parola va concessa a tutti, anche a chi è contrario al diritto e alla libertà.

Il vero problema da risolvere, in realtà, è un altro, e riguarda la proprietà e la fruizione dei mezzi comunicativi. Oggi questi mezzi appartengono non alle popolazioni ma o agli Stati o ai privati. Le falsità trasmesse dai media dominanti non possono essere controllate dall'opinione pubblica, anche perché là dove si potrebbe farlo, nei *social*, si subisce lo stesso ostracismo del *mainstream*, cioè o si viene completamente censurati oppure sapientemente boicottati in varie forme e maniere. Gli Stati democratici possono essere "fascisti" proprio mentre vietano di esserlo.

### Ha senso un filosionismo costrittivo?

Interessante l'appello di oltre 100 intellettuali ebrei tedeschi contro la repressione operata dal governo del loro Paese nei confronti del dissenso e delle manifestazioni a favore della Palestina.

Naturalmente il testo condanna qualunque deliberato attacco contro i civili, sia esso organizzato da Hamas o da Netanyahu.

Ciò che stupisce è che già al 22 ottobre i governi regionali e municipali di tutta la Germania vietavano gli incontri pubblici con sospette simpatie palestinesi, come se avessero ricevuto una direttiva dall'alto.

Vien da chiedersi quanto sia potente la lobby ebraica in Germania. E, in fondo, quanto anche sia debole, visto che, pur avendo il governo dalla sua parte, non riesce a tollerare una legittima espressione politica non violenta.

A dir il vero i suddetti intellettuali han scritto che le istituzioni stanno prendendo di mira le grandi comunità turche e arabe, ma anche quelle siriane e palestinesi. Persino le scuole hanno vietato le bandiere palestinesi e la kefiah.

Di cosa hanno paura le autorità? Che sorgano dei pogrom antiebraici? E pensano di scongiurarli alimentando atteggiamenti basati su pregiudizi razziali o xenofobi? Non lo sanno che tutti questi divieti non faranno che alimentare la violenza contro gli stessi ebrei? In Germania –

rileva il documento – l'84% dei crimini antisemitici sono compiuti dall'estrema destra.

L'appello se la prende anche con le principali istituzioni culturali, che tacciono vergognosamente e boicottano qualunque critica nei confronti di Israele. Questa "autocensura volontaria" non fa che produrre un clima di paura e di rabbia.

Bello però che alla fine del documento citino una frase dell'ebrea comunista Rosa Luxemburg: "La libertà è sempre la libertà di chi la pensa diversamente".

## [29] Israele e lo Stato-Nazione

Il concetto di "nazione" è un'acquisizione storica autonoma del moderno capitalismo europeo. Spontaneamente non ha mai fatto parte della cultura islamica, che piuttosto l'ha subìto come un'imposizione esterna. Semmai tra gli islamici prevalgono concetti di tribù o di etnia, al massimo in riferimento a dinastie che esercitano un loro potere politico.

Quando i capitalisti europei iniziano a praticare il colonialismo, le nazioni si erano già formate, eliminando sia gli imperi feudali che i domini regionali dei nobili latifondisti.

Le prime nazioni europee colonialistiche furono Spagna e Portogallo, che esportarono una sorta di tardo-feudalesimo imborghesito, ancora legato alla terra e guidato da una monarchia che ancora vagheggiava obiettivi imperiali, ma che verrà sconfitta dalle grandi nazioni capitalistiche industrializzate: Francia e Inghilterra.

In Europa il nazionalismo borghese è sempre stato così forte che non si sopportava la presenza di stranieri nel proprio territorio: si pensi solo alla guerra dei Cent'anni tra Francia e Inghilterra, o a quella tra Olanda e Spagna, o a quella tra Italia e Austria durante il Risorgimento.

Stato e Nazione dovevano assolutamente coincidere, e ogni Stato si considerava rivale dell'altro, disposto a muovergli guerra per poter occupare, al di fuori dell'Europa occidentale, quante più colonie possibili.

Questo atteggiamento, così sommamente individualistico e aggressivo, spiega il motivo per cui in Medioriente, finita la prima guerra mondiale, gli anglo-francesi si divisero le spoglie dell'ex impero ottomano (feudale e sovranazionale per definizione), stabilendo dei confini che non avevano alcun senso per le popolazioni locali. Erano spartizioni fatte sulla carta geografica, che non rispecchiavano esigenze di natura etnico-tribale-linguistica o religiosa. Al massimo gli europei sfruttavano le rivendicazioni di autonomia delle popolazioni locali per creare delle nazioni su cui esercitare una propria egemonia. Esattamente come facevano gli antichi romani.

In Palestina nessuna comunità si proclamava rappresentante dello Stato-Nazione. Solo il re di Giordania mirava a espandere il proprio regno oltre il fiume Giordano, ma in questo trovava gli inglesi contrari, a motivo delle loro ragioni commerciali con l'India.

Se vogliamo, quindi, sono stati proprio i sionisti che, condizionati dal crescente nazionalismo europeo, han preteso di autodefinirsi come "popolo nazionale", avente un proprio specifico Stato in Palestina. Gli ebrei non avrebbero avuto alcuna possibilità di pretendere un proprio Stato-Nazione senza una forma di acquiescenza da parte degli europei.

Naturalmente gli inglesi avrebbero preferito tenersi l'intera Palestina come una propria colonia, ma di fronte alle pretese dei sionisti e alle assicurazioni che lo Stato d'Israele non avrebbe mai fatto nulla contro i loro, alla fine cedettero.

Insomma il sionismo non è che l'espressione ebraica del colonialismo europeo. Il mondo arabo cominciò a capirne la pericolosità solo dopo la costituzione dello Stato d'Israele voluta dall'ONU. Prima di allora gli arabi erano rimasti solo sconcertati dalla pubblicazione che fecero i bolscevichi dei trattati segreti tra Francia e Inghilterra relativi alla spartizione dell'impero ottomano. Ma non ebbero mai la forza per poter impedire nulla.

Ancora oggi, guardando ciò che Israele sta facendo a Gaza, è difficile dire che una qualche nazione islamica sia in grado d'impensierire la furia devastatrice dei sionisti.

## La figliolanza legittima dello Stato d'Israele

Napoleone Bonaparte occupò Egitto e Siria nel 1798-1801 e, pur senza essere riuscito a entrare in Palestina, ove voleva creare uno Stato ebraico, inaugurò il desiderio europeo (soprattutto francese) di colonizzare il Levante. Aveva bisogno dell'appoggio degli ebrei durante l'assedio di Akka (San Giovanni d'Acri), ma venne sconfitto dagli inglesi ad Abukir e nella stessa Akka.

Il revival del mito delle crociate medievali è ben visibile, per es., in Chateaubriand (1768-1848), che nel suo *Itinerario da Parigi a Gerusalemme* (1820) fa chiaramente capire che si doveva "liberare" la Terrasanta dalla presenza usurpatrice dell'impero ottomano, il quale, tra le altre cose insopportabili, poneva non pochi tributi ai pellegrini cristiani.

Per giustificare il proprio colonialismo, gli europei dovevano prima arrivare a odiare la religione islamica, pur facendo una differenza formale tra i pacifici arabi e i terribili turchi, che sottomettevano tutti, anche quelli della loro stessa religione.

Alcuni intellettuali, come ad es. Lamartine e Dumas, vagheggiavano la possibilità di costruire in Palestina o nel Libano una comunità agricola in cui rivivere quel paradiso che in Europa, a causa del capitalismo, si era definitivamente perduto.

Dai francesi, che sbarcarono in Siria già nel 1860, col pretesto d'intromettersi nel conflitto tra cristiani (Maroniti) e musulmani (Drusi), la Palestina veniva considerata non solo una "terra biblica" che la tradizione cristiana doveva recuperare, ma anche una "terra ignota", come quelle africane che si stavano cominciando a esplorare e occupare.

L'inglese *Palestine Exploration Fund* metteva a disposizione, a partire dal 1865, molte risorse a favore di ricercatori ed esploratori, affinché preparassero il terreno a successive colonizzazioni.

Contemporaneamente a tali esigenze capitalistiche si sviluppava l'emigrazione di piccole comunità ebraiche dalla Russia verso la Palestina, prima ancora che si formasse il sionismo, quindi prima ancora che in Russia si sviluppasse l'antisemitismo politico successivo all'assassinio dello zar Alessandro II (1881).

Anzi lo stesso zarismo mostrava un certo interesse a entrare in Palestina con la scusa di tutelare i cristiani ortodossi ivi presenti: cosa che preoccupò moltissimo i governi anglo-francesi, tant'è che nel 1853-56 dichiararono alla Russia una guerra in Crimea che risultò poi vittoriosa.

Dopo quella guerra saranno i francesi a pretendere la gestione esclusiva dei Luoghi Santi, almeno fino a quando non saranno gli inglesi a occupare l'intera Palestina nel corso della prima guerra mondiale, per poter avere un punto strategico utile ai traffici commerciali con l'India.

Sono queste le premesse storiche che ci aiutano a capire perché l'odierno Stato d'Israele è figlio legittimo della politica colonialistica degli anglo-francesi in Medioriente.

## [30] Guerra tra parenti

Visto che gli ashkenaziti sono in grado di vantare delle origini ebraiche, allora devono ammettere che stanno combattendo contro i loro parenti più stretti. Come, per le loro identiche origini slave, sono imparentati i russi con gli ucraini.

Storici e antropologi non hanno dubbi quando sostengono che alcune tribù semitiche, 4-5000 anni fa, migrarono dalla Mesopotamia verso ovest: una parte si stabilì lungo il Giordano (gli ebrei), mentre l'altra deviò verso il deserto, dando origine al popolo arabo. Nella Bibbia tale separazione consensuale la si può intravedere negli episodi riguardanti Isacco e Ismaele, figli di Abramo.

Non ci sono mai state liti tra queste due popolazioni sino a quando gli ebrei non hanno preteso di ricostruire il loro Stato in Palestina, dopo che per quasi 2000 anni l'avevano perduto per colpa degli antichi romani.

Non risulta che gli ebrei residenti nei Paesi islamici prima della decisione presa dai sionisti fossero oggetto di vessazioni o persecuzioni da parte degli arabi. I fedeli delle religioni del "libro" (inclusi i cristiani) dovevano soltanto pagare più tasse degli altri.

E bisogna dire, da come i sionisti hanno edificato il loro Stato, che di ebraico c'è rimasto ben poco. Israele dovrebbe semplicemente essere definito come uno Stato capitalistico con atteggiamenti colonialistici nei confronti delle popolazioni locali e confinanti. La religione viene usata come pretesto ideologico per giustificare la propria arroganza politica.

Quando gli ebrei cominciarono a emigrare in massa in Palestina, gli arabi stentavano a riconoscerli: si erano troppo occidentalizzati.

In pratica erano stati proprio gli arabi a conservare meglio le loro origini semitiche, quelle origini che anch'essi cominciarono a perdere quando, una volta scoperta l'importanza industriale del petrolio, ne approfittarono per trasformarsi in capitalisti.

Oggi non possiamo dire che il conflitto sia di tipo religioso. È semplicemente uno scontro di tipo politico basato su interessi economici. Diciamo anzi che gli interessi dei palestinesi sono più che altro "esistenziali", mentre quelli degli altri Paesi arabi sono economici esattamente come quelli di Israele.

Gaza non possiede risorse petrolifere e quelle che avrebbe nel Mediterraneo non può usarle perché vietate da Israele. La sua economia può essere definita proto-capitalistica e non costituisce certamente un ostacolo a quella israeliana. I sionisti li vogliono togliere di mezzo proprio perché ambiscono a fare del loro Paese un *competitor* a tutto campo per qualunque Paese islamico mediorientale.

Questo di Israele e Gaza (che poi i sionisti stanno approfittando del momento per sterminare anche i palestinesi della Cisgiordania) può essere definito come uno "scontro di civiltà", poiché i palestinesi stanno dimostrando che i valori democratici d'Israele sono puramente fittizi. Alla fine di questa mattanza sarà dura per Israele continuare a definirsi "l'unica democrazia del Medioriente". Già adesso non possono farlo.

Semmai potremmo dire che Israele, con la sua spietata dittatura, sta mettendo alla prova il livello di democrazia dei confinanti Stati islamici, i quali, fino adesso non si può dire che abbiano dimostrato un grande trasporto per la causa palestinese. Più che vedere una popolazione civile massacrata in tutta tranquillità, di cosa hanno bisogno per reagire? Il minuscolo Yemen non è un esempio per nessuno? O davvero si pensa che l'obiettivo dei "due Stati per due popoli" si possa risolvere in una conferenza internazionale?

Quanto alla democrazia dei Paesi occidentali, meglio stendere un velo pietoso. Si è definitivamente sepolta da sola in Ucraina.

### A che pro una conferenza internazionale?

Se in Palestina tornassimo a prima del 1967, Gaza e Cisgiordania dovrebbero riunificarsi e senza i muri che le separano da Israele.

In seguito agli Accordi di Oslo (1993) Israele sloggiò i propri coloni da Gaza, anche se in cambio la trasformò in una prigione a cielo aperto. E oggi sta occupando militarmente l'area nord, dopo aver defenestrato a suon di bombe almeno un milione di persone. L'idea utopistica di Netanyahu è quella di trasferire tutti gli abitanti nel deserto del Sinai.

È difficile pensare che, finita la "pulizia etnica", tutto tornerà come prima. Se non interverrà qualche fattore esterno, Israele riuscirà a disarmare e smilitarizzare tutta la Striscia (quanto a "deradicalizzarla" è tutto da vedere). Sotto gli occhi del mondo intero i palestinesi sono condannati a scegliere tra la schiavitù e l'emigrazione. A meno che, se Hamas continua a difendersi con le armi, non vogliano fare i martiri.

Di sicuro se ai sionisti viene data carta bianca, i palestinesi continueranno a morire, civili o militari che siano, poiché nessun Paese ha posto Israele sotto embargo o sotto sanzioni. Un certo boicottaggio lo stanno facendo Yemen e Malesia, ma è ancora troppo poco.

Forse Hamas ha sperato che la Lega Araba insorgesse, ma, a parte qualche iniziativa bellica degli Hezbollah nel sud del Libano, non si è visto molto. Più che altro si sono sentite delle parole minacciose.

*Rebus sic stantibus*, ci si chiede cosa mai potrebbe fare una conferenza internazionale. È evidente, infatti, che qualunque decisione prendesse, dovrebbe essere applicata con la forza delle armi, poiché è da escludere a priori che Israele voglia andarsene spontaneamente da Gaza e tanto meno dalla Cisgiordania, dove i coloni dilagano. E senza l'uso delle maniere forti, la conferenza avrebbe lo stesso ruolo dell'ONU, cioè puramente simbolico.

Tuttavia Israele non vuole avere i palestinesi tra i piedi. Li ha già al proprio interno, come cittadini arabi di seconda categoria, cui riservare i lavori che gli israeliani non han voglia di fare. E questo gli basta.

Tutti gli altri devono andarsene, poiché Israele vuole diventare una grande nazione anche sul piano geografico (dal fiume al mare). Netanyahu è convinto che verrà ricordato come colui che ha sottratto ai gaziani almeno una parte del loro territorio, ponendo un'ipoteca pesantissima sull'altra parte.

La Palestina ha il destino segnato. Per non scomparire, forse l'unica soluzione sarebbe quella d'incorporare Gaza (o quel che ne resterà) all'Egitto e la Cisgiordania alla Giordania. Dopodiché potrebbero aspirare ad avere una certa autonomia amministrativa. Ma un obiettivo del genere andrebbe imposto con la forza a Israele.

Se la Cisgiordania appartenesse alla Giordania, una soluzione potrebbe essere questa: i coloni ebrei possono restare, ma vanno tolti di mezzo il muro, i check-point e tutte le forze militari israeliane. E naturalmente andrebbero risolti giuridicamente i contenziosi più recenti relativi alla proprietà della terra.

E pensare che 2,3 milioni di persone a Gaza non sono poche. Hamas avrebbe potuto rivendicare, invece di uno Stato unico che includesse la Cisgiordania, uno Stato per la sola Striscia. Al mondo quanti Stati esistono con meno di 2 milioni di abitanti? Il Vaticano ne ha appena 1.000 ed è riconosciuto dall'ONU. San Marino, Liechtenstein e il Principato di Monaco non superano i 40.000, il Lussemburgo 660.000, Cipro ne ha la metà di Gaza, e si potrebbe andare avanti ancora per molto.

Anzi, si potrebbe forse dire che Gaza è (o meglio "era") più titolata della Cisgiordania a pretendere di porsi come "Stato", in quanto etnicamente omogeneo, privo di coloni ebraici. Oggi però rischia di diventare, nel mare magnum dell'indifferenza mondiale, solo un cumulo di macerie.

### Andiamo avanti così

In questo momento l'occidente collettivo, se vuole mantenere i suoi alti livelli di sviluppo, ha un disperato bisogno di energia, e non sa come fare.

Il fossile si trova, per gran parte, o in Russia o in Medioriente, due aree che l'occidente considera "nemiche". Le terre rare, per l'elettrico, si trovano soprattutto in Africa, che preferisce interfacciarsi con la Cina, perché, a motivo del colonialismo subìto da mezzo millennio, ci odia profondamente.

Queste son tutte realtà geografiche che non riusciamo a sconfiggere militarmente: la Russia è troppo vasta e forte; l'islam è troppo numeroso e insofferente alle nostre "crociate"; la Cina ci supera sul piano produttivo e comincia a far paura su quello militare; l'Africa non è più disposta a subire la nostra arroganza. E noi non possiamo tornare al nucleare, perché troppo pericoloso e antitetico alle nostre preoccupazioni ambientali.

La realtà è che l'occidente collettivo brancola nel buio, non ha una chiara strategia per il proprio futuro, non vede alcuna alternativa al capitalismo privato e, pur di tenerlo in piedi, è costretto, di tanto in tanto, a inventarsi dei nemici da combattere.

In questa situazione senza via d'uscita, tutto sembra essere destinato a diventare un unico pretesto, un'unica mistificazione: diritti umani, diritti internazionali, religioni, democrazie rappresentative, parlamentarismo, laicità, separazioni dei poteri, libero mercato… Tutto ci fa comodo per ingannare noi stessi e gli altri.

## [31] L'arroganza paga

Alla fine degli anni '50 i sionisti capeggiati da Ben Gurion (padre della patria di origine polacca) avevano bisogno di una dittatura militare per imporsi all'interno d'Israele, dando al Paese un'impronta decisamente capitalistica.

Dopo quasi 15 anni di gestione del potere Ben Gurion fu costretto a dimettersi, poiché i comunisti e i laburisti non lo sopportavano più.

Tuttavia i giochi erano ormai fatti: il Paese si stava spostando sempre più a destra. L'idea imperialista del "Grande Israele" (dal Nilo all'Eufrate) si stava concretizzando soprattutto in due maniere: militarizzando lo Stato, clericalizzando la società.

Nazionalisti, fascisti, liberali, militaristi e ultraortodossi si trovarono uniti sotto la bandiera del sionismo più reazionario e aggressivo. I rabbini riuscirono persino a ottenere tre cose: 1) la festività pubblica del sabato, 2) tribunali ad hoc per i credenti osservanti, 3) insegnamento religioso autonomo nelle scuole pubbliche.

Israele iniziò a ricevere dall'America di Kennedy un solido appoggio militare e finanziario, sempre confermato dai successivi presidenti.

Con queste armi i sionisti cominciarono a sfidare i Paesi arabi confinanti. Alla fine del 1963 dichiararono di voler fare un uso esclusivo delle acque del Giordano. Poi rifiutarono la risoluzione dell'ONU che imponeva di permettere ai rifugiati palestinesi (dopo la *nakba* nel 1948) di rientrare in patria.

Gli arrivarono sostanziosi finanziamenti anche dalla Germania ovest, in quanto sapevano sfruttare i sensi di colpa che i tedeschi provavano a causa dell'olocausto.

I sionisti volevano assolutamente una guerra contro qualche Paese arabo confinante, per dimostrare ch'erano loro i più forti in Medioriente.

L'economia era già del tutto militarizzata. La leva durava 30 mesi. Egitto, Siria e Giordania erano gli obiettivi primari da colpire. Fu così che avvenne improvvisamente nel 1967 la guerra detta dei "Sei giorni".

Israele riuscì a occupare circa 60.000 kmq dei loro territori (praticamente tutta la Palestina). L'URSS e altri sei Paesi socialisti ruppero le relazioni diplomatiche. Stava per scoppiare una guerra di ben altre proporzioni, anche perché USA e Regno Unito sostenevano Israele.

L'ONU emanò l'inutile risoluzione n. 242, e Israele, per tutta risposta, poté spadroneggiare fino al 1970, cioè fino a quando si rese conto che l'isolamento internazionale (quello che non riusciamo a realizzare oggi) cominciava a pesare troppo sul piano economico.

In quel periodo di latitanza del diritto internazionale si posero le basi ideologiche del sionismo radicale:

1) tutti gli ebrei del mondo dovevano essere sottoposti al controllo sionista ed erano tenuti a finanziare Israele;

2) Gerusalemme venne dichiarata "città santa ebrea";

3) la piena cittadinanza israeliana poteva essere ottenuta solo da chi, nato da madre ebrea, si fosse convertito al giudaismo.

I sionisti insomma avevano dimostrato che l'arroganza pagava.

## Egitto, Siria e Giordania

Bisogna ammettere una cosa: le forze palestinesi, pur martoriate dai sionisti sin dal 1948, sono state più resilienti di tutti i Paesi islamici confinanti con Israele.

Egitto, Siria e Giordania si sono rivelati molto poco significativi sul piano militare, e il Libano, se si esclude la milizia di Hezbollah, conta ancora meno. E qui stiamo parlando di eserciti regolari debitamente armati, non di semplici guerriglieri.

Egitto e Siria sono sempre stati alleati tra loro, ma nessuno dei due ha mai costituito un supporto militare fondamentale per l'altro. Ancora oggi la Siria viene periodicamente bombardata da Israele, con qualche pretesto relativo alle basi iraniane che il Paese ospita, ma Assad non reagisce: si sente debolissimo.

Quanto all'Egitto, al-Sisi fa la voce grossa escludendo l'ipotesi che tutti gli abitanti di Gaza possano essere trasferiti nel Sinai, ma a tutt'oggi non ha preso alcuna iniziativa contro Israele, anzi ha il terrore che il bellicoso Yemen sul Mar Rosso danneggi gravemente i propri affari doganali a Suez.

Sembra che tutti temano il ripetersi della guerra del 1967, che segnò l'inizio del crollo dello schieramento progressista arabo e l'avvio del processo che portò a una pace separata tra Egitto e Israele (Accordi di Camp David del 1978-79).

La Siria sembra essersi rassegnata ad aver perduto le Alture del Golan, tant'è che confida, inutilmente, di poterle riavere attraverso l'ONU.

Il sovrano giordano (al trono dal 1999), Abd Allah II, tuona contro Netanyahu, dicendo che non accetterà mai oltre due milioni di palestinesi nel proprio Paese. Ma se lo metteranno di fronte al fatto compiuto, non alzerà un dito. S'è sempre dimostrato un ingenuo assoluto (come suo padre, del resto). Il fatto che si affidi agli USA per difendersi da Israele lo dimostra. Alla fine della guerra dei Sei giorni il suo Paese perse tutto quanto era riuscito a ottenere nel 1948.

Tuttavia Egitto, Siria e Giordania sono degli Stati indipendenti. I palestinesi invece non ce l'hanno e non possono permettersi d'essere moderati (come fa Abu Mazen), altrimenti non l'avranno mai. I loro dirigenti hanno sempre sperato che i territori occupati dai sionisti si trasformassero in una specie di Vietnam per Israele, ma così non è stato. E questo proprio perché gli stessi Paesi arabi temono che la questione palestinese finisca col compromettere la stabilità dei loro rapporti con Israele.

Negli anni '60 la resistenza palestinese sembrava identificarsi con la lotta anticoloniale degli algerini, ma non per il governo giordano del re Husayn, che, pur avendo nel suo Paese il maggior numero di profughi palestinesi, li tenne sottomessi con la forza. Nel 1970 la repressione dei fedayyin dell'OLP fu così dura che molti si trasferirono in Libano e in Siria (Settembre nero). Poi nel 1988 rinunciò definitivamente alla Cisgiordania e nel 1994 firmò un trattato di pace con Israele.

Tuttavia anche in Libano fu un disastro per i palestinesi: le falangi dei cristiani maroniti e le forze siriane gli ridussero drasticamente, negli anni '70, ogni residua libertà d'azione. E questo pur nel momento in cui all'ONU veniva riconosciuto l'OLP come unico rappresentante legittimo dei palestinesi.

### Le occasioni perdute

Dopo la guerra dei Sei giorni (1967) tutto il mondo aveva capito che i sionisti non avrebbero mai permesso ai palestinesi di avere un proprio Stato, almeno non in una parte del territorio dell'ex mandato britannico. Cioè sembravano essere sfumate per sempre sia l'idea di spartire il territorio secondo la proposta inglese occasionata dalla rivolta araba nel 1936-39, sia la risoluzione ONU del 1947.

Infatti i sionisti sostenevano due cose: che i profughi potevano riunirsi in Giordania; e che i residenti a Gaza, in Cisgiordania e Gerusalemme est potevano ottenere uno statuto autonomo nel quadro degli accordi di Camp David (1978-9). Escludevano, in sostanza, che tale autonomia amministrativa potesse evolvere verso l'indipendenza politica. Al massimo i palestinesi avrebbero potuto avere uno Stato indipendente nella Cisgiordania, associandosi con la Giordania in un patto federativo (un'idea che piaceva all'Egitto). Cosa che però oggi i sionisti rifiutano decisamente, avendo qui trasferito oltre 700.000 coloni.

Ogni altra ipotesi avrebbe comportato per Israele d'essere superata sul piano demografico, dato l'alto tasso di natalità dei palestinesi. Dovendo scegliere tra democrazia ed ebraismo, i sionisti, pur di non finire in minoranza, preferirono l'ebraismo, trasformando così, inevitabilmente, la formale democrazia in una dittatura a sfondo ideologico.

D'altra parte la stessa OLP era tassativa: voleva un proprio Stato autonomo che includesse sia Gaza che la Cisgiordania, come previsto dall'ONU. Lo statuto, approvato nel 1968, parlava chiaro: all'art. 20 si negava che gli ebrei potessero avere un proprio Stato politico, in quanto l'ebraismo è solo una religione non una nazionalità. Tant'è che agli articoli 1, 2, 6 si affermava che in Palestina avrebbe dovuto esserci un unico Stato arabo, che avrebbe ospitato solo gli ebrei ivi residenti prima dell'aggressione sionista. Pertanto la nazione dello Stato d'Israele andava considerata un abuso, anche perché il sionismo è un movimento politico associato all'imperialismo occidentale, è razzista, fanatico, colonialista e usa metodi nazifascisti.

Tra l'OLP e Israele qualunque dialogo era impossibile. Nel biennio 1984-85 vi furono in Israele 102 attacchi terroristici.

Solo nel 1985 Arafat firmò un accordo col sovrano Husayn secondo cui l'OLP avrebbe accettato uno Stato politicamente legato alla Giordania a condizione che Israele restituisse i territori occupati nel 1967 e avesse accettato una conferenza internazionale sotto l'egida dell'ONU per risolvere la questione palestinese.

Israele invece rifiutò tutto, sicché Arafat l'anno dopo ruppe ogni accordo con la Giordania.

Perché ricordare queste cose? Perché quando i problemi non vengono risolti al loro apparire, s'ingigantiscono da far paura.

# Gennaio

## [1] Ricordiamo il 1° gennaio 1965

Quando si formano le prime organizzazioni della resistenza palestinese? Praticamente nella seconda metà degli anni '50.

Dove? Proprio a Gaza, poi in Giordania, Siria, Libano, Algeria e Kuwait.

Come si chiamavano? *Fedayn*, cioè "coloro che si sacrificano". Si potrebbe dire: basta la parola! In arabo, naturalmente.

Una di queste organizzazioni: Movimento per la liberazione della Palestina (Fatah), creata nel 1956, aveva tra i fondatori il mitico Yasser Arafat. Suo obiettivo: colpire le pattuglie israeliane e gli obiettivi militari nelle aree occupate dai sionisti.

Negli anni '60 le basi ove reclutare i guerriglieri furono proprio i campi profughi in cui moltissimi palestinesi erano finiti dopo la *nakba* del 1948.

Un risultato lo ottennero subito: il presidente egiziano Nasser convocò al Cairo nel 1964 la prima Conferenza dei leader dei Paesi arabi. Nell'occasione fu fondata l'Organizzazione per la liberazione della Palestina (OLP). Gli arabi si stavano fortemente politicizzando.

Nello stesso anno a Gerusalemme si approvò, al primo Congresso dell'OLP, lo Statuto e la Carta nazionale palestinese, ma si decisero anche la bandiera, l'inno ecc. Massimo organo direttivo era il Consiglio nazionale, eleggibile ogni triennio. L'OLP sembrava avere la fisionomia di un governo alternativo a quello sionista.

Tuttavia, nonostante che con l'aiuto di Egitto, Siria e Iraq si fosse formato un esercito di liberazione, la leadership dell'OLP, negli anni 1964-67, contava soltanto sugli sforzi militari dei Paesi arabi.

L'inizio della vera lotta armata, che prescinde dal consenso dei Paesi arabi, ebbe inizio il 1° gennaio 1965, e vide protagonista proprio al-Fatah contro le truppe israeliane presso il lago di Tiberiade (un luogo famoso nei vangeli cristiani). Quel parto autonomo generò altre organizzazioni di *fedayn* molto vicine alle popolazioni.

Tali organizzazioni cominciarono a ottenere molti consensi quando nella guerra contro Israele del 1967 Egitto, Siria e Giordania furono clamorosamente sconfitte.

Il 21 marzo 1968 queste formazioni militari mostrarono tutto il loro coraggio tenendo testa, nei pressi di Karameh (in Giordania), alle forze israeliane nettamente preponderanti.

L'anno dopo era Arafat a trovarsi a dirigere il Comitato esecutivo dell'OLP. Sotto la sua guida i palestinesi erano in grado d'influire anche sui governi dei Paesi arabi in cui si erano rifugiati come profughi. Diventarono una "spina rivoluzionaria" anche per le élite moderate di quei Paesi. Non erano soltanto i sionisti a temerli.

Che fossero temuti da tutti, per la loro determinazione, lo dimostra purtroppo anche il fatto che le forze armate regolari della Giordania si scagliarono contro i reparti più agguerriti dislocati nel loro territorio. Questo episodio vergognoso, in cui varie migliaia di guerriglieri furono uccisi, passò alla storia col nome di "settembre nero" (1970). I sopravvissuti dovettero rifugiarsi in Siria e Libano.

Questo per dire che contro Israele, sostenuto dall'occidente collettivo (non solo dagli USA), ci vogliono almeno due condizioni: fiducia nelle masse popolari e una Lega Araba combattiva.

## [2] Sempre tra i piedi gli inglesi

Bisogna tornare alla prima metà degli anni '40 del XIX sec. per individuare i primi segnali di un perverso disegno inglese a favore degli ebrei contro gli arabi in Medioriente.

Nel 1840-41 lord Palmerston, ministro degli Esteri, voleva una sorta di protettorato nell'impero ottomano per importarvi gli ebrei contro l'unione politica degli arabi.

Alcuni storici sostengono che il vero fautore del ritorno degli ebrei in Palestina fu sir Moses Montefiore, nato a Livorno nel 1784 in una famiglia di origine ebraica sefardita. Nel 1845 aveva elaborato un dettagliato progetto in cui prevedeva che i contadini arabi avrebbero lasciato volontariamente la Palestina se in cambio avessero ottenuto terre coltivabili e condizioni di vita migliori in Paesi come Siria e Iraq. Nel 1857 andò addirittura a Gerusalemme e comprò un terreno dal sultano turco su cui edificò le prime 20 abitazioni per operai e contadini ebrei.

Nel 1860 fu istituita da Prospero Moisè Loria, filantropo ebreo italiano, un'associazione per costruire una grande colonia agricola in Palestina, che, secondo lui, avrebbe poi dovuto trasformarsi in un vero e proprio Stato ebraico.

Charles Netter, della Alleanza israelitica universale, fondò nel 1870 la prima scuola ebraica di agricoltura vicino a Tel-Aviv (Mikveh Israel). In seguito, il barone Rothschild contribuì al mantenimento della scuola.

Nel 1878 gli ebrei Haredi (strettamente ortodossi) fondarono un'importante colonia agricola (Petah Tikva), finanziata sempre da Rothschild. Oggi è la quinta città più grande di Israele.

La colonia Rishon LeZion (oggi la quarta città più grande) fu fondata nel 1882 da ebrei provenienti dall'impero russo.

Tutte queste realtà posero le basi per poter parlare, successivamente, di un "focolare ebraico" in Palestina.

Infatti nel 1907 il premier inglese sir Henry Campbell-Bannerman aveva creato un comitato formato da alcuni famosi studiosi di Gran Bretagna, Francia, Belgio, Olanda, Portogallo, Spagna e Italia, specializzati in storia, geografia, economia, petrolio, agricoltura e colonialismo, per studiare possibili modi per assicurare la continuità degli interessi coloniali europei. In quel momento si diceva che il sole non tramontava mai sull'impero britannico, essendo esteso in tutto il pianeta.

Fu redatto un rapporto in cui si proponeva di spartirsi tra gli europei il Medio oriente arabo.

Il rapporto precedeva quello segreto di Sykes-Picot (1916) ma anche la Dichiarazione di Balfour. L'intento era quello d'impedire che i popoli arabo-musulmani dell'impero ottomano si coalizzassero contro gli interessi coloniali degli Stati europei. Infatti si prevedeva che gli ottomani sarebbero presto crollati.

Nel rapporto si consigliava:

1) di creare staterelli artificiali totalmente dipendenti dagli Stati colonialisti;

2) impedire con tali staterelli ogni forma di unità e di progresso tra gli islamici;

3) in particolare si doveva creare uno Stato cuscinetto costituito da una popolazione forte ma estranea alla regione, legata agli interessi europei.

Il rapporto mostrava piena unità d'intenti tra la politica britannica e il movimento sionista con Herzel a capo. La Palestina andava separata dal resto del mondo arabo.

Venne così legittimata l'immigrazione sionista e, con essa, i primi violenti scontri fra coloni ebrei e residenti arabi nel biennio 1920-21.

A distanza di ben oltre un secolo da questi orribili piani è evidente che se l'obiettivo non è stato ancora pienamente raggiunto è solo per merito della resistenza palestinese.

**Richieste arabe molto chiare**

Gli americani son sempre stati furbi, lo sappiamo. Poiché sapevano che, finita la prima guerra mondiale, non sarebbero potuti entrare in Medioriente, che Francia e Regno Unito avevano deciso di spartirsi in via esclusiva sulle spalle dell'ex impero ottomano, s'inventarono un *escamotage*, con cui dimostrare ch'erano più democratici dei due Paesi europei.

E così proposero, in nome del principio di autodeterminazione dei popoli, di indire una specie di referendum tra le popolazioni arabe della Palestina per sapere cosa pensassero di se stesse e degli europei.

Gli anglo-francesi accettarono per rispetto del loro alleato, ma erano pronti a boicottare l'iniziativa, non essendo disposti a istituire la commissione che doveva gestire il sondaggio. Gli USA, pertanto, furono costretti a fare tutto da soli. Istituirono una commissione che prese il nome di King-Crane.

Il risultato fu molto chiaro: gli arabi della Palestina non volevano alcun "focolare nazionale ebraico" (così come chiedeva la Dichiarazione di Balfour, pubblicata nel 1917). Inoltre pretendevano di conservare l'unione territoriale della Palestina con la Siria, di cui era sempre stata parte integrante.

Naturalmente i risultati del sondaggio rimasero segreti per non turbare gli interessi inglesi.

Senonché un'assemblea generale siriana presentò, nel luglio 1919 alla suddetta commissione analoghe richieste, cui aggiunsero di volere, al posto del mandato britannico e degli accordi segreti tra Sykes e Picot, un regime costituzionale monarchico che includesse Siria e Palestina.

Non ci fu nulla da fare. Pur rappresentando il 90% della popolazione totale, gli arabi, agli occhi dei Paesi europei, non contavano nulla.

Di qui le prime insurrezioni popolari a Gerusalemme contro i piani di conquista del blocco sionista-britannico: nel 1920-21 e nel 1929. In entrambi i casi si trattava di reazioni alle provocazioni dei sionisti.

Vi furono vari morti e feriti da entrambe le parti, ma ogni volta che le forze armate inglesi intervenivano per sedare gli scontri, lo facevano sempre a favore degli ebrei. Infatti quando istituirono un tribunale di guerra, gli unici a essere condannati a morte o tenuti in carcere furono gli arabi.

L'unico sionista che, in teoria, avrebbero dovuto giustiziare era il poliziotto Hankiz, che aveva sterminato un'intera famiglia araba a Giaffa. Ma il tribunale gli commutò la pena a 10 anni di prigione, che poi non scontò neppure tutti.

Questo per dire che esistevano già ampie premesse perché la risoluzione dell'ONU del 1947 non venisse approvata.

## [3] Niente di personale

Nella Palestina mandataria degli anni '20 gli arabi erano in grado di attaccare militarmente gli ebrei, che venivano difesi dall'Haganah, un'organizzazione terroristica para-militare dei sionisti, integrata nelle forze di difesa israeliane dopo il 1948.

Gli ebrei importavano le armi dall'estero o se le costruivano per conto loro nei kibbutz. Il personale e l'organizzazione dell'Haganah dipendevano dagli insediamenti (yishuv), che ai primi anni '20 comprendevano poco più del 10% del totale della popolazione del Paese. Quindi non erano un ostacolo difficile da superare, come lo saranno invece dopo la risoluzione dell'ONU, che sancì la spartizione della Palestina, quando gli ebrei erano diventati il 33% della popolazione totale.

Senonché gli ebrei sono quasi sempre stati protetti dagli inglesi, che gestirono la Palestina dal 1917 al 1948. I sionisti sostengono di essere stati nemici anche degli inglesi, poiché questi volevano governare la Palestina come una propria colonia e non permettevano flussi d'immigrati tali da scatenare l'ira degli arabi. È vero, ma durante il suo mandato, il Regno Unito non prese mai direttamente le difese dei palestinesi, e quando i sionisti iniziarono a comandare, nessun governo d'Israele fece mai qualcosa contro gli inglesi. Era troppo forte il debito di riconoscenza.

Gli attentati che i sionisti fecero contro gli inglesi, prima del 1948, servirono solo per obbligarli ad andarsene e quindi per gestire Israele in assoluta autonomia. Se un terrorista fosse stato catturato e gli fosse stato chiesto perché comportarsi così nei confronti di un Paese che li aveva sempre aiutati, avrebbe facilmente risposto: "Niente di personale".

## La nostra fame di energia

Prima della nascita d'Israele gli ebrei non s'identificavano in alcuna specifica patria. Erano stati per 2000 anni un popolo nomade, sparso in tutto il mondo, spesso soggetto a espulsioni forzate. E anche adesso che la patria ce l'hanno, non tutti gli ebrei vi si riconoscono, in quanto tanti di loro pretendono di non aver nulla a che fare coi sionisti.

Gli ebrei hanno avuto una propria patria, libera e indipendente, sotto le monarchie di Saul, Davide e Salomone, per un periodo, tutto sommato, molto limitato (1030-933 a.C.).

Il fatto che abbiano una tradizione di così lunga durata non è certamente un indice della loro forza militare. Gli ebrei non hanno mai avuto un impero, e il sogno che gli attuali sionisti hanno di crearne uno dal Nilo all'Eufrate è una pura utopia. Tutte le volte che si sono scontrati con nemici potenti, han sempre perso (Egizi, Assiri, Babilonesi, Persiani, Ellenisti e Romani). E quando vincevano, come per es. coi Maccabei, la vittoria durava molto poco.

Questo per dire che la loro forza non sta nelle armi. Anche oggi: sembra che il massacro dei palestinesi sia dovuto alla loro netta superiorità militare. In realtà stanno vincendo perché sono protetti dall'occidente collettivo, che preferisce considerare l'islamico come un proprio nemico, visto che siamo abituati a farlo sin dal tempo della guerra del Kippur, quando i Paesi petroliferi ci fecero capire di poter utilizzare il petrolio come un'arma di ricatto.

Poi, da circa un quarto di secolo, la nostra narrativa tende a identificare l'islamico in sé col potenziale terrorista (Oriana Fallaci *docet*). Per il resto sappiamo bene che fino a quando i sionisti han bisogno del nostro appoggio (finanziario e militare) per contrastare il mondo arabo, non faranno mai nulla contro di noi.

Per noi i palestinesi possono anche scomparire dalla Palestina: quello non è un popolo che ha qualcosa da darci sul piano economico o materiale. Non muoveremo un dito per impedire a Israele di sterminarlo o di obbligarlo a rifugiarsi all'estero.

Ci interessano molto di più i progetti strategici che ha Israele riguardo al settore energetico, che vuole realizzare anche col sostegno di alcuni Paesi arabi. Questo perché, da quando abbiamo rotto i ponti con la Russia, abbiamo un disperato bisogno di gas e petrolio, anche se ci riempiamo la bocca di parole come "transizione ecologica" e di "auto elettriche".

### Un progetto perverso

Forse pochi sanno che quand'era presidente Trump, l'ebreo Jared Kushner, genero (in quanto marito della figlia Ivanka) e suo consigliere, aveva promosso una serie di progetti tra Israele e alcuni Paesi arabi (Arabia Saudita, Emirati Arabi Uniti, Bahrain e Oman) per un importo di 50 miliardi di dollari. Il piano si chiamava "Affare (o Occasione) del secolo". I palestinesi non vollero parteciparvi perché alla fine del 2017 gli USA avevano riconosciuto Gerusalemme come capitale dello Stato israeliano.

Paesi e territori beneficiari sarebbero stati Cisgiordania e Gaza, ma anche Giordania, Egitto e Libano. Perché questi ultimi Stati? Semplice: perché il progetto era perverso.

Con la scusa di favorire i palestinesi residenti in Palestina, si volevano obbligare gli espatriati dal 1948 in poi a considerarsi profughi permanenti negli Stati confinanti in cui avevano trovato rifugio. Cioè il loro status di rifugiati sarebbe stato sostituito con l'essere cittadini di quei Paesi. Il diritto a ritornare in Palestina andava dimenticato.

I sionisti ci tengono molto ad avere questa sicurezza, poiché i palestinesi all'interno della Palestina sono di più rispetto agli israeliani, anche se con una differenza dell'1%: 50,1% (circa 5,5 milioni) palestinesi, contro il 49,5% (circa 5 milioni) di israeliani (da notare che i palestinesi all'interno e all'estero, "rifugiati in tutto il mondo", contano circa 15 milioni di persone: se decidessero di rientrare in patria, gli ebrei diventerebbero una minoranza con poco potere).

Ma il progetto è perverso anche per un'altra ragione: si attribuisce agli stessi palestinesi il motivo della loro arretratezza economica, cioè al fatto che non si lasciano colonizzare dagli israeliani! Non a caso gli USA non usano più l'espressione "territori palestinesi occupati", ma solo "I Territori Palestinesi" (l'Autorità palestinese non è uno Stato). Per gli USA non esiste né una terra occupata né un apartheid, ma solo un popolo ribelle che non accetta di arricchirsi secondo il modello d'Israele, il cui Stato è l'unico autorizzato a esistere. Persino le Alture del Golan non appartengono più alla Siria. I palestinesi devono rassegnarsi a vivere all'interno di un unico Stato.

## [4] Interessi molto prosaici

Durante la prima guerra mondiale gli inglesi cercarono di occupare il più presto possibile il nord dell'Irak, poiché sapevano ch'era ricco di petrolio, non meno dell'Iran. Mobilitarono un esercito di 900.000 uomini, presi anche dall'India. Volevano impadronirsi di quei giacimenti non ancora sfruttati dall'impero ottomano prima ancora che lo facessero Francia e Stati Uniti

Questo spiega il motivo per cui nel 1920 presero tutto l'Irak sotto il loro mandato. Agli inglesi non importava assolutamente nulla che il 90% della terra fosse di proprietà pubblica e che l'80% della popolazione fosse nomade, libera di sfruttare i campi per il pascolo e le coltivazioni.

Repressero nel sangue ogni insurrezione popolare. Associarono ai loro interessi economici un'élite collaborazionista locale. Fecero dei sionisti in Palestina un avamposto anti-irakeno. E obbligarono i turchi a stabilire un confine preciso tra loro e gli irakeni. Lo sfruttamento del grande giacimento di Kirkuk iniziò nel 1927.

Senonché dovettero presto fare i conti con gli appetiti insaziabili della Francia e degli USA, i quali pretendevano una fetta della torta petrolifera. *Obtorto collo* alla fine cedettero.

Insieme stabilirono una linea rossa che risultasse invalicabile per ogni altro Stato. All'interno di questa linea vi erano Turchia, Siria, Giordania, Palestina e tutta la penisola arabica, escluso il Kuwait. L'intesa durò fino al 1948, dopodiché gli USA cominciarono a fare la parte del leone: un ruolo che, dopo la nascita dell'attuale BRICS, non è più lo stesso.

La mostruosa ricchezza economica degli anglo-francesi e americani fu determinata anche dallo sfruttamento imperialistico delle risorse energetiche del Medioriente. E non senza la complicità di ristretti gruppi di potenti famiglie locali, per lo più dinastiche.

Ancora oggi, quando ci riforniamo di carburante presso la Shell, BP, ExxonMobil, Total, ecc., abbiamo a che fare con compagnie petrolifere che hanno creato i loro imperi finanziari soprattutto in Medioriente.

Lo stesso movimento sionista poté entrare in Palestina perché faceva parte di un gioco d'interessi davvero molto prosaici e che andavano ben oltre gli intenti idealistici e romantici della popolazione ebraica residente in Europa.

## Il sionismo tra inglesi e americani

Quando scoppiò la seconda guerra mondiale gli inglesi chiesero sia ai palestinesi che agli ebrei di costituire delle unità militari da inquadrare nel loro esercito. I palestinesi (che avevano già sofferto parecchio sotto gli inglesi) aderirono soltanto con 9.000 uomini; gli ebrei invece con oltre 27.000.

Gli ebrei si specializzarono nel riparare il materiale bellico danneggiato nei campi di battaglia. Questo spiega perché nel 1945 erano in grado di fabbricare mezzi blindati, mortai e munizioni. Anzi nel 1946 potevano disporre di un vero esercito, debitamente armato e addestrato: 40.000 uomini nell'Haganah, 16.000 nel Palmach, oltre 3.000 nell'Irgun e 300 nella banda Stern.

Tuttavia durante la guerra furono soprattutto gli americani a capire l'importanza del sionismo. Infatti lo vedevano come strumento complementare del loro dominio in Medioriente, legato soprattutto al petrolio da sottrarre ai Paesi arabi.

Appoggiati con decisione dagli USA, i sionisti guidati da Weizmann e Ben Gurion si sentivano in una botte di ferro. Di qui le forti pretese di creare un governo ebraico, con un esercito ebraico, su tutta la Palestina, favorendo un'immigrazione praticamente illimitata. Vedevano il presidente Roosevelt come un nuovo Mosè.

Il rabbino americano Stephen Wise, capo della più grande comunità ebraica del mondo, equiparava sionismo ad americanismo. Quando finì la guerra il presidente Truman pretese dagli inglesi che autorizzassero in Palestina l'ingresso di 100.000 ebrei reduci dei lager nazisti. In realtà gli inglesi non vedevano l'ora di andarsene dalla Palestina e di deviare versi gli USA la collera del mondo arabo per aver permesso di costituire uno Stato ebraico.

Gli americani furono davvero ipocriti. Infatti nel 1941 avevano impedito l'immigrazione degli ebrei dall'Europa occupata, perché non volevano da loro una comunità ebraica troppo potente, in grado di condizionare le elezioni presidenziali. Gli ebrei infatti sognavano di andare negli USA non in Palestina, che non aveva nulla di attraente sul piano economico.

Furono i sionisti ad approfittarne di questo divieto americano per chiedere agli ebrei di trasferirsi in Palestina, facendosi largo tra la popolazione palestinese. Paradossalmente il riscatto di un popolo, l'ebraico, martoriato pesantemente in Europa, doveva essere pagato da un altro popolo, estraneo alla Shoah.

E comunque il ruolo degli inglesi era in procinto di finire, a tutto vantaggio degli americani, molto più filo-sionisti. Truman addirittura puntò proprio sul consenso dei sionisti americani per poter essere rieletto e si mise d'accordo col leader Weizmann per impedire che l'ONU inviasse truppe internazionali in Palestina, anche perché i sionisti volevano andare ben oltre i deliberati dell'ONU.

È sufficiente qui fare un esempio. Il massacro di Deir Yassin avvenne il 9 aprile 1948: la banda Stern e l'Irgun eliminarono 254 uomini, donne, vecchi e bambini, occupando 474 centri abitati, di cui 385 furono rasi al suolo.

Già nel 1947 i sionisti avevano fatto capire che se si volevano accogliere tutti gli ebrei del mondo in Palestina, ci voleva un territorio di almeno 200.000 kmq, dal Nilo all'Eufrate. Invece l'ONU ne aveva previsti sono 17.000.

## La sostituzione degli inglesi con gli americani

Gli americani sostituirono gli inglesi nella gestione del Medioriente (e della Palestina in particolare) anche perché seppero stringere coi sionisti un vero e proprio patto di ferro.

Gli inglesi invece temevano che se avessero permesso un'immigrazione ebraica fuori controllo, avrebbero poi dovuto affrontare sempre più frequenti ribellioni arabe, e sapevano di non avere forze sufficienti per farlo, soprattutto dopo la fine della seconda guerra mondiale.

Stando in quell'area dal 1920, avevano imparato a conoscere le caratteristiche delle popolazioni arabe. Ecco perché regolavano i flussi migratori secondo certi parametri, proprio per non scontentare troppo gli arabi.

Tuttavia l'organizzazione paramilitare Haganah sapeva raggirare questi parametri facendo entrare gli ebrei clandestinamente per mezzo delle navi. Non a caso se nel 1919 gli ebrei erano solo il 9,7% dei palestinesi, nel 1946 erano già diventati il 35,1%. E per i sionisti questa era una percentuale sufficiente per chiedere al neonato ONU un proprio Stato.

Dal canto loro gli americani avevano capito che se appoggiavano i sionisti in tutto e per tutto, non avrebbero mai avuto bisogno di colonizzare il Medioriente secondo gli schemi anglo-francesi, salvo dislocare in qualche punto strategico delle basi militari. I sionisti avrebbero svolto il ruolo di cane da guardia superarmato, molto feroce e provocatore.

Gli scrupoli degli inglesi si verificarono per es. nel caso della nave Exodus 1947, acquistata dall'Haganah a Baltimora da un armatore ebreo-americano. Era stata progettata per trasportare 400 passeggeri, ma l'Haganah la trasformò per trasferire in Palestina 4.515 ebrei sopravvissuti dai lager austro-tedeschi.

Finsero che battesse bandiera honduregna e la fecero approdare in vari porti europei, finché gli inglesi la bloccarono a quello di Cipro, per poi trasferirli in Francia. Qui solo 138 decisero di scendere a terra. Tutti gli altri furono portati ad Amburgo, in due campi di concentramento per profughi, in attesa che si decidessero ad andare in Francia. Invece rimasero lì finché l'ONU non creò lo Stato d'Israele.

Questo sgarbo i sionisti se lo legarono al dito e cominciarono a fare i terroristi anche nei confronti degli inglesi, convinti che assai presto li avrebbero potuti sostituire con gli americani.

## [5] La fine degli imperi

È singolare come nella ex-Jugoslavia l'occidente tuteli a spada tratta tutta la popolazione musulmana del Kosovo contro quella cristiano-ortodosso-serba, giudicata filo-russa, mentre in Palestina tuteli ancora di più una popolazione di origine ebraica contro un'altra di religione islamica.

Questo a testimonianza del fatto che all'occidente non importa un fico secco delle religioni, anche se, dovendo scegliere tra ebraismo e islamismo, preferirebbe il primo, e tra cristiani ortodossi e cattolici o protestanti, preferirebbe questi ultimi, tant'è, per es., che non ha mai detto nulla contro il fascismo cattolico-croato.

In compenso gli importa tantissimo difendere i propri interessi economici. Nella ex-Jugoslavia e nei Balcani in generale ci preme l'ingresso nella UE di Paesi che possiamo sfruttare per le loro materie prime e per il costo del lavoro molto basso, che è un vero incentivo per delocalizzare le nostre imprese.

In Medioriente Israele ci serve per le nostre esigenze energetiche (patrimonio soprattutto degli arabi) e, in generale, commerciali, essendo quello un crocevia che unisce tre continenti.

L'Europa occidentale ha distrutto due imperi: austro-ungarico e ottomano, e stava per farlo col terzo, quello russo, salvato in corner, nei suoi confini geografici, dalla rivoluzione bolscevica. Erano tutti imperi tardo-feudali, già sottomessi sul piano economico e finanziario alle maggiori potenze capitalistiche europee.

L'Europa impose il concetto di "nazione borghese", gestita da élite filo-occidentali, salvo eccezioni (come per es. quella turca di Atatürk, che, grazie ai sovietici, non si fece sottomettere dagli anglo-francesi).

All'interno di queste nuove nazioni si svilupperanno poi dei movimenti indipendentisti, che non ambivano certamente a tornare ai vecchi imperi, ma che non amavano neppure essere condizionati dall'imperialismo occidentale, che altro non era se non un colonialismo dei secoli scorsi riveduto e corretto.

Oggi sta morendo l'impero della vecchia Europa occidentale, che ha campato di rendita per mezzo millennio, in virtù della propria superiorità militare, industriale, tecno-scientifica ecc., pesando terribilmente sulle spalle di quello che una volta veniva chiamato "Terzo Mondo" e che oggi viene chiamato "Sud Globale".

L'Unione Europea ha dimostrato d'essere una semplice colonia degli USA, accettando la richiesta americana di dover scaricare l'onere delle proprie immani contraddizioni sui loro alleati a sovranità limitata. In realtà tutto l'occidente, per cercare di sopravvivere, compattando le ultime forze rimaste, ha bisogno d'identificare dei nemici fasulli: Russia, Cina, mondo islamico...

Non potendo più dominare come un tempo Africa, Asia e America latina, l'occidente si sta incattivendo, assumendo atteggiamenti e valori che ricordano da vicino il nazifascismo.

## La risoluzione n. 242/1967

Al tempo del presidente Gorbaciov l'URSS diceva che la risoluzione dell'ONU n. 242, formulata il 22 novembre 1967, cioè pochi mesi dopo l'aggressione israeliana dei "Sei giorni", costituiva per la prima volta una base giuridica fondamentale per affrontare in maniera globale il problema mediorientale e quello palestinese in particolare.

Obiettivo della risoluzione era una pace giusta, stabile, sicura per tutti gli Stati della regione. Non si metteva in discussione l'esistenza di Israele, ma semplicemente si confermava l'inammissibilità dell'acquisizione di territori altrui tramite lo strumento della guerra, e si contestava che Israele avesse il diritto di minare l'integrità territoriale dei Paesi arabi col pretesto di non sentirsi abbastanza sicura.

Tuttavia la risoluzione era insufficiente: sia perché si riferiva agli "Stati" della regione, quando i palestinesi ne erano ancora privi; sia perché non affrontava esplicitamente o direttamente la questione palestinese, se non rimandando la sua soluzione a una conferenza internazionale, sulla necessità della quale nessuno dei cinque Paesi del Consiglio di sicurezza si era opposto.

In altre parole la risoluzione non conteneva indicazioni sul futuro del popolo palestinese e sui suoi imprescindibili diritti. Cioè relegava quel popolo al triste rango di "rifugiati" e non spendeva una parola sul diritto all'autodeterminazione.

Quello fu un grave errore. Si doveva affermare con assoluta determinazione che *soltanto* una conferenza internazionale avrebbe potuto risolvere i fondamentali conflitti in Medioriente. Poi si doveva aggiungere che, in attesa delle convocazione di tale conferenza, l'ONU si riservava, di fronte al rifiuto di Israele di ritirare le proprie forze armate dai territori occupati, di ricorrere ai mezzi militari per far rispettare tale obbligo. La stessa risoluzione chiedeva di creare zone smilitarizzate tra i vari Stati della regione.

Oggi quella risoluzione (tutto sommato moralistica o paternalistica) non ha più alcun senso. È impossibile riportare la Palestina alla situazione anteriore al 1967 senza un intervento armato contro Israele, tanto più che la tragedia per i palestinesi è iniziata ben prima: nel 1948.

Infatti da allora ad oggi Israele ha avuto tutto il tempo per garantire a se stessa una piena sicurezza senza sentirsi autorizzata a minacciare quella dei Paesi e dei popoli confinanti. È un principio noto a tutto il mondo che la sicurezza o è reciproca o non esiste per nessuno.

## Quella nullità dell'ONU

Nel biennio 1979-80 il Consiglio di sicurezza dell'ONU emanò quattro risoluzioni contro Israele di grande importanza.

Alla n. 446/79 si considerò le colonie di popolamento (insediamenti) realizzati dagli israeliani nei territori palestinesi e in altri territori arabi occupati dal 1967 come "totalmente illegali".

Alla n. 465/80 si ribadì che tutte le misure prese da Israele per modificare il carattere geografico, la composizione demografica e la struttura istituzionale dei territori occupati dal 1967 andavano considerati "totalmente illegali", anche perché erano un'aperta violazione della IV Convenzione di Ginevra relativa alla protezione dei civili in tempo di guerra (12 agosto 1949).

Alla n. 476/80 si ribadì la piena validità di tutte le risoluzioni precedenti.

Alla n. 478/80 venne censurata energicamente l'adozione da parte di Israele della Legge fondamentale su Gerusalemme, intesa come "città unificata e capitale d'Israele", in opposizione al suo statuto internazionale sancito dall'ONU. E si chiedeva a tutti gli Stati del mondo di ritirare le loro missioni diplomatiche, se le avevano in quella città.

Queste sono risoluzioni di oltre 40 anni fa. Denunciano non solo l'arroganza di Israele, non solo la complicità dell'occidente che ha permesso l'esercizio di tale arroganza, ma anche la grande debolezza e inutilità dell'ONU.

## [6] Ebrei e palestinesi anarchici insieme

In Palestina l'anarchismo o socialismo libertario cominciò a diffondersi subito dopo la seconda (1904-14) e terza (1919-23) ondata migratoria ebraica proveniente soprattutto da Russia, Lituania, Ucraina e Polonia. Si rifacevano alle idee di Kropotkin e Tolstoj, e naturalmente alla pratica del populismo agrario. Gran parte di questi anarchici erano agnostici o atei.

Né i sionisti anarchici né quelli socialisti hanno mai rivendicato l'istituzione di uno Stato politico esclusivo per gli ebrei. Il loro obiettivo era quello di costruire un movimento associazionista dei kibbutz (una sorta di fattorie agricole basate sul lavoro comune e sulla proprietà indivisa). Negli anni '20 e '30 tutti vivevano nei kibbutz e tutti potevano uscirvi, in quanto la regola etica fondamentale era "consenso senza coercizione e senza sanzioni istituzionalizzate". Anarchia infatti non vuol dire società senza regole, ma una società basata sull'accettazione volontaria delle decisioni comuni.

Tuttavia un movimento anarchico organizzato si forma solo dopo la nascita dello Stato d'Israele (1948).

Le collaborazioni tra israeliani e palestinesi anarchici affondano le radici alla fine degli anni '60, quando l'Organizzazione socialista in Israele (fondata nel 1962), di tendenza antiautoritaria e anticapitalista e che editava la rivista "Matzpen", diede vita a Gerusalemme al primo presidio contro l'occupazione del 1967.

Alcuni anni dopo gli attivisti israeliani delle Pantere Nere (nate nel 1971), che avevano stretti rapporti con "Matzpen", portarono avanti la prima lotta sociale degli immigrati di seconda generazione contro il razzismo e le discriminazioni.

La prima Intifada (1987) aveva guadagnato le simpatie di molti anarchici israeliani, che vedevano in quelle azioni palestinesi una loro insita tendenza alla resistenza popolare.

Ancora oggi, secondo Wikipedia, che pur è continuamente manipolata dai sionisti, in Israele esiste un movimento anarchico impegnato nella difesa dei palestinesi che vivono nei territori occupati. Per quanto incredibile sia gli ebrei anarchici lottano per una pacifica convivenza tra i due popoli in nome dell'anticapitalismo.

Sembrano gli ultimi mohicani. Infatti neppure chi predica il multipolarismo e la fine del neocolonialismo occidentale ha mai speso una parola anche contro il capitalismo. Ormai si è capito che la battaglia non è che tra il capitalismo privato di marca occidentale e quello statale di marca asiatica e del Sud globale. Non facciamoci illusioni.

## Noticina su Ben Gurion

Fa un certo senso leggere nel libro di Giancarlo Elia Valori, *Ben Gurion e la nascita dello Stato d'Israele* (2011) frasi come: centinaia di migliaia di ebrei seppero costruire la loro patria, affermandola e difendendola, fin dal suo sorgere, in mezzo a un mare di ostilità (sottintesa: araba); lo Stato d'Israele continua a rappresentare l'avamposto della democrazia e della difesa dei diritti umani in Medioriente; Ben Gurion è stato per gli israeliani una sorta di nuovo Mosè; il suo orizzonte rimaneva la pace, anche se Israele di trovava costantemente minacciata ai propri confini; Ben Gurion ebbe una straordinaria statura umana e politica, nutrita dall'ispirazione religiosa; non esiste nella storia del mondo un'altra storia paragonabile a quella del popolo ebraico che, disperso e perseguitato, per quasi duemila anni ha saputo preservare la sua identità e cultura; fu grazie a questo popolo che poterono nascere terre coltivabili, giardini e tante rilevanti costruzioni là dove prima era il deserto…

Di queste falsità il libro è pieno dalla prima all'ultima pagina. Peraltro fu presentato in una sala della Camera dei deputati, ricevendo il plauso di parlamentari politicamente impresentabili come Gianni de Michelis e Lamberto Dini.

Fa senso leggere queste assurdità perché lo stesso Ben Gurion nelle sue *Memorie* disse chiaro e tondo che se fosse stato un dirigente arabo non avrebbe mai firmato la pace con Israele, semplicemente perché gli ebrei avevano rubato ai palestinesi il loro Paese. Aggiungendo poi che non si può dire a un arabo che Dio ha promesso agli ebrei la Palestina, poiché il nostro Dio non è il loro, né loro si sentono responsabili di ciò che abbiamo sofferto per colpa dell'antisemitismo e del nazismo.

Chissà se un giorno gli storici potranno accedere agli archivi segreti che custodiscono i documenti più imbarazzanti sulla nascita dello Stato d'Israele. A tutt'oggi meno del 2% è stato reso accessibile al pubblico. Anzi, per quanto riguarda gli archivi militari, meno dell'1%.

## Ebrei non sionisti

Sul n. 54/2023 di "Indipendenza" vi è una paginetta dedicata a una *Dichiarazione* fatta dal movimento ebraico-religioso Neturei Karta International, che si oppone allo Stato d'Israele in sé e per sé, a prescindere dall'attuale governo di estrema destra guidato da Netanyahu, e che rifiuta quindi senza discussioni il regime di apartheid cui i palestinesi sono sottoposti.

Hanno questa posizione sin dalla loro fondazione, avvenuta a Gerusalemme nel 1938. Sono discendenti di ebrei ungheresi e lituani che vivevano in Palestina ben prima che nascesse il sionismo. Oggi sono presenti soprattutto negli Stati Uniti, nel Regno Unito, in Belgio e in Austria.

Siccome si autodefiniscono "credenti ortodossi", spiegano in maniera "religiosa" la loro scelta di vita esistenziale e politica. Cioè non si limitano a dire che lo Stato sionista non rappresenta il popolo ebraico e non può parlare in nome degli ebrei religiosi, e che uccidere e rubare sono violazioni dei Dieci comandamenti. Ma sostengono anche che, "secondo i princìpi dell'ebraismo, gli ebrei sono oggi in esilio per decreto divino ed è loro proibito impossessarsi della Terra Santa con la forza".

Gli ebrei che la pensano così, si rifiutano di prestare servizio nell'esercito israeliano, non accettano sovvenzioni statali e non vanno a votare; non toccano neppure le banconote con impresse immagini di sionisti, anche perché accusano il sionismo d'essere all'origine dell'attuale antisemitismo.

"Ebraismo e sionismo sono diametralmente opposti – affermano. L'ebraismo è una religione e non ha alcun legame con nessuno Stato. Lo Stato d'Israele è uno Stato politico-nazionalista, senza alcun legame con la religione o la fede. Stanno usando falsamente la Torah per giustificare i loro crimini".

E poi aggiungono: "Secondo la Torah ebraica l'intera terra (palestinese), dal fiume al mare, dev'essere restituita ai suoi legittimi proprietari (indigeni), il popolo palestinese. Non appoggiamo la soluzione dei due Stati. L'intero Stato d'Israele viola il giudaismo".

Ora, sinceramente parlando non so dove la Torah dica che la Palestina appartiene ai palestinesi. Semmai è il Talmud che invita gli ebrei ad attendere il messia senza creare in anticipo la fine dell'esilio servendosi di istituzioni di tipo politico.

Tuttavia, se si guarda l'Antico Testamento, viene detto chiaramente che la Palestina è la terra promessa per gli ebrei, da conquistarsi facendo strage dei popoli nativi, giudicati "pagani" o "politeisti" e quindi privi di moralità, corrotti per definizione.

Non so neppure dove abbiano letto che gli ebrei devono stare in esilio per "decreto divino". Questo perché se si guarda la loro storia, ci si accorge facilmente che quando soffrirono un esilio forzato da parte degli Assiri e dei Babilonesi, non rinunciarono mai all'idea di ritornare in Palestina, tant'è che coi Persiani vi riuscirono, seppur alle loro dipendenze.

La stessa affermazione secondo cui l'ebraismo è una religione che non ha legami con nessuno Stato, è quanto meno ambigua. Infatti, nessuna religione al mondo potrebbe dire la stessa cosa. Anche il cristianesimo ortodosso rifiuta di politicizzarsi come fa il cattolicesimo-romano, ma non per questo smette di sostenere lo Stato in cui è presente. Una cosa è non permettere allo Stato di modificare la teologia di una Chiesa; un'altra è servirsi di tale teologia per condizionare la laicità dello Stato; un'altra ancora è mettere la propria teologia al servizio di uno Stato chiaramente dittatoriale, come sta succedendo oggi in Ucraina da parte della confessione ortodossa scismatica nei confronti del patriarcato moscovita.

Tutto ciò per dire che tale movimento avanza delle motivazioni religiose che chiunque potrebbe contestare. In realtà la vera soluzione del conflitto israelo-palestinese sta nel creare un unico Stato laico e democratico, in cui tutti possano riconoscersi a prescindere dalla propria appartenenza religiosa.

All'interno di questo Stato, per vivere un'esistenza senza conflitti sociali, si dovrebbe realizzare una sorta di socialismo autogestito dalla collettività (come ad es. gli antichi kibbutz), che escluda una gestione privatistica dei fondamentali mezzi produttivi e delle risorse naturali del territorio.

Ebrei e palestinesi, ma anche cristiani e laici, devono imparare a coesistere come entità equivalenti, disposte a confrontarsi senza precondizioni o pregiudizi. È assurdo pensare che gli ebrei siano superiori agli islamici proprio in quanto "ebrei". Il concetto di "popolo eletto" o quello di "nazione santa" vanno decisamente eliminati da un linguaggio democratico, in quanto forieri di tendenze razzistiche.

Oggi i sionisti possono ancora vantare una superiorità militare o economica semplicemente perché provengono da una "civiltà capitalistica" formatasi in Europa occidentale. Ma dovrebbero cominciare a chiedersi, visto che citano spesso dei passi religiosi, se sia così conveniente per la loro coscienza essere dei capitalisti senza scrupoli con le mani che grondano sangue tutti i giorni, soprattutto di quello innocente dei bambini.

## [7] Allargare il conflitto verso dove?

Il recente attacco terroristico contro l'Iran (strage di Kerman), rivendicato dall'ISIS/Daesh e apparentemente immotivato, in quanto non vi era alcun obiettivo militare da colpire ma solo dei civili presso un cimitero, lascia pensare che con la guerra israelo-palestinese gli USA stiano cercando di fare una cosa che non sono riusciti a fare in Ucraina: allargare il più possibile il conflitto.

Ma allargarlo verso chi o verso dove? Il Libano non conta niente, salvo il fatto che le milizie Hezbollah dipendono dall'Iran, e comunque non sono in grado di sostenere da soli una guerra contro Israele.

La Siria è talmente debole e piena di problemi che, se entrasse in guerra, perderebbe subito, anche se potrebbe sempre chiedere aiuto alla Russia, sua alleata.

In Irak Baghdad è stata tranquillamente colpita in pieno centro da alcuni missili americani in risposta ai numerosi attacchi da parte delle milizie sciite filo-iraniane contro le basi statunitensi in Siria e in Iraq.

Lo Yemen è troppo piccolo per impensierire l'occidente, benché si trovi in una posizione strategica per i traffici commerciali. Al massimo può servire, se si lanciano dalle navi militari occidentali dei missili nel suo territorio, per suscitare nel governo iraniano, che protegge gli Houthi, l'esigenza di una vasta mobilitazione solidale.

L'Egitto non va toccato, non solo perché alleato degli USA, ma anche perché si sta pensando di utilizzarlo per dare rifugio ai palestinesi di Gaza, a costo di condonargli i debiti che ha col FMI. Eventualmente dividerà l'arrivo dei profughi col Congo o altri Paesi.

Dunque non resta che l'Iran: ecco il vero obiettivo da colpire. L'odio americano nei confronti dell'Iran esiste dalla rivoluzione khomeinista del 1979. Infatti è stato l'unico grande Paese mediorientale a rifiutare l'influenza americana nella gestione delle proprie risorse petrolifere.

L'Iran subì per 40 anni l'egemonia britannica. Quando nella primavera del 1951 andò al potere il governo nazionalista di Mossadeq, che aveva da poco nazionalizzato l'industria petrolifera del Paese, furono proprio gli angloamericani a organizzare nell'agosto del 1953 il colpo di stato militare che riportò al potere Reza Pahlavi, uno shah nettamente filo-occidentale.

In quell'occasione apparve evidente che gli USA avrebbero sostituito il Regno Unito nella gestione imperialistica di tutto il Medioriente. I governi statunitensi temevano che l'Iran, nazionalizzando il petrolio, si avvicinasse al comunismo sovietico e lanciasse un segnale negativo agli altri Paesi del Golfo.

Tuttavia i rapporti tra Iran e URSS, dopo la rivoluzione del 1979, non furono mai buoni, soprattutto per motivi ideologici e politici, in quanto i principali oppositori di un clero sciita che, salito al potere, stava originando una specie di teocrazia, erano proprio i socialcomunisti, che pur avevano aderito alla rivoluzione anticolonialistica.

Oggi, con l'istituzione dei BRICS, un'organizzazione a-ideologica per definizione, i rapporti tra Iran e Russia sono diventati eccellenti. Anzi, per gli americani c'è di peggio. Grazie alla mediazione russo-cinese vi è stata la riconciliazione tra i due nemici storici: Iran e Arabia Saudita. E quest'ultima ha per di più determinato la fine del petrodollaro: una sciagura d'incalcolabile portata per gli USA, sempre più destinati a un clamoroso tracollo finanziario a causa di un debito pubblico che nessun Paese al mondo vuole più sostenere.

## [8] In ricordo di Sabra e Chatila

Che i sionisti siano politicamente perversi lo dimostra quanto fecero nel Libano all'inizio degli anni '80.

Dopo il massacro subìto dagli arabi giordani nel cosiddetto "settembre nero" del 1970 (poi ci si meraviglia della scarsa determinazione anti-israeliana della Lega Araba...), i palestinesi (circa mezzo milione di persone) si erano rifatti una vita in Libano, sempre ovviamente come profughi.

Bisogna ammettere che questa è una popolazione molto resiliente. Infatti dal 1948 ad oggi non solo ha dovuto resistere ai tentativi genocidari da parte d'Israele, ma ha dovuto affrontare anche l'ostilità palese o l'indifferenza colpevole o le pericolosa ambiguità di tutto il mondo arabo, come se il corpo estraneo in Medioriente non fossero i sionisti ma proprio i palestinesi.

Gli ebrei rinfacciano ai cristiani le cause del loro inferno. Perché i palestinesi nei confronti dei sionisti? Non avrebbero forse lo stesso diritto di lamentarsi?

Era ancora fresco l'inchiostro con cui il premier traditore egiziano Sadat aveva firmato col terrorista Begin (ex capo del famigerato Irgun) gli accordi di Camp David (1979), quando lo stesso Begin disse che Israele aveva il diritto d'intervenire anche in Libano, con la solita scusa della sicurezza nazionale.

E così nel 1982, con l'operazione "Pace in Galilea", i sionisti si proposero i seguenti obiettivi:

1) distruggere l'OLP sul piano civile, sociale e militare;

2) spostare i profughi il più possibile verso la Siria;

3) insediare un governo cristiano-falangista, ideologicamente fascista e filo-israeliano.

L'OLP naturalmente si difese, e lo fece per 79 giorni con un certo successo. Poi intervenne la comunità internazionale, che, viste le difficoltà d'Israele, pretese un cessate il fuoco. Le forze dell'ONU s'interposero tra i belligeranti (quello che non si riesce a fare oggi perché l'occidente vi si oppone).

Sembrava pace fatta. Tuttavia i contingenti ONU si ritirarono troppo presto. I sionisti occuparono improvvisamente Beirut ovest, sgombra di difensori, dove erano rimasti solo i civili palestinesi.

Dopo pochi giorni avvenne una tragedia che rimarrà negli annali della viltà e dell'infamia. Gli israeliani chiesero ai falangisti di compiere un'orrenda strage nei campi profughi di Sabra e Chatila. Più di 3.000 persone furono barbaramente eliminate.

Il costo totale per i palestinesi dell'operazione "Pace in Galilea" fu spaventoso: oltre 19.000 morti, oltre 30.000 feriti e mutilati; l'84% erano civili (di cui 1/3 con meno di 15 anni). Più tutte le distruzioni enormi degli edifici. Oggi con Gaza si sono superate anche queste cifre.

Israele occupò l'area meridionale del Libano, restandoci fino al 2000. Furono cacciati dai miliziani di Hezbollah (sostenuti da siriani e iraniani), che oggi costituiscono una spina al fianco d'Israele più dolorosa degli stessi miliziani di Hamas.

Obiettivi raggiunti di quelli prefissati all'inizio dell'operazione suddetta? Neanche uno.

Riflessione conclusiva: in una popolazione come quella palestinese è molto difficile restare semplicemente dei "civili" e non diventare dei "militari"; soprattutto è difficilissimo viverci quando si è soltanto dei bambini. Una cosa però, a distanza di tanti anni, sembra essere diventata una realtà incontrovertibile: questa è una popolazione che quanto più viene martoriata, tanto più somiglia a un'araba fenice.

**Falastin Al Thawra**

"Falastin Al Thawra" è stato il principale periodico dell'OLP di Arafat tra il 1972 e il 1994. Voleva dire "Palestina della Rivoluzione". Voleva essere una speranza, un obiettivo strategico da perseguire in maniera risoluta. Andava oltre il termine usato dalla pubblicistica progressista europea di quegli anni, che definiva la lotta dei palestinesi come una forma di "resistenza".

Ancora oggi nell'uso corrente del *mainstream* l'inizio della resistenza palestinese si colloca verso la metà degli anni '60, con la fondazione dell'OLP e di Al-Fatah.

Tuttavia se si compie un'analisi storica bisogna risalire ai primi anni '20, subito dopo l'imposizione del mandato britannico in Palestina. Infatti i primi sanguinosi incidenti, del tutto spontanei, che vedono gruppi di palestinesi opporsi alla penetrazione sionista e alla prospettiva del "focolare nazionale" ebraico, risalgono al maggio 1921 e all'agosto

1929, a Gerusalemme, a Giaffa e in altre località.

Invece il primo nucleo di resistenza militarmente organizzata prende corpo nel novembre 1935, quando lo sceicco Izz al-Din al-Qassam, già condannato a morte dai francesi per la sua partecipazione alla lotta anticoloniale in Siria, costituisce ad Haifa un nucleo di guerriglieri. Lì perderà la vita in uno scontro con le truppe inglesi. La sua uccisione innescò la Grande Rivolta Araba nel 1936-39. Ancora oggi l'ala militare di Hamas (Movimento di Resistenza Islamica) si richiama al suo nome.

Gli inglesi non erano meno feroci dei sionisti. Dal 1936 al 1939 i palestinesi contro l'occupazione britannica, che sosteneva l'immigrazione degli ebrei, fecero molti scioperi, manifestazioni di protesta e operazioni di guerriglia, che determinarono, nelle loro file, almeno 5.000 morti e 14.000 feriti. Oltre un centinaio di loro vennero impiccati dopo un processo ridicolo.

Alla fine del 1947, dopo il voto dell'ONU sulla spartizione, la ribellione riprese sotto la guida di Abd al-Qadir al-Husayni, che cadde ucciso nella battaglia per il controllo del villaggio di al-Qastal lungo la strada Tel Aviv-Gerusalemme nel 1948.

Questo per dire che se si pensa che con la pulizia etnica operata in questi ultimi mesi a Gaza, la resistenza palestinese avrà subìto un definitivo colpo demolitore, ci si illude profondamente.

## [9] Aspetti del Medioriente

Per capire il mondo arabo del Medioriente esistono alcuni fondamentali aspetti (qui elencati casualmente), molti dei quali s'intrecciano in maniera inestricabile.

1) La politica coloniale e imperiale delle potenze occidentali (prima anglo-francesi, poi americane): una politica finalizzata sia all'accaparramento delle risorse energetiche (anzitutto petrolifere), che all'acquisizione delle vie di comunicazione commerciale (terrestri, fluviali e soprattutto marittime).

2) La corruzione delle élites locali-regionali-nazionali, più interessate a realizzare ingenti guadagni privati dalla vendita dei prodotti energetici che a sviluppare socialmente e culturalmente le popolazioni nel loro insieme. Nell'ambito di tale corruzione va inserita l'ambizione delle caste militari, sempre molto importanti, soprattutto là dove i Paesi sono governati da dinastie storiche o da ceti aristocratici o da etnie prevalenti.

3) I sentimenti antioccidentali delle masse popolari, spesso strumentalizzati dalle élites al potere, che inducono le masse a considerare più importanti i legami etnico-religiosi che non gli interessi di classe, tra-

sversali alle etnie e alle religioni. A volte questi sentimenti vengono sfruttati dallo stesso occidente, quando servono per contrapporre uno Stato arabo a un altro o un'etnia contro un'altra.

4) La forza dell'islam, usato più che altro come strumento politico in funzione anticolonialistica, ma usato anche dalle élites dominanti come strumento illusorio di alternativa al capitalismo. Né vanno dimenticati gli usi strumentali di quelle divisioni religiose (p.es. tra sunniti e sciiti), che, se avevano un senso in epoca medievale, oggi servono soltanto a mantenere in un antagonismo artificioso i vari Paesi islamici.

5) L'impeto crescente del nazionalismo arabo, conseguente al fatto che, durante la spartizione dell'ex impero ottomano, gli anglo-francesi imposero l'idea borghese di "nazione", con cui una determinata popolazione doveva distinguersi, se non contrapporsi, rispetto ad altre popolazioni islamiche, a loro volta destinate a trasformarsi in nazioni. Il che impediva il formarsi dell'idea di un'unica nazione araba anti-occidentale, caratterizzata da una medesima lingua (salvo poche eccezioni) e da una medesima religione (pur nelle sue varianti specifiche) e con tradizioni abbastanza simili tra loro. Ci sono meno differenze tra Paesi arabi che tra Paesi europei.

6) L'avversione generalizzata per Israele, il cui Stato politico è sempre stato visto come un corpo estraneo in Medioriente. Gli islamici non sono antisemitici (anche perché loro stessi sono semiti), né disprezzano la religione ebraica (da cui hanno ereditato molti aspetti). Quel che non sopportano è che tale religione si dia una veste politico-istituzionale nella loro regione. Naturalmente il divieto vale per qualunque altra religione. Il che non impedisce che lo stesso islam venga considerato come una religione di stato o che il suo carattere maggioritario a livello nazionale venga usato come uno strumento politico.

7) L'ossessione del problema palestinese. Le potenze islamiche del Medioriente non si sono mai coalizzate, tutte insieme, per togliere di mezzo Israele. Quando alcune di loro l'hanno fatto, non hanno mai avuto la meglio; anzi, han dovuto riconoscere che, grazie al sostegno militare e finanziario degli USA, Israele è una nazione che va temuta. Non solo, ma quando taluni Paesi islamici hanno ospitato in grandi quantità i profughi palestinesi, si sono accorti che questi avevano caratteristiche che potevano risultare pericolose per i governi in carica: apparivano troppo politicizzati, troppo abituati a usare le armi e a rivendicare diritti democratici.

## [10] Come nacque il terrorismo in Palestina?

I profughi palestinesi che negli anni passati han cercato di rientrare in patria sono sempre stati dissuasi con la forza dal non farlo. Potevano tranquillamente anche essere uccisi: ai sionisti non importava nulla se erano armati o disarmati, uomini o donne, adulti o bambini.

Anzi, fra il 1948 e il 1956 i militari facevano persino continue incursioni nei campi profughi allestiti nei pressi dei confini israeliani, al fine di costringerli a ricostruire i campi più lontano.

A ben guardare, infatti, di tutte le frontiere stabilite in Medioriente, quella d'Israele sembrava essere la più innaturale di tutte, in quanto lo Stato era come destinato a vivere in una condizione di guerra permanente, e non certo per colpa dei palestinesi.

Questi atteggiamenti non fecero che aumentare il radicalismo anti-israeliano. Nel 1952 un movimento democratico rovesciò la monarchia egiziana di Faruq e stabilì una repubblica con un governo militare guidato da Nasser. Il quale rifiutò alle navi israeliane di accedere al Canale di Suez; impose il ritiro delle truppe inglesi dall'Egitto; sostenne la guerra algerina contro la Francia e l'indipendenza di Cipro dal Regno Unito.

Il boicottaggio economico-finanziario contro l'Egitto non si fece attendere: gli anglo-americani e la Banca Mondiale annullarono subito i loro crediti.

Nasser accettò la sfida e nazionalizzò il Canale di Suez per finanziare la costruzione della diga di Assuan. Da Damasco si levò l'invito agli altri Paesi arabi di nazionalizzare tutte le compagnie petrolifere straniere.

Fra il 1948 e il 1956 Israele si scontrò con gli arabi confinanti almeno 200 volte. A quel punto fu inevitabile la seconda guerra arabo-israeliana (1956). Era infatti Israele che doveva fornire a Francia e Regno Unito il pretesto per intervenire militarmente in Egitto.

La provocazione venne fatta nel Sinai, occupato da Israele. Gli anglo-francesi pretesero che tutti si allontanassero di 30 km dal canale. All'ovvio rifiuto da parte egiziana, gli anglo-francesi dichiararono guerra.

In quel frangente però l'URSS minacciò d'intervenire a fianco di Nasser, e siccome anche agli USA non piaceva che gli anglo-francesi tornassero in auge in Medioriente, la cosa finì lì. Israele si ritirò dal Sinai, ma senza subire alcun mutamento nei suoi confini.

Tuttavia nel 1967 i sionisti tornarono alla carica e in sei giorni triplicarono l'estensione del loro Paese, occupando Gaza, Sinai, Cisgiordania, Golan e Gerusalemme est. L'occupazione di questa città islamica fu la più dolorosa per l'intero mondo arabo, che finalmente cominciò a capire che senza un esercito ben armato e addestrato sarebbe stato impossibile vincere Israele.

Non solo, ma, occupando simultaneamente così tanti territori stranieri, Israele si ritrovò in casa altri 7-800.000 palestinesi, pronti a compiere azioni eversive. Non a caso in quel periodo l'OLP, già membro della Lega Araba e osservatore dell'ONU, cominciò a diventare una dolorosa spina al fianco dei sionisti.

Persino i tanti palestinesi fuggiti in Giordania costituivano fonte di grandi preoccupazioni per il re filo-occidentale Hussein, che nel 1970 li obbligò a trasferirsi in Libano, dopo aver compiuto un'orrenda strage nei loro campi profughi.

La quarta guerra arabo-israeliana fu scatenata dagli egiziani nel 1973. Mentre loro oltrepassavano il Canale di Suez, i siriani andavano a riprendersi le Alture del Golan, sottratte dai sionisti nel 1967. Fu la guerra cosiddetta del "Kippur", alla fine della quale però non ci furono né vinti né vincitori.

Israele avrebbe anche potuto soccombere se non fosse stata aiutata dagli USA. In quell'occasione i Paesi petroliferi aumentarono il prezzo del greggio diminuendone la produzione. Le élites al potere lo fecero anche perché temevano d'essere rovesciate dai movimenti democratici interni. Fu così che nacque la prima grande crisi energetica contemporanea, che spaventò moltissimo l'occidente.

L'Europa trovò una soluzione permettendo all'Egitto di occupare anche la riva orientale del Canale di Suez. Per il resto Israele mantenne i territori già occupati nel 1967.

Purtroppo dopo la morte di Nasser (1970), il successore Sadat divenne completamente filo-occidentale, ottenendo grandi aiuti economici. La questione palestinese diventò del tutto marginale.

A Camp David nel 1979 gli statisti Carter, Sadat e Begin stabilirono che i palestinesi come "popolo" non esistevano, in quanto venivano considerati soltanto come un fenomeno di rifugiati privi di identità nazionale e quindi senza diritto all'autodeterminazione.

Tutto il Sinai venne restituito all'Egitto, il quale però doveva tenerlo smilitarizzato ed era obbligato a vendere il petrolio a Israele. Quanto a Gaza e Cisgiordania furono trasformate in prigioni a cielo aperto o in colonie da sfruttare.

Sadat, primo statista arabo a farlo, riconobbe Israele come Stato indipendente. Trasformò l'Egitto in un semi-protettorato degli USA, in quanto tutto il suo esercito dipendeva da quello americano. Praticamente firmò la sua condanna a morte, che avvenne nel 1981.

I palestinesi capirono d'essere stati traditi, per cui iniziarono a combattere da soli contro gli israeliani, non in maniera militare, ma usando altri modi, inclusi quelli terroristici.

## [11] La shoah palestinese

Prima della creazione dello Stato d'Israele non aveva senso parlare di una "nazione palestinese", distinta in qualcosa dai caratteri generali dell'etnicità araba. Cioè per i palestinesi fu necessaria, ai fini dell'acquisizione di una rilevanza internazionale, trasformare la coscienza popolare da una massa indifferenziata (per l'occidente) a una nazionalità vera e propria.

Fino alla guerra del 1967 la lotta degli arabi di Palestina era stata la lotta di "tutti" gli arabi contro Israele. I palestinesi erano come un simbolo di tale conflitto. Fu la sconfitta militare araba a costringere i palestinesi a portare da soli la loro croce.

Grazie ad Arafat ciò fu l'occasione per avviare un processo di ricerca di un'indipendenza di tipo "nazionale", attraverso metodi di lotta che implicavano tutti gli strumenti tra il terrorismo e la diplomazia.

Tuttavia c'erano due grossi problemi che l'OLP doveva affrontare:

1) Israele non voleva riconoscere una "nazione palestinese", ma voleva sfruttare una "colonia" vera e propria, sia per la sua manodopera sottocosto, sia per le sue risorse naturali (agricole), per le quali non si faceva scrupoli a espellere con la forza i residenti;

2) la Lega Araba, che aveva creato l'OLP nel 1964, non si poneva come obiettivo quello di aiutare militarmente i palestinesi, ma quello d'impedire che compiessero azioni eversive in autonomia. Il riferimento privilegiato della Lega Araba era il premier egiziano Nasser: lui era l'elemento aggregante tra le molteplici componenti della lotta anti-sionista.

L'OLP lasciò fare la Lega Araba sino al 1967, poi cominciò a muoversi da sola. Il mito di Nasser era improvvisamente crollato. Anzi, dopo la sua morte (1970) l'Egitto di Sadat fu il principale traditore della causa palestinese. Con gli Accordi di Camp David (1978), che si configuravano come una pace separata, Egitto e Israele sacrificavano gli interessi palestinesi sull'altare della ragion di stato (interessi ch'erano già stati sacrificati con la politica del petrodollaro nel 1973: una politica che ancora oggi determina le ambiguità dei Paesi del Golfo).

Dal canto suo Arafat proclamò lo Stato palestinese indipendente nel 1988, limitandosi a includere Gaza, Cisgiordania e Gerusalemme est, cioè rinunciando a sopprimere Israele. Neppure questo però piacque ai sionisti, che volevano assolutamente eliminare questo leader indiscusso dell'OLP.

Oggi l'idea di uno Stato palestinese che includa Gaza e la Cisgiordania non avrebbe alcun senso neppure se gli israeliani di ritirassero completamente dalla Striscia. Quella terra non solo è quasi tutta "bruciata" dai bombardamenti israeliani, ma è anche inesorabilmente destinata a restare separata dalla Cisgiordania.

A motivo di tale separazione, che impedisce la continuità territoriale, avrebbe più senso, al massimo, creare due diversi Stati palestinesi (come esistono due diverse Coree). Ma Gaza andrebbe comunque completamente ricostruita e in Cisgiordania andrebbe concretamente ridiscussa la presenza dei coloni ebrei.

L'attuale shoah palestinese denuncia non pochi fallimenti:

1) quello della Lega Araba, incapace persino di mettere sanzioni o embarghi a Israele;

2) quello dell'occidente, che sul piano diplomatico è meno di zero, superato persino dal Sudafrica, ex Paese profondamente razzista, che ha avuto il coraggio di denunciare il genocidio d'Israele presso la Corte Penale Internazionale;

3) quello dell'ONU e di altri organismi internazionali, che sul piano operativo risultano del tutto inefficaci;

4) quello d'Israele, che sta dimostrando di non poter risolvere nulla in maniera definitiva, usando la pura e semplice forza militare.

## [12] I BRICS aiuteranno il Medioriente?

Bisogna ammettere che prima della guerra del Golfo (1990-91) i nodi da sciogliere in Medioriente erano quattro:

1) la gestione delle risorse petrolifere, troppo condizionata dalle influenze occidentali (praticamente dalla fine della prima guerra mondiale, ma soprattutto con la nascita del petrodollaro);

2) l'egemonismo irakeno (dalla guerra contro l'Iran nel 1980-88 all'occupazione del Kuwait nel 1990, semplicemente per avere un significativo sbocco portuale sul Golfo Persico);

3) la rivoluzione iraniana del 1979, irriducibile agli influssi occidentali;

4) la patria dei palestinesi.

Dei quattro nodi è stato sciolto il secondo, impiccando Saddam Hussein, che pur col suo "socialismo nazionalistico islamico" non era neanche male, fatta salva la sua gestione scriteriata della questione kurda. In ogni caso siamo riusciti a far piombare il suo Paese in un caos senza sbocchi. Possiede la terza riserva di petrolio più grande al mondo, ma la popolazione si sente ancora divisa tra sunniti, sciiti (politicamente i più rilevanti perché influenzati dagli iraniani) e kurdi (influenzati dagli USA, che comprano da loro il petrolio senza passare attraverso il placet di Baghdad).

Insomma qual è il vero problema del Medioriente? È l'incapacità di una gestione collettiva delle risorse energetiche, che danno sì ricchezza all'intera regione, ma che rendono i Paesi del Golfo ancora troppo dipendenti dalle richieste occidentali. Tant'è che non sono stati capaci di risolvere né la questione palestinese né quella kurda.

La Lega Araba non è in grado di garantire un coordinamento strategico tra questi Paesi, che li liberi dai condizionamenti occidentali, dovuti soprattutto alla presenza di postazioni militari straniere e al peso del petrodollaro. Le oligarchie e dinastie islamiste hanno incassato ingenti profitti dalla vendita del greggio, ma più che favorire il benessere sociale delle popolazioni locali, han preferito investirlo nei mercati finanziari occidentali.

Inoltre queste economie devono imparare a cercare un'autonomia che vada al di là degli introiti dovuti alle risorse energetiche, che non sono illimitate e che l'occidente sta cercando di sostituire puntando sull'elettrico.

È probabile, anzi auspicabile che tutti questi problemi vengano risolti entrando nei BRICS, un'organizzazione disinteressata alle questioni ideologiche, capace di valorizzare le autonomie nazionali, in grado di garantire una protezione collettiva ai singoli Paesi aderenti e insofferente all'egemonia globalista degli USA.

Nel 2024 vi entreranno Egitto, Iran, Arabia Saudita, Emirati Arabi Uniti ed Etiopia, che comporterà il 46% della popolazione mondiale in grado di produrre il 36% del PIL totale.

Altri Paesi sono in lista d'attesa: Pakistan, Turchia, Algeria, Tunisia, Venezuela… Speriamo non facciano l'errore della UE, che ha puntato di più su un'affrettata espansione geografica che non su una paritetica cooperazione interstatale.

Di sicuro i BRICS non sono impegnati a condizionare la politica estera dei Paesi membri e non hanno nel loro statuto l'idea di bloccare l'intera economia di un Paese attraverso sanzioni o embarghi. Né si pongono come strumento in mano a qualche superpotenza in ascesa.

## Il razzismo è trasversale

L'antisemitismo plateale dei nazisti contribuì non poco a fare dell'ebraismo una religione meritevole d'essere conservata. Succede sempre così: quanto più si viene perseguitati, tanto più ci si convince d'aver ragione.

Non si può dare tutta la colpa ai sionisti o agli angloamericani per aver permesso l'istituzione di uno Stato fondamentalmente razzista e colonialista (dal 2018 è diventato persino confessionale).

Una bella fetta di responsabilità, seppure indiretta, l'hanno avuta gli hitleriani, che, senza volerlo, hanno insegnato alla storia una verità su cui bisognerebbe riflettere parecchio: in certe condizioni chi subisce discriminazioni, persecuzioni ecc., invece d'indebolirsi può rafforzarsi.

Certo, questo non è stato vero per i nativi nordamericani, ma soltanto perché il divario di "civiltà" era enorme. Meno abissali erano le differenze tra le civiltà andine e quelle iberiche.

In ogni caso appare piuttosto incredibile che i sionisti non si rendano conto che tutto questo odio razziale per i palestinesi non farà che rendere la vita in Israele ancora più instabile (non foss'altro perché al proprio interno vi sono più di due milioni di arabi, circa il 21% della popolazione). Al sionismo la storia non insegna proprio nulla.

Non riescono assolutamente a capire che maggiore sicurezza si ottiene soddisfacendo le richieste di una popolazione che non può essere considerata come i nativi nordamericani. Non è possibile sterminare tutti gli islamici o cacciarli dalla Palestina. L'epopea americana del Far West durò dal 1842 al 1890 in un territorio infinitamente superiore a quello della minuscola Palestina.

Viceversa Israele, dal 1948 ad oggi, nonostante tutti gli appoggi occidentali, non è mai stata in grado di avere la meglio in maniera definitiva sugli arabi. Periodicamente è stata costretta a scendere a compromessi, a patteggiare una coesistenza pacifica.

Se Israele non ricevesse continue armi dagli USA (per non parlare dei finanziamenti), se fosse sanzionata sul piano commerciale, se subisse embarghi navali, o se fosse anche soltanto isolata sul piano diplomatico, o espulsa da tutti gli organismi internazionali, rivelerebbe subito tutta la propria debolezza. Questo perché la sua ideologia è divisiva, non è inclusiva.

Gli israeliani vogliono apparire diversi a tutti i costi, e quando parlano della loro specificità fanno paura: per loro "odiare" i palestinesi è considerato un diritto "divino", anzi un dovere "morale". Quest'odio lo respirano sin dalla nascita, fa parte del curriculum scolastico. E viene considerato un effetto inevitabile della shoah, assolutamente legittimo, come se, peraltro, di questa tragedia i palestinesi debbano essere considerati i maggiori responsabili.

Sotto questo aspetto potremmo dire che non vi è molta differenza tra il razzismo dei nazisti e quello dei sionisti. La principale sta nel fatto che mentre per i nazisti la razza pura era quella teutonica, per i sionisti invece è quella ebraica. Entrambe hanno bisogno della violenza per potersi affermare.

Questo per dire che gli atteggiamenti arroganti, autoritari e persino genocidari sono trasversali a tutte le ideologie, laiche o religiose, di destra o di sinistra.

## [13] Eliminare i giornalisti dà più sicurezza

Ha scritto di recente Chris McGreal, giornalista del "Guardian US":

Sono in soggezione di fronte alla forza di Wael Dahdouh, giornalista di "Al Jazeera", nel tornare davanti alla telecamera e concentrarsi sulla sofferenza degli altri, nonostante abbia ripetutamente sopportato il proprio inferno personale.

Infatti gli sono già stati ammazzati dagli israeliani sua moglie, la figlia di sette anni, il figlio di quindici e il nipotino di un anno.

Il mese scorso lo stesso Dahdouh è stato ferito e il suo cameraman, Samer Abu Daqqa, è stato ucciso nel bombardamento israeliano di una scuola gestita dalle Nazioni Unite e usata come rifugio.

L'altro giorno, poi, un drone israeliano ha colpito un'auto nel sud di Gaza uccidendo il figlio maggiore di Dahdouh, Hamza, 27 anni, che anche lui lavorava per "Al Jazeera", insieme a un altro giornalista, Mustafa Thuraya, un videografo dell'"Agence France Press".

Dahdouh si è preso una pausa per partecipare al funerale del figlio e poi è tornato in onda, dicendo: "Desidero che il sangue di mio figlio Hamza sia l'ultimo dei giornalisti e l'ultimo della gente qui a Gaza, e che questo massacro si fermi."

Israele afferma di non prendere di mira i giornalisti, ma questo è difficile da conciliare col fatto che i suoi militari hanno puntato due missili direttamente sull'auto che trasportava Hamza.

Le Forze di Difesa Israeliane, che hanno un lungo curriculum di false dichiarazioni sulle circostanze in cui hanno ucciso vari giornalisti, hanno inizialmente affermato che nel veicolo c'era un "terrorista" con un drone dotato di telecamera.

Ma i reporter non stavano pilotando il drone quando l'auto è stata colpita ed è difficile credere che, se i militari stavano seguendo le azioni dei giornalisti, non li abbiano riconosciuti come operatori dei media.

Il Comitato per la protezione dei giornalisti (CPJ) calcola che Israele abbia ucciso più di 70 operatori in quest'ultima guerra a Gaza, rendendola il conflitto più letale per i giornalisti da decenni a questa parte. Altri ritengono che il bilancio sia superiore a 100. Ormai è più che evidente che i giornalisti palestinesi a Gaza sono presi di mira.

L'assassinio dei giornalisti è un crimine di guerra che il Tribunale Penale Internazionale dovrebbe aggiungere alle sue indagini sulle altre presunte violazioni delle Convenzioni di Ginevra da parte d'Israele.

Nel 2003 un soldato israeliano uccise a Gaza il cameraman britannico James Miller. Un'inchiesta nel Regno Unito lo giudicò un omicidio illegale. Israele rifiutò di perseguire il soldato responsabile, ma pagò un risarcimento di 1,5 milioni di sterline, che secondo la famiglia di Miller era "probabilmente la cosa più vicina a un'ammissione di colpa che avrebbero ottenuto da parte degli israeliani".

L'uccisione di Miller sembrava far parte di uno scenario con soldati israeliani indisciplinati che sparavano a chi volevano: non solo giornalisti, ma anche funzionari delle Nazioni Unite, operatori umanitari e bambini palestinesi. L'esercito era di solito rapido nel cercare di coprire le uccisioni.

Oggi però a Gaza l'entità e la natura delle morti dei giornalisti e delle loro famiglie suggeriscono che c'è qualcosa di più di qualche soldato indisciplinato che spara ai giornalisti, anche tenendo conto della morte di migliaia di altri palestinesi.

Infatti gli stessi politici israeliani si sono affrettati a chiedere l'"eliminazione" di alcuni giornalisti palestinesi che lavorano per organizzazioni giornalistiche straniere e che sono stati falsamente accusati di essere "parte integrante di Hamas". Tant'è che Benny Gantz, membro del gabinetto di guerra israeliano, ha detto che si dovrebbe dar loro la caccia come fossero terroristi.

La famiglia di Miller ottenne un risarcimento perché era britannico. I giornalisti occidentali morti creano più impressione, e questo è presumibilmente uno dei motivi per cui Israele ha bloccato la stampa straniera fuori da Gaza durante l'attuale guerra.

Le organizzazioni giornalistiche internazionali fanno ora affidamento su quegli stessi reporter palestinesi presi di mira da Israele. Essi forniscono molte delle immagini dell'orrore di Gaza che il resto del mondo vede. Perché queste stesse organizzazioni non fanno nulla per denunciare questo crimine di guerra? Si comporterebbero nella stessa maniera se i giornalisti ammazzati fossero americani o europei?

## [14] Una bella Lettera aperta

Lettera aperta di artisti, letterati, intellettuali al mondo della cultura italiana.

Gli artisti e le artiste, gli/le intellettuali, le associazioni culturali che firmano questa Lettera aperta, avvertono l'ineludibile bisogno di prendere posizione di fronte a quanto sta accadendo a Gaza e in tutta la Palestina, e di invitare alla mobilitazione, nelle forme e nei modi che decideremo insieme.

Gaza ha superato il punto di collasso: l'ONU ha descritto il suo stato come "apocalittico". Diciamo basta. Non possiamo parlare di bellezza, di cultura, di musica, di teatro, di cinema, raccontare la storia e le storie dell'uomo, ignorando l'infamia di cui siamo spettatori inerti e impotenti. Di fronte a tutto questo noi artisti, studiosi, intellettuali e operatori culturali possiamo essere ancora e nuovamente comunità, con un ruolo da svolgere. Riteniamo che il nostro compito, oggi più che mai, sia quello di esercitare uno sguardo che creando bellezza, raccontando verità, metta a nudo l'offesa in atto a Gaza e in Cisgiordania, nei confronti non del solo popolo palestinese, ma dell'intera umanità, perché denunciandola, ci si avvicina ad esercitare anche un altro diritto: il diritto al sogno. Il sogno di una società giusta e pacifica nella quale ogni essere umano possa non soltanto vivere, ma anche esercitare il proprio diritto appunto al sogno, e alla bellezza.

Il bilancio delle vittime palestinesi nella Striscia di Gaza, secondo gli ultimi rapporti pubblicati da Euro-Med Human Rights Monitor ha superato quota 22.000 (secondo altre fonti ha già toccato quota 30.000). Fino a martedì 26 dicembre, calcolando anche i morti dispersi sotto le macerie, sono stati uccisi 29.124 palestinesi. La stragrande maggioranza degli uccisi erano civili, tra cui 11.422 bambini, 5.822 donne (numeri che crescono di ora in ora). Più di 1.000 bambini palestinesi hanno perso una o entrambe le gambe o le braccia.

Il 90 per cento degli edifici di Gaza è stata raso al suolo o danneggiato in modo irrecuperabile. I giornalisti uccisi sono 101, il personale sanitario tra medici e paramedici ammonta a quota 226. I profughi – a cui è stato intimato di abbandonare entro 24 ore le loro case e spostarsi a Sud in campi profughi "sicuri", a loro volta bombardati – sono 1.900.000.

Secondo l'inchiesta del "New York Times" e rilanciata dalla CNN, Israele a sud di Gaza nelle aree in cui aveva spinto i civili a fuggire dopo l'inizio dell'operazione di terra, ha usato munizioni altamente distruttive che moltiplicano i rischi di vittime civili collaterali. Le bombe in questione sono le MK-84 da 900 chili di peso, le più distruttive degli arsenali militari occidentali. Bombe che, secondo gli esperti militari USA consultati dal "Times", non vengono quasi mai sganciate dalle forze statunitensi in aree densamente popolate, proprio per i rischi che rappresentano per la popolazione civile.

Gli abitanti di Gaza sono privati di acqua potabile, carburante, energia elettrica, cibo, attrezzature mediche, presidi sanitari. Gli ospedali sono costretti a compiere amputazioni di arti senza anestesia, sempre se intanto non vengono bombardati, perché ormai la regola degli israeliani è colpire anche gli ospedali, le scuole, i luoghi di culto, i musei. "Nessun luogo è sicuro" hanno dichiarato i rappresentanti dell'Agenzia ONU per i rifugiati, quelli sopravvissuti alla strage che "l'esercito più morale del mondo" (come si autodefinisce) ha compiuto e compie quotidianamente, anche del personale ONU (finora circa 140 uccisi). Centinaia di civili arrestati, denudati, umiliati dai soldati israeliani. E mentre l'esodo forzato dei palestinesi prosegue, governanti di Israele dichiarano, tranquillamente, che annetteranno il territorio di Gaza, e che i palestinesi se ne devono andare, addirittura qualcuno ha ipotizzato l'America Latina.

Nei giorni scorsi sono stati trucidati dall'IDF tre ostaggi israeliani mentre sventolavano bandiera bianca, perché creduti palestinesi. Il che si traduce nella candida ammissione che l'esercito israeliano spara anche ai civili palestinesi, senza preoccuparsi, il che del resto è accaduto anche nella fatidica giornata del 7 ottobre. L'Agenzia ONU per i rifugiati denuncia Israele per aver bombardato un convoglio di aiuti umanitari, che percorreva una strada indicata dalle forze israeliane come sicura.

Questa catastrofe (che non a caso è il significato preciso, drammatico della parola "Nakba", per i palestinesi) non è un evento "naturale", è invece frutto di scelte, di azioni determinate e perseguite lucidamente. Ciò che accade in Palestina è sconvolgente, inumano, inammissibile sotto ogni riguardo. Noi stiamo assistendo non a una guerra, ma allo sterminio premeditato di un popolo inerme. È l'abominio che, attraverso l'ennesimo travestimento semantico, si camuffa da "diritto alla difesa".

Di fronte a tutto ciò riteniamo che la neutralità, l'equidistanza corrispondano a una forma di complicità: ma anche il silenzio è una forma di connivenza con chi opprime, chi distrugge, chi imprigiona, chi uccide, con chi stermina indiscriminatamente persone "fragili": anziani, donne, bambini. Come ha detto papa Francesco, questo del 2023 è stato "Il Natale di Erode". E il nostro cuore è gonfio di sdegno, ma non vogliamo più accontentarci di questo, vogliamo mobilitarci e invitare alla mobilitazione.

Perciò noi sottoscritti, ci uniamo e intendiamo mobilitarci per chiedere:

– Il cessate il fuoco permanente a Gaza per impedire che lo sterminio prosegua con altre decine di migliaia di uccisioni indiscriminate di civili palestinesi, e che i palestinesi siano costretti ad abbandonare Gaza, il suo territorio, le sue acque.

– La denuncia inequivocabile dei crimini che Israele sta compiendo nella Striscia di Gaza, e il rifiuto della logica giustificante dell'ingannevole frase "Israele ha diritto a difendersi". Non ci si difende annientando un popolo inerme e incarcerato in un fazzoletto di terra, sottoposto a un blocco atroce che dura da un ventennio.

– Il diritto di esprimere liberamente, sulla base delle nostre conoscenze e delle nostre sensibilità di artisti e intellettuali, analisi e valutazioni della crisi in atto in Medio Oriente, a cominciare dalla denuncia che tutti noi abbiamo fatto per gli aspetti feroci dell'attacco di Hamas del 7 ottobre, consapevoli che quella ferocia che condanniamo non è che l'altra faccia della medaglia: l'occupazione abusiva e la pratica dell'apartheid da parte del governo israeliano.

– Il diritto di non accettare più in nessuna forma il ricatto della Shoah, la speculazione politica da parte del sionismo, e di non avere paura dell'accusa grottesca di "antisemitismo", accusa che senza pudore anche oggi, per ignoranza o malafede, viene riproposta contro chiunque osi denunciare il genocidio in atto contro il popolo palestinese. Ricordiamo che a denunciare le violenze d'Israele verso i palestinesi vi sono anche numerosissimi ebrei che per questo vengono minacciati e attaccati, come ad esempio l'associazione "Jewish Voice for Peace".

– L'incriminazione di Benjamin Netanyahu (e dei suoi ministri) come da poco ha fatto il Sudafrica, davanti alla Corte Internazionale di Giustizia dell'ONU per crimini di guerra e contro l'umanità ai sensi della Convenzione per la prevenzione e la repressione del delitto di genocidio delle Nazioni Unite.

– Proprio come i firmatari del primo appello in difesa del capitano Alfred Dreyfus, guidati da Emile Zola nel 1894, come artisti e intellettuali, noi riteniamo di avere il diritto ma anche il dovere di scendere in campo. Di uscire dal silenzio, e di invitare tutti i nostri sodali a fare altrettanto.

Per questa ragione, con la firma di questa lettera, proclamiamo l'impegno a progettare insieme strategie, eventi, articoli, testi poetici o narrativi, spettacoli, performances artistiche, drammaturgiche, cinematografiche e musicali, che facciano sì che questa lettera non sia un mero sfogo, ma una chiamata a raccolta, un momento di inizio: siamo qui per restare, e agire: vogliamo essere voce e non complice silenzio. [...]

Promotori: Angelo d'Orsi, storico, giornalista, organizzatore culturale e Alessandro Negrini, regista.

Fonte: pressenza.com

## [15] Parabola del socialismo arabo

Il socialismo arabo del Medioriente (quello prevalente) non può essere definito come un socialismo marxista, anche se è stato molto forte, fino agli anni '70, il rifiuto nei confronti del colonialismo, imperialismo o globalismo occidentale.

La base sociale di riferimento di questo socialismo non è mai stato il proletariato industriale ma, inevitabilmente, l'emergente ceto medio o piccola borghesia, i militari e gli intellettuali, come in tutta l'area afro-asiatica post-coloniale, ancora arretrata sul piano industriale.

Parole come "ideologia politica" (separata dalla religione) o "Stato laico" o "nazionalismo" sono relativamente recenti nel mondo arabo. Il termine "socialismo" non ha mai voluto dire nel mondo arabo qualcosa di "rivoluzionario" o di "collettivistico" in senso statalistico o di "pianificato dall'alto".

Se volessimo sintetizzare al massimo potremmo dire che il socialismo arabo nasce dal nazionalismo arabo, non dalla lotta di classe e neppure da una visione internazionalista della lotta di liberazione. Cioè nasce dall'esigenza di difendere una determinata popolazione dal colonialismo europeo. La coscienza di classe viene considerata in contraddizione con la coscienza nazionale e l'unità araba, tant'è che il socialismo arabo non ha mai avuto difficoltà ad accettare la proprietà privata, compatibilmente agli interessi nazionali. Semmai ha sempre cercato di nazionalizzare le risorse energetiche, considerate il fulcro del progresso economico di tutto il Medioriente.

Per difendere il nazionalismo arabo i regimi socialisti (per es. quello baathista in Siria e Irak, e nasserista in Egitto) non avevano tanti problemi a porsi come dittature militari e a compiere dei colpi di stato.

La crisi di questi regimi arabo-socialisti iniziò dopo la sconfitta araba nella guerra dei Sei giorni del 1967. Da allora fu riscoperto l'islam come cornice per una nuova ideologia politica. L'esempio più eclatante è la teocrazia islamica.

## [16] Un motivo in più per intervenire

Gaza è stata sotto il mandato britannico dal crollo dell'impero ottomano fino al 1948.

Secondo l'ONU doveva far parte di uno Stato palestinese, insieme alla Cisgiordania, ma siccome i Paesi arabi rifiutarono la nascita dello Stato d'Israele, Gaza, nella prima guerra del 1948-9, finì con l'essere annessa dall'Egitto, pur conservando uno statuto autonomo. Il resto è storia.

Non ci si crederà, ma, rispetto ai 2,3 milioni degli attuali abitanti (cui van tolti i 31.000 tra assassinati e dispersi), Gaza nel 1948 aveva solo 80.000 abitanti. Come ha potuto crescere così tanto, pur avendo meno risorse agricole della Cisgiordania, pur soffrendo di un assoluto apartheid (che obbligava molti ad andarsene) e pur avendo un'estensione geografica che non supera i 400 kmq?

Il motivo sta nel fatto che, al netto del naturale incremento demografico (che al proprio interno non è poco), Gaza è sempre stata un territorio favorevole ai rifugiati palestinesi. Inoltre ha beneficiato dell'assistenza finanziaria di vari Paesi arabi e di alcune organizzazioni internazionali.

Per quanto strano possa sembrare, guardando la situazione conflittuale di questi mesi, Israele si sentiva più nemica dei Paesi arabi confinanti che non dei palestinesi. Questi ultimi han cominciato a impensierirla solo quando è iniziata l'intifada del 1987, coi relativi attacchi terroristici individuali. Tuttavia solo col tempo gli abitanti di Gaza hanno acquisito una certa esperienza di resistenza armata.

Oggi Israele ha scatenato una guerra contro Gaza, considerando questa striscia di terra come se fosse uno Stato arabo confinante. Non fa differenze tra civili e militari, come non ne farebbe se dovesse attaccare il Libano, tant'è che tranquillamente mette sull'avviso le milizie di Hezbollah dicendo che, se continuano a sparare missili, le loro città rischiano d'essere rase al suolo.

Perché gli analisti più onesti parlano di "pulizia etnica"? Proprio perché a Gaza non c'è alcun esercito regolare, ma solo poche migliaia di miliziani di Hamas e 2 milioni di civili che non sanno dove andare per non farsi massacrare.

Di fronte a un genocidio del genere gli Stati arabi avrebbero oggi molti più motivi per intervenire militarmente di quanti ne hanno avuti nel corso delle guerre precedenti.

## [17] Promesse da marinaio

L'URSS fruì di grande prestigio tra i nazionalisti arabi quando denunciò il patto segreto anglo-francese (Sykes-Picot) sulla spartizione dell'ex impero ottomano. Un prestigio che perse quando accettò il piano di spartizione della Palestina deciso dall'ONU.

Stalin era convinto che, favorendo gli ebrei, a quel tempo nettamente anti-inglesi, si sarebbe potuta ostacolare la presenza colonialistica degli europei in Medioriente. Fu un ingenuo.

A dir il vero Andrej Gromyko all'ONU il 14 maggio 1947 aveva caldeggiato "la creazione di uno Stato arabo-ebraico indipendente, binazionale, democratico ed omogeneo, basato sull'uguaglianza di diritti delle due popolazioni, ebraica ed araba, che possa gettare le basi di una cooperazione fra questi due popoli nel loro reciproco interesse e vantaggio".

Solo dopo che la prospettiva della formazione di uno Stato arabo-ebraico fu respinta sia dai sionisti che dai palestinesi e dagli Stati arabi dell'epoca, la delegazione sovietica, nella sessione del 27 novembre 1947 dell'Assemblea Generale dell'ONU si dichiarò favorevole alla "seconda soluzione, la divisione della Palestina in due Stati liberi, indipendenti e democratici, l'uno arabo e l'altro ebraico".

In sostanza l'URSS aveva già capito che la prevalenza dei sionisti nel mondo ebraico avrebbe complicato di molto la coesistenza pacifica coi palestinesi. Infatti nel 1953 le relazioni diplomatiche tra URSS e

Israele furono interrotte. E due anni dopo i sovietici iniziarono ad appoggiare decisamente i movimenti di liberazione nazionale del mondo arabo, anche perché era noto a tutti che gli USA si stavano sostituendo agli inglesi nel Medioriente.

Egitto, Siria, Irak e Yemen del Sud preferirono avere rapporti con l'URSS in funzione anti-sionista e anti-occidentale.

Tuttavia il socialismo sovietico si confaceva poco al mondo arabo, sia sul piano ideologico che su quello politico-amministrativo, a causa dell'eccessivo intervento dello Stato nell'economia.

Prima di vedere un nuovo interesse del mondo arabo per le posizioni sovietiche, bisognerà attendere il 1982, quando a Mosca Leonid Brezhnev formulerà un piano in 6 punti per risolvere la questione palestinese:

1) ritiro israeliano dai territori occupati nel 1967 e smantellamento delle loro colonie nei suddetti territori;

2) diritto a uno Stato palestinese in Cisgiordania e Gaza sotto un controllo temporaneo dell'ONU;

3) considerare Gerusalemme est come parte integrante dello Stato palestinese;

4) diritto d'Israele a essere riconosciuta come Stato indipendente;

5) rispetto rigoroso della sovranità politica e dell'integrità territoriale di entrambi gli Stati;

6) garanzie internazionali alla sicurezza da parte dell'ONU.

L'URSS di Gorbaciov arrivò addirittura nel 1988 a permettere agli ebrei del suo Paese di emigrare ovunque lo volessero, anche in Israele, nella speranza che il premier sionista Shamir accettasse l'idea di una conferenza internazionale per risolvere la questione palestinese. Ma i sionisti son capaci soltanto di fare promesse da marinaio.

## Il senso della politica estera

Se ci pensiamo, la politica estera d'Israele è sempre stata simile a quella americana. Nel senso che la differenza tra i due maggiori partiti (laburisti e conservatori) è analoga a quella tra democratici e conservatori, cioè è puramente formale, mentre nella sostanza, per quanto riguarda la postura da assumere nei confronti dei palestinesi e degli Stati limitrofi o di quelli arabi in generale è aggressiva, anzi, per lo più guerrafondaia.

Anche da questo possiamo capire il valore della rappresentanza parlamentare nei Paesi facenti parte del capitalismo mondiale. Un partito può essere democratico quanto vuole, può far credere ciò che vuole ai propri elettori, può anche sostenere che gli interessi nazionali sono prevalenti su qualunque altra cosa. Ma nella sostanza deve porsi al servizio del capitale.

Il partito è un'arma dei poteri forti, che non sono politici, ma economici e finanziari. Su questa constatazione piuttosto amara dovremmo riflettere seriamente.

Infatti se con disincanto consideriamo come inevitabile tale *status quo*, dovremo finire per accettare anche il passo successivo, e cioè che la dittatura del capitale non ha più bisogno di un paravento formale come il parlamento per essere giustificata. Bastano i militari. O comunque basta una dirigenza autorevole, capace di prendere decisioni in autonomia, e che considera il parlamento come un organo meramente consultivo.

In fondo cos'è stato il passaggio dalla repubblica all'impero romano? In quella dolorosa transizione non ci hanno rimesso i grandi proprietari fondiari o i grandi speculatori, ma solo gli ingenui che ritenevano utile il dibattito in senato.

Ricordiamo che se un Paese considera la politica estera sempre prioritaria su quella interna, la democrazia formale tende a trasformarsi in dittatura esplicita, e il soggetto di questa dittatura non è il parlamento, ma un organo monocratico, una compagine militare.

*Rebus sic stantibus*, i diritti verranno riservati a pochissime persone; le guerre diventeranno una costante; per la maggior parte dei cittadini il benessere economico sarà un ricordo del passato o un miraggio irraggiungibile. Pervasivo sarà il controllo della popolazione, la cui produzione dovrà essere, in gran parte, finalizzata a soddisfare esigenze di tipo militare.

Quanta più forte sarà la percezione che nessun grande impero potrà prevalere su un altro, tanto più inumane saranno le condizioni di vita che si vivranno all'interno dei confini di tali imperi.

Sarà proprio il concetto di "impero" la più grande disgrazia dell'umanità. I piccoli Stati che presumono d'essere autonomi saranno soltanto le pedine di una gigantesca scacchiera. Pensare di uscire dall'Unione Europea senza entrare in un'altra organizzazione internazionale è la cosa più stupida di questo mondo.

## [18] L'importanza del socialismo arabo

Non è vero che quando si parla di islam s'intende soltanto qualcosa di integralistico. Islam politico non vuol dire necessariamente "teocrazia" o dominanza dell'elemento clericale su quello laico.

Infatti, quando dopo la seconda guerra mondiale si svilupparono in Medioriente i movimenti di liberazione nazionale, le idee di questi movimenti presentavano tracce significative di quelle laico-socialiste nate in Europa occidentale e realizzate in quella orientale nella forma del socialismo statalizzato.

Si iniziò anzi a parlare di "socialismo arabo" sia col partito Baas (che si sviluppò in Siria, Iraq, Libano, Yemen…) che con l'Egitto di Nasser. Anche l'OLP di Arafat ne rimase influenzato. E si trattava di un socialismo molto più aperto al confronto con le tradizioni islamiche di quanto lo fossero i partiti comunisti veri e propri, che facevano dell'ideologia un aspetto divisivo.

Il socialismo arabo, benché sociologicamente piccolo-borghese, si opponeva tanto all'imperialismo occidentale quanto alla politica sionista.

Per il resto – beninteso – non parlava di "lotta di classe", ma solo di "collaborazione tra le classi", naturalmente in nome degli interessi nazionali. Nel Baas (in inglese Baath), tanto per fare un esempio, solo l'ala sinistra di Nureddin al-Atassi e Salah Jadid, chiedeva di avere un rapporto più stretto coi Paesi eurosocialisti, che quella volta erano riuniti nella sigla COMECON.

In particolare al-Atassi è stato presidente della Siria dal febbraio 1966 al novembre 1970, quando fu deposto insieme a Salah Jadid in un colpo di stato di Hafez al-Assad, suo ministro della Difesa e padre dell'odierno Bashar. Praticamente al-Atassi e Jadid furono messi agli arresti senza processo, restando in carcere dal 1970 sino alla morte: 1992 il primo e 1993 il secondo.

Le riforme agrarie a favore delle masse erano comunque abbastanza solide: si prevedevano forme di cooperazione e di autogestione. Certo le grandi industrie (come per es. quella edile) potevano essere gestite privatamente, ma non in contrasto col bene pubblico. Piuttosto era il petrolio che andava assolutamente nazionalizzato, poiché da quello dipendeva il futuro dei Paesi che ne disponevano in grandi quantità.

Purtroppo già intorno agli anni '70 il socialismo arabo era entrato in crisi, e da allora non si è più ripreso. Era nata una nuova classe privilegiata, costituita dalla burocrazia statale, politica, amministrativa e militare, senza poi considerare il fatto che la sconfitta militare nella guerra dei Sei giorni contro Israele, fece perdere ai Paesi che si richiamavano alle idee del socialismo, molta della loro credibilità. Quella credibilità che oggi alcuni Paesi arabi, indipendentemente dal loro passato socialista, stanno in qualche modo recuperando aderendo al movimento dei BRICS.

## [19] Le fondamentali ambiguità degli Stati Uniti

All'origine dell'atteggiamento maledettamente ambiguo degli USA nei confronti della questione palestinese non vi sono solo gli accordi di Camp David del 1978, ma anche e soprattutto il cosiddetto "Piano Reagan", il presidente che lo presentò il 1° settembre 1982 dopo l'evacuazione dell'OLP da Beirut, assediata dall'esercito israeliano.

In quel momento apparve chiaro a tutti che la futura sorte dei palestinesi diventava una questione internazionale di primo piano.

Gli USA si convinsero che se non avessero risolto quel problema, accontentando sia Israele che le élites moderate dei Paesi arabi, l'URSS avrebbe acquistato in Medioriente degli spazi pericolosi per gli interessi occidentali.

Reagan, che dipendeva completamente dalla CIA e dal Pentagono (né più né meno dell'odierno ex-comico a capo dell'Ucraina), aveva in mente solo due cose: non riconoscere alla Palestina uno Stato indipendente e boicottare l'idea sovietica di una conferenza internazionale.

Il cosiddetto "Grande Comunicatore" sapeva anche un'altra cosa: che il concetto di "autonomia", formulato negli accordi di Camp David, non aveva portato ai palestinesi alcun risultato.

Infatti per i sionisti l'imperativo categorico del loro agire è sempre stato uno solo: i palestinesi se ne devono andare, o con le buone o con le cattive.

Coi suddetti accordi Israele restituì a Sadat il Sinai, ma ai palestinesi non fece alcuna concessione. Anzi fu proprio in virtù di quegli accordi che Israele poté invadere, più o meno indisturbata, il Libano.

Di qui la posizione terribilmente ambigua degli USA di Reagan. Da un lato infatti si riaffermava il concetto ipocrita di "autonomia" e il rifiuto di uno Stato palestinese; dall'altro si voleva impedire formalmente a Israele di annettersi sia Gaza che la Cisgiordania, e quindi la si metteva in guardia dal continuare a insediare nuove colonie.

Anche Reagan, dopo Carter, fu costretto a riconoscere che il problema principale dei palestinesi non era quello di essere dei "rifugiati" ma proprio quello d'essere un "popolo", capace di rivendicare dei diritti. Al pistolero Reagan, che da giovane impersonò la figura del generale Custer, probabilmente i palestinesi somigliavano a una qualche tribù indiana bellicosa da eliminare o quanto meno da raggirare.

Ecco perché nel suo Piano promise loro che nell'arco di un quinquennio avrebbero potuto eleggere in piena "autonomia" le autorità politiche; dopodiché avrebbero potuto avere uno statuto definitivo in associazione con la Giordania.

Fu accettato questo Piano? No, anzi fu rifiutato da tutti: Israele, OLP e Paesi arabi (in particolare dalla Giordania, il cui sovrano neppure sopportava i palestinesi).

Di fronte all'intifada gli USA riproposero nel 1988 col Piano di George Shulz (Segretario di Stato americano) le stesse idee di Reagan, aggiungendo solo un elemento: realizzare una conferenza internazionale, ma senza la partecipazione dell'OLP e rinunciando a priori di parlare di uno "Stato palestinese".

Naturalmente Arafat rimase sbalordito da queste clausole impudenti. Ma, neanche a farlo apposta, il Piano fu rifiutato persino dal premier Shamir, che lo commentò in maniera sarcastica: "L'unica parola che accetto di quel Piano è la firma".

Chissà se oggi i Paesi arabi riusciranno a convincersi che con Israele le parole non servono a niente.

## [20] Sbagliando s'impara

In un certo senso potremmo dire che il tentativo del mondo arabo mediorientale di riavvicinarsi alla Russia di Putin è andato di pari passo con le grandi capacità di questa Federazione di tener testa all'attacco dell'occidente collettivo a guida americana avvenuto tramite la guerra per procura in Ucraina.

Poi nell'ultimo biennio il mondo arabo si è avvicinato anche alla Cina, approfittando del fatto che i rapporti con queste due grandi nazioni avvengono secondo i criteri multipolari espressi dai BRICS, cioè senza pretese ideologiche e senza condizionamenti politici o militari.

Questo perché l'intero Medioriente, se si escludono le élites privilegiate al potere, sempre molto ambigue, detesta profondamente il globalismo occidentale.

Ora però anche alcuni governi di vari Stati arabi chiedono agli USA di smantellare le loro basi militari. Soprattutto non sopportano di vederli schierati così sfacciatamente, insieme alla UE, dalla parte dell'esercito israeliano, che sta letteralmente massacrando la popolazione civile di Gaza (i coloni poi se ne approfittano anche in Cisgiordania).

I palestinesi, per quando fastidiosi possano risultare agli stessi Paesi arabi, restano prevalentemente musulmani. Basterebbe ricordarsi di questo per fare dell'islam politico un uso anti-imperialistico come nel passato.

Lentamente ma progressivamente vari Paesi arabi si stanno accorgendo d'essere stati raggirati dalle lusinghe e false promesse dell'occidente. Il petrodollaro è stata la più grande truffa della loro storia.

Un altro errore clamoroso, in cui sono incorsi quasi tutti i Paesi arabi, è stato quello di perseguitare duramente, al loro interno, le forze che si richiamavano al socialismo, vedendole come un pericoloso rivale alle tradizionali tendenze socializzanti dell'islamismo.

Ora i Paesi arabi devono recuperare dignità e coraggio, per liberarsi del fardello occidentale, che pesa sulle loro teste da oltre un secolo.

Di fronte a loro le alternative sono due: o muovere guerra a Israele, dimostrando che non si ha paura di niente e di nessuno, neppure degli USA; oppure fare una guerra economico-finanziaria agli USA, rinunciando al petrodollaro e a investire capitali nei loro titoli *trash* di stato, e sperando quindi che Israele possa ricevere meno aiuti da un Paese a rischio di *default* e di guerra civile.

Tuttavia, in attesa di scegliere tra queste due opzioni, i Paesi arabi dovrebbero iniziare subito a denunciare ufficialmente gli Accordi di Abramo e a rompere le relazioni diplomatiche con Israele. Perché non pongono sanzioni o embarghi ai danni di Israele? Possibile che l'unico Paese arabo che abbia davvero il coraggio di fare qualcosa di concreto sia il minuscolo Yemen?

## [21] Per una conferenza internazionale di pace

Perché è così difficile organizzare una conferenza internazionale sulla questione palestinese? Semplicemente perché Israele si è sempre opposta e gli USA la vogliono alle loro condizioni, o comunque puramente consultiva, non vincolante. Tutti gli altri Paesi (mondo islamico mediorientale, organizzazioni palestinesi, UE, Russia...) non avrebbero particolari riserve.

Infatti la vera questione cruciale è che si sia in grado di affrontare il problema in maniera globale e multilaterale, non settoriale, poiché si devono offrire significative garanzie di continuità e di sicurezza.

Gli accordi bilaterali o separati o parziali che vertono su argomenti specifici o che non coinvolgono tutti gli attori fondamentali del Medioriente fino ad oggi non hanno offerto prospettive serie di pacificazione, sufficientemente stabili: in sostanza han fatto soltanto gli interessi di Israele e quindi dell'occidente a guida americana. L'abbiamo già visto con gli Accordi di Camp David e di Oslo.

A una conferenza internazionale vera e propria è assurdo pensare che non possano partecipare nazioni come Libano, Siria, Egitto, Irak, Iran, Turchia, Paesi del Golfo, molti dei quali con gli Accordi di Abramo già adesso intrattengono rapporti commerciali con Israele.

Semmai ci si può chiedere se debbano essere presenti le nazioni che storicamente han giocato un ruolo negativo in Medioriente, di tipo colonialistico o imperialistico, come Francia, Regno Unito e USA.

Questo perché in una conferenza del genere sarebbe assurdo pensare di non mettere in discussione le basi militari americane presenti in tutti i Paesi arabi. L'unica base che ha la Russia è a Tartus in Siria. Ora anche la Cina ambisce ad avere un rapporto privilegiato, sul piano militare, coi sauditi.

Una vera conferenza internazionale dovrebbe pretendere che in Medioriente non fosse presente alcuna base straniera. Gli USA dovrebbero andarsene anche da Israele. Non solo, ma, visto che il solo Israele dispone di armi atomiche, si dovrebbe pretendere il suo disarmo nucleare.

Una tale conferenza dovrebbe essere sottoposta al patrocinio dell'ONU, facendo bene attenzione a considerare l'Assemblea Generale più importante del Consiglio di Sicurezza. Infatti una pace sufficientemente stabile per il mondo intero non può essere garantita solo da cinque nazioni che fruiscono del diritto di veto. Abbiamo già visto che fine fece la Conferenza di Ginevra del 1973, dopo la guerra del Kippur, voluta da Kissinger e Gromyko.

Infine è evidente che per formare uno Stato palestinese indipendente, Israele deve abbandonare i territori conquistati con la guerra dei Sei giorni. Oppure si forma un unico Stato assolutamente laico e aconfessionale, democratico e pluralista.

### Personcine a modo

Il parlamentare israeliano Ofer Cassif è stato messo sotto accusa da 85 parlamentari della Knesset, prevalentemente di estrema destra, perché, avendo appoggiato pubblicamente la mozione del Sudafrica contro Israele, è stato considerato un traditore della patria: rischia l'espulsione dalla Knesset.

Oltre 850 israeliani l'hanno firmata. Saranno tutti processati nell'unico Paese democratico del Medioriente? Oppure in Israele si può parlare di genocidio solo se lo si sostiene?

Ricordiamo che lo stesso vicepresidente della Knesset, Nissim Vaturi, aveva lanciato nel novembre scorso un appello a Israele di "smettere di essere umano" e di "bruciare Gaza adesso", poiché "è meglio bruciare gli edifici piuttosto che fare del male ai soldati. Non ci sono innocenti lì". Riferendosi ai civili palestinesi intrappolati nel nord di Gaza, aveva aggiunto di non avere "nessuna pietà per coloro che sono ancora lì". "Dobbiamo eliminarli", aveva affermato.

Anche Danny Danon, ex ambasciatore delle Nazioni Unite, ora in servizio alla Knesset, aveva detto che Israele non deve "fare metà del lavoro" a Gaza. Essendo un ambasciatore, aveva usato un linguaggio diplomatico, del tipo: "I palestinesi possono migrare volontariamente da Gaza verso i Paesi occidentali". Un eufemismo con cui cercava di favorire una campagna di pulizia etnica simile alla Nakba.

## [22] Decidere il proprio destino

Se si dicesse che il momento storico migliore degli arabi è stato quello da Maometto all'occupazione ottomana esclusa, diremmo una banalità.

Ne diremmo un'altra se dicessimo che un altro glorioso momento storico è avvenuto quando, con l'aiuto degli anglo-francesi, si sono liberati del dominio ottomano.

E un'altra ancora quando, finita la seconda guerra mondiale, si sono liberati del dominio coloniale anglo-francese: un dominio assolutamente peggiore di quello ottomano, poiché gli europei erano avidi di commerci e soprattutto di petrolio, di fronte ai quali non mostravano scrupoli di sorta. I Selgiuchidi invece avevano solo costruito un impero feudale esoso sul piano fiscale, disposto a concedere ampie autonomie amministrative.

Bisogna tuttavia ammettere che il capitalismo occidentale, prima europeo poi americano, ha fatto uscire il mondo arabo da un vetusto percorso storico e l'ha fatto entrare in un altro completamente diverso. Gli arabi, i persiani, i turchi e tutte le altre popolazioni islamiche del Medioriente sono per così dire uscite dall'ingenuità e semplicità dei rapporti agrari per entrare nell'ipocrisia e nella complessità dei rapporti borghesi.

Il petrolio sembrava essere la loro fortuna. Invece è stato la loro disgrazia, anche se ha arricchito enormemente le élites dominanti, che collaboravano coi loro dominatori.

Ci sono volute due guerre mondiali per liberarsi di due oppressioni: quella turco-ottomana e quella anglo-francese. Per come stanno andando le cose adesso, sembra ce ne voglia una terza per liberarsi dell'imperialismo americano e per ridimensionare di molto l'arroganza inusitata dello Stato d'Israele, che sfrutta l'appoggio quasi incondizionato dell'occidente collettivo guidato dagli USA per massacrare i palestinesi e creare un Paese che vada dal Giordano al Mediterraneo.

La storia purtroppo non insegna nulla, poiché gli uomini, per ottenere maggiore giustizia, sembra che possano farlo solo ricorrendo a sanguinosi conflitti bellici, in cui ci vanno di mezzo tutti, civili e militari.

Tuttavia con le armi distruttive di oggi c'è poco da scherzare. L'epopea dei beduini arabi che, al tempo di Lawrence d'Arabia, occupano Aqab coi loro cammelli, attraversando il Nefud (l'incudine del martello), è finita da un pezzo.

Oggi i Paesi islamici del Medioriente devono arrivare a chiedersi se, per poter ottenere un'effettiva indipendenza dagli USA, sono disposti ai più grandi sacrifici, anche a quello di perdere i propri pozzi petroliferi perché bombardati dal nemico.

Sarebbe però magnifico vedere queste nazioni islamiche che, all'unisono, si liberano dell'influenza occidentale e decidono per conto loro il destino che le attende.

Infinitamente più bello sarebbe vedere, all'interno di tali nazioni, che le masse popolari, mentre combattono i loro oppressori, si liberano anche di quelle élites collaborazioniste che pensano anzitutto ai loro propri interessi.

### L'insensatezza di una nazione ebraica

Perché il sionismo era destinato sin dall'inizio a fallire nel suo tentativo di salvaguardare politicamente una "nazionalità" all'ebraismo? Semplicemente perché nell'ambito del capitalismo il concetto di "nazione" è una caratteristica dello Stato borghese, e la borghesia, volendo internazionalizzare il più possibile la propria attività economica, tende ad andare oltre le differenze di religione.

Storicamente la borghesia capitalistica proveniva da ambienti ideologicamente cristiani (dapprima cattolici, poi soprattutto protestantici), ma per poter fare *business* con tutti i popoli, non poteva fare del cristianesimo un elemento divisivo, discriminante.

La borghesia ha bisogno di far credere a tutti i popoli della Terra che sono formalmente uguali, quanto meno sul piano giuridico, visto che su quello socioeconomico è del tutto impossibile, vigendo la proprietà privata dei fondamentali mezzi produttivi.

La cultura della borghesia capitalistica, anche se proveniente, in origine, dal cristianesimo, ha dovuto *laicizzarsi* per potersi diffondere, anche se non ha esitato a imporre la propria cultura cristiano-borghese a quelle popolazioni che avevano religioni primitive (animistico-totemiche o pagane). Non s'è imposta in tutto il mondo con crociate ideologiche di tipo medievale, né ripristinando lo schiavismo di epoca greco-romana. Ma l'ha fatto privatizzando la proprietà dei mezzi produttivi, creando mercati internazionali, imponendo l'uso della moneta, e soprattutto inventandosi, grazie alla tecnologia, una produzione industriale di merci basata sullo sfruttamento di una manodopera nullatenente e giuridicamente libera.

Ebbene il sionismo, volendo costituirsi come nazione autonoma, questo processo di laicizzazione culturale e universalizzazione del diritto e dell'economia borghese non poteva farlo. E il risultato qual è stato? È stato catastrofico. Il sionismo non è solo un pericoloso e devastante corpo estraneo in seno al mondo mediorientale, ma lo è persino all'interno del mondo in generale, che non sopporta la sua pretesa di non conformarsi alla legislazione internazionale, voluta più che altro da una borghesia laicizzata.

Ma allora come mai esiste ancora una nazione ebraica? Per due motivi. Il primo, quello principale, sta nel fatto che in Medioriente l'occidente ha bisogno di un cane da guardia nei confronti di quegli Stati islamici che potrebbero fare delle loro grandi risorse energetiche un'arma di pressione o di ricatto nei confronti del capitalismo occidentale.

Il secondo motivo invece è più di tipo socioculturale. Infatti, siccome l'occidente si è riempito, a causa delle proprie pratiche coloniali e imperiali, di moltissimi immigrati islamici, ora ha bisogno di far vedere che nella guerra tra Israele e mondo islamico, parteggia sempre per i sionisti.

Nei Paesi occidentali sono temuti molto di più gli islamici di qualunque altra minoranza, tant'è che ci è molto più facile considerarli dei potenziali "terroristi". Anche loro infatti vengono visti come un corpo estraneo da marginalizzare. Per noi occidentali sono integralisti o fondamentalisti non meno dei sionisti (anzi, spesso, non meno degli ebrei).

Beninteso, alla borghesia occidentale piace commerciare sia con gli ebrei che con gli islamici, ma a una delle due condizioni: o che se ne stiano a casa loro, oppure che non facciano pesare troppo a casa nostra la loro diversità etnica, religiosa, culturale, linguistica, comportamentale e alimentare.

Tutto ciò per dire che la rivendicazione sionista di una "nazionalità ebraica" non ha mai avuto alcun senso sin da quando il feudalesimo è stato sostituito dal capitalismo. Poteva giusto venire in mente a intellettuali ebrei dell'Europa orientale dalla mentalità culturalmente ristretta, in quanto non sufficientemente imborghesita. Molto meglio di loro erano quegli ebrei che s'impegnavano a realizzare rivoluzioni socialiste contro l'influenza del capitalismo in quella parte di Europa.

## [23] Due Fronti di sinistra

Per uno che condivide i fondamenti dell'ideologia marxista o leninista, personaggi come George Habbash e Nayef Hawatmeh destano inevitabilmente un certo interesse, anche se di loro in Europa non si è mai parlato molto.

Nella nostra ignoranza abissale della complessa situazione mediorientale, sono pochi i nomi fissati nella memoria. E in genere si tratta di nomi di statisti o di partiti o movimenti saliti alla ribalta in seguito a guerre civili o tra Stati, o a causa di golpe o di "primavere arabe".

Invece i due suddetti leader palestinesi, peraltro subissati dalla sovrastante figura di Arafat, non hanno mai governato alcun Paese: al massimo hanno assunto atteggiamenti di tipo estremistico, se non addirittura terroristico.

Non erano neppure musulmani, ma uno greco-ortodosso (Habbash), l'altro greco-cattolico (Hawatmeh). Il primo fu espulso con la famiglia dalla Palestina nel 1948, sistemandosi a Beirut. L'altro viveva in Transgiordania. Quando nel 1952 Habbash fonda il Movimento dei Nazionalisti Arabi, Hawatmeh vi aderisce subito.

Il loro movimento aveva una posizione diametralmente opposta a quella di Arafat col suo Al-Fatah. Infatti erano convinti che per liberare la Palestina dall'egemonia sionista, i palestinesi, più che contare su se stessi, dovevano limitarsi a fungere da catalizzatore per un grande intervento armato da parte degli Stati islamici confinanti. Per loro Arafat era troppo moderato.

Ecco perché appoggiarono con entusiasmo l'istituzione della Repubblica Araba Unita formata da Siria ed Egitto. Vedevano in Nasser un fondamentale punto di riferimento. Dicevano che Irak, Giordania e Siria avrebbero dovuto diventare un unico Stato, altrimenti la vittoria contro l'occidente e i sionisti sarebbe stata impossibile.

Hawatmeh era ancora più radicale, in quanto in Giordania fu condannato a morte in contumacia per la sua attività rivoluzionaria. Dopo aver partecipato alla guerra civile libanese, nel 1958, fu costretto a rifugiarsi in Irak. Nel periodo 1963-67 partecipò nello Yemen del Sud alla lotta di liberazione contro gli inglesi. È stato il primo leader della guerriglia palestinese a entrare in contatto coi marxisti israeliani.

La gravissima crisi del loro movimento avviene quando i loro Paesi arabi di riferimento perdono la guerra dei Sei giorni (1967).

Rispetto ad Arafat erano dei massimalisti, in quanto ritenevano irrisoria l'idea di istituire un mini Stato composto da Gaza e Cisgiordania. Per loro l'idea migliore era quella di realizzare un unico grande Stato della Palestina, laico e aconfessionale, democratico e pluralista, senza classi contrapposte e senza oppressione nazionale, in cui tutti possono vivere senza discriminazioni di sorta. Non a caso entrambi rifiutarono gli Accordi di Oslo.

Solo quando videro che le élites dominanti di vari Paesi arabi del Medioriente non erano poi così intenzionate a fare qualunque cosa per liberare i palestinesi dall'oppressione sionista, si convinsero ad aderire all'OLP, pur nella forma autonoma di due Fronti per la liberazione della Palestina: quello popolare di Habbash (fondato nel 1967) e quello democratico di Hawatmeh (fondato nel 1968), le cui differenze non erano fondamentali.

Entrambi i Fronti stanno ora combattendo a Gaza insieme ad altre sei formazioni (non c'è solo Hamas). Habbash si era già ritirato dalla politica nel 2000 per motivi di salute (morirà nel 2004). Hawatmeh invece, nonostante abbia quasi 90 anni, è ancora in trincea.

## I due al-Fatah

L'odierno al-Fatah, guidato da Abu Mazen, è un microbo rispetto a quello che era lo stesso partito nelle mani di Arafat.

Il primo nucleo di al-Fatah fu costituito nel 1958 da una ventina di palestinesi. Interessante il fatto che sin dall'inizio si voleva dare al partito una struttura organizzativa non solo politica ma anche militare.

Oggi invece se vogliamo trovare un aspetto militare, dobbiamo guardare verso altri partiti presenti a Gaza, che però possono anche usare metodi di tipo terroristico.

Gli statisti e analisti occidentali in genere rifiutano la legittimità di tutti questi partiti, semplicemente perché contrappongono alla parola "terrorismo" la parola "democrazia"; e, così facendo, tolgono alla parola "democrazia" qualunque contenuto rivoluzionario. Alla fine dei loro discorsi fasulli non si capisce come dovrebbero fare i palestinesi a liberarsi di un regime fascista che li opprime quotidianamente in maniera vergognosa sin dal 1947.

In occidente infatti si è soliti dire che Israele è l'unica "democrazia" del Medioriente. Ci sfugge completamente l'idea che una dittatura possa imporsi proprio usando lo strumento della democrazia parlamentare e nazionale.

Forse non tutti ricordano che l'OLP fu fondato dalla Lega Araba proprio per avere il monopolio esclusivo delle relazioni con Israele, tenendo sotto controllo al-Fatah, tant'è che il suo leader, Arafat, fu incarcerato dall'OLP per 51 giorni. Il primo militante di al-Fatah non fu ucciso dai sionisti ma dai militari giordani.

Il grande momento di al-Fatah venne con la sconfitta degli eserciti arabi nella guerra dei Sei giorni. Arafat si distinse soprattutto per aver gestito la battaglia di Karameh in Giordania il 21 marzo 1968. Costrinse una colonia d'attacco israeliana a rientrare alla sua base con gravi perdite. Il giorno dopo gli uffici di al-Fatah erano assediati da lunghe file di volontari. In tal senso possiamo facilmente prevedere cosa accadrà a Gaza se Hamas e tutte le altre formazioni politico-militari riescono in qualche maniera a tener testa al tentativo genocidario dei sionisti.

L'OLP di Arafat si formò tra il 1968 e il 1969: al-Fatah ne divenne il gruppo maggioritario. La sua piattaforma ideologico-politica era ed è ancora oggi favorevole a una sorta di nazionalismo socialista piccolo-borghese, finalizzato alla creazione di uno Stato palestinese, unitario, laico e democratico, in cui tutti i cittadini, di qualsivoglia religione, possano convivere in condizioni di parità.

Tuttavia l'odierno al-Fatah, che è parte integrante dall'Autorità Nazionale Palestinese (l'entità che dopo gli Accordi di Oslo ha preso il posto dell'OLP), pur riconoscendo la legittimità dello Stato d'Israele, non è in grado d'impedire né l'apartheid a Gaza né l'espansione dei coloni in Cisgiordania. Tant'è che Abu Mazen viene considerato come una sorta di "sindaco di Ramallah", la città in cui ha sede il parlamento palestinese in Cisgiordania.

L'ANP infatti non può avere alcun esercito, ma solo forze di polizia e sicurezza assai poco armate. Non ha neppure il pieno controllo delle vie di comunicazione e di trasporto. Anzi non può neppure riscuotere le tasse, in quanto lo fa il ministero delle Finanze israeliano, che poi le ridistribuisce ai palestinesi (esclusi oggi quelli di Gaza). E non può permettere ai profughi palestinesi di votare.

Nel 2006 al-Fatah perse le elezioni a Gaza, nel confronto con Hamas, e da allora l'ANP non le ha più convocate, poiché teme di perderle anche in Cisgiordania. E anche se Abu Mazen considera Hamas un movimento terroristico, l'occidente ha smesso di finanziare i palestinesi.

## [24] I comunisti in Palestina

Il Partito comunista della Palestina nacque nel 1922, sull'onda del successo della rivoluzione d'Ottobre in Russia. Decisivo fu anche il Congresso dei popoli d'oriente, promosso dall'Internazionale Comunista in funzione anticolonialista e tenuto a Baku nel settembre 1920.

Questo partito faceva parte della suddetta Internazionale (Comintern), ed era stato fondato da proletari ebrei anti-sionisti che non ritenevano incompatibile il socialismo rivoluzionario con nessuna fede religiosa. (A quel tempo, a dir il vero, solo il Gran Mufti dell'Egitto dichiarava incompatibile il socialismo con l'islam, ma in ciò rifletteva i condizionamenti colonialistici e anticomunisti degli inglesi.)

Questi comunisti trovarono subito grandi difficoltà a impegnarsi nel mondo ebraico, per cui decisero di rivolgere le loro iniziative a favore della popolazione araba: per es. appoggiarono le rivolte del 1936-39 contro l'accresciuta emigrazione ebraica causata dalle persecuzioni hitleriane.

Dopo la formazione dello Stato d'Israele il loro destino pareva segnato: anti-sionisti e filo-sovietici in una nazione sionista e anti-sovietica; sostenitori di uno Stato palestinese rifiutato dai loro concittadini, non riuscirono mai a superare il 5% dei consensi, di cui peraltro i 4/5 provenivano dal mondo arabo. D'altronde le formazioni comuniste, democratiche, progressiste, pacifiste, per i diritti umani e per i negoziati coi palestinesi sono sempre state molto minoritarie in Israele, dove l'unica sinistra possibile, in fin dei conti, era quella laburista, nata nel 1930 col nome di Mapai, che altro non era se non un partito riformista simile a quello britannico.

Tuttavia il Partito comunista d'Israele esiste ancora: è noto con la sigla Maki o Rakah (aperto a chiunque non sia sionista) ed è parte di un'alleanza politica conosciuta come Hadash, costituitasi nel 1977 assieme alle Pantere Nere israeliane (nate nel 1971) e ad altri partiti della sinistra radicale, arabi ed ebrei.

Nel 2015 tutti insieme han dato vita alla Lista Comune, per superare la soglia di sbarramento al 3,25%, messa apposta dai sionisti per tentare di escludere la rappresentanza araba dalla Knesset. Ma la Lista, che pur aveva raggiunto risultati significativi, si è sciolta nel 2022.

I comunisti arabi e israeliani si sono sempre definiti anti-sionisti e anti-capitalisti; perseguono la politica dei "due popoli-due Stati", che implica l'evacuazione di tutti gli insediamenti israeliani, l'abbandono dei territori occupati da Israele dopo la guerra dei Sei giorni e il diritto al ritorno o la compensazione per i rifugiati palestinesi.

A Gaza invece si formò un Partito comunista autonomo, più simile a quello italiano che a quello sovietico. Nel 1991, dopo il crollo dell'URSS, il partito venne ribattezzato col nome di Partito del popolo palestinese, in quanto sosteneva che la lotta di classe in Palestina doveva essere rimandata a dopo la liberazione nazionale: questo fu il motivo che spinse molti militanti comunisti a lasciare il partito. In particolare dopo gli Accordi di Oslo (1993) ha rinunciato alla lotta armata contro Israele, prediligendo i negoziati. Si è sempre opposto alla formazione di uno Stato islamico, optando per una società laica con libertà di religione per tutti i cittadini. Nelle elezioni palestinesi non ha mai superato il 3%.

## [25] L'occidente dovrebbe starsene fuori

Considerando l'attuale fase critica sul piano militare e le troppe divisioni interne al mondo palestinese (per non parlare di quelle del mondo arabo), forse sarebbe meglio ripristinare l'Organizzazione per la Liberazione della Palestina, cioè l'OLP di Arafat.

L'attuale Al Fatah di Abu Mazen non serve quasi a niente. A Gaza vi sono troppe formazioni politico-militari. La diaspora palestinese non si sente rappresentata da nessuno. Senza unità non si vince un governo fascista ed estremista come quello israeliano. Tra morti, dispersi e feriti ha già eliminato circa il 4% della popolazione, che è la percentuale più alta nella storia dei conflitti armati dell'era moderna.

Un "popolo palestinese" esiste secondo l'ONU, ma nella concretezza sembra essere un coacervo di situazioni non amalgamate tra loro. Per es. il 20% della popolazione israeliana è di origine araba, ma in questa guerra contro Gaza sembra non avere alcuna voce in capitolo.

È assurdo separare la questione palestinese dalle risoluzioni di legittimità internazionale, che più volte l'ONU ha approvato. Se esiste un diritto internazionale, non ha senso non applicarlo alla Palestina. E se non riesce a farlo l'ONU né la Lega Araba, bisogna lasciar liberi i palestinesi di provvedere a se stessi, senza dover subire interferenze esterne che non siano meramente diplomatiche.

La resistenza del popolo palestinese all'occupazione è un diritto legittimo garantito da convenzioni, leggi e risoluzioni internazionali: non può essere classificata come una forma di "terrorismo". In ogni caso devono essere i palestinesi a decidere autonomamente le forme appropriate della loro lotta. Non possiamo essere noi occidentali a stabilire entro quali parametri o confini si devono difendere. Non possiamo escludere a priori la possibilità di una rivolta popolare globale contro l'occupazione sionista.

Semmai sono i palestinesi a dover pensare di costruire un fronte unito e a darsi una leadership adeguata che li guidi alla realizzazione di un progetto comune su poche questioni fondamentali, su cui non si può transigere.

Noi dall'esterno non dovremmo far niente di militare. Né possiamo essere noi a stabilire se una resistenza debba essere "pacifica" o "belligerante". Abbiamo accettato l'idea che gli israeliani abbiano il diritto a difendersi, ma questo diritto, a livello internazionale, viene concesso ai popoli "occupati", non a quelli "occupanti".

Se non fossimo intervenuti durante la guerra civile spagnola, i repubblicani si sarebbero risparmiati 40 anni di dittatura. Al massimo le superpotenze dovrebbero garantire che dall'esterno non entri nessuna arma e che Israele non usi le atomiche.

Israele sta vincendo solo perché è supportato da tutto l'occidente, ma dal punto di vista del diritto internazionale questo atteggiamento è profondamente sbagliato. Se i palestinesi fossero supportati militarmente da Cina e Russia o dai Paesi islamici che succederebbe? La terza guerra mondiale?

## L'epopea di Lawrence

Chi non ha visto il film *Lawrence d'Arabia*, si è perso un grande classico. Se ne avesse voglia e tempo dovrebbe leggere anche *I sette pilastri della saggezza*, corposo e suggestivo libro da cui il regista David Lean trasse ispirazione.

Il colonnello inglese Thomas Edward Lawrence (1888-1935) fu detto "d'Arabia" perché durante la prima guerra mondiale fu protagonista della rivolta araba anti-ottomana.

Appassionato di archeologia e conoscitore di varie lingue del mondo arabo, era un ufficiale dell'Intelligence Service presso l'Arab Bureau del Cairo.

Nel 1914 i servizi segreti gli proposero una missione strategica. Londra infatti temeva che l'impero ottomano, alleatosi con gli imperi centrali (germanico, austro-ungarico e bulgaro), trascinasse gli arabi nella sua scia.

Lawrence doveva convincere l'emiro hascemita al-Husayn Alì, capo dell'Hegiaz (regione della penisola arabica), a rinunciare all'alleanza coi turchi e a stringerne una con gli inglesi, in cambio della promessa di sostenere l'indipendenza degli arabi.

Lawrence s'impegnò soprattutto con un figlio di al-Husayn, Feisal, partecipando alla mobilitazione dei beduini, alle battaglie contro i turchi e all'occupazione di importanti città, tra cui soprattutto Aqaba nel luglio 1917, presa alle spalle dopo aver attraversato il deserto del Nefud (grande 1/4 dell'Italia). Era diventato un esperto guerrigliero a capo di 70.000 arabi.

Entrò con Feisal a Damasco, dopo aver appoggiato l'offensiva del generale Allenby in Palestina e Siria.

Il sogno del colonnello coincideva con quello arabo: creare un grande impero arabo amico degli inglesi, con a capo al-Husayn Alì, mentre Feisal avrebbe dovuto controllare Siria e Iraq, e Abdallah (altro figlio di al-Husayn Alì) Palestina e Transgiordania.

Gli accordi segreti di Sykes-Picot, resi pubblici dai sovietici nel 1917, l'avevano spiazzato completamente, mettendolo nella condizione di passare per traditore agli occhi degli arabi.

Insomma gli inglesi dovevano osservare altri accordi, stipulati coi francesi (che volevano Siria e Libano), ma anche coi sionisti (che volevano entrare in massa in Palestina) e persino col rivale wahhabita di al-Husayn Alì.

La conclusione fu molto deludente per gli arabi: al-Husayn Alì dovrà accontentarsi dell'Higiaz (che poi Ibn Saud gli strapperà nel 1924), Feisal si dovette limitare al trono dell'Irak, e Abdallah regnerà solo in Transgiordania.

Lawrence prenderà la decisione nel luglio 1922 di dimettersi dall'esercito, chiedendo di entrare nella Royal Air Force sotto la falsa identità dell'aviere Ross. Si dimise anche dalla carica di consigliere politico degli Affari Arabi. Rifiutò la carica di viceré delle Indie e qualunque onorificenza. Iniziò a scrivere il suo libro di memorie e un altro in forma ridotta, *La rivolta nel deserto* (1927). In un capitolo cancellato, apparso nel 2022, rivelava di provare amara vergogna per il trattamento che i suoi amici arabi avevano ricevuto. Scrisse anche *L'aviere Ross* (1935) e altri libri ancora.

Il 9 maggio 1935 morì in un incidente motociclistico. Molti dubitarono che si trattasse di una casualità.

## [26] C'è qualcosa che non funziona

Probabilmente non è stato un caso che la sortita terroristica di Hamas del 7 ottobre 2023 sia avvenuta esattamente mezzo secolo dopo la guerra del Kippur (o del Ramadan) del 1973, voluta dal presidente egiziano Sadat, di concerto col presidente siriano Assad padre (1971-2000): il primo voleva riprendersi il Sinai, mentre il secondo le alture del Golan. Israele aveva occupato entrambi i territori nella guerra dei Sei giorni (1967).

I due statisti arabi avevano capito che con Israele la diplomazia non serviva a niente, tant'è che la risoluzione ONU n. 242 non l'aveva neppure presa in considerazione. In particolare Sadat aveva già chiesto a Israele la restituzione del Sinai in cambio del riconoscimento della legittimità dello Stato ebraico (questa concessione la pagherà poi cara); aveva anche proposto la libera navigazione nel Canale di Suez in cambio del ritorno dei rifugiati palestinesi.

Le due principali conseguenze di quella guerra furono la fine del mito dell'invincibilità militare d'Israele (che allora perse 2.500 soldati), e l'inizio della crisi energetica, scaturita dall'impiego del petrolio – per la prima volta – come arma di ricatto da parte dei Paesi arabi.

Israele riconsegnò il Sinai, sulla base di talune condizioni, ma si tenne le alture del Golan.

Nel corso del conflitto Sadat aveva chiesto aiuto all'URSS, poiché Israele non rispettava la tregua pretesa dall'ONU.

Gli USA avevano decretato l'allarme generale atomico di terzo grado. Si fu a un passo dalla catastrofe mondiale.

A 50 anni di distanza sembra che non sia cambiato nulla. C'è evidentemente qualcosa che non funziona, e sappiamo tutti che cos'è.

### I Jumblatt devono morire

Un ricordo di Kamal Jumblatt è doveroso, soprattutto per chi ha vissuto le lotte degli anni '70.

Nato nel 1917 in Libano da una "storica" famiglia drusa, si laureò in giurisprudenza a Beirut, dove fondò il Partito socialista progressista nel 1949. Fu presente nel parlamento della sua nazione per molti anni, anche come ministro di vari dicasteri (agricoltura, economia, lavori pubblici, interni, istruzione nazionale). Dall'URSS ottenne il prestigioso premio Lenin per la pace nel 1972.

Nel 1958 appoggia la politica di unità araba promossa dall'egiziano Nasser insieme al siriano Quwwatli. Purtroppo però durò solo un triennio, a causa del protagonismo egemonico di Nasser, che i siriani non sopportavano.

Nello stesso anno riveste un ruolo di primo piano nella prima guerra civile libanese, culminata nello sbarco a Beirut di 10.000 marines americani, chiamati dall'allora presidente Camille Chamoun, suo principale avversario anche nella seconda guerra civile (1975). I marines furono poi ritirati dall'ONU due mesi dopo (quando ancora l'ONU funzionava).

Nella seconda metà degli anni '60 stringe un'alleanza col Partito comunista libanese e altre formazioni di sinistra per realizzare importanti riforme sociali.

Dopo la sconfitta araba nella guerra dei Sei giorni (1967) si pronuncia a favore della resistenza palestinese e del suo diritto a operare anche sul territorio libanese.

Nel 1972 diventa segretario generale del Fronte arabo di appoggio alla rivoluzione palestinese. Si allea con l'OLP di Arafat, cercando di convincere la coalizione cristiano-maronita a creare un Libano laico e democratico, con riforme radicali dello Stato.

Tuttavia i tentativi di conciliazione con la destra maronita falliscono miseramente. Infatti la Falange cristiana, che rappresenta una borghesia timorosa di perdere la propria egemonia a fronte di una presenza massiccia dei profughi palestinesi, scatena la seconda guerra civile (1975-90), che farà 60.000 morti e 200.000 feriti, più incalcolabili danni materiali.

Jumblatt guida il Movimento nazionale libanese, che riunisce una quindicina di partiti. Ma ha a che fare con una destra sostenuta ampiamente dagli USA e da Israele.

I falangisti volevano dividere il Libano in due, creando un mini Stato confessionale maronita, di stampo fascista.

La Siria di Assad padre decise d'intervenire nel 1976, poiché voleva mantenere sia il Libano che l'OLP sotto il proprio controllo. Fu un errore clamoroso, anche se vi rimase per 29 anni col placet della Lega Araba. Infatti Israele trovò la strada spianata per occupare la parte meridionale del Paese nel 1978, restandovi fino al 2000.

Jumblatt si era opposto all'intervento militare siriano e fu questa la ragione per cui fu assassinato nel 1977. Pochi mesi prima anche sua sorella lo era stata, e nel 1921 anche suo padre. I killer non furono mai identificati.

Ancora oggi il Libano vive una situazione incredibilmente precaria e instabile.

## [27] L'importanza d'essere rabbini

Quando Theodor Herzl, David Ben Gurion e tutti gli altri pionieri sionisti avevano in mente di costruire lo Stato d'Israele, non pensavano che avrebbe potuto diventare rigidamente confessionale e quindi reazionario. Loro si sentivano laici, e alcuni persino socialisti.

Tuttavia già alla fine degli anni '80 l'estrema destra e i partiti religiosi fondamentalisti, raccoglievano più della metà dei voti. L'illusione della democrazia era già finita. Un israeliano su due, finita la ventata progressista degli anni '70, era tentato dalla prospettiva dell'annessione di Gaza e della Cisgiordania, il che comportava naturalmente l'espulsione in massa della popolazione nativa.

A quel tempo il rabbino Meir Kahane (1932-90) lo chiedeva esplicitamente alla Knesset: "Non c'è nessun rimedio contro l'epidemia che si propaga e che minaccia di sterminare con la guerra o con la demografia. Nessun rimedio se non quello di Giosuè: – E voi caccerete tutti gli abitanti del Paese". Per lui "cacciare" voleva dire deportare i palestinesi senza alcun senso di colpa. Il suo partito, Kach, fu dichiarato razzista persino dal governo israeliano. Pare che Kahane sia stato eliminato dagli stessi che fecero fuori Sadat.

L'islam in sé, e quindi il credente che lo professa, veniva considerato come la peste bubbonica, nonostante gli ebrei non avessero subìto l'olocausto o le persecuzioni anteriori alla seconda guerra mondiale per colpa di quei credenti. Semmai l'antisemitismo – se proprio vogliamo riconoscere alla religione la sua importanza – era di marca cristiana, e gli arabi davano rifugio agli ebrei che fuggivano dall'Europa.

Oggi i rabbini filo-sionisti captano un consenso elettorale che oscilla tra il 10 e il 15%. Hanno acquisito un certo ruolo di mediazione e sanno ricattare i politici di destra, come dimostra il caso di Netanyahu, che quando usa espressioni religiose, se le fa suggerire da loro.

Già Ben Gurion aveva ceduto nel 1948-49, rinunciando a dare una Costituzione allo Stato: questo perché, secondo i rabbini più fanatici, la sola legge cui un ebreo è tenuto tassativamente a obbedire è quella religiosa.

Compromessi a non finire lo Stato dovette farli in tutti i campi: dalle festività pubbliche all'istruzione sino ai codici alimentari, per non parlare di tutti quei riti che da millenni riguardano quella confessione.

Dai rabbini dipendono persino la definizione di "status ebraico", cioè "chi può definirsi ebreo", nonché le questioni giuridiche legate a matrimoni, divorzi, eredità ecc.

Il comportamento dei rabbini somiglia a quello che in Italia avevano i prelati della Chiesa romana nei confronti dei democristiani e, più in generale, dell'intera popolazione italiana, fatta passare per "cattolica" solo in virtù del battesimo.

Naturalmente un comportamento del genere lo si può constatare anche in tanti Paesi di religione islamica.

### Netanyahu deforma i fatti storici

Lo storico Marcello Pezzetti, direttore scientifico del Museo della Shoah di Roma, interpellato da "Pagine Ebraiche" (moked.it), ha detto che le affermazioni di Netanyahu secondo cui Hitler fu convinto alla cosiddetta "soluzione finale" dal muftì Al-Husseini – importante capo religioso islamico nella Palestina mandataria – durante un loro incontro nel novembre del 1941, non hanno alcun riscontro storico.

Cioè non è vero che Hitler non voleva sterminare gli ebrei, ma solo espellerli dalla Germania, né è vero che sia stato Al-Husseini a suggerirgli di eliminarli per timore che emigrassero tutti in Palestina.

Pezzetti spiega che "L'incontro tra i due avvenne il 28 novembre del 1941. Ben prima di quella data si era messo in moto il processo decisionale per l'attuazione dello sterminio. Quest'ultimo diventa sistematico con l'attacco all'ex Unione Sovietica (operazione Barbarossa, lanciata il 23 giugno 1941) e comunque viene deciso tra l'estate e l'autunno del 1941, prima della fine di novembre, cui fa riferimento Netanyahu".

Pezzetti ricorda come nell'estate del 1941 fossero già stati compiuti dai nazisti, in modo sistematico e organizzato, diversi massacri contro gli ebrei, come a Leopoli, dove nel luglio di quell'anno le vittime furono 4.000, trucidate dalle SS con l'aiuto della polizia ausiliaria ucraina. "Oppure nei Paesi Baltici: a Vilnius i nazisti vanno a cercare gli ebrei, non solo uomini ma anche donne, bambini, anziani, e li uccidono".

Era già stato pianificato l'utilizzo del gas per le uccisioni di massa e lo dimostra la messa in funzione l'8 dicembre del 1941 del campo di sterminio di Chełmno. "Fu adoperato il sistema dei gaswagen, autocarri modificati per diventare camere a gas. Chełmno fu realizzato per l'eliminazione degli ebrei provenienti dal ghetto di Łódź e messo in funzione l'8 dicembre, pochi giorni dopo l'incontro tra il Muftì e Hitler ma progettato ben prima". Ancora, il 1° novembre i nazisti iniziarono la costruzione del campo di sterminio di Bełżec, altro tassello del meccanismo omicida ideato dai tedeschi.

Al-Husseini non è mai citato nel diario di Heinrich Himmler, comandante delle SS naziste e considerato uno degli architetti del genocidio ebraico.

Detto questo non significa che il Gran Muftì sia esente da responsabilità nella Shoah, tutt'altro. "Era un feroce antisemita e fu lui a organizzare le truppe musulmane che uccisero gli ebrei in Bosnia."

## Una logica perversa e un'ipocrisia manifesta

La Corte internazionale di giustizia dell'Aja ha ordinato a Israele di garantire che le sue forze non commettano atti di genocidio, di migliorare l'accesso umanitario e di riferire entro un mese sui suoi sforzi, mentre conduce una guerra contro i militanti di Hamas nella Striscia di Gaza. Non ha chiesto un cessate il fuoco o di mettere fine alla sua offensiva e non si è ancora pronunciata sul punto centrale della causa intentata dal Sudafrica: se si sia verificato un genocidio a Gaza. La sentenza potrebbe richiedere anni.

Se non è ipocrisia questa, che cos'è? Casi di genocidio si sono verificati sin dal momento in cui Israele ha messo piede a Gaza, poiché sin dall'inizio ha avuto intenzione di colpire i civili (il 70% è donna o minore) o di rendere loro impossibile una qualunque permanenza nella Striscia.

L'intimazione della Corte è semplicemente fuori luogo, come se in un processo per omicidio un tribunale non condannasse l'imputato, ma si limitasse ad ordinargli per il futuro di non uccidere.

Certo, qualcuno può pensare che si sia espressa così perché il Sudafrica non ha fornito prove concrete dell'esistenza di un genocidio. Tuttavia è semplicemente assurdo sostenere che non vi è un genocidio in atto solo perché i bombardamenti, pur distruggendo qualunque residenza civile, hanno come scopo principale quello di colpire i miliziani di Hamas.

Se questo fosse vero, Israele potrebbe anche sterminare i propri concittadini catturati da Hamas, col pretesto che non poteva fare diversamente.

Di fatto quando la colpa di deprecabili azioni come quella di Hamas del 7 ottobre viene imputata non a chi le ha effettivamente commesse, ma a un intero popolo, a un'intera nazione, è più evidente l'intento genocidario.

## Pensieri sparsi

Agli ebrei d'Israele vorrei chiedere in questo giorno della memoria: Che meriti avete di fronte al vostro Dio se amate quelli come voi e odiate tutti gli altri?

Agli ebrei di tutto il mondo vorrei dire: Ci avete indotti a ricordare il vostro olocausto in un giorno particolare, ma chi ricorda i russi che ne hanno avuti 27 milioni? Lo sapete che gli africani schiavizzati e trasferiti nel continente americano furono il doppio dei vostri morti? C'è forse qualcuno che li ricorda in occidente? E che dire degli 80 milioni di morti procurati dagli europei nell'intero continente americano? Non fu forse quello il più grande genocidio della storia? Chi lo commemora?

La rinuncia all'antisemitismo è tanto più forte quanto più è grande la democrazia, non quanto più alto è il numero dei morti provocato dall'olocausto.

Se il semitismo si riferisce soltanto al gruppo di lingue comprendente il babilonese e l'assiro, l'ebraico e l'aramaico, l'arabo e l'etiopico, come mai quando si parla di antisemitismo gli ebrei ci chiedono di riferirsi solo a loro? Perché non possiamo definire antisemitiche tutte le guerre che l'occidente ha intrapreso contro il mondo arabo?

È sufficiente obbligare la gente a ricordare in questo giorno che avete subìto un olocausto per poter essere più amati?

È sufficiente dirsi ashkenaziti per far credere d'essere semiti?

I veri semiti in Medioriente sono gli arabi, gli unici nativi di quel luogo, da dove non se ne sono mai andati. Gli ebrei sono stati espulsi nel 135 d.C. dall'imperatore Adriano e per decine di secoli si sono diffusi nel mondo, perdendo il loro semitismo dal punto di vista etnico-territoriale.

Una senatrice a vita come la Segre, che prende quasi 250.000 euro all'anno, non dovrebbe andare in giro per l'Italia a dire agli altri come devono vivere, cosa devono pensare ogni giorno, che valori devono avere e altre finezze del genere. Capisco che per chi ha subìto l'orrore di un campo di concentramento, sia normale considerare questa esperienza il massimo della tragedia possibile, che merita d'essere ricordata alle nuove generazioni. Tuttavia questo non autorizza a pensare che per molti altri la vita non sia un inferno quotidiano non meno tragico, in cui si è costretti a fare cose che in un'esistenza sufficientemente normale non si farebbero mai o non ci si sentirebbe indotti a fare contro la propria volontà, come rubare, mentire, vendersi, uccidere o torturare qualcuno o anche solo affogare i propri dispiaceri o frustrazioni in qualche forma di dipendenza.

Basta guardarsi attorno per capire che il mondo è pieno di soggetti del genere. Per capire la sofferenza altrui non occorre aver vissuto chissà quale sofferenza. Basta un contatto minimo con la realtà, senza alcuna forma di vittimismo, senza complessi di superiorità. Non è la sofferenza che di per sé rende più giusti. Anzi a volte è proprio quella che abbruttisce.

## [28] La calma piatta del mondo arabo

In un certo senso appare piuttosto incredibile la spinta espansiva del mondo arabo da Maometto all'invasione ottomana e, subito dopo, la grande acquiescenza nei confronti degli stessi ottomani, durata circa mezzo millennio.

Accettarono quell'impero solo perché anche i Selgiuchidi erano di fede musulmana? O forse perché apparivano un bastione formidabile contro lo spirito di crociata o le ambizioni colonialistiche provenienti dall'Europa occidentale?

Fatto sta che in questa sottomissione plurisecolare il mondo arabo non si è sviluppato: è rimasto a livello feudale, cioè a quel sistema di vita che in Europa occidentale aveva cominciato a subire colpi demolitori con lo sviluppo autonomo della classe borghese.

Quando nel 1453 i Selgiuchidi tolsero di mezzo le ultima vestigia della grande civiltà bizantina (poi ereditata da quella russa), in Europa occidentale si stavano ponendo le basi di una cultura umanistica e di una mentalità borghese e prassi capitalistica che con le rivoluzioni olandese, inglese e francese avrebbero sconvolto il mondo intero, facendo molti più danni di quel colonialismo para-feudale partito dalla penisola iberica, che di mercantilismo non capiva nulla.

Nel corso della prima guerra mondiale non fu travolto solo l'impero turco-ottomano, ma anche tutto il mondo arabo. Quel che non si era riusciti a fare con tanti secoli di crociate, lo si fece in pochi anni.

Oggi tantissime popolazioni del Medioriente continuano a professare una religione medievale non perché non abbiano capito la superiorità della civiltà occidentale, quanto perché proprio l'islam viene utilizzato per opporsi politicamente al globalismo euro-americano. È una religione semplice, che aiuta a mantenere l'identità e l'unità nazionale, strumenti formidabili per rivendicare il diritto all'autodeterminazione dei popoli.

Tuttavia sul piano interno o domestico noi sappiamo che la religione viene usata dalle élites al potere come strumento per autoriprodursi. Noi europei, con queste élites corrotte, abbiamo preferito conviverci, convinti di poter ottenere un consenso con cui sfruttare le risorse umane e materiali dei loro territori. Le rivoluzioni anti-feudali le abbiamo fatte a casa nostra, ma in casa degli altri abbiamo preferito imporre dei compromessi con l'aristocrazia dominante.

In ogni caso bisogna ammettere che è stata proprio l'Europa occidentale che ha dato la possibilità al mondo arabo di emanciparsi dal giogo feudale dei turchi e di esprimersi secondo un'identità nazionale, entrando nel novero, a motivo delle grandi risorse energetiche, delle società potenzialmente più ricche del pianeta.

Purtroppo però il mondo arabo non è affatto un'unica entità geopolitica: la religione non è un collante che unifica le varie nazioni. Dalla fine degli ottomani ognuna di loro si è emancipata seguendo un proprio percorso, più che altro influenzato dall'occidente.

Lo vediamo bene anche oggi: la Lega Araba non ha preso alcuna decisione concreta, unanime, contro Israele. L'iniziativa giuridica è stata inaugurata dal Sudafrica, che non è un Paese islamico. Solo lo Yemen ha dimostrato di non aver paura dell'occidente collettivo filo-israeliano. Qualcosina si è vista in Iran, che sta dimostrando d'essere una potenza militare di tutto rispetto. Poi, di tanto in tanto, dal Libano gli Hezbollah fanno vedere d'essere vivi e vegeti.

Per tutto il resto calma piatta, salvo le solite parole di condanna formale. Ancora una volta i palestinesi se la devono sbrigare da soli.

## Impeccabile analisi storica

L'analisi storica di Hamas sulle cause dell'Operazione Al-Aqsa Flood del 7 ottobre scorso mi sembra impeccabile. Vediamone alcuni punti salienti, tralasciando la modalità operativa che ha usato.

1. La battaglia del popolo palestinese contro l'occupazione e il colonialismo non è iniziata il 7 ottobre, ma è iniziata 105 anni fa, considerando 30 anni di colonialismo britannico e 75 anni di occupazione sionista. Nel 1918 il popolo palestinese possedeva il 98,5% della terra di Palestina e rappresentava il 92% della popolazione nella terra di Palestina. Gli ebrei, portati in Palestina con campagne d'immigrazione di massa in coordinamento tra le autorità coloniali britanniche e il Movimento Sionista, riuscirono a prendere il controllo di non più del 6% delle terre della Palestina e ad essere il 31% della popolazione prima del 1948, quando l'entità sionista fu annunciata nella terra storica della Palestina.

A quel punto al popolo palestinese fu negato il diritto all'autodeterminazione e le bande sioniste s'impegnarono in una campagna di pulizia etnica contro il popolo palestinese con l'obiettivo di espellerlo dalle sue terre e dalle sue aree. Di conseguenza le bande sioniste s'impadronirono con la forza del 77% della terra di Palestina, dove espulsero il 57% del popolo palestinese, distrussero più di 500 villaggi e città palestinesi e commisero decine di massacri contro i palestinesi, che culminarono con la creazione dell'entità sionista nel 1948. Inoltre, continuando la loro aggressione, nel 1967 le forze israeliane occuparono il resto della Palestina, tra cui la Cisgiordania, la Striscia di Gaza e Gerusalemme, oltre ai territori arabi intorno alla Palestina.

2. In questi lunghi decenni il popolo palestinese ha subìto ogni tipo di oppressione, ingiustizia, espropriazione dei suoi diritti fondamentali e politiche di apartheid. La Striscia di Gaza, ad es., ha sofferto per 17 anni, a partire dal 2007, di un blocco aereo, marittimo e terrestre soffocante che l'ha trasformata nella più grande prigione a cielo aperto del mondo. Il popolo palestinese di Gaza ha subìto anche cinque aggressioni belliche distruttive, in cui Israele era l'aggressore. Nel 2018 la popolazione di Gaza ha anche dato vita alle manifestazioni della Grande Marcia del Ritorno, per protestare pacificamente contro il blocco israeliano e le proprie miserevoli condizioni umanitarie e per chiedere il diritto al ritorno. Tuttavia le forze di occupazione israeliane hanno risposto a queste proteste con la forza brutale, uccidendo 360 palestinesi e ferendone altri 19.000, tra cui oltre 5.000 minori, nel giro di pochi mesi.

3. Secondo i dati ufficiali nel periodo compreso tra gennaio 2000 e settembre 2023 l'occupazione israeliana ha ucciso 11.299 palestinesi e ne ha feriti altri 156.768, la maggior parte dei quali erano civili. Purtroppo l'amministrazione statunitense e i suoi alleati hanno fornito copertura all'aggressione israeliana.

4. Le violazioni e le brutalità israeliane sono state documentate da molte organizzazioni delle Nazioni Unite e da gruppi internazionali per i diritti umani, tra cui Amnesty International e Human Rights Watch, e sono state documentate anche da gruppi israeliani per i diritti umani. Tuttavia questi rapporti e testimonianze sono stati ignorati e l'occupazione israeliana non è ancora stata chiamata a risponderne.

Esistono migliaia di detenuti palestinesi nelle carceri israeliane che subiscono la privazione dei loro diritti fondamentali, nonché aggressioni e umiliazioni sotto la diretta supervisione del ministro fascista israeliano Itamar Ben-Gvir.

5. L'amministrazione statunitense e i suoi alleati occidentali hanno sempre trattato Israele come uno Stato al di sopra della legge; gli permettono non solo di espropriare le terre dei palestinesi, ma anche di giudaizzare i loro simboli sacri e i loro luoghi santi (in primis la Moschea di Al-Aqsa).

Nonostante l'ONU abbia emesso più di 900 risoluzioni negli ultimi 75 anni a favore del popolo palestinese, Israele si è rifiutato di rispettare una qualsiasi di queste risoluzioni, e il veto degli Stati Uniti è sempre stato presente al Consiglio di Sicurezza per impedire qualsiasi condanna alle politiche e alle violazioni d'Israele.

Noi abbiamo 7 milioni di palestinesi che vivono in condizioni estreme nei campi profughi e in altre aree e che desiderano tornare nelle loro terre da cui furono espulsi 75 anni fa.

6. Nonostante gli accordi di Oslo firmati nel 1993 con l'Organizzazione per la Liberazione della Palestina prevedessero la creazione di uno Stato palestinese indipendente in Cisgiordania e nella Striscia di Gaza, Israele ha sistematicamente distrutto ogni possibilità di istituire lo Stato palestinese, attraverso un'ampia campagna di costruzione di insediamenti e di ebraicizzazione delle terre palestinesi nella Cisgiordania occupata e a Gerusalemme.

I funzionari israeliani hanno confermato in diverse occasioni il loro assoluto rifiuto alla creazione di uno Stato palestinese. Appena un mese prima dell'Operazione Al-Aqsa Flood, il Primo Ministro israeliano Benjamin Netanyahu ha presentato una mappa del cosiddetto "Nuovo Medio Oriente", raffigurante Israele che si estende dal fiume Giordano al Mar Mediterraneo, comprese la Cisgiordania e Gaza. Il mondo intero, dalla tribuna dell'Assemblea Generale delle Nazioni Unite, ha assistito in silenzio al suo discorso pieno di arroganza e di ignoranza nei confronti dei diritti del popolo palestinese.

Fonte: lantidiplomatico.it

## [29] Un po' cinici e un po' servi

Probabilmente non ci sarebbe stato nessun 7 ottobre se l'Autorità Nazionale Palestinese di Abu Mazen non fosse un organismo corrotto e incompetente, colluso con lo Stato israeliano e fortemente screditato dalla popolazione palestinese, che ha dato ad Hamas la leadership esclusiva nella lotta contro lo Stato d'Israele.

Mettiamo nel conto anche il fatto che il percorso aperto dal Patto di Abramo del 2020, che vede (o meglio, vedeva) negoziati commerciali tra Israele, Emirati Arabi Uniti, Bahrein (e in prospettiva Arabia Saudita), a cui partecipava anche la suddetta ANP, avrebbe rischiato d'isolare completamente la Striscia di Gaza gestita da Hamas, che forse non avrebbe ricevuto più gli aiuti finanziari dei sauditi e dei qatarini.

Sotto questo aspetto è del tutto normale ipotizzare che l'obiettivo di Hamas sia stato quello di coinvolgere Egitto, Siria, Libano in una sorta di "santa alleanza" contro Israele e soprattutto contro il Patto di Abramo.

Non è da escludere che il piano B sia quello di tentare una unione tra i vari "jihadismi" di stampo sciita e sunnita per una lotta definitiva contro il sionismo d'Israele, magari sotto la leadership iraniana, cui in questo momento si aggregherebbero quella degli Houthi yemeniti e degli Hezbollah libanesi.

Non dimentichiamo inoltre che Tunisia, Algeria e Libia si sentono molto vicine ad Hamas. In teoria anche il Qatar, pur nella propria ambiguità, in quanto, se da un lato ospita la base operativa di Hamas, concedendole 30 milioni di dollari l'anno, dall'altro ospita una base americana di tutto rispetto (circa 15.000 soldati con 100 caccia che possono bombardare l'intera area del Golfo Persico), e non fa mistero di tenerci molto a commerciare con gli europei il proprio gas liquido: non a caso ha il quarto reddito pro-capite del pianeta.

Non da ultimo va considerato che Israele impedisce a Gaza di utilizzare i giacimenti di gas a 30 km dalle coste della Striscia: è dal 2008, con l'operazione "Piombo Fuso", che ha in mente d'impadronirsene.

Se si esclude il petrolio che importa dall'Azerbajgian, Israele è autosufficiente sul piano energetico, in quanto gode dello sfruttamento di giacimenti gasiferi offshore, come quello di Leviathan, di Tamar e di Karish, grazie ai quali è diventato un Paese esportatore in Giordania e in Egitto. Tuttavia quello di Gaza Marine è pur sempre un bocconcino prelibato.

Un'Europa affamata di gas, dopo il disastro della guerra in Ucraina, non può certo stare dalla parte dei palestinesi. Sulla base dell'accordo trilaterale (firmato da UE, Egitto e Israele), Tel Aviv s'impegna a vendere alla UE il gas dei giacimenti di Leviathan e Tamar, passando dai terminal Gol egiziani. Da notare che l'americana Chevron gestisce sia il sito di Tamar che di Leviathan.

Naturalmente l'attacco di Hamas del 7 ottobre ha fatto cessare, per motivi di sicurezza, l'arrivo in Egitto di gas liquido dal giacimento di Tamar (gas che doveva poi essere esportato in Europa), ma se Israele occupa anche solo la metà di Gaza, si sistemerà tutto a favore degli europei (esiste anche un progetto israeliano riguardante un canale di collegamento dal Golfo di Aqaba al Mediterraneo orientale, vicino proprio all'estremo nord di Gaza, con cui fare concorrenza al Canale di Suez).

In fondo noi europei siamo cinici, anche se nei confronti degli USA siamo servi.


### Perché Israele non ha una Costituzione?


Quando nel 1949 si svolsero le elezioni per l'Assemblea legislativa (Knesset, che nel contempo assunse il ruolo anomalo di un'Assemblea costituente), non venne promulgata una Costituzione vera e propria, poiché la si considerava prematura in uno Stato ancora in via di formazione. D'altronde neppure gli inglesi, a casa loro, l'avevano.

Per i rabbini, inoltre, sarebbe stato un affronto rispetto alla loro idea integralistica secondo cui un ebreo deve obbedire solo alla legge divina. Lo stesso Ben-Gurion, mirando a controllare il potere superiore della Knesset, preferì allearsi con gli haredim, partiti politici ultraortodossi e molto minoritari che si opponevano a una Costituzione per poter meglio egemonizzare le loro interpretazioni ideologiche sul diritto di famiglia, le festività, l'alimentazione, ecc.

E così il parlamento israeliano si limitò a elaborare soltanto alcune norme fondamentali, come per es. la "Legge del ritorno" (in patria). Ve ne sono una decina di questo tipo, più o meno rivedibili dalla politica parlamentare. Per il resto si tennero in vigore molte disposizioni britanniche del periodo mandatario, che, soprattutto in materia di ordine pubblico, vengono utilizzate ancora oggi a danno della popolazione araba.

In un certo senso si potrebbe dire che la democrazia israeliana somiglia a quella inglese, dove la supremazia parlamentare resta – proprio per l'assenza di una Costituzione – un dogma indiscutibile, mai minacciato credibilmente dal potere giudiziario (sempre molto deferente, non a caso, verso il governo parlamentare).

La stesura di una Carta Costituzionale era prevista dalla Dichiarazione d'Indipendenza (che proclamava la completa uguaglianza, sociale e politica, di tutti i cittadini, a prescindere da religione, razza e sesso). Ma poi si capì ch'era più conveniente non legarsi le mani nei confronti della popolazione araba, troppo numerosa perché si potesse evitare di averne paura.

Si pensi solo al fatto che il progetto originario di Costituzione escludeva esplicitamente che i civili potessero venire giudicati da tribunali militari, e vietava il ricorso alla tortura o a pressioni morali; inoltre proibiva la detenzione preventiva non autorizzata da un tribunale; per non parlare del fatto che sanciva i princìpi dell'inviolabilità del domicilio e del segreto epistolare, e persino prevedeva la parità tra ebrei ed arabi nel campo dell'istruzione. Tutti diritti, questi, che al massimo oggi valgono per i soli ebrei.

Dopo la guerra del 1948 per un ebreo era assurdo tutelare i diritti della minoranza araba all'interno d'Israele, figuriamoci nei territori occupati, dove pur i palestinesi erano ampiamente maggioritari. La Costituzione sarebbe stata solo un intralcio. Il suo progetto teorico poteva al massimo servire come specchietto per le allodole occidentali.

Non bisogna mai dimenticare che Israele si pone come escrescenza della società americana, la quale, a sua volta, è stata il prodotto di una mentalità anglosassone abituata a imporsi senza rispettare i diritti altrui, se non, al massimo, su un piano meramente formale.

Senza Costituzione sarebbe stato molto più facile mantenere in vita i tribunali militari con giurisdizione sulla popolazione civile; intervenire abusivamente in ogni aspetto della vita quotidiana; autorizzare la censura dei mezzi informativi e della corrispondenza privata; limitare la libertà di movimento, di opinione e di attività politica; arrestare, espellere dal Paese, confiscare beni privati, demolire le abitazioni degli arabi... Tutte disposizioni che ancora oggi rimangono in vigore per oltre il 90% della popolazione araba.

Solo alla fine degli anni '90 ci si è resi conto che il potere giudiziario non poteva restare completamente sottomesso a quello politico. Nel senso che occorreva che la Corte Suprema controllasse la costituzionalità delle leggi.

Ecco perché la proposta di Netanyahu va in tutt'altra direzione, quella di limitare il potere della Corte Suprema al fine di ripristinare il primato assoluto della Knesset: questo perché, non essendo i giudici eletti dal popolo, secondo lui sono privi di vera legittimazione democratica.

La Corte Suprema non ha potuto mettere becco neppure nella legge integralistica da lui fortemente voluta nel 2018 sullo "Stato nazionale del popolo ebraico", secondo cui lo Stato d'Israele è solo per gli ebrei, cioè non è né laico né pluralistico.

## [30] L'Arabia in pillole

Semplificando al massimo la grafia dei nomi di tutti i suoi protagonisti, potremmo esordire dicendo che l'Arabia Saudita nacque tra il 1745 e il 1764 dall'alleanza tra il riformatore religioso fondamentalista Wahhab (1703-92) e il capo emiro della famiglia saudita Muhammad ibn Saud (1710-65).

In nome di un islam purificato, vicino alle origini, di molto superiore a quello ottomano, si voleva creare un grande regno, ma il pascià d'Egitto, Mehmet Ali (1805-48), per ordine di Istanbul, lo impedì. Anzi nel 1895 la famiglia saudita fu costretta all'esilio nel Kuwait.

Tuttavia nel periodo 1901-6 Abdel Aziz Saud, con l'appoggio dell'emiro Mubarak del Kuwait (filo-inglese), riconquistò le terre dei padri.

Durante la prima guerra mondiale lo sceriffo della Mecca, Hussein, fu convinto dal colonnello Lawrence (detto "d'Arabia") a parteggiare per gli inglesi contro l'impero ottomano, in cambio della promessa di diventare re degli arabi. Hussein era della famiglia hascemita, rivale di quella saudita.

Quando nel 1924 lo statista della nuova Turchia, Atatürk, abolì il califfato ottomano, Hussein si proclamò califfo di tutto il mondo islamico. Tuttavia i sauditi lo sconfissero alla Mecca.

E così nel periodo 1926-32 fu Abdel A. Saud ad autoproclamarsi re dell'Arabia Saudita unificata in un unico Stato nazionale.

Londra, che già si era rimangiata le promesse fatte a Hussein, riconobbe la nuova entità territoriale indipendente, limitandosi a garantire a se stessa i molteplici confini coloniali dei Paesi adiacenti: Kuwait, Yemen, Aden, Hadramawt, Oman, Transgiordania e Irak. In questi ultimi due, rispettivamente, aveva messo i figli di Hussein: Abdallah e Feisal.

Saud fece due riforme importanti: obbligò i nomadi a diventare contadini e sostituì le usanze tribali con un'unica legge religiosa (sharia). Poi affidò agli anglo-americani (1938) lo sfruttamento del petrolio (della compagnia americana Aramco i sauditi presero il controllo totale solo nel 1980).

Da allora quasi tutti i monarchi sauditi si tennero alla larga, militarmente, dai conflitti nel Medioriente, soprattutto da quelli palestinesi, partecipandovi solo indirettamente, per lo più in chiave finanziaria o favorendo l'immigrazione dei profughi nel proprio Stato.

I governi dell'Arabia furono sempre molto moderati o conservatori, anche perché la popolazione era numericamente esigua e arretrata sul piano socioeconomico. È da poco che la popolazione ha superato i 32 milioni di abitanti (aumentando di 1/3 negli ultimi 12 anni), ma oltre 13 milioni sono stranieri. Il 63% dei sauditi ha meno di 30 anni!

Uno dei figli di Saud, Feisal (al potere dal 1964 al 1975), costrinse il fratello ad abdicare, in quanto lo giudicava un inetto. Fu anticolonialista contro gli inglesi, ma non contro gli americani. Abolì la schiavitù, concesse ai liberti la cittadinanza saudita. Intervenne nella guerra yemenita solo per sostenere i monarchici. Era nettamente anticomunista. Partecipò all'embargo petrolifero durante la guerra del Kippur (1973). Favorì il regime del petrodollaro. Fu ucciso da un nipote squilibrato nel 1975, che rivendicava il trono, ma lo giustiziarono.

Essendo la monarchia di tipo assoluto, non vi erano partiti, elezioni (se non quelle locali), libertà di stampa e neppure una Costituzione. Anzi era forte la bigotteria clericale (non esiste la libertà di religione), il lusso sfrenato dei principi, ecc.

Naturalmente non sono mancati i colpi di stato: almeno tre dal 1969 al 1974, tutti sventati.

Gli ultimi sovrani (Khalid, 1975-82; Fahd, 1982-2005; Abdallah, 2005-2015; Salman padre, 2015-2022; Salman figlio, 2022) hanno puntato decisamente ad arricchire il Paese attraverso il petrolio (95% dell'export) e il lavoro di tantissimi immigrati (senza trascurare il turismo religioso).

Salman padre è noto per aver organizzato una nuova guerra contro lo Yemen (gli Houthi di cui oggi tanto si parla).

Salman figlio, principe ereditario designato dal padre sin dal

2017, ha continuato la guerra fino al recente accordo di pace, indispensabile per entrare nei BRICS da parte dei sauditi. Ha posto fine al petrodollaro. Ha allacciato buoni rapporti, un tempo molto problematici se non impossibili, con Russia, Cina, Iran e Siria, riducendo di molto quelli con gli USA. Ha ampliato i diritti delle donne (per es. arruolarsi nell'esercito, diventare ambasciatrice o vice ministro). Essendo un uomo molto pragmatico, non sopporta gli estremismi ideologici: infatti vuole un islam moderato, senza più atroci punizioni legate ai dogmi religiosi, e senza neanche favorire una corrente religiosa islamica rispetto a un'altra.

Col suo progetto Saudi Vision 2030 ambisce a fare dell'Arabia un Paese indipendente dalla produzione petrolifera entro il 2060.

È stato accusato in un rapporto ONU del 2019 di essere il mandante dell'omicidio del giornalista Khashoggi.

### Quale differenza stra sciiti e sunniti?

Sunnismo e Sciismo sono le due correnti maggiori dell'Islam: la prima rappresenta l'80% del mondo musulmano; la seconda il 15% (un 5% sono correnti minori[7]).

Provengono da uno scisma avvenuto subito dopo la morte di Maometto, a seguito dei contrasti per la nomina dei califfi (successori).

Per gli sciiti l'autorità religiosa si era trasmessa al cugino e genero Alì e quindi alla sua famiglia e discendenti (imam), che interpretano il senso interiore o spirituale del Corano.

Per i sunniti invece Maometto non ha dato nessuna disposizione specifica per la sua successione, sicché i suoi primi compagni avrebbero liberamente scelto un capo per la comunità, con funzioni puramente amministrative. Quindi per loro l'autorità è rimasta nel Corano e nell'esempio del Profeta e dei suoi primi compagni. È la comunità nel suo insieme il testimone originario della rivelazione: il credente può accedere direttamente al Corano attraverso l'imitazione del comportamento altrui.

Apparentemente quindi il sunnismo appare più democratico e lo sciismo più autoritario. Ma non è detto: basti per es. pensare che il Califfato dell'Isis è in maggioranza salafita, un sunnismo formalmente molto rigido. In ogni caso nessuna delle due correnti mette in discussione che politica e religione vadano vissuti come un'unica cosa.

Molti studiosi occidentali sostengono che la divergenza tra le due correnti sia nata come puramente politica e solo dopo sia stata caricata di

---

[7] Per es. gli Ḥouthi dello Yemen appartengono alla variante zaydita dello sciismo, anche se hanno posizioni giuridiche e liturgiche vicine alla maggioranza sunnita.

un colore teologico. Cioè: prima i musulmani avrebbero disputato su chi dovesse succedere a Maometto; poi il partito di Alì, essendo stato sconfitto sul campo, avrebbe cercato una rivincita teologica, accrescendo sempre di più l'importanza spirituale degli imam.

Il cuore dello sciismo è in Iran, dove è religione statale dal XVI sec. Se si sommano gli sciiti di questo Stato con quelli presenti in Iraq, Bahrein, Azerbaigian si arriva al 70% di quelli mondiali. In Libano costituiscono la maggioranza relativa (vedi ad es. il movimento Hezbollah), ma i sauditi parteggiano per la famiglia Hariri, uno dei più potenti clan sunniti. Consistenti minoranze sciite sono inoltre presenti in Siria, Afghanistan, Pakistan, nel Golfo (Kuwait, Yemen) e anche in Arabia Saudita. In Medioriente vi sono tre sciiti per ogni cinque sunniti.

I sunniti invece, oltre che in vari Stati mediorientali (Arabia Saudita, Egitto, Turchia, Siria, ecc.), sono ampiamente maggioritari in Nord Africa e nell'Africa subsahariana, nei Balcani, in Asia Centrale e nell'Estremo Oriente, in Indonesia e in Oceania.

Attualmente vi sono circa 1,6 miliardi di musulmani: 1 miliardo circa vive in Asia, 240 milioni nell'Africa sub-Sahariana e 320 milioni in Medioriente. I musulmani in Europa sono circa 44 milioni (il 6% della popolazione totale).

I vari tentativi di avvicinamento tra le due correnti non sono mai andati a buon fine, anche se a livello giuridico il sunnismo riconosce già quattro diverse scuole giuridiche, per cui non gli costerebbe nulla riconoscerne una quinta nello sciismo.

La maggior parte degli sciiti riconosce una catena di 12 imam, dopodiché la catena si sarebbe interrotta per colpa dell'ostilità dei sunniti.

Di fronte a questa rottura lo sciismo si è diviso in due correnti: una corrente minoritaria sostiene che il fedele dovrebbe tenere separata la politica dalla religione e attendere in maniera spirituale che la catena si ricomponga da sola alla fine dei tempi. La corrente maggioritaria invece ha trasferito le prerogative degli imam sugli esperti di scienze religiose. E così nell'arco di un millennio si è creato un clero con una propria gerarchia. L'esito ultimo di questo processo lo si è visto nella figura di Khomeini (Guida suprema).

Va poi detto che a partire dal XVIII sec. si sviluppano vari movimenti riformisti in seno al sunnismo, tra cui il principale è il wahhabismo saudita, che insiste sul ritorno al nucleo essenziale del sunnismo, che però lo rende più fondamentalista e intollerante. Nascono così i moderni gruppi salafiti...

Intorno agli anni '60 nasce l'Islam politico, una forma di militanza in cui la religione è vista come un sistema politico onnicomprensivo, capace di fondare un modello di Stato moderno alternativo a quello occidentale.

Questa idea teopolitica è del tutto trasversale alle correnti tradizionali: per es. il culto del martire, tradizionalmente sciita, ora è centrale anche nel radicalismo sunnita; il concetto di jihad (guerra santa) era più sentito in ambito sunnita, ora invece anche in quello sciita. Il che non vuol affatto dire che sia diventato più facile un'intesa tra le due correnti.

Il caso siriano è emblematico. Il Paese è per i 3/4 a maggioranza sunnita, ma è governato per lo più da funzionari sciiti della minoranza alauita, come il presidente Assad. Quando iniziò la guerra civile nel 2011 Assad fu aiutato dall'Iran sciita, contro una galassia di formazioni per lo più sunnite (e curde).

## [31] Tornare ab ovo

Dopo quello che Israele ha fatto negli ultimi mesi a Gaza, che si va a sommare ai mille soprusi compiuti dal 1948 ad oggi (anzi, dalla fine dell'impero ottomano), penso che la resistenza palestinese debba tornare alle intenzioni originarie, espresse nella Carta Nazionale del 1968: liberare tutta la Palestina dall'occupazione sionista, e quindi liquidare la struttura statale d'Israele, creando su tutta la penisola uno Stato unitario, laico e democratico, nel quale musulmani, cristiani ed ebrei possono convivere senza discriminazioni.

Questo va considerato un obiettivo strategico. Quello tattico, determinato dai rapporti di forza, può anche essere la costruzione di due Stati indipendenti, ma solo a condizione di tornare alla situazione anteriore alla guerra dei Sei giorni del 1967. Cioè Gaza e Cisgiordania vanno evacuate dalle truppe israeliane, e su ogni singolo colono va verificato il diritto alla proprietà.

Sionismo vuol dire fascismo *tout-court*, e se si permette al fascismo di spadroneggiare come e quando vuole, la democrazia è finita. Anzi, guardando la strage di civili che è stata compiuta (soprattutto quella dei bambini), è finito il senso di umanità del genere umano. Israele infatti non potrebbe fare quello che fa senza l'appoggio incondizionato dell'occidente. Fa bene il sociologo Alessandro Orsini a distinguere tra Paese responsabile del genocidio (Israele), Paese complice (USA) e Paesi corresponsabili (occidente collettivo).

Il sionismo è una vergogna dell'umanità. Non merita neppure che si faccia differenza tra conservatori e laburisti: la loro politica estera nei confronti dei palestinesi non è mai stata molto diversa.

I veri antisemiti son proprio i sionisti, col loro atteggiamento genocidario nei confronti dei palestinesi; anzi, col disprezzo che nutrono nei confronti di tutto ciò che non è "ebraico" e di tutto ciò che non si adegua alle loro intenzioni coloniali e imperiali, con cui non prendono di mira solo i palestinesi ma anche tutti gli Stati islamici confinanti.

Israele è uno Stato che va tolto di mezzo per poter ripristinare la pace in Medioriente. Naturalmente non avrebbe alcun senso compiere un'operazione del genere per creare in Palestina uno Stato confessionale o teocratico, analogo ad altri Stati islamici di quella regione o presenti altrove.

Creare uno Stato "laico" vuol dire che deve essere rigorosamente "aconfessionale", cioè non disposto a privilegiare nessuna particolare religione. Se in Palestina si riuscirà a creare uno Stato del genere, verrà posta la prima pietra per l'edificazione di una società dove l'uguaglianza sociale e di genere, la proprietà comune dei fondamentali mezzi produttivi potranno diventare dei criteri di vita. In caso contrario sarà l'intera umanità a dover dichiarare l'impotenza del bene nei confronti del male.

## Il sogno di Hamas

Nell'ultimo Statuto di Hamas, quello del 2017, si prospetta l'ipotesi di due Stati all'interno dei confini anteriori al 1967, a condizione che ai rifugiati palestinesi venga riconosciuto il diritto al ritorno in Israele e che Gerusalemme Est sia riconosciuta come capitale del nuovo Stato. Naturalmente vuole che ciò sia sancito dalla comunità internazionale, non da un rapporto bilaterale con Israele.

Il testo ribadisce chiaramente che nemici dei palestinesi sono il sionismo e l'occupazione, non gli ebrei e la loro religione. La causa palestinese non è altro che la causa di "una terra occupata e di un popolo di sfollati".

Per Hamas l'ideale sarebbe recuperare i propri confini dal fiume Giordano al mare Mediterraneo, ma in attesa di poterlo fare, ci si accontenta della soluzione dei due Stati.

È fattibile questo progetto politico? Sinceramente penso di no, e non tanto perché attualmente in Israele comanda un governo di estrema destra che vuole espellere tutti i palestinesi da Gaza e dalla Cisgiordania, quanto perché qualunque governo israeliano riterrebbe assurda l'idea di far tornare alle proprie abitazioni i palestinesi. Case e terreni fanno già parte delle proprietà dei coloni, che al momento sono in Cisgiordania circa 700.000. I coloni arriveranno anche nella parte nord di Gaza, che andrà ricostruita in toto.

E comunque l'ultimo Statuto del Likud parla chiaro: non solo esclude l'ipotesi dei due Stati, ma invoca apertamente l'annessione di "ogni parte della Terra di Israele".

# Febbraio

### [1] In Medioriente il colonialismo non è ancora finito

L'era dell'indipendenza del mondo arabo dal colonialismo occidentale è iniziata con lo sfascio dell'impero ottomano e non è ancora terminata, anche perché si sviluppa nell'ambito di frontiere spesso arbitrarie, decise dagli anglo-francesi e, per quanto riguarda la Palestina, dal Consiglio di Sicurezza dell'ONU.

L'altro grosso problema di questi movimenti è che, anche quando i loro Paesi riescono a ottenere un'indipendenza politica, questi restano comunque vincolati con l'occidente sul piano economico e soprattutto finanziario. Ecco perché, parlando di loro, si può fare riferimento al massimo, riguardo alle due indipendenze, soltanto alla prima.

Il primo Stato che è riuscito a ottenerla è l'Egitto, grazie al movimento nazionalista Wafd. Il suo leader, Sa'd Zaghlul, chiese nel 1919 alle autorità inglesi il permesso di recarsi a Londra per porre il problema dell'indipendenza del suo Paese. La richiesta fu respinta e lui arrestato.

Da quel momento si capì che bisognava lottare seriamente. Già l'anno dopo gli inglesi furono costretti a riconoscere una sovranità limitata, che diventò col tempo sempre più effettiva, tanto che nel 1937 l'Egitto fu ammesso nella Società delle Nazioni.

Tuttavia solo con Nasser, nel 1954-56, gli inglesi se ne andranno (nel 1967 anche dal Canale di Suez).

L'Irak insorge dopo l'annuncio del mandato britannico nel 1920. Le proteste non si placano neppure dopo che gli inglesi mettono sul trono Feisal, uno dei figli dello sceriffo Hussein, l'hascemita rivale dei sauditi, tradito dagli stessi inglesi. In ogni caso nel 1930 sono costretti a concedere l'indipendenza, anche se si riservano il controllo di alcune basi militari. L'Irak entra nella Società delle Nazioni due anni dopo. Gli inglesi saranno cacciati definitivamente solo nel 1958.

Con l'Arabia Saudita furono invece più morbidi. Siccome preferivano i sauditi agli hascemiti, concedono subito l'indipendenza nel 1926, ottenendo in cambio il riconoscimento del proprio mandato coloniale su tutti gli altri Paesi del Golfo Persico.

Il più artificioso di tutti gli Stati arabi inventati da quello sciagurato trattato segreto di Sykes-Picot fu l'emirato di Transgiordania, che gli inglesi assegnarono a un altro figlio di Hussein, Abdallah. La sua indipendenza formale la ottenne solo nel 1946, e solo nel 1950, dopo l'annessione della Cisgiordania e di Gerusalemme est, il re hascemita poté farsi chiamare re di Giordania. Oggi è un Paese totalmente in mano americana.

Dal Libano e dalla Siria i soldati francesi dovranno andar via nel 1946, dopo una lotta ventennale contro i movimenti indipendentisti.

Il disastro più completo, le cui conseguenze si trascinano ancora oggi, gli inglesi lo fecero in Palestina, permettendo ai sionisti di colonizzarla. Da qui saranno costretti ad andarsene nel 1948, quando l'ONU autorizzerà la costruzione dello Stato d'Israele, il quale, a sua volta, impedirà la costruzione di quello palestinese.

Gli unici territori che gli inglesi continueranno a gestire per molto tempo saranno gli artificiosi emirati, letteralmente inventati attorno all'Arabia Saudita. Infatti il Kuwait si emanciperà solo nel 1961. Lo Yemen nel 1967-70. L'Oman nel 1970. Il Qatar, il Bahrein e gli Emirati Arabi Uniti nel 1971.

A tutt'oggi gli unici popoli che restano ancora senza Stato per colpa degli anglo-francesi sono i palestinesi e i kurdi. Oggi però tutti questi Paesi devono liberarsi dell'ingombrante presenza militare americana. La storia del colonialismo non è ancora finita.

## [2] Uno Stato indifferente alla religione

La nazione ebraica è stata definitivamente distrutta dai romani durante la guerra giudaica del 68-135 d.C. Da allora fino al 1947 gli ebrei non hanno più avuto alcuna nazione.

Avevano il diritto di riaverla? Avevano il dovere di pretenderla? Una popolazione può anche pensare che in nome dei propri usi e costumi abbia il diritto di desiderare un luogo particolare in cui praticare in maniera assolutamente indipendente le modalità della propria specificità, ma non può pretendere di conseguire tale obiettivo a spese di un'altra popolazione già presente nel luogo prescelto.

Una pretesa nazionalistica del genere è reazionaria per definizione, anche perché dovrebbe essere realizzata solo utilizzando metodi autoritari, tipicamente fascisti. E questo senza considerare che dopo quasi 2000 anni di diaspora era ed è ancora oggi del tutto fantasioso pensare che gli ebrei sparsi nel mondo possano avere tra loro delle cose in comune, tali per cui possono tranquillamente costituire una "nazione".

Qui delle due l'una: o gli ebrei imparano a convivere con le popolazioni di tutto il mondo, senza per questo dover rinunciare alla propria specificità (se proprio lo desiderano), di cui però, per il loro stesso bene psicologico, sarebbe meglio che non ne facessero un motivo per auto-ghettizzarsi, cullandosi nell'idea bislacca di sentirsi un popolo "eletto", una sorta di casta aristocratica, privilegiata da Jahvè.

Oppure devono rassegnarsi al fatto che nell'ambito dello Stato d'Israele avranno sempre a che fare con popolazioni di altre religioni fondamentalmente ostili. Per assurdo, anche se riuscissero a cacciare tutti i non-ebrei dalla Palestina, non potranno mai impedire che si formino delle "eresie religiose" al loro interno. Le idee non s'impongono con la forza delle armi, militari o mediatiche che siano, se non per un tempo limitato. Quindi ci saranno sempre delle situazioni conflittuali, più o meno aspre, o in politica interna o in quella estera.

È questo che vuole la destra di Netanyahu? Una situazione di perenne conflitto per giustificare meglio il proprio autoritarismo ideologico e politico?

Se si fa della religione una discriminante per la realizzazione della democrazia, nessuna democrazia sarà mai possibile. Lo Stato d'Israele si condanna da solo alla propria distruzione. Non potrà essere salvato neanche dalle atomiche. Sarà solo questione di tempo. E a chi vorrà distruggerlo, non importerà un fico secco d'essere tacciato di antisemitismo, perché saprà benissimo che questa accusa è totalmente ridicola. I Paesi confinanti, quando avranno raggiunto lo stesso livello tecnologico dei sionisti, li toglieranno di mezzo e senza tanti problemi.

Il che, beninteso, non vuol dire che il fondamentalismo islamico sia migliore di quello ebraico, o che abbia più diritto a imporsi in quanto è rappresentato da un numero enorme di credenti, rispetto a quello risicato della popolazione ebraica.

Una cosa che tutte le popolazioni del Medioriente devono ancora capire, è che la realizzazione della democrazia va al di là delle differenze di religione. Pertanto non avrebbe alcun senso abbattere il fondamentalismo della religione ebraica in nome di un altro fondamentalismo. Le guerre di religione sono finite da un pezzo.

Tutti gli Stati non ebraici del Medioriente devono smettere di qualificarsi come "islamici". Devono semplicemente porsi come laici o aconfessionali, che è la condizione minima per realizzare la democrazia. Se gli statisti israeliani fossero capaci di questa lungimiranza, cioè se avessero questo coraggio, loro stessi avrebbero proposto ai palestinesi di istituire un unico Stato pluralistico della Palestina, uno Stato che non abbia nulla di ebraico, di islamico, di cristiano e neppure di ateistico.

Quanti morti si sarebbero risparmiati quei popoli se avessero preteso uno Stato totalmente indifferente all'atteggiamento che si può assumere nei confronti della religione?

## [3] Anche il bundismo era assurdo

Quando nacque il sionismo, nacque anche, sempre tra gli ebrei, il Bund, cioè l'Unione degli operai ebrei di Lituania, Polonia e Russia. Era l'ottobre 1897.

A differenza dei sionisti, figli di una borghesia dalle idee particolarmente ristrette, si definivano assolutamente socialisti (che, a quel tempo, si chiamavano "socialdemocratici").

L'anno dopo, infatti, concorsero alla costituzione del Partito socialdemocratico di Russia (POSDR). Lo fecero in qualità di organizzazione autonoma, la cui competenza specifica si limitava alle questioni riguardanti il proletariato ebraico.

Col tempo però il Bund andò accentuando il suo carattere "nazionalista", rivendicando per gli ebrei, considerati assurdamente come una nazione specifica, una parità giuridica con tutte le altre nazioni dell'impero russo.

Siccome gli ebrei erano sparsi per buona parte di quell'impero, chiedevano che il POSDR, già nel proprio statuto, prevedesse che, una volta preso il potere, avrebbe trasformato l'impero in una federazione di nazionalità autonome, indipendentemente dal territorio. Una rivendicazione, questa, che avrebbe potuto essere formulata anche dai sionisti, con la loro fantastica idea che gli ebrei, ovunque vivano, costituiscono di per sé una "nazione" (per di più "santa", "eletta").

Cioè gli ebrei del Bund avrebbero dovuto essere considerati un'autonomia extraterritoriale. Anzi per loro lo stesso POSDR doveva porsi come un'unione federale di organizzazioni nazionali, di cui il Bund sarebbe stato uno degli elementi federati. Chiedevano questo a un partito che non aveva mai distinto i propri militanti sulla base dell'atteggiamento nei confronti della religione.

I bundisti volevano persino eleggere un proprio Comitato centrale, con cui definire in modo indipendente la propria politica sulle questioni concernenti la popolazione ebraica. Volevano essere considerati come esclusivi rappresentanti del partito in mezzo ai lavoratori ebrei.

Poiché avevano rivendicazioni del tutto assurde, con cui avrebbero minato l'unità dei proletari di tutte le nazionalità, e quindi distrutto il POSDR, furono espulsi dal partito nel 1903. Da allora si posero su posizioni anti-bolsceviche, almeno sino a quando si resero conto, dopo la rivoluzione d'Ottobre, che le loro rivendicazioni, in seno alla costruzione di una società socialista, non avevano alcun senso.

Cioè erano pretese che al massimo potevano andare bene a livello locale o in funzione limitata. I bolscevichi, infatti, non impedirono mai al movimento operaio ebraico la propaganda o la pubblicazione di testi nella lingua yiddish, o la realizzazione di congressi specifici o la soddisfazione di esigenze locali inerenti alla particolarità del modo di vita ebraico.



Tuttavia per quanto riguardava la lotta contro l'autocrazia zarista, i latifondisti e i capitalisti il partito doveva restare unito e con una direzione centralizzata, altrimenti la sconfitta sarebbe stata inevitabile.

Tanti ebrei parteciparono alla rivoluzione d'Ottobre. In quanto ebrei? No, in quanto proletari. L'ebraismo era incidentale. Come poteva essere qualunque altra religione.

## [4] Vi riporteremo all'età della pietra

Se passa l'assunto che i russi e i palestinesi sono nemici assolutamente irriducibili, rispettivamente, degli ucraini e degli israeliani, allora si arriverà a dire che lo sono anche degli europei, degli americani e dell'intero occidente. Quindi non ci possono essere trattative con loro, perché sono loro a non volerle.

E siccome i palestinesi sono per lo più islamici, questi ultimi, globalmente intesi, diventano i nemici da combattere in occidente, come una volta lo erano gli ebrei. D'ora in poi in Europa non saremo solo anti-russi (o anti-slavi), ma anche anti-islamici per definizione, nella stessa misura in cui un tempo eravamo anti-semitici (intendendo per "semitica", nella nostra ignoranza, la sola popolazione ebraica).

E ci prepareremo alla guerra, anzi, alle guerre, con tutta la potenza della NATO (che è un'alleanza che si muove a livello internazionale) e soprattutto degli USA. E le faremo contro la Russia, contro le popolazioni islamiche che sostengono militarmente i palestinesi, come i libanesi Hezbollah, gli yemeniti Houthi, i siriani di Assad, gli iracheni vicini agli iraniani e soprattutto contro la teocrazia iraniana.

E poi ci prepareremo alla guerra contro la Corea del Nord e soprattutto contro la Cina per la questione di Taiwan (che poi è la questione che maschera tutte le altre di tipo economico e commerciale).

L'occidente collettivo vuole entrare in guerra contro chi non rispetta le sue regole democratiche, il suo diritto internazionale, che naturalmente non vanno considerati come "suoi", ma come un bene del mondo intero, che solo l'occidente, avendoli inventati, sa tutelare nella giusta maniera.

Chiunque parli di pace o di trattativa contro questi nemici pubblici, che minacciano la stabilità del pianeta, va silenziato, emarginato, incarcerato o tolto di mezzo.

Noi siamo i padroni del mondo sin dal tempo dei Romani. Lo siamo perché abbiamo insegnato a tutti gli altri (i barbari) le regole della democrazia e del diritto, in una parola la "civiltà". Dunque non fate gli arroganti con noi, non minacciateci, perché con le armi che abbiamo possiamo riportare tutti i nostri nemici all'età della pietra.

## [5] Democrazia e laicità in Palestina

A volte mi chiedo se lo Stato d'Israele, una volta che avesse eliminato completamente gli elementi palestinesi che gli danno maggior fastidio, potrebbe costituire un esempio di Stato democratico.

Ovviamente nessuna persona di senno pretende che uno Stato democratico costituisca un "modello" per altri Stati. Sono solo gli occidentali che hanno questa pretesa (peraltro dal sapore "messianico"). Loro sono convinti che l'essenza della democrazia stia nella rappresentatività parlamentare (nazionale, regionale, locale) e nella formulazione astratta, meramente giuridica, dei diritti umani.

Tuttavia si sa che gli occidentali non sono persone assennate. Se lo fossero, non avanzerebbero di continuo la pretesa di un'egemonia mondiale, con la quale pensano di poter decidere che cosa sia o non sia "democratico". Essendo abituati ad avere la tecnologia e quindi l'industria e le armi più potenti del mondo, non possono accettare l'idea che la democrazia venga vissuta in forme diverse da quelle che loro ritengono le migliori.

Sotto questo aspetto come possiamo configurare il conflitto israelo-palestinese, che si trascina, in maniera statuale o istituzionale, sin dal 1947? È semplicemente il conflitto tra uno Stato, in cui l'occidente si riconosce, e una popolazione in cui l'occidente (soprattutto nei suoi livelli istituzionali o dominanti) non si riconosce; una popolazione che, per questo motivo, non ha potuto costituirsi come Stato politico.

Naturalmente in astratto l'occidente non nega ai palestinesi di costituirsi come Stato separato da quello israeliano. Però pretende che lo chiedano secondo i desiderata d'Israele. È dal 1947 che ci comportiamo così. Ecco perché per molto tempo i palestinesi si sono rifiutati di riconoscere agli ebrei uno Stato autonomo.

Ancora oggi andiamo a cercare conferme di questa nostra bislacca convinzione nelle dichiarazioni estremistiche di Hamas o nei suoi atteggiamenti bellicosi, che puntualmente definiamo come "terroristici". E in ogni caso avvaloriamo la tesi sionistica secondo cui lo Stato d'Israele ha diritto di espandersi finché i palestinesi non accettano di lasciarsi sottomettere completamente (cosa che però in Cisgiordania continuano a fare anche se il governo di Abu Mazen è del tutto corrotto).

Siccome gli occidentali pensano che Israele costituisca l'unica democrazia esistente all'interno di un Medioriente del tutto islamizzato (confessionale per sua natura), è evidente che non possiamo opporci alla sua pratica colonialistica nei confronti dei palestinesi (al massimo possiamo farlo, sul piano umano, quando essa assume forme particolarmente crudeli, cioè genocidarie).

Da questo punto di vista ci appare anche del tutto normale che i sionisti, avendo a che fare con una popolazione riottosa di tipo islamico, diano al proprio Stato una connotazione marcatamente ideologica (in senso confessionale). Non ci scandalizziamo di questa scarsa laicità, poiché pensiamo che se la Palestina fosse priva della resistenza armata dei palestinesi, lo Stato d'Israele sarebbe sicuramente più laico.

Che cosa rappresenta quindi questo Stato per noi occidentali? È una nostra creatura, di tipo capitalistico, ancora immaturo sul piano del diritto e della democrazia, in quanto circondato da una popolazione ostile che professa un'ideologia opposta, che noi giudichiamo più pericolosa, potenzialmente "terroristica"; una popolazione che di tanto in tanto mostra d'essere eversiva anche sul piano pratico, compiendo attentati, uccisioni o addestrandosi a una resistenza armata.

Per noi occidentali la "questione palestinese" sarà risolta quando non esisteranno più i palestinesi che rivendicano una propria diversità sostanziale dagli israeliani.

In fondo pensavamo in Europa la stessa cosa anche della "questione ebraica": gli ebrei saranno accettati quando smetteranno di fare del proprio ebraismo un insopportabile privilegio. Ancora però non abbiamo capito che la stragrande maggioranza degli esseri umani del pianeta non sopporta più tutta la nostra arroganza e tutta la retorica pseudo-democratica con cui cerchiamo di giustificarla.

## [6] Le velleità dei servi

È piuttosto paradossale che Israele pretenda a tutti i costi (cioè anche a costo di praticare una politica impopolare come quella genocidaria) di diventare un grande Stato nazionale, quando sul piano geografico è circondata da Paesi islamici molto più estesi e con popolazioni molto più numerose.

L'unica eccezione è il Libano, che ha un superficie di oltre 10.000 kmq e una popolazione di circa 7 milioni di persone. Ma Israele avrà mai la forza di occupare un altro Paese? Col Libano non c'è riuscito, neanche a tenere una piccola area a sud. Persino la Francia ha dovuto rinunciare al suo mandato coloniale. Anche gli USA se ne dovettero andare.

Israele non riuscì a tenersi neppure l'egiziano Sinai. E non può sperare di occupare *ad libitum* le siriane alture del Golan. La Siria ha stretto un'alleanza militare con la Russia: prima o poi quell'area, occupata dai sionisti nel 1967, se la riprenderà. Tanto più che se passa, a livello internazionale, il principio che i palestinesi han diritto a un proprio Stato, sulla base dei confini antecedenti alla guerra dei Sei giorni, la Siria tornerà alla carica rivendicando ciò che le appartiene da sempre. Quando, nel XVI sec., il Golan fu incorporato nell'impero ottomano, continuò a far parte del governatorato di Damasco.

Quindi è evidente che se Israele vuole davvero diventare una grande nazione, con dei confini fantapolitici che arrivino dal Nilo all'Eufrate, deve prepararsi, una volta soggiogati tutti i palestinesi, a nuovi conflitti di ben altre proporzioni, contro nemici di ben altra entità.

In tal caso però come potrà sperare che gli ebrei sparsi nel mondo desiderino aiutarla non solo sul piano finanziario, ma anche su quello militare, trasferendosi in massa in quel Paese così tormentato? È evidente che solo poche persone estremamente fanatiche andrebbero a morire per una causa di tipo ideologico.

Con ciò vien da pensare che Israele, in questo suo disegno imperialistico, conti soprattutto sull'aiuto militare dell'occidente, e in particolare su quello degli USA, che dispongono già di molte basi in Medioriente. In questo l'arroganza dei sionisti è molto simile a quella dei neonazisti di Kiev: entrambi vogliono vincere contando sulla forza dei propri *supporters*.

L'Unione Europea potrebbe intervenire militarmente a fianco di Israele poiché è serva degli USA. E già lo sta dimostrando usando navi militari nel Mar Rosso contro gli Houthi. Esibiamo i muscoli quando il padrone ce lo chiede.

È forse questo il disegno dell'occidente collettivo nel Medioriente? Ricominciare la storiellina dei bombardamenti indiscriminati, detti "umanitari", contro quei Paesi islamici che non vogliono lasciarsi derubare delle loro risorse energetiche? Siamo dunque arrivati a questi livelli di follia? Davvero pensiamo che dalla prima guerra del Golfo ad oggi il tempo sia passato invano? Davvero pensiamo che l'intera NATO sia in grado di far pesare tutta la propria potenza in Medioriente, a fianco di Israele, nella convinzione che altri grandi Paesi, come Russia, Cina, India... se ne stiano a braccia conserte?

Che intenzioni hanno gli USA, di far scoppiare una guerra mondiale partendo dall'Ucraina, da Gaza e domani da Taiwan? Davvero pensano che le armi nucleari o qualche altra di tipo apocalittico possano assicurare all'occidente collettivo a guida americana, di poter sopravvivere indisturbato?

Ma poi Israele, ammesso che gli USA riescano a imporre di nuovo il loro globalismo unipolare, è davvero convinta di poter diventare una grande potenza? O non sarà forse più probabile che diventi ancora più serva degli Stati Uniti?

325

## [7] Due parole sulle origini del Baas

Negli anni '50-'60 in Irak e in Siria il Partito del Risorgimento Arabo Socialista, detto Baas (in inglese Baath), era una forza progressista di spessore.

Era stato fondato a Damasco negli anni '40 da due intellettuali: Michel Aflak, un cristiano greco-ortodosso, e il sunnita Salah al-Din Bitar. Non era un partito operaio ma piccolo-borghese orientato verso il socialismo, con forte influenza dell'elemento militare. Si era fuso nel 1953 col Partito socialista arabo di Akram al-Hurani (1911-96), costretto all'esilio dalla Siria nel 1963.

Inizialmente Aflak era addirittura un comunista, ma quando vide che il socialismo francese appoggiava la repressione del nazionalismo siriano, divenne nazionalista. Gli sembrava assurda la tesi secondo cui in Medioriente sarebbe stato impossibile creare il socialismo se prima non si fosse imposto il capitalismo, che avrebbe poi creato il proletariato rivoluzionario. E aveva pienamente ragione.

La sua unione con Bitar fu una conseguenza di questa delusione. Insieme crearono un partito che voleva essere nettamente anti-occidentale e, in particolare, anti-sionista, per cui tendeva a unire la lotta anti-colonialista con quella di classe.

Quando la Siria si liberò definitivamente dei francesi (1943-46), i due amici puntarono a unificare Siria, Libano, Irak, Palestina e Giordania per poter creare una grande nazione araba. Da notare che la Siria, fino allo scoppio della prima guerra mondiale, comprendeva anche i territori di Libano, Giordania e Palestina. Eterna rivale dell'Egitto, era stata il centro dell'impero arabo durante la dinastia omayyadi (661-744), quella dinastia che, sconfitta dagli Abbasidi, si trasferì in Spagna (756-1031). Furono gli anglo-francesi a modificarne i confini: gli uni si presero Giordania e Palestina, mentre gli altri Siria e Libano.

Il Baas era socialista solo nel senso che le ricchezze naturali, la grande industria, i servizi pubblici (sanità, insegnamento...) e i mezzi di trasporto non potevano essere privatizzati. La terra invece poteva esserlo, anche se non fino al punto di favorire lo sfruttamento del lavoro altrui. Semmai si tendeva a lasciare in mano ai privati l'edilizia. Era la prima volta che si univano socialismo e nazionalismo arabo.

Non per il fatto di avere come principali nemici pubblici, perché colonialistici, il Regno Unito, la Francia, gli USA e la Turchia, il Baas parteggiava per l'URSS. Semmai potremmo dire che, siccome era un partito repubblicano, democratico, socialista e voleva nazionalizzare il petrolio, inevitabilmente si scontrava o con gli interessi occidentali o con quelli delle monarchie islamiche collaborazioniste.

I due leader capirono subito che il petrolio poteva essere usato come arma di pressione nei confronti dell'occidente: cosa che però cominciò a essere fatta solo nel 1973, durante la guerra del Kippur.

Il Baas si definiva "nazionale" solo per la direzione centralizzata del panarabismo. Ma di fatto la gestione del progetto politico era regionale, cioè differenziata. La sua sezione irakena fu fondata nel 1949 (grazie soprattutto ai profughi palestinesi), dopo quella siriana e giordana.

La sezione siriana guidata da Aflak condivideva la politica araba e internazionale di Nasser, per cui allacciò stretti rapporti con l'Egitto, fondando nel 1958 la Repubblica Araba Unita, che però durò poco, in quanto Nasser voleva fare del solo Egitto il fulcro del panarabismo.

Il Baas giunse al potere in Siria e in Irak nel 1963 con due colpi di stato, che portarono i due Paesi alla fusione. Ma i nasseriani fecero un golpe in Irak isolando la Siria, che però si avvicinò all'URSS, compiendo riforme socialiste.

Aflak fu segretario generale del Baas fino alla sua espulsione nel 1966, quando a Damasco prese il potere l'ala sinistra del partito, guidata da Noureddine al-Atassi e Salah Jedid. Con questa corrente il partito si poneva nettamente vicino al marxismo e al laicismo. Sia Aflak che Bitar lasciarono la Siria.

Tuttavia nel 1968 il Baas tornò al potere in Irak con un altro golpe. Si rifaceva proprio ai leader storici Aflak e Bitar, determinando la nascita di due direzioni nazionali del partito (l'altra era in Siria) in conflitto tra loro.

In Irak però il Baas nelle mani di Saddam Hussein, Tarek Haziz e del generale Ahmed Hasan al-Bakr cambiò fisionomia: rimase sì favorevole alla nazionalizzazione del petrolio e su posizioni anti-sioniste e anti-americane, ma nell'ambito dell'islam non del socialismo.

Nel 1970 in Siria il generale Assad (padre dell'odierno presidente) estromise la sinistra marxista dal potere perché giudicata estremistica. E nel 1978, grazie a lui, le due sezioni siro-irakena del Baas si riconciliano, ma fino a un certo punto, poiché entrambe volevano avere il primato nella direzione del movimento panarabo. Da notare che negli anni '70 la fazione militare del Baas, detta al-Sa'iqa, controllata dalla Siria, era molto attiva nel movimento palestinese: il suo dirigente, Zuhayr Muhsin, fu assassinato dal Mossad nel 1979.

L'anno dopo morirà Bitar, ucciso da ambienti siriani vicini ad Assad padre, ma il killer non fu mai trovato. Aflak invece morì in maniera naturale nel 1989 a Baghdad, continuando a rifiutare tenacemente la ripartizione dei seggi parlamentari su base confessionale. Quando gli USA invasero l'Irak nel 2003 volevano distruggere la sua tomba per eliminare qualunque traccia del Baas, ma fu il mondo arabo nel suo insieme a impedirlo.

## [8] Una terra promessa

Perché il sionismo o lo Stato d'Israele non è mai stato duramente criticato dagli ebrei, anche facendo manifestazioni plateali (salvo le note, sparute, eccezioni che tutti conosciamo)?

Probabilmente i motivi sono due:

1) la stragrande maggioranza degli ebrei nel mondo non ha alcun interesse né per il sionismo né per l'ebraismo, essendosi perfettamente integrata nelle società contemporanee;

2) gli ebrei che credono nella loro religione, e che quindi sono dei praticanti, anche se non sono esplicitamente filo-sionisti, han sempre nutrito la speranza che un giorno il popolo ebraico possa tornare in Palestina (magari in forme più pacifiche di quelle attuali).

Cioè da un lato abbiamo gli ebrei non credenti, che si sono adeguati allo sviluppo mondiale del capitalismo, che è costretto, per diffondersi al meglio, ad andare al di là di qualunque particolarità religiosa. Tra questa categoria di ebrei vanno annoverati anche quelli che nel secolo scorso avevano nutrito idee socialcomuniste.

Dall'altro invece abbiamo degli ebrei credenti che, spinti dal proprio idealismo religioso, sono arrivati a identificare sionismo ed ebraismo, propagandando questa equazione nei Paesi in cui vivono, o addirittura trasferendosi di persona in Israele, convinti di trarre dei vantaggi dalla vita del colono anti-palestinese.

Certo, una comunità ebraica, intellettualmente onesta, non potrebbe sostenere che gli ebrei, dopo così tanti secoli di diaspora, abbiano ancora il diritto di riavere un proprio Stato in Palestina. La storia non passa invano.

Tuttavia la cosiddetta "terra promessa" è un mito molto radicato nelle tradizioni e scritture ebraiche. E quando gli ebrei credono ancora a un mito del genere, non hanno di sicuro in mente il ritorno in un territorio in cui non sia presente un loro Stato o una loro nazione del tutto indipendente.

Prendiamo due esempi classici di questo ebraismo credente. Golda Meir, di origine ucraina, riteneva che nell'URSS gli ebrei stessero malissimo, in quanto non potevano avere una propria nazione, per cui bisognava assolutamente favorire la loro emigrazione verso la Palestina. Cioè nel suo delirio ideologico la Meir era convinta che la questione ebraica in URSS non fosse stata risolta proprio perché il regime non aveva intenzione di concedere a questa popolazione, sparsa per tutta la Federazione, un territorio specifico in cui vivere in maniera assolutamente autonoma.

E la Meir non era di "destra". Infatti quando in Palestina nacque nel 1930 il Mapai (il partito di Ben Gurion, della Meir e di Moshe Dayan), non era che una costola di sinistra del partito Paolé Zion (Operai di Sion), fondato nel 1903 dall'ucraino Dov Ber Borochov (1881-1917), che mirava a conciliare sionismo e marxismo.

Ora prendiamo il rabbino capo Elio Toaff (1915-2015), della comunità israelitica di Roma. In un'intervista pubblicata nel 1971 sulla rivista "Il Regno" disse a chiare lettere che essere anti-sionisti equivaleva a essere anti-semiti, in quanto alla base della storia ebraica vi è sempre stata la convinzione che gli ebrei dovessero tornare in Palestina per costruirvi una loro nazione autonoma. Chi era contrario a questa legittima aspirazione andava considerato, *ipso facto*, un fascista! Per lui anche i profeti dell'Antico Testamento erano "sionisti"!

Uno storico ebreo, di cui non ricordo più il nome, disse che se tutti gli ebrei degli ultimi due secoli fossero rimasti ebrei, il loro numero, in tutto il mondo, dovrebbe superare i 200 milioni e non attestarsi sugli attuali 15 milioni (nel 1900 erano 10,4 milioni).

## [9] L'odio come principale alimento

Sembra che uno degli alimenti di cui il sionismo si nutre sia proprio l'antisemitismo. Ne ha bisogno soprattutto come cura ricostituente in particolari momenti di difficoltà, anche se l'attuale mattanza non può essere attribuita soltanto ai problemi personali di Netanyahu (scarso consenso politico, gravi questioni giudiziarie).

Mi rendo conto che sostenere una tesi del genere può apparire azzardato o fuorviante. Lo sanno tutti infatti che non avrebbe alcun senso attribuire posizioni antisemitiche ai palestinesi, che non hanno mai fatto nulla contro gli ebrei prima del 1947. E poi, se davvero i palestinesi fossero antisemiti, sarebbero autolesionisti, cioè odiatori di se stessi.

Inoltre per uno Stato come quello d'Israele potrebbe apparire controproducente autogiustificarsi sulla base di un atteggiamento di odio che possono avere nei suoi confronti altri Stati (in genere confinanti). Se si ritiene che i propri vicini di casa siano solo dei potenziali nemici, è impossibile fare affari con loro o stipulare degli accordi di pace. Per es. gli accordi di Abramo o quelli di Camp David non avrebbero avuto alcun senso.

Diciamo allora che l'antisemitismo è servito, storicamente, per tenere in piedi la "questione ebraica", cioè per impedire all'ebraismo di scomparire come ideologia religiosa. E ancora oggi può servire per legittimare una politica genocidaria nei confronti dei palestinesi, fatti passare come potenziali terroristi. Quindi chi li protegge, è automaticamente antisemita.

Questo perché nell'ambito dello sviluppo del capitalismo l'ebraismo tende oggettivamente, in maniera naturale, a scomparire, nel senso che l'ebreo viene progressivamente assimilato nella figura del "borghese", la cui principale attività è quella di accumulare e investire capitali, non tanto quella di difendere un'identità religiosa.

Detto altrimenti: più è forte l'antisemitismo (come per es. quello nazista), e più diventa forte, tra gli ebrei, il desiderio di distinguersi dai comuni cittadini (proletari e borghesi che siano) *proprio in quanto ebrei*.

Dunque se questo è vero, vale anche l'opposto: quanto più l'antisemitismo è debole, tanto più l'ebraismo tende a sciogliersi come neve al sole.

Chi noterebbe oggi l'origine ebraica in personaggi del calibro di Mark Zuckerberg, Steven Spielberg, Woody Allen e in tanti altri che sono riusciti a fare dell'ideologia borghese la chiave del loro successo? Semmai dovremmo dire che se qualcuno pensa che essere ebreo significhi automaticamente arricchirsi, sarebbe, *ipso facto*, un antisemita.

È quindi evidente che il sionismo poteva nascere solo in ambienti culturalmente arretrati, socialmente poco sviluppati, dove la prassi capitalistica non si era ancora ampiamente imposta. Ancora oggi il sionismo si nutre di queste condizioni esistenziali per poter indurre gli ebrei sparsi nel mondo a emigrare come coloni in Israele e nelle terre palestinesi occupate.

Semmai oggi un ebreo può accettare di diventare colono proprio perché il capitalismo nel suo Paese si è sviluppato così tanto da rendere troppo faticoso sopportarlo. In fondo cosa promette Israele ai coloni? Che avranno terre e abitazioni altrui a condizioni incredibilmente vantaggiose: bisognerà soltanto essere spietati nei confronti di chi ostacola il proprio riscatto sociale, la propria emancipazione economica.

Il colono ebreo, sul piano sociologico, probabilmente è una persone che nel proprio Paese d'origine viveva una condizione di grave difficoltà economica, e che, accettando di emigrare in Palestina, deve per forza accentuare tutto ciò che lo rende ideologicamente diverso, se vuole davvero cambiare vita a spese dei nativi arabi residenti. Deve avere delle motivazioni radicali, che impongono una scelta irreversibile.

Il suo principale alimento è l'odio, soprattutto di tipo etnico o razziale. In un certo senso potremmo dire che a Gaza Netanyahu sta cercando di emendare il torto di Sharon, quando decise nel 2004-5, sulla base degli accordi di Oslo, di far sloggiare con la forza i coloni che si erano già insediati in quella striscia di terra.

## Gaza nord sta diventando vitale

Il gruppo Eni (partecipato al 30% dal Tesoro italiano) ha ricevuto un avviso dello studio legale Foley Hoag LLP di Boston, negli Stati Uniti, perché non intraprenda attività nelle aree marittime della Striscia di Gaza che appartengono alla Palestina.

Lo studio legale si muove su mandato dei gruppi palestinesi per i diritti umani Adalah, Al Mezan, Al-Haq e PCHR.

La questione riguarda concessioni di licenza per l'esplorazione delle acque antistanti a Gaza assegnate ad alcune società petrolifere lo scorso 29 ottobre, dopo l'inizio dei bombardamenti sulla Striscia.

Quello davanti alle coste di Gaza, a circa 30 km, è un giacimento il cui potenziale è stato stimato in 30 miliardi di metri cubi di gas. Secondo calcoli di economisti palestinesi potrebbe generare introiti fino a 800 milioni di dollari l'anno.

Ma l'Eni da chi ha ricevuto il permesso di esplorare quelle acque? Dal governo israeliano naturalmente. Tra i licenziatari vi sono anche Dana Petroleum (una filiale della South Korean National Petroleum Company) e l'israeliana Ratio Petroleum.

In particolare si tratta delle licenze della zona G che, per il 62%, rientra nei confini marittimi dichiarati dallo Stato di Palestina nel 2019, in conformità con le disposizioni della Convenzione dell'ONU sul diritto del mare di cui la Palestina è firmataria.

Tuttavia queste risorse energetiche i palestinesi non hanno mai potuto sfruttarle, poiché Israele non l'ha mai permesso. Infatti, secondo il governo israeliano, solo gli Stati sovrani hanno diritto alle zone marittime, compresi i mari territoriali e le zone economiche esclusive, nonché di dichiarare i confini marittimi. E la Palestina non è uno Stato.

Ora è chiaro perché Israele non se ne andrà più dalla parte nord di Gaza?

## [10] Non è uno scontro alla pari

Il sionismo è arrivato a farci odiare l'ebraismo. Questo è intollerabile.

Se uno legge l'Antico Testamento (contestuandolo storicamente, beninteso) non può non restare affascinato dalla carica politica di quei testi, in cui è possibile ravvisare anche lo spirito di un popolo che lotta in mezzo a mille ostilità, con un certo senso della giustizia. Vi si possono scorgere persino non poche tracce di ateismo, in quanto la divinità non sembra molto più grande dell'uomo che la pensa e con cui dialoga più o meno alla pari.

Messo a confronto con l'ebraismo, il paganesimo è ben poca cosa: una serie infinita di leggende psico-morali (spesso a sfondo sessuale), in cui ha sempre la meglio l'astuzia dell'eroe singolo o la volontà della classe egemone (per lo più aristocratica), protetta dagli dèi.

L'ebraismo è riuscito a sopravvivere per 2000 anni lottando contro i tentativi di colonizzazione da parte di imperi pagani.

Tuttavia è rimasto sconfitto due volte, e in una maniera che pareva irreparabile: quando ha perso la nazione al tempo dei Romani, e quando, di fronte alla logica e prassi del capitalismo, non aveva armi adeguate per reagire.

Infatti i migliori ebrei che han lottato contro il capitalismo sono diventati atei e socialisti. Tutti gli altri, soprattutto quelli che hanno abbracciato teorie borghesi e nazionalistiche, con cui han voluto costruire a tutti i costi lo Stato d'Israele, sono soltanto delle mezze figure, dalla mentalità ristretta, spesso ideologicamente fanatiche, politicamente razziste, colonialiste e, nei confronti dei palestinesi, persino genocidarie.

Il sionismo non ha accettato il corso della storia ed è diventato un cancro dell'umanità, un fastello di contraddizioni insostenibili da cui non possono uscire facendo leva sulle loro forze. Si reggono in piedi solo perché hanno il pieno sostegno degli USA e di buona parte dell'Europa, che ancora oggi prova sensi di colpa a causa dell'olocausto.

La domanda che ora dovremmo porci è semplicemente questa: possiamo aspettare che in Medioriente finiscano le risorse energetiche prima di rinunciare a sostenere Israele, che a favore dell'occidente svolge il ruolo del cane da guardia? Per il bene della pace, della democrazia, per il bene del pluralismo religioso sarebbe meglio rispondere di no. Anche perché gli Stati islamici, in politica estera, tendono ad essere pacifici, mentre Israele non lo è di sicuro. Anzi sono proprio gli atteggiamenti da bullo che danno un senso alla sua identità.

Diciamolo in maniera semplice e chiara: nessuno ci costringe a pensare che il modo migliore per contrastare l'integralismo dei Paesi islamici sia quello di sostenere quello d'Israele. Ci basta dover sopportare l'integralismo neoliberista del mondo occidentale, oggi dominato dal capitalismo finanziario degli Stati Uniti.

Israele può compiere la sua pulizia etnica contro i palestinesi perché ha tutto quanto gli serve dai Paesi occidentali. Non è uno scontro alla pari. Pensiamo soltanto a cosa potrebbe accadere se passasse l'idea che anche i palestinesi hanno il diritto ad essere tutelati e assististiti in tutte le maniere, quindi incluse quelle militari, da parte delle grandi potenze non occidentali?

Oggi a far la parte degli "ebrei oppressi" sono i palestinesi, e se un ebreo non lo capisce, significa che l'ebraismo il meglio di sé, sul piano etico, l'ha già dato.

## [11] Non dipende solo da Netanyahu

Uno vorrebbe credere una cosa, che tutto questo odio furibondo dei sionisti nei confronti dei palestinesi sia causato soltanto dal governo integralista di Netanyahu. Ma non ne sono sicuro, poiché non vedo molta resistenza antigovernativa in Israele. Lo si contesta perché non è riuscito a liberare gli ostaggi, ma un atteggiamento del genere il premier potrebbe interpretarlo come un incentivo a fare ancora più massacri, pur di liberarli.

Tace anche la comunità arabo-israeliana, o comunque il *mainstream* occidentale non parla mai di questo 21% di popolazione. Netanyahu naturalmente vede questi arabi come fumo agli occhi: li considera come una quinta colonna di Hamas, quando non è assolutamente vero. Anzi è probabile che se Israele rinuncerà al proprio confessionalismo statale sarà proprio grazie a questi arabi, che vogliono vivere in pace e alla pari con gli ebrei, senza essere continuamente discriminati.

Una pace tra tutte le popolazioni della Palestina non può consistere in una tregua tra una guerra e l'altra. Se queste sono le condizioni che pone Israele, non ci sarà mai alcuna possibilità di vita normale o di una politica democratica. E gli arabi saranno sempre più indotti a chiedere di poter vivere in uno Stato separato, il che, in una situazione tesa e ingarbugliata come quella, è incredibilmente complesso.

Finché a Tel Aviv ci saranno sostenitori di un Israele che fa dell'identità ebraica un'arma di divisione interna e dell'annessione di territori palestinesi una scelta strategica, l'odio reciproco sarà inevitabile. I sionisti non riescono neppure a capire che Gerusalemme appartiene a miliardi di credenti: cristiani, musulmani, ebrei. Come può essere considerata "capitale unica e indivisibile" degli ebrei? Deve per forza avere uno Statuto internazionale.

A volte ci si chiede come sia possibile che in tutta Israele (perché è così che vogliono farci credere) non vi sia un solo ebreo disposto ad accettare l'idea che con la demolizione delle case palestinesi, la legalizzazione di insediamenti coloniali, l'annessione di territori occupati e l'appropriazione di terre appartenenti alle comunità arabe dal Negev alla Galilea, non si va da nessuna parte. In questa maniera non si riescono a porre neanche le basi più elementari per un confronto democratico in parlamento tra ebrei ed arabi.

Peraltro è sotto gli occhi di tutti che il governo Netanyahu, per finanziare gli insediamenti coloniali, ha sferrato colpi demolitori alla sanità, all'istruzione, agli anziani… Son contenti gli ebrei di questo trend?

## [12] La trappola dell'antisemitismo

Come noto, uno degli argomenti preferiti con cui i sionisti giustificano la nascita dello Stato d'Israele è l'antisemitismo.

Questa ideologia è nata nella seconda metà del XIX sec., come aspetto collaterale del nazionalismo e del razzismo europei, in relazione alla diffusione imperialistica del capitalismo, e senza riferimenti religiosi al classico antigiudaismo del mondo cristiano.[8] La parola "antisemitismo" viene coniata in Germania intorno al 1870.

L'Europa aveva bisogno del razzismo per dominare il pianeta, e l'odio contro gli ebrei serviva per avvalorare l'idea del suprematismo europeo nei confronti delle popolazioni non europee (o meglio non occidentali), quelle popolazioni che oggi vengono definite come Sud Globale e che fino a poco tempo fa venivano racchiuse nel termine di Terzo Mondo.

Il *mainstream* allora dominante voleva far credere alla piccola-borghesia (il proletariato socialista non cadde nella trappola) che per poter superare le proprie paure nei confronti degli antagonismi prodotti dal capitalismo, occorreva focalizzare l'attenzione su un nemico comune: gli ebrei.

A questo nemico immaginario venivano attribuite tutte le cause principali dei problemi sociali delle classi medio-basse; e siccome erano "ebrei" all'interno di nazioni fondamentalmente cristiane, benché sempre più laicizzate, diventava molto facile considerarli un corpo estraneo.

L'antisemitismo diventava un pregiudizio molto diffuso, un luogo comune: per es. si attribuivano ai soli ebrei delle particolarità o abitudini o difetti che in realtà non avevano o che tutti potevano avere; si presentavano difetti di singoli ebrei come peculiari di tutto il popolo; si pensava persino che gli ebrei fossero un "popolo" a sé, disposto ad aiutare solo se stesso, e così via.

I sionisti reagirono all'antisemitismo dicendo che per sopravvivere come "popolo" dovevano costruirsi una nazione indipendente e quindi uno Stato sovrano.

---

[8] Potremmo addirittura sostenere che le prime tracce di antigiudaismo risalgono agli stessi vangeli, in cui gli ebrei vengono condannati come popolo e per l'eternità a subire l'ostracismo degli altri popoli a motivo dell'uccisione del "figlio di Dio". Come se i giudei di 2000 anni fa potessero essere consapevoli di tale identità! Come se tale identità non fosse stata attribuita a Cristo per la prima volta dal solo Paolo di Tarso! Come se la trasformazione del Cristo politico, di tipo giudaico, in un Cristo teologico, di tipo cristiano, non fosse stata compiuta da una parte dello stesso popolo ebraico!

A un fenomeno in effetti esistente (si pensi solo al caso molto famoso di Dreyfuss) diedero un'interpretazione completamente sbagliata. Cioè non riuscivano a capire che le persecuzioni anti-ebraiche, scatenate in alcuni Paesi europei, avevano solo la funzione di distrarre le masse popolari dalla vera origine dei loro problemi sociali. L'ebreo non era che una valvola di sfogo per le contraddizioni insostenibili del capitale.

Ciò che i sionisti non compresero era che il capitalismo andava superato con una rivoluzione socialista là dove si viveva, senza illudersi di poterlo fare meglio realizzando un proprio Stato autonomo. Infatti creare uno Stato del genere, inevitabilmente confessionale, avrebbe comportato una pura e semplice autoghettizzazione, cioè una ricaduta nello stesso limite che si diceva di voler combattere.

## [13] L'ultimo post

Sarà la vecchiaia, ma è da un po' che non mi fido più di nessuno. La troppa esperienza della vita mi ha reso un disadattato.

Non ho più voglia di scrivere niente sulla mattanza dei palestinesi. Le sofferenze dei civili, soprattutto quelle dei bambini, mi angosciano troppo. Non riesco a reggerle.

Non voglio più dire niente anche perché quello che ho detto è più che sufficiente per capire dove stanno i torti e le ragioni. Rischierei soltanto di ripetermi.

Mi fanno paura tutti, partendo dai fanatici della religione, per andare molto più in alto, verso quelli che vendono l'anima per fare soldi o per ottenere un certo potere, magari anche solo il potere di censurarti.

Non vedo un altro luogo, diverso dal Medioriente, in cui si faccia una questione di vita o di morte quando è in gioco la religione.

Mi fanno paura i terroristi, privati o statali che siano, inclusi quelli che s'immolano per eliminare qualunque persona dall'altra parte della barricata, civile o militare che sia. Per me è inconcepibile odiarsi al punto di uccidersi in nome di un Dio o di un'idea dal sapore etnico o, peggio ancora, razziale.

Gli ebrei hanno indubbiamente inventato il razzismo. Possiamo anche stabilirne il momento preciso: quando i Persiani, con Ciro, permisero loro di tornare in Palestina come sudditi. Circa 2500 anni fa. Fu il clero che riscrisse la storia del proprio popolo, affermando un rigido monoteismo, la centralizzazione del culto e la canonizzazione dei testi biblici. E soprattutto inventò l'ideologia del "popolo eletto", quella secondo cui gli ebrei erano oppressi per colpa dei loro tradimenti ma potevano riscattarsi agli occhi di Dio combattendo contro i nemici esterni. Di qui la proibizione dei matrimoni misti e l'idea che fossero giudicati "impuri" tutti i non ebrei, i non circoncisi e chiunque non accettasse il culto di Jahvè a Gerusalemme. La Giudea diventò uno Stato teocratico e profondamente razzista: i giudei non sopportavano neppure i galilei.

Anche noi europei (cattolici e protestanti) siamo stati maestri nel propagandare il razzismo. Ancora oggi ci distingue lo "spirito di crociata": l'abbiamo solo laicizzato, essendo, la nostra, una civiltà di tipo cristiano-borghese, un civiltà che fa acqua da tutte le parti e che sembra essere giunta al capolinea.

Tuttavia anche le persone che fanno dell'ateismo una nuova religione mi fanno paura. Il fanatismo sembra essere una caratteristica psicologica che va al di là di ciò che uno pensa della religione. Se incontrassi un ebreo o un islamico integralista, ma anche un fondamentalista cristiano (cattolico o protestante che sia), ne avrei timore, come ne avrei se incontrassi un anticlericale bestemmiatore e iconoclasta.

Mi fanno paura gli atei che si comportano in maniera cinica, come se non credessero in alcun valore umano, ma solo in se stessi, e quindi solo in quelle tattiche e strategie per acquisire un certo potere economico o politico. Comportandosi così non fanno che avvalorare l'assurda tesi clericale, secondo cui chi non ha la fede è una persona inevitabilmente immorale.

Mi fanno paura tutti, anche quelli che hanno il culto della scienza, della tecnica, dell'ecologia, dei mezzi comunicativi, delle armi, dello sport... Questo perché radicalizzano un aspetto perdendo di vista l'insieme, il tutto.

Non credo che la razza umana sia nata "male", ma di sicuro viviamo in un mondo malato, che non sa essere se stesso, che non conosce più la differenza tra naturale e artificiale.

Non vedo più la ricerca della verità, la sincerità disinteressata, l'onestà intellettuale: quelle virtù che ti fanno apprezzare l'amicizia. Certo, nei social si possono incontrare persone con cui si vorrebbe realizzare qualcosa in comune, ma la distanza che ci separa mi pare un ostacolo insormontabile.

Secondo me l'alternativa va costruita anzitutto in loco, là dove si abita con persone in carne e ossa, che possiamo vedere coi nostri occhi molto facilmente. Nei social sembriamo più che altro delle monadi in cerca di collocazione. La vita virtuale non può sostituire quella reale.

Noi dovremmo porci un obiettivo fondamentale da realizzare: riappropriarci del territorio in cui viviamo. Cioè costruire un bastione di resistenza contro chi vuole farci dipendere da qualcosa che non possiamo gestire in autonomia. La lotta è contro i mercati, gli Stati, le organizzazioni internazionali, gli apparati burocratici, militari, fiscali, finanziari e tutto quanto sfugge al nostro controllo. Dobbiamo tagliare i fili dei poteri forti, quelli che ci fanno essere dei burattini.

# Conclusione

Oggi siamo costretti a parlare molto di sionismo, a causa della guerra in Palestina. Ma cos'è il sionismo? Sembra essere la versione ebrea del fascismo.

Tuttavia non pochi analisti sostengono che il sionismo non abbia nulla a che fare con l'ebraismo. O meglio, sembra che il sionismo si serva dell'ebraismo per esigenze di potere, cioè per giustificare la propria politica reazionaria, colonialistica, razzistica, autoritaria... Sicché si potrebbe dire che il sionismo, per come usa l'ebraismo, sia in realtà un'ideologia vetero-capitalistica, la cui religiosità o spiritualità è zero. È un'ideologia superata come può esserlo il protestantesimo o il cattolicesimo nei confronti del moderno capitalismo.

Ma se per questo anche l'islamismo dei Paesi petroliferi sembra essere un'ideologia tardo-medievale in un contesto sociale ultra-capitalistico. Tutte queste ideologie religiose hanno degli aspetti comuni che le rendono piuttosto rivoltanti: maschilismo, razzismo, fondamentalismo... Sono limiti culturali che stonano col moderno capitalismo occidentale. Appartengono a Paesi che non hanno avuto un lungo processo di secolarizzazione come l'Europa occidentale (che poi ha esportato negli Stati Uniti). Sono Paesi che hanno importato da noi una tipologia di economia, quella capitalistica, all'interno di una sovrastruttura ideologica para-feudale.

Noi in occidente abbiniamo più volentieri il capitalismo al laicismo, nel senso che ognuno è libero di seguire la religione che vuole. La nostra religione fondamentale è il *liberismo borghese* (o neoliberismo), in cui il ruolo dello Stato è marginale, in quanto la politica è subordinata all'economia, e oggi l'economia è subordinata alla finanza. Tutte le altre ideologie sono soltanto ostacoli da superare, non ci dicono niente sul piano dei valori.

Se e quando l'occidente vuole essere autoritario, razzista, imperialista o globalista ecc., non lo fa in nome di una specifica ideologia, da sbandierare in maniera plateale. L'ideologia sottesa a qualunque nostra azione è sempre quella del liberismo (basata su proprietà privata dei fondamentali mezzi produttivi, libero mercato, monopoli, multinazionali, politica del debito, ecc.) o, se si vuole, quella della democrazia rappresentativa (diritti umani, elezioni parlamentari, separazione dei tre poteri, uguaglianza formale davanti alla legge, ecc.).

È possibile pensare che il laicismo occidentale possa sentirsi giudicato da ideologie come il sionismo, l'ebraismo, l'islamismo, il cattolicesimo, il protestantesimo, l'ortodossia? No, non è possibile. Queste per noi son tutte ideologie (più o meno religiose) che appartengono al passato.

Semmai è il nostro capitalismo privato che sente di avere l'acqua alla gola. Infatti tra i Paesi importatori del nostro capitalismo, i più significativi (Cina, Russia, India…) pretendono di tenere il capitalismo sotto controllo statale. Noi a un controllo del genere non siamo più abituati almeno dagli anni '80. E non vogliamo tornare indietro. Anzi, anche se lo volessimo, neanche ci riusciremmo, poiché alcuni poteri privati sono diventati così forti che nessuno Stato sarebbe in grado di ridimensionarli.

Il fatto è però che questi enormi poteri privati rendono impossibile la coesistenza pacifica all'interno degli Stati occidentali. Di qui l'esigenza che hanno di scaricare all'esterno le loro contraddizioni irriducibili. Se queste contraddizioni non vengono risolte in virtù di guerre civili che pongano l'interesse collettivo al di sopra di quello privato, le guerre mondiali diventano inevitabili.

Da ultimo vorrei dire che quando si scrivono libri del genere, su situazioni altamente drammatiche, ad un certo punto si concludono non per mancanza di argomenti, ma perché si è convinti che le soluzioni proposte siano sufficienti per affrontarli in maniera seria.

*

p.s. Ringrazio della fiducia mostratami, per non aver sottoposto a un vaglio preventivo i post qui raccolti, i seguenti gruppi di Facebook: Putin Vladimir, Comunisti, Il pensiero unico della menzogna, Indymedia Center, Popolo antifascista e Giuseppe Conte & Movimento 5 stelle.

# Appendici



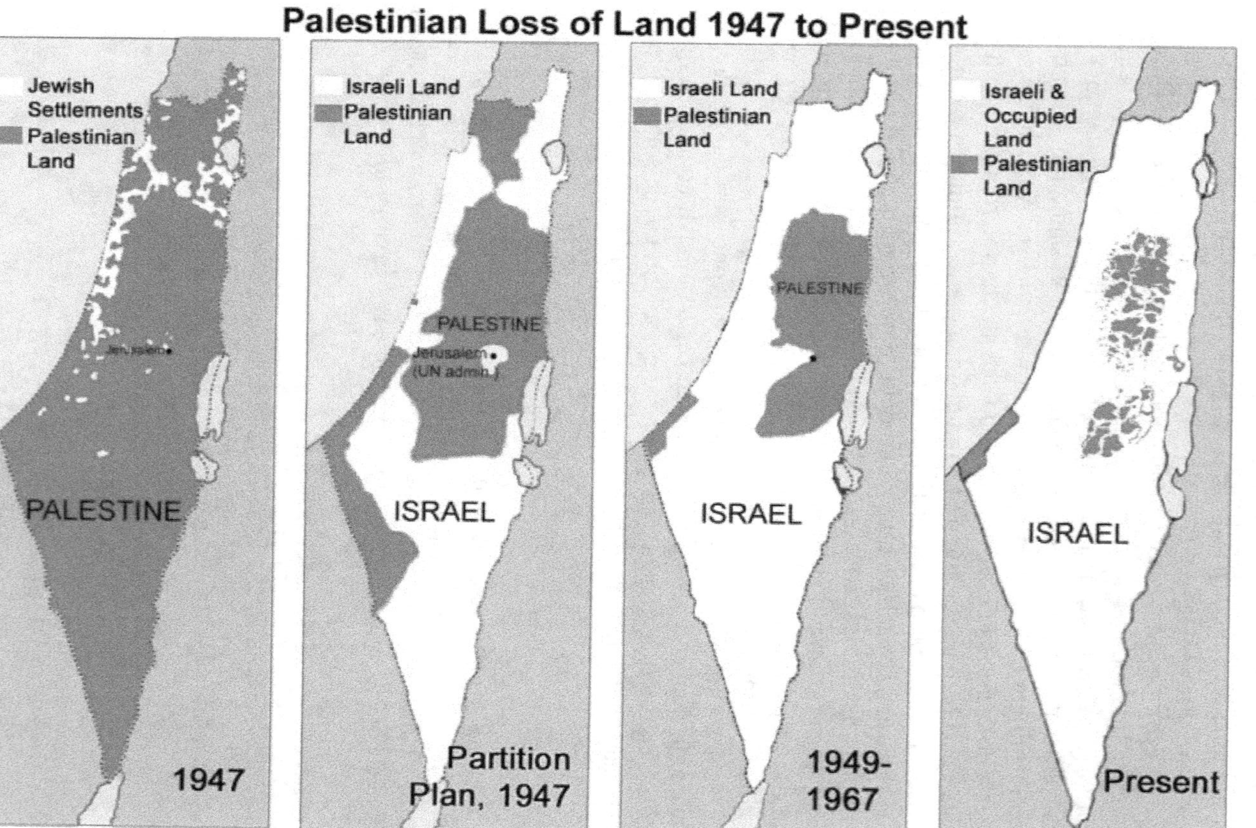



340

# Carta Nazionale Palestinese

Risoluzioni del Consiglio Nazionale palestinese 1-17 luglio 1968

Art. 1: La Palestina è la patria del popolo arabo palestinese; è una parte indivisibile della grande patria araba, e il popolo palestinese è parte integrante della nazione araba.

Art. 2: La Palestina, con i confini che aveva durante il Mandato britannico, è un'unità territoriale indivisibile.

Art. 3: Il popolo arabo palestinese possiede il diritto legale alla propria patria e ha il diritto di determinare il proprio destino dopo aver raggiunto la liberazione del proprio Paese secondo i propri desideri e interamente di propria volontà e consenso.

Art. 4: L'identità palestinese è una caratteristica genuina, essenziale e intrinseca; viene trasmessa dai genitori ai figli. L'occupazione sionista e la dispersione del popolo arabo palestinese, attraverso i disastri che li hanno colpiti, non fanno perdere la loro identità palestinese e la loro appartenenza alla comunità palestinese, né li negano.

Art. 5: I palestinesi sono quei cittadini arabi che, fino al 1947, risiedevano normalmente in Palestina indipendentemente dal fatto che ne fossero stati sfrattati o vi fossero rimasti. Chiunque sia nato, dopo quella data, da un padre palestinese – sia all'interno che all'esterno della Palestina – è anche palestinese.

Art. 6: Gli ebrei che risiedevano normalmente in Palestina fino all'inizio dell'invasione sionista sono considerati palestinesi.

Art. 7: Che ci sia una comunità palestinese e che abbia una connessione materiale, spirituale e storica con la Palestina sono fatti indiscutibili. È un dovere nazionale educare i singoli palestinesi in modo arabo-rivoluzionario. Occorre adottare tutti i mezzi di informazione ed educazione per far conoscere al palestinese il suo Paese nella maniera più profonda possibile, sia spirituale che materiale. Deve essere preparato alla lotta armata e pronto a sacrificare la sua ricchezza e la sua vita per riconquistare la sua patria e ottenere la sua liberazione.

Art. 8: La fase della storia che il popolo palestinese sta vivendo è quella della lotta nazionale (watani) per la liberazione della Palestina. Quindi i conflitti tra le forze nazionali palestinesi sono secondari, e dovrebbero essere risolti per il bene del conflitto fondamentale che esiste tra le forze del sionismo e del colonialismo da un lato, e il popolo arabo palestinese dall'altro. Su questa base le masse palestinesi, indipendentemente dal fatto che risiedano nella patria nazionale o nella diaspora (mahajir) costituiscono – sia le loro organizzazioni che gli individui – un fronte nazionale che lavora per il recupero della Palestina e la sua liberazione attraverso la lotta armata.

Art. 9: La lotta armata è l'unico modo per liberare la Palestina. Questa è la strategia generale, non solo una fase tattica. Il popolo arabo palestinese afferma la sua assoluta determinazione e la sua ferma risoluzione a continuare la sua lotta armata e a lavorare per una rivoluzione popolare armata che permetta la liberazione del suo Paese e il suo ritorno ad esso. Rivendicano inoltre il loro diritto ad una vita normale in Palestina e ad esercitare il loro diritto all'autodeterminazione e alla sovranità su di essa.

Art. 10: L'azione del commando (Feday'ee) costituisce il nucleo della guerra di liberazione popolare palestinese. Ciò richiede la sua escalation, la sua completezza e la mobilitazione di tutti gli sforzi popolari ed educativi palestinesi e la loro organizzazione e coinvolgimento nella rivoluzione palestinese armata. Richiede anche il raggiungimento dell'unità per la lotta nazionale (watani) tra i diversi raggruppamenti del popolo palestinese, e tra il popolo palestinese e le masse arabe, in modo da garantire la continuazione della rivoluzione, la sua escalation e la vittoria.

Art. 11: I palestinesi avranno tre motti: unità nazionale (wataniyya), mobilitazione nazionale (qawmiyya) e liberazione.

Art. 12: Il popolo palestinese crede nell'unità araba. Al fine di contribuire al raggiungimento di tale obiettivo, tuttavia, essi devono, nella fase attuale della loro lotta, salvaguardare la loro identità palestinese e sviluppare la loro coscienza di tale identità, e opporsi a qualsiasi piano che possa dissolverla o comprometterla.

Art. 13: L'unità araba e la liberazione della Palestina sono due obiettivi complementari, il raggiungimento di uno facilita il raggiungimento dell'altro. Così, l'unità araba conduce alla liberazione della Palestina, e la liberazione della Palestina conduce all'unità araba; e il lavoro verso la realizzazione di un obiettivo procede parallelamente al lavoro verso la realizzazione dell'altro.

Art. 14: Il destino della nazione araba, e in effetti l'esistenza araba stessa, dipendono dal destino della causa palestinese. Da questa interdipendenza scaturisce il perseguimento e la lotta della nazione araba per la liberazione della Palestina. Il popolo palestinese svolge il ruolo di avanguardia nella realizzazione di questo obiettivo sacro (qawmi).

Art. 15: La liberazione della Palestina, da un punto di vista arabo, è un dovere nazionale (qawmi) e tenta di respingere l'aggressione sionista e imperialista contro la patria araba, e mira all'eliminazione del sionismo in Palestina. La responsabilità assoluta di ciò ricade sulle nazioni arabe – popoli e governi – con il popolo arabo della Palestina all'avanguardia. Di conseguenza la nazione araba deve mobilitare tutte le sue capacità militari, umane, morali e spirituali per partecipare attivamente con il popolo palestinese alla liberazione della Palestina. Essa deve, in particolare, nella fase della rivoluzione palestinese armata, offrire e fornire al popolo palestinese tutto l'aiuto possibile, il sostegno materiale e umano, e mettere a sua disposizione i mezzi e le opportunità che gli permetteranno di continuare a svolgere il ruolo guida nella rivoluzione armata, fino a quando non libereranno la patria.

Art. 16: La liberazione della Palestina, dal punto di vista spirituale, conferirà alla Terra Santa un'atmosfera di sicurezza e tranquillità, che a sua volta salvaguarderà i santuari religiosi del Paese e garantirà la libertà di culto e di visita a tutti, senza discriminazioni di razza, colore, lingua o religione. Di conseguenza il popolo palestinese guarda a tutte le forze spirituali del mondo per il sostegno.

Art. 17: La liberazione della Palestina, da un punto di vista umano, restituirà all'individuo palestinese la sua dignità, il suo orgoglio e la sua libertà. Di conseguenza il popolo arabo palestinese attende il sostegno di tutti coloro che credono nella dignità dell'uomo e nella sua libertà nel mondo.

Art. 18: La liberazione della Palestina, da un punto di vista internazionale, è un'azione difensiva resa necessaria dalle esigenze di autodifesa. Di conseguenza il popolo palestinese, desideroso com'è dell'amicizia di tutti i popoli, si rivolge agli Stati amanti della libertà e della pace per il sostegno al fine di ripristinare i propri legittimi diritti in Palestina, ristabilire la pace e la sicurezza nel Paese e consentire al suo popolo di esercitare la sovranità e la libertà nazionali.

Art. 19: La spartizione della Palestina nel 1947 e l'istituzione dello Stato di Israele sono del tutto illegali, indipendentemente dal passare del tempo, perché erano contrarie alla volontà del popolo palestinese e al suo diritto naturale nella propria patria, e incompatibili con i princìpi sanciti nella Carta delle Nazioni Unite, in particolare col diritto all'autodeterminazione.

Art. 20: La Dichiarazione Balfour, il Mandato per la Palestina, e tutto ciò che è stato basato su di essi, sono considerati nulli e inefficaci. Rivendicazioni di legami storici o religiosi degli ebrei con la Palestina sono incompatibili con i fatti della storia e con la vera concezione di ciò che costituisce lo Stato. L'ebraismo, essendo una religione, non è una nazionalità indipendente. Né gli ebrei costituiscono un'unica nazione con una propria identità; sono cittadini degli Stati a cui appartengono.

Art. 21: Il popolo arabo palestinese, esprimendosi con la rivoluzione palestinese armata, rifiuta tutte le soluzioni che possano sostituire la liberazione totale della Palestina e respinge tutte le proposte volte alla liquidazione della causa palestinese, o alla sua internazionalizzazione.

Art. 22: Il sionismo è un movimento politico organicamente associato all'imperialismo internazionale e antagonista a tutte le azioni di liberazione e ai movimenti progressisti nel mondo. È razzista e fanatico nella sua natura, aggressivo, espansionista e coloniale nei suoi obiettivi e fascista nei suoi metodi. Israele è lo strumento del movimento sionista, e base geografica per l'imperialismo mondiale collocato strategicamente in mezzo alla patria araba per combattere le speranze della nazione araba per la liberazione, l'unità e il progresso. Israele è una costante fonte di minaccia nei confronti della pace in Medio Oriente e nel mondo intero. Poiché la liberazione della Palestina distruggerà la presenza sionista e imperialista e contribuirà all'instaurazione della pace in Medio Oriente, il popolo palestinese cerca il sostegno di tutte le forze progressiste e pacifiche e le esorta tutte, indipendentemente dalle loro affiliazioni e convinzioni, a offrire al popolo palestinese tutto l'aiuto e il sostegno nella sua giusta lotta per la liberazione della propria patria.

Art. 23: La richiesta di sicurezza e di pace, così come la richiesta di diritto e di giustizia, richiedono a tutti gli Stati di considerare il sionismo un movimento illegittimo, di mettere fuori legge la sua esistenza e di vietare le sue operazioni, in modo che le relazioni amichevoli tra i popoli possano essere preservate e salvaguardata la lealtà dei cittadini alle loro rispettive terre d'origine.

Art. 24: Il popolo palestinese crede nei princìpi di giustizia, libertà, sovranità, autodeterminazione, dignità umana e nel diritto di tutti i popoli a esercitarli.

Art. 25: Per la realizzazione degli obiettivi di questa Carta e dei suoi princìpi, l'Organizzazione per la Liberazione della Palestina svolgerà il suo ruolo nella liberazione della Palestina in conformità con la Costituzione di questa Organizzazione.

Art. 26: L'Organizzazione per la Liberazione della Palestina, rappresentante delle forze rivoluzionarie palestinesi, è responsabile del movimento del popolo arabo palestinese nella sua lotta per riconquistare la propria patria, liberarla e ritornarvi ed esercitare in essa il diritto all'autodeterminazione. È responsabile in tutti i campi militari, politici e finanziari e anche per tutto ciò che può essere richiesto dalla causa palestinese a livello inter-arabo e internazionale.

Art. 27: L'Organizzazione per la Liberazione della Palestina coopererà con tutti gli Stati arabi, ciascuno secondo le sue potenzialità; e adotterà una politica neutrale tra di loro alla luce delle esigenze della guerra di liberazione; e su questa base non interferirà negli affari interni di nessuno Stato arabo.

Art. 28: Il popolo arabo palestinese afferma la genuinità e l'indipendenza della sua rivoluzione nazionale (wataniyya) e rifiuta ogni forma di intervento, amministrazione fiduciaria e subordinazione.

Art. 29: Il popolo palestinese possiede il diritto legale fondamentale e autentico di liberare e recuperare la propria patria. Il popolo palestinese determina il suo atteggiamento verso tutti gli Stati e le forze sulla base delle posizioni che adottano nei confronti della rivoluzione palestinese per soddisfare gli obiettivi del popolo palestinese.

Art. 30: Combattenti e portatori di armi nella guerra di liberazione sono il nucleo dell'esercito popolare che sarà la forza protettiva per i conquiste del popolo arabo palestinese.

Art. 31: L'Organizzazione deve avere una bandiera, un giuramento di fedeltà, e un inno. Tutto ciò è deciso in conformità di un regolamento speciale.

Art. 32: I regolamenti, che saranno noti come Costituzione dell'Organizzazione per la liberazione della Palestina, saranno allegati alla presente Carta. Stabiliranno il modo in cui l'Organizzazione, i suoi organi e le sue istituzioni, saranno costituiti, le rispettive competenze di ciascuno, e i requisiti dei loro obblighi ai sensi della Carta.

Art. 33: La presente Carta non può essere modificata se non con il voto della maggioranza dei due terzi del totale dei membri del Congresso Nazionale dell'Organizzazione per la Liberazione della Palestina, ottenuto in una sessione speciale convocata a tal fine.

Fonte: masarbadil.org

# Lo Statuto di Hamas del 2017

Lode ad Allah, il Signore dei mondi. La pace e le benedizioni di Allah siano su Muhammad, maestro dei messaggeri e guida dei mujahidin, sulla sua famiglia e su tutti i suoi compagni.

*Premessa*

La Palestina è la terra del popolo arabo palestinese, dalla quale ha origine, alla quale è unito e appartiene, e sulla quale si propaga e si esprime.

La Palestina è una terra la cui posizione è stata elevata dall'Islam, una religione che la tiene in grande considerazione, che respira attraverso di essa il suo spirito e i giusti valori e che pone le basi per la dottrina della difesa e della protezione della stessa.

La Palestina è la causa di un popolo che è stato deluso da un mondo che non riesce a garantire i suoi diritti e a restituirgli ciò che gli è stato usurpato, un popolo la cui terra continua a subire una delle peggiori occupazioni al mondo.

La Palestina è una terra sequestrata da un progetto sionista razzista, disumano e coloniale, fondato su una falsa promessa (la *Dichiarazione Balfour*), sul riconoscimento di un'entità usurpatrice e sull'imposizione con la forza del fatto compiuto.

La Palestina simboleggia la resistenza che continuerà fino al raggiungimento della liberazione, fino al quando il ritorno non sarà avvenuto e fino all'istituzione di uno Stato pienamente sovrano con Gerusalemme come capitale.

La Palestina è il vero sodalizio tra palestinesi di tutte le appartenenze per il sublime obiettivo della liberazione.

La Palestina è lo spirito della Ummah[9] e la sua causa principale; è l'anima dell'umanità e la sua coscienza vivente.

Questo documento è il prodotto di profonde discussioni che ci hanno portato a un forte consenso. Come movimento, concordiamo sia sulla teoria che sulla pratica della visione delineata nelle pagine che seguono.

______________

[9] Il termine Ummah vuol dire "comunità", "nazione", "etnia" in riferimento al mondo islamico. (ndr)

È una visione che poggia su basi solide e su princìpi consolidati. Questo documento svela gli obiettivi, le tappe fondamentali e il modo in cui l'unità nazionale può essere realizzata. Definisce inoltre la nostra comprensione comune della causa palestinese, i princìpi operativi che utilizziamo per promuoverla e i limiti di flessibilità utilizzati per interpretarla.

### Il movimento

1. Il Movimento di Resistenza Islamica "Hamas" è un movimento islamico di liberazione nazionale e di resistenza palestinese. Il suo obiettivo è liberare la Palestina e contrastare il progetto sionista. Il suo sistema di riferimento è l'Islam, che ne determina i principi, gli obiettivi e i mezzi.

### La Terra di Palestina

2. La Palestina, che si estende dal fiume Giordano a est al Mediterraneo a ovest e da Ras al-Naqurah a nord a Umm al-Rashrash a sud, è un'unità territoriale integrale. È la terra e la casa del popolo palestinese. L'espulsione e l'esilio del popolo palestinese dalla sua terra e l'insediamento dell'entità sionista al suo interno non annullano il diritto del popolo palestinese all'intero territorio e non conferiscono alcun diritto all'entità sionista usurpatrice.

3. La Palestina è una terra arabo-islamica. È una terra sacra e benedetta che occupa un posto speciale nel cuore di ogni arabo e di ogni musulmano.

### Il popolo palestinese

4. I palestinesi sono gli arabi che hanno vissuto in Palestina fino al 1947, indipendentemente dal fatto che ne siano stati espulsi o che vi siano rimasti; e ogni persona nata da padre arabo palestinese dopo tale data, sia all'interno che all'esterno della Palestina, è un palestinese.

5. L'identità palestinese è autentica e senza tempo; si trasmette di generazione in generazione. Le catastrofi che hanno colpito il popolo palestinese, come conseguenza dell'occupazione sionista e della sua politica di sfollamento, non possono cancellare l'identità del popolo palestinese, né possono negarla. Un palestinese non può perdere la sua identità nazionale o i suoi diritti acquisendo una seconda nazionalità.

6. Il popolo palestinese è un unico popolo, composto da tutti i palestinesi, dentro e fuori la Palestina, indipendentemente dalla loro religione, cultura o affiliazione politica.

*Islam e Palestina*

7. La Palestina è al centro della Ummah araba e islamica e gode di uno status speciale. In Palestina si trova Gerusalemme, i cui confini sono benedetti da Allah. La Palestina è la Terra Santa che Allah ha benedetto per l'umanità. È la prima Qiblah dei musulmani e la meta del viaggio notturno del Profeta Muhammad, la pace sia con lui. È il luogo da cui è asceso ai cieli superiori. È il luogo di nascita di Gesù Cristo, la pace sia con lui. Il suo suolo contiene i resti di migliaia di profeti, compagni e mujahidin. È la terra di persone determinate a difendere la verità – all'interno di Gerusalemme e nei suoi dintorni – che non si lasciano scoraggiare o intimidire da coloro che si oppongono a loro e da coloro che li tradiscono, e che continueranno la loro missione fino a quando la promessa di Allah non sarà compiuta.

8. In virtù della sua vocazione giustamente equilibrata e della sua natura moderata, l'Islam – per Hamas – fornisce uno stile di vita completo e un ordine che è adatto allo scopo in ogni momento e in ogni luogo. L'Islam è una religione di pace e tolleranza. Fornisce una protezione per i seguaci di altri credi e religioni che possono praticare il loro credo in sicurezza. Hamas ritiene inoltre che la Palestina sia sempre stata e sarà sempre un modello di coesistenza, tolleranza e innovazione civile.

9. Hamas crede che il messaggio dell'Islam sostenga i valori della verità, della giustizia, della libertà e della dignità e proibisca ogni forma di ingiustizia, incriminando gli oppressori a prescindere dalla loro religione, razza, sesso o nazionalità. L'Islam è contro ogni forma di estremismo e bigottismo religioso, etnico o settario. È la religione che insegna ai suoi fedeli il valore della resistenza alle aggressioni e del sostegno agli oppressi; li motiva a donare generosamente e a fare sacrifici in difesa della loro dignità, della loro terra, dei loro popoli e dei loro luoghi sacri.

*Gerusalemme*

10. Gerusalemme è la capitale della Palestina. Il suo status religioso, storico e civile è fondamentale per gli arabi, i musulmani e il mondo intero. I suoi luoghi sacri islamici e cristiani appartengono esclusivamente al popolo palestinese e alla Ummah araba e islamica. Non una sola pietra di

Gerusalemme può essere ceduta o abbandonata. Le misure intraprese dagli occupanti a Gerusalemme, come l'ebraicizzazione, la costruzione di insediamenti e l'approvazione dei fatti sul terreno sono sostanzialmente nulle e senza valore.

11. La benedetta Moschea di al-Aqsa appartiene esclusivamente al nostro popolo e alla nostra Ummah e l'occupazione non ha alcun diritto su di essa. I complotti, le misure e i tentativi dell'occupazione di giudaizzare al-Aqsa e di dividerla sono nulli, inesistenti e illegittimi.

*Rifugiati e diritto al ritorno*

12. La causa palestinese, nella sua essenza, è la causa di una terra occupata e di un popolo sfollato. Il diritto dei rifugiati e degli sfollati palestinesi di ritornare alle loro case dalle quali sono stati cacciati o a cui è stato impedito di tornare – sia nelle terre occupate nel 1948 che in quelle occupate nel 1967 (cioè l'intera Palestina) – è un diritto naturale, sia individuale che collettivo. Questo diritto è confermato da tutte le leggi divine e dai princìpi fondamentali dei diritti umani e del diritto internazionale. Si tratta di un diritto inalienabile e non può essere soppresso da nessuna delle parti, sia essa palestinese, araba o internazionale.

13. Hamas respinge tutti i tentativi di cancellare i diritti dei rifugiati, compresi i tentativi di collocarli fuori dalla Palestina e attraverso i progetti di patria alternativa. Il risarcimento dei profughi palestinesi per i danni subiti in seguito all'esilio e all'occupazione della loro terra è un diritto assoluto che va di pari passo con il loro diritto al ritorno. I profughi palestinesi devono ricevere un indennizzo al loro rientro e questo non nega o diminuisce il loro diritto al ritorno.

*Il progetto sionista*

14. Il progetto sionista è un progetto razzista, aggressivo, coloniale ed espansionistico basato sull'appropriazione delle proprietà altrui; è ostile al popolo palestinese e alla sua aspirazione alla libertà, alla liberazione, al ritorno e all'autodeterminazione. L'entità israeliana è il giocattolo del progetto sionista e la base per la sua aggressione.

15. Il progetto sionista non si rivolge solo al popolo palestinese, ma è nemico della Ummah araba e islamica e costituisce una grave minaccia alla sua sicurezza e ai suoi interessi. È anche ostile alle aspirazioni di unità, rinascita e liberazione della Ummah ed è stato la principale fonte dei suoi

problemi. Il progetto sionista rappresenta anche un pericolo per la sicurezza e la pace internazionale e per l'umanità, i suoi interessi e la sua stabilità.

16. Hamas afferma che il suo conflitto è con il progetto sionista e non con gli ebrei a causa della loro religione. Hamas non lotta contro gli ebrei perché sono ebrei, ma lotta contro i sionisti che occupano la Palestina. Eppure, sono i sionisti che identificano costantemente l'ebraismo e gli ebrei con il loro progetto coloniale e la loro entità illegale.

17. Hamas rifiuta la persecuzione di qualsiasi essere umano o la soppressione dei suoi diritti per motivi nazionalistici, religiosi o settari. Hamas ritiene che il problema ebraico, l'antisemitismo e la persecuzione degli ebrei siano fenomeni principalmente legati alla storia europea e non alla storia degli arabi e dei musulmani o al loro patrimonio culturale. Il movimento sionista, che è riuscito con l'aiuto delle potenze occidentali ad occupare la Palestina, è la forma più pericolosa di occupazione coloniale che è già scomparsa in gran parte del mondo e deve scomparire dalla Palestina.


*La posizione nei confronti dell'occupazione e le soluzioni politiche*

18. Sono considerati nulli e non validi: la *Dichiarazione Balfour*, il *Documento del Mandato Britannico*, la *Risoluzione delle Nazioni Unite sulla spartizione della Palestina* e tutte le risoluzioni e le misure che ne derivano o che sono simili ad esse. L'istituzione di "Israele" è del tutto illegale e contravviene ai diritti inalienabili del popolo palestinese e va contro la sua volontà e quella della Ummah; inoltre viola i diritti umani garantiti dalle convenzioni internazionali, primo fra tutti il diritto all'autodeterminazione.

19. Non ci sarà alcun riconoscimento della legittimità dell'entità sionista. Qualsiasi cosa sia accaduta alla terra di Palestina in termini di occupazione, costruzione di insediamenti, giudaizzazione o modifica delle sue caratteristiche o falsificazione dei fatti è illegittima. I diritti non decadono mai.

20. Hamas ritiene che nessuna parte della terra di Palestina debba essere compromessa o ceduta, indipendentemente dalle cause, dalle circostanze e dalle pressioni e a prescindere dalla durata dell'occupazione. Hamas rifiuta qualsiasi alternativa alla piena e completa liberazione della Palestina, dal fiume al mare. Tuttavia, senza compromettere il suo rifiuto dell'entità sionista e senza rinunciare ad alcun diritto palestinese, Hamas

ritiene che l'istituzione di uno Stato palestinese pienamente sovrano e indipendente, con Gerusalemme come capitale secondo i confini del 4 giugno 1967, con il ritorno dei rifugiati e degli sfollati nelle loro case dalle quali sono stati espulsi, sia un principio di consenso nazionale.

21. Hamas afferma che gli accordi di Oslo e le loro integrazioni contravvengono alle regole del diritto internazionale in quanto generano impegni che violano i diritti inalienabili del popolo palestinese. Pertanto, il Movimento rifiuta questi accordi e tutto ciò che ne deriva, come gli obblighi che sono dannosi per gli interessi del nostro popolo, in particolare il coordinamento della sicurezza (collaborazione).

22. Hamas respinge tutti gli accordi, le iniziative e i progetti di insediamento che tendono a minare la causa palestinese e i diritti del nostro popolo palestinese. A questo proposito, qualsiasi posizione, iniziativa o programma politico non deve in alcun modo violare questi diritti e non deve contravvenire o contraddirli.

23. Hamas sottolinea che la violenza contro il popolo palestinese, l'usurpazione della sua terra e l'esilio dalla sua patria non possono essere chiamati pace. Qualsiasi accordo raggiunto su questa base non porterà alla pace. La resistenza e la jihad per la liberazione della Palestina rimarranno un diritto legittimo, un dovere e un onore per tutti i figli e le figlie del nostro popolo e della nostra Ummah.

*Resistenza e liberazione*

24. La liberazione della Palestina è un dovere del popolo palestinese in particolare e della Ummah araba e islamica in generale. Si tratta anche di un obbligo umanitario, reso necessario dai principi di verità e giustizia. Le organizzazioni che lavorano per la Palestina, siano esse nazionali, arabe, islamiche o umanitarie, si completano a vicenda e sono in armonia e non in conflitto tra loro.

25. Resistere all'occupazione con tutti i mezzi e i metodi è un diritto legittimo garantito dalle leggi divine e dalle norme e leggi internazionali. Al centro di queste c'è la resistenza armata, che è considerata la scelta strategica per proteggere i principi e i diritti del popolo palestinese.

26. Hamas respinge qualsiasi tentativo di minare la resistenza e le sue armi. Afferma inoltre il diritto del nostro popolo a sviluppare i mezzi e i meccanismi della resistenza. La gestione della resistenza, in termini di escalation o de-escalation, o in termini di diversificazione dei mezzi e dei

metodi, è parte integrante del processo di gestione del conflitto e non dovrebbe andare a scapito del principio della resistenza.

## Il sistema politico palestinese

27. Un vero Stato di Palestina è uno Stato liberato. Non c'è alternativa a uno Stato palestinese pienamente sovrano sull'intero suolo nazionale palestinese, con Gerusalemme come capitale.

28. Hamas crede e aderisce alla gestione delle relazioni con la Palestina sulla base del pluralismo, della democrazia, del partenariato nazionale, dell'accettazione dell'altro e dell'adozione del dialogo. L'obiettivo è quello di rafforzare l'unità dei ranghi e l'azione congiunta al fine di realizzare gli obiettivi nazionali e soddisfare le aspirazioni del popolo palestinese.

29. L'OLP è una struttura nazionale per il popolo palestinese all'interno e all'esterno della Palestina. Pertanto, dovrebbe essere preservata, sviluppata e ricostruita su basi democratiche, in modo da assicurare la partecipazione di tutti i costituenti e le forze del popolo palestinese, in modo da salvaguardare i diritti dei palestinesi.

30. Hamas sottolinea la necessità di stabilire le istituzioni nazionali palestinesi su solidi principi democratici, primo fra tutti quello di elezioni libere ed eque. Tale processo dovrebbe avvenire sulla base di un partenariato nazionale e in conformità con un programma e una strategia chiari che aderiscano ai diritti, compreso il diritto alla resistenza, e che soddisfino le aspirazioni del popolo palestinese.

31. Hamas afferma che il ruolo dell'Autorità Palestinese dovrebbe essere quello di servire il popolo palestinese e salvaguardare la sua sicurezza, i suoi diritti e il suo progetto nazionale.

32. Hamas sottolinea la necessità di mantenere l'indipendenza del processo decisionale nazionale palestinese. Non si deve permettere a forze esterne di intervenire. Allo stesso tempo, Hamas afferma la responsabilità degli arabi e dei musulmani e il loro dovere e ruolo nella liberazione della Palestina dall'occupazione sionista.

33. La società palestinese è arricchita dalle sue personalità di spicco, dalle figure, dai dignitari, dalle istituzioni della società civile e dai gruppi di giovani, studenti, sindacalisti e donne che insieme lavorano per il raggiungimento degli obiettivi nazionali e la costruzione della società, perseguono la resistenza e raggiungono la liberazione.

34. Il ruolo delle donne palestinesi è fondamentale nel processo di costruzione del presente e del futuro, così come lo è sempre stato nel processo di costruzione della storia palestinese. È un ruolo centrale nel progetto di resistenza, liberazione e costruzione del sistema politico.

## La Ummah araba e islamica

35. Hamas ritiene che la questione palestinese sia la causa centrale della Ummah araba e islamica.

36. Hamas crede nell'unità della Ummah con tutti i suoi diversi costituenti ed è consapevole della necessità di evitare qualsiasi cosa che possa frammentare la Ummah e minare la sua unità.

37. Hamas crede nella cooperazione con tutti gli Stati che sostengono i diritti del popolo palestinese. Si oppone all'intervento negli affari interni di qualsiasi Paese. Rifiuta inoltre di essere coinvolto nelle dispute e nei conflitti che si verificano tra i diversi Paesi. Hamas adotta una politica di apertura verso i diversi Stati del mondo, in particolare verso gli Stati arabi e islamici. Cerca di stabilire relazioni equilibrate sulla base di una combinazione tra le esigenze della causa palestinese e gli interessi del popolo palestinese da un lato e gli interessi della Ummah, della sua rinascita e della sua sicurezza dall'altro.

## L'aspetto umanitario e internazionale

38. La questione palestinese ha aspetti umanitari e internazionali rilevanti. Sostenere e appoggiare questa causa è un obiettivo umanitario e di civiltà, richiesto dai presupposti di verità, giustizia e valori umanitari comuni.

39. Dal punto di vista giuridico e umanitario, la liberazione della Palestina è un'attività legittima, è un atto di autodifesa ed è l'espressione del diritto naturale di tutti i popoli all'autodeterminazione.

40. Nelle sue relazioni con le nazioni e i popoli del mondo, Hamas crede nei valori della cooperazione, della giustizia, della libertà e del rispetto della volontà dei popoli.

41. Hamas accoglie con favore le posizioni di Stati, organizzazioni e istituzioni che sostengono i diritti del popolo palestinese. Rende omaggio ai popoli liberi del mondo che sostengono la causa palestinese. Allo stesso tempo, denuncia il sostegno concesso da qualsiasi soggetto all'entità sio-

nista o i tentativi di coprire i suoi crimini e le sue aggressioni contro i palestinesi e chiede il perseguimento dei criminali di guerra sionisti.

42. Hamas rigetta i tentativi di imporre l'egemonia sulla Ummah araba e islamica, così come respinge i tentativi di imporre l'egemonia sul resto delle nazioni e dei popoli del mondo. Hamas condanna anche tutte le forme di colonialismo, occupazione, discriminazione, oppressione e aggressione nel mondo.

Fonte: laluce.news

Il precedente *Statuto del Movimento di Resistenza Islamico* (Hamas), del 18 agosto 1988, si trova qui: www.cesnur.org/2004/statuto_hamas.htm

# Bibliografia su Amazon

**Attualità:**
La Shoah palestinese (novembre 2023-febbraio 2024)
La catastrofe (luglio-ottobre 2023)
La resa (marzo-giugno 2023)
La linea rossa (dicembre 2022-marzo 2023)
Multipolare 2022 (luglio-dicembre 2022)
La guerra totale (maggio-giugno 2022)
Il signore del gas (aprile-maggio 2022)
La truffa ucraina (gennaio-marzo 2022)
Diario di Facebook (2017-2020)
Diario di Facebook (gen-mar 2021)
Diario di Facebook (apr-dic 2021)

**Memorie:**
Sopravvissuto. Memorie di un ex
Grido ad Manghinot. Politica e Turismo a Riccione (1859-1967)

**Storia:**
L'impero romano. I. Dalla monarchia alla repubblica
L'impero romano: II. Dalla repubblica al principato
Homo primitivus. Le ultime tracce di socialismo
Cristianesimo medievale
Dal feudalesimo all'umanesimo. Quadro storico-culturale di una transizione
Protagonisti dell'Umanesimo e del Rinascimento
Storia dell'Inghilterra. Dai Normanni alla rivoluzione inglese
Scoperta e conquista dell'America
Storia della Spagna
Il potere dei senzadio. Rivoluzione francese e questione religiosa
Cenni di storiografia
Herbis non verbis. Introduzione alla fitoterapia

**Arte:**
Arte da amare
La svolta di Giotto. La nascita borghese dell'arte moderna

**Letteratura-Linguaggi:**
Letterati italiani
Letterati stranieri
Pagine di letteratura
Pazìnzia e distèin in Walter Galli
Dante laico e cattolico
Grammatica e Scrittura. Dalle astrazioni dei manuali scolastici alla scrittura creativa

Contro Ulisse
**Poesie**:

Nato vecchio; La fine; Prof e Stud; Natura; Poesie in strada; Esistenza in vita; Un amore sognato
**Filosofia**:

La filosofia ingenua

Laicismo medievale

Ideologia della chiesa latina

l'impossibile Nietzsche

Da Cartesio a Rousseau

Rousseau e l'arcantropia

Il Trattato di Wittgenstein

Preve disincantato

Critica laica

Le ragioni della laicità

Che cos'è la coscienza? Pagine di diario

Che cos'è la verità? Pagine di diario

Scienza e Natura. Per un'apologia della materia

Spazio e Tempo: nei filosofi e nella vita quotidiana

La scienza nel Seicento

Linguaggio e comunicazione

Interviste e Dialoghi
**Antropologia**:

La scienza del colonialismo. Critica dell'antropologia culturale

Ribaltare i miti: miti e fiabe destrutturati
**Economia**:

Esegeti di Marx

Maledetto capitale

Marx economista

Il meglio di Marx

Etica ed economia. Per una teoria dell'umanesimo laico

Le teorie economiche di Giuseppe Mazzini
**Politica**:

Lenin e la guerra imperialista

L'idealista Gorbaciov. Le forme del socialismo democratico

Il grande Lenin

Cinico Engels. Oltre l'Anti-Dühring

L'aquila Rosa. Critica della Luxemburg

Società ecologica e democrazia diretta

Stato di diritto e ideologia della violenza

Democrazia socialista e terzomondiale

La dittatura della democrazia. Come uscire dal sistema

Dialogo a distanza sui massimi sistemi
**Diritto**:

Siae contro Homolaicus

Diritto laico

**Psicologia**:
    Psicologia generale
    La colpa originaria. Analisi della caduta
    In principio era il due
    Sesso e amore

**Didattica**:
    Per una riforma della scuola
    Zetesis. Dalle conoscenze e abilità alle competenze nella didattica della storia

**Ateismo**:
    Cristo in Facebook
    Diario su Cristo
    Studi laici sull'Antico Testamento
    L'Apocalisse di Giovanni
    Johannes. Il discepolo anonimo, prediletto e tradito
    Pescatori di uomini. Le mistificazioni nel vangelo di Marco
    Contro Luca. Moralismo e opportunismo nel terzo vangelo
    Metodologia dell'esegesi laica. Per una quarta ricerca
    Protagonisti dell'esegesi laica. Per una quarta ricerca
    Ombra delle cose future. Esegesi laica delle lettere paoline
    Umano e Politico. Biografia demistificata del Cristo
    Le diatribe del Cristo. Veri e falsi problemi nei vangeli
    Ateo e sovversivo. I lati oscuri della mistificazione cristologica
    Risorto o Scomparso? Dal giudizio di fatto a quello di valore
    Cristianesimo primitivo. Dalle origini alla svolta costantiniana
    Guarigioni e Parabole: fatti improbabili e parole ambigue
    Gli apostoli traditori. Sviluppi del Cristo impolitico

# Indice